Modern Business Law vol.1
for Corporate Legal Practice

現代企業法務 ①

国内企業法務編

一般社団法人GBL研究所
井原 宏
河村 寛治
阿部 博友【編著】

大学教育出版

はしがき

　ビジネス・ローが対象とする領域は、企業およびその事業活動の法的側面であり、いわゆる企業法務と呼ばれている。企業法務に関わる人は、直接の担い手としての企業の法務部門、企業法務を担当する弁護士や企業法務を研究の対象とする研究者などであるが、主たる担い手は企業の法務部門である。

　いかなる企業も国内の事業活動から発展していく過程をたどる以上、法務部門の主な対象領域は国内法務業務にあったが、わが国企業の国際化は、外国企業のわが国市場への参入、通商問題、規制緩和等に応じて国内においても急速に進んでおり、この意味において国内法務業務も変容しつつある。企業活動のグローバリゼーションが進展すれば、企業は各国の法制度とその運用問題に直面する。そのグローバリゼーションの進展段階に応じて、国際法務業務がカバーする範囲は地理的に格段に広がるとともに、その内容においてますます多様化・複雑化している。また、企業法務の機能としては、臨床法務、予防法務、戦略法務および経営法務といった機能が論じられ、臨床法務から予防法務へ、予防法務から戦略法務、さらには経営法務へと発展してきたといわれている。また、リスクマネジメントの観点から企業法務の機能をとらえることもできる。

　法科大学院の設立に当って、企業法務を担当する要員の育成に関して、経団連は、2002年6月に「司法制度改革「法曹養成制度」に関するコメント」を公表し、その中で、「企業は、思考の柔軟性、創造性、事実調査能力、交渉力、国際感覚、健全な常識・倫理観に裏付けられたバランス感覚などを備えた人材を必要としており、民商事法の基礎の修得とともに、倒産法、知的財産法、独占禁止法、金融関連法、税法、契約実務、国際取引等の知見を有すれば、即戦力に近い能力を期待できる。民商事法の基礎と多様な選択科目を取り入れた幅広いカリキュラムが準備されることが期待される。特に、知的財産技術と法律の双方がわかる人材や国際感覚の備わった人材の育成に力を入れてほしい」と要望している。つまり、広範な分野の法律を縦横に利用できる能力が必要で、多種多様な問題への対

応力、オールマイティな問題発見能力、整理・分析能力、地道な調査能力や交渉力などが求められている。

現在、多くの大学・法科大学院等で企業法務関連科目が開講されており、「企業法務」という科目も次第に浸透しつつある。しかし、このような企業法務関連科目のため使用される授業用テキストについては、現在のところ国内や海外の企業法務を体系的に取り上げる教科書や著書は見当たらない。特に、「企業法務」については、そもそも企業の業種や業務内容また企業法務部門の守備範囲の違いにより、一般的・標準的なテキストを刊行することはきわめて困難である。そのため、これまでは「企業法務」というタイトルの下で、さまざまな法律問題を分野毎に、またトピックス的に解説した出版物はいくつかあるが、現代の国内・国際企業法務の水準を示し、かつ一般的な企業法務の業務内容を対象として、企業法務実務の視点から体系的に解説するテキストは見出すことができない。

上記の現状に鑑み、本出版企画は、まずは国内企業法務の主要な守備範囲における重要テーマを、企業法務実務家の視点・水準で体系的に取り扱うテキストを出版するものであり、わが国における初めての本格的な企業法務（国内）の標準的テキストとなることを目指したものである。今回の素材となる事例や判例は、過去10年以内の最新のものに限定し、実務に適した事例・論点を中心に解説をしつつ、実務家の視点から最低限理解しておくべき知識や情報を網羅しており、読者が自ら「考えるきっかけ」を提供するものである。

編集責任者が所属する一般社団法人GBL研究所は、企業法務責任者（商社・製造業・サービス業など多様な業種に及ぶ）、大学教授（企業法務実務経験者が多数）および弁護士（国内外の企業法務担当）で構成される国内・国際「企業法務」の専門家集団である。本著作は、こうした実務経験が豊富な筆者が分担執筆しつつ、全体の整合性確認作業・品質確保作業を経て、学生や院生が現代の企業法務実務の水準を鳥瞰し基礎的理解を固めるために、企業法務実務が直面するさまざまな現代的課題を含め、必要な項目・内容を網羅している。また、企業法務担当者にとっても、種々多様な法務実務を体系的に学習し、理解を深め、企業法務で必要な法務の基本知識を修得するための格好の教材となることを目標として

いる。

　最後に、本出版企画は、一般社団法人 GBL 研究所（設立 2009 年 3 月 13 日）の創立 5 周年記念事業として、同研究所の主要研究員の総力をあげて取り組むプロジェクトであることを付言したい。また、このような先進的な性格の本書の出版をご快諾いただいた大学教育出版佐藤守社長には、この場をお借りして感謝申し上げたい。

2014 年 3 月 13 日

編集責任者　　井原　宏
　　　　　　　河村　寛治
　　　　　　　阿部　博友

Modern Business Law vol.1
for Corporate Legal Practice
現代企業法務 1
国内企業法務編

目　次

はしがき ………………………………………………………………………… i
略　語　集 ……………………………………………………………………… xii

第Ⅰ部　総　論

第1章　コーポレート・ガバナンスおよびコンプライアンスと企業法務の機能 ……………………………………………… 2
第1節　コーポレート・ガバナンスと企業法務　3
第2節　コンプライアンス（法令等遵守）　14

第2章　内部統制・危機管理および企業法務組織 ……………… 24
第1節　内部統制と企業法務　25
第2節　危機管理および不祥事対応　44
第3節　法務組織について　50

第Ⅱ部　各　論

第1章　企業取引管理 ……………………………………………… 60
第1節　契約管理　60

判例No.1 【チェックポイント：契約締結に際して情報提供義務および説明義務を負担するか】　61

判例No.2 【チェックポイント：建物建築請負契約に基づく瑕疵担保責任の範囲とは】　66

判例No.3 【チェックポイント：譲渡禁止特約に反する債権譲渡は無効か】　71

判例No.4 【チェックポイント：債務者が実体のない会社であることを知らずに債務保証を行った場合は錯誤無効を主張できるか】　76

判例No.5 【チェックポイント：共同開発契約の違反者に対して逸失利益を請求できるか】　82

判例No.6 【チェックポイント：入金リンク特約付の代金支払債務は停止条件付債務か不確定期日債務か】　88

判例No.7 【チェックポイント：新聞特約店契約は特約店の販売努力義務違反により解約できるか】　95

判例No.8 【チェックポイント：他人物売買を所有権者が追認した場合の法的効果は】　102

第2節 与信管理・債権保全・債権回収　107

判例 No. 9　【チェックポイント：循環取引における買主による同時履行の抗弁権の主張は認められるか】　108

判例 No. 10　【チェックポイント：動産譲渡担保が重複設定されている場合に後順位担保権者による私的実行は認められるか】　112

判例 No. 11　【チェックポイント：国税の法定納期限前に設定された将来債権譲渡担保権の目的債権が国税の法定納期限後に発生した場合は国税に優先できるか】　119

判例 No. 12　【チェックポイント：ファイナンス・リース契約における民事再生手続開始申立てを理由とする契約解除特約は有効か】　124

判例 No. 13　【チェックポイント：任意整理手続開始後に設定された譲渡担保権は否認されるか－また開始後に取得した債権との相殺は有効か】　130

第3節 公正取引・下請取引　136

判例 No. 14　【チェックポイント：入札談合はどのような基本合意があれば成立するか】　137

判例 No. 15　【チェックポイント：燃油サーチャージ転嫁の合意は価格カルテルに当たるか】　143

判例 No. 16　【チェックポイント：カルテルの首謀者はどのような懲役刑を科されるか】　148

判例 No. 17　【チェックポイント：契約終了後の競業禁止は不当な拘束条件に当たるか】　154

判例 No. 18　【チェックポイント：顧客に対する無料のキャンペーンが差別対価に当たるか】　160

判例 No. 19　【チェックポイント：どのような広告が誇大表示に当たるか】　165

判例 No. 20　【チェックポイント：手形払いから現金払いへの変更は下請法違反になるか】　171

第4節 消費者保護・商品における指示・警告上の欠陥　176

判例 No. 21　【チェックポイント：クーリング・オフをめぐる契約書面と適用除外とは何か】　178

判例 No. 22　【チェックポイント：保険契約における保険料不払いに関する無催告失効条項は有効か】　182

判例 No. 23　【チェックポイント：適格消費者団体による差止請求権の行使は認められるか】　188

判例 No. 24　【チェックポイント：副作用を伴う医薬品の指示・警告上の欠陥とは何か】　192

判例No. 25 【チェックポイント：指示・警告の欠如は製造物責任における欠陥か】
198

第2章　企業組織・経営管理 …………………………………………… *204*

第1節　組織再編・M&A　*204*
判例No. 26 【チェックポイント：取締役会による敵対的買収に対する対抗措置はどこまで許容されるか】　*205*
判例No. 27 【チェックポイント：MBOにおける株式取得の対価はどのように考えられるか】　*212*
判例No. 28 【チェックポイント：新株の有利発行について取締役はどのような責任を負担するか】　*217*

第2節　意思決定機関としての株主総会　*224*
判例No. 29 【チェックポイント：株主総会における取締役の説明義務違反により総会決議は無効となるか】　*225*
判例No. 30 【チェックポイント：総会でなされた役員報酬の追認決議は有効か】
230

第3節　コーポレート・ガバナンスの実現に向けた取締役会管理　*235*
判例No. 31 【チェックポイント：グループ再建計画策定における取締役の善管注意義務とは何か】　*237*
判例No. 32 【チェックポイント：取締役会の手続・決議の瑕疵とは何か】　*243*

第3章　人的資源管理 ……………………………………………………… *247*

第1節　労働法の適用対象　*248*
判例No. 33 【チェックポイント：雇用契約以外の形態による労務提供に労働基準法は適用されるか】　*248*

第2節　雇用関係の展開　*252*
判例No. 34 【チェックポイント：いかなる場合に配転命令権の行使が権利の濫用となるか】　*252*
判例No. 35 【チェックポイント：会社分割の手続の瑕疵により労働契約の承継を拒否できるか】　*256*
判例No. 36 【チェックポイント：周知手続を経ない就業規則に基づいてなされる懲戒処分は有効か】　*262*

第3節　労働者の人権の保障　*266*
判例No. 37 【チェックポイント：会社はセクシュアル・ハラスメント防止のためにいかなる措置をとるべきか】　*266*

第4節　雇用関係の終了　*270*
判例No. 38 【チェックポイント：勤務成績等の不良を理由とした解雇は権利の濫用

　　　　となるか】　*270*

　　判例 No. 39　【チェックポイント：有期労働契約の雇止めは権利の濫用として無効になるか】　*275*

　　判例 No. 40　【チェックポイント：退職した従業員の競業行為は元雇用者に対する不法行為となるか】　*280*

第4章　IT・知的財産管理 …………………………………………… *285*

第1節　IT・情報管理　*285*

　　判例 No. 41　【チェックポイント：ファイル交換共有ソフトによる送信は特定電気通信に該当するか】　*286*

　　判例 No. 42　【チェックポイント：ネット販売における受注確認メールは売買契約の承諾とみなされるか】　*289*

　　判例 No. 43　【チェックポイント：プロバイダは加入者による情報漏洩について責任を負担するか】　*292*

第2節　知的財産管理　*295*

　　判例 No. 44　【チェックポイント：データベースの無断複製についてどのような対応が可能か】　*297*

　　判例 No. 45　【チェックポイント：どのような場合に職務著作が成立するか】　*301*

　　判例 No. 46　【チェックポイント：翻案権の譲渡を受ける場合の注意点は何か】　*306*

　　判例 No. 47　【チェックポイント：職務発明として特許を受ける権利が承継されるのはどのような場合か】　*312*

　　判例 No. 48　【チェックポイント：ライセンス契約の制限に違反した場合にどうなるか】　*317*

第3節　不正競争防止　*321*

　　判例 No. 49　【チェックポイント：不正競争防止法に定める「模倣」の要件とは何か】　*322*

　　判例 No. 50　【チェックポイント：OEM 商品の納入行為としての引渡しと損害額の算定は】　*327*

　　判例 No. 51　【チェックポイント：リバースエンジニアリングで入手可能な情報は営業秘密に該当するか】　*331*

　　判例 No. 52　【チェックポイント：ソフトウェアのソースコードは営業秘密に該当するか】　*335*

第5章　法令遵守（コンプライアンス） ……………………………… *340*

第1節　環境保護　*340*

　　判例 No. 53　【チェックポイント：土地売買契約締結後に規制対象とされた有害物質が土壌に含まれていた場合に売主は瑕疵担保責任を負うか】　*341*

判例No. 54　【チェックポイント：再生利用を目的として処分を委託された木くずは産業廃棄物に該当するか】　*346*

　　　判例No. 55　【チェックポイント：景観権ないし景観利益の侵害による妨害排除請求は認められるか】　*350*

　第2節　贈答・接待・政治献金等　*353*

　　　判例No. 56　【チェックポイント：社交儀礼の範囲内であっても公務員への贈答は賄賂か】　*355*

　　　判例No. 57　【チェックポイント：外国公務員に対する金品等の贈与はわが国で罰せられるか】　*360*

　　　判例No. 58　【チェックポイント：企業による政治献金はどのような場合に認められるか】　*364*

　第3節　資本市場と投資家の保護　*368*

　　　判例No. 59　【チェックポイント：有価証券報告書の虚偽記載に関する取締役の責任は何か】　*369*

　　　判例No. 60　【チェックポイント：帳合商内のリスクは何か】　*374*

　　　判例No. 61　【チェックポイント：「公正な会計慣行」は内部統制システムと関連するか】　*378*

　　　判例No. 62　【チェックポイント：デリバティブ取引等のリスク管理体制はどのようにすべきか】　*381*

　　　判例No. 63　【チェックポイント：会社はどの程度のインサイダー取引管理体制を構築すべきか】　*384*

　第4節　企業犯罪　*388*

　　　判例No. 64　【チェックポイント：リコール隠しの責任とは何か】　*389*

　　　判例No. 65　【チェックポイント：食のコンプライアンスとは何か】　*395*

　　　判例No. 66　【チェックポイント：請負と労働者派遣の法的な違いは何か】　*399*

　第5節　反社会的勢力への対応　*403*

　　　判例No. 67　【チェックポイント：反社会的勢力との取引のリスクは何か】　*404*

　　　判例No. 68　【チェックポイント：内部統制システム構築における取締役の注意義務違反は何か】　*411*

　第6節　安全保障貿易管理　*416*

　　　判例No. 69　【チェックポイント：安全保障貿易管理とは何か】　*418*

　　　判例No. 70　【チェックポイント：不正輸出防止のためのキャッチオール規制とは何か】　*422*

　　　判例No. 71　【チェックポイント：迂回輸出防止のための対策は何か】　*425*

第Ⅲ部　総　括

第1章　クレーム・紛争・訴訟への対応 …………………………………… *430*
　第1節　クレームの発生と原因　*430*
　第2節　クレームに対する処理判断基準と企業側の主張　*432*
　第3節　紛争の内容と紛争への対応　*434*
　第4節　訴訟への対応　*436*

第2章　ビジネス・ローとリーガルプランニング ………………………… *439*
　第1節　ビジネス・ローの基本原則　*439*
　第2節　ビジネス・ローの対象領域と企業法務の機能　*441*
　第3節　ビジネス・ローの方法論　*444*
　第4節　ビジネス・ローの研究　*451*
　第5節　ビジネス・ローの教育　*452*
　第6節　企業法務の組織と人材　*455*

判例索引 ……………………………………………………………………… *458*
事項索引 ……………………………………………………………………… *463*

略語集

金法	旬刊金融法務事情
銀法	銀行法務21
金判	金融・商事判例
ジュリ	ジュリスト
商事法務	旬刊商事法務
判時	判例時報
判タ	判例タイムズ
法時	法律時報
労経速	労働経済判例速法
労旬	労働法律旬報
労判	労働判例

第Ⅰ部　総　論

第1章 コーポレート・ガバナンスおよびコンプライアンスと企業法務の機能

　日本でも、企業の不祥事や大型倒産等が多発したことに端を発し、コーポレート・ガバナンスの議論が活発に行われるようになり、監査役の機能強化や委員会等設置会社制度の導入など、企業経営の監視を強化するため、会社法を含む法制面での整備が進むとともに、個々の企業においても外部者による経営のモニタリングの仕組みを取り入れるなど、企業不祥事を防止し、あるいは経営効率を高めて企業価値の向上を図るため、コーポレート・ガバナンスの改善・向上への取組みが着実に進んできている。ちなみに、2010年4月以来、法制審議会会社法部会において、会社法制の見直しの議論が行われ、「会社法制の見直しに関する要綱」[1]がまとめられたが、そのなかでの議論の中心は、コーポレート・ガバナンスの中心的課題である①企業統治のあり方（株式会社の経営機構の改革）と②親子会社に関する規律等を見直す必要性（多数派株主のコントロール）の2点となっている。

　企業が健全に経営されるために、意思決定システムがどうあるべきか、またいかに指揮されるべきか、特に企業の意思決定の中枢に当たる取締役会の枠組は適切かどうか、またそこでの意思決定に対する監視体制は十分機能しているかどうかという問題は非常に重要な問題である。それは広義にはコーポレート・ガバナンスという言葉でこれまで検討されてきた問題である。このコーポレート・ガバナンスと内部統制が相互に密接な関係があることは、最近の企業の不祥事事例からも明らかとなっている。つまり、取締役会や監査役会が適切に機能しているかどうかというコーポレート・ガバナンス機能の問題は、経営方針の決定や運営状況がいかに管理・監督されるかという問題につながり、内部統制システムがどの程度有効に構築され、機能しているかという問題となる。この内部統制とは、組織の業務の適正確保のための体制を構築していくシステムであり、決定された経

---

1) 法制審議会平成24年9月7日。平成25年11月29日に会社法改正案が閣議決定され、年明けの通常国会での成立を目指すこととされた。

営方針の運営状況をいかに管理・監督するかの問題を扱うことになる。この内部統制に関しては、総論の第2章においてコーポレート・ガバナンスとの関連も含め、詳細に説明されているので、ここでは詳細は省略することとし、第1章では、コーポレート・ガバナンスやコンプライアンスの概要を説明した上で、これらにつき、企業法務がどのような役割を担っているか、主として企業法務の視点から考えてみたい。

第1節　コーポレート・ガバナンスと企業法務

1. コーポレート・ガバナンス

(1) コーポレート・ガバナンスとは

　コーポレート・ガバナンスとは何かという問題は、日本だけではなく、米国や英国などでも過去議論されてきた問題であるが、1960年代のアメリカにおいて、企業の非倫理的・非人道的な行動を抑止すべきであるという意味で用いられるようになったのが最初である。その後、次第に粉飾決算などのように投資家から見た企業の不祥事を防ぐためにどうすべきか、という意味でも使われるようになった。これらは、いずれも企業の組織を外から判断するものであり、さらに、企業価値・株主価値を増大させるためにいかに企業組織を構築するかという意味を持つようになった。1980年代以降のアメリカにおいては、企業買収（M&A）が進んだことにより、企業の経営者は、企業買収のリスクにさらされることとなり、また年金基金など機関投資家の発言力が強まったことにより、コーポレート・ガバナンスへの関心が高まるとともに、1990年代以降は、英国をはじめとするヨーロッパ諸国や日本でも、多数の企業不祥事が発覚するとともに、コーポレート・ガバナンスが注目されるようになった。

　なお、国際的には、OECDが、1998年4月に「コーポレート・ガバナンス原則」の作成を行い、1999年5月閣僚理事会でこれを承認した[2]。この原則は、政府間組織の主導によって初めて作成されたコーポレート・ガバナンスに関する原

---

2) http://www.mofa.go.jp/mofaj/gaiko/oecd/cr_principle.html（確認日2013年12月）。

則であり、拘束力はないが、望ましいコーポレート・ガバナンスに共通するのは株主の利益を最優先することであるとした上で、①株主の権利の保護、②すべての株主の公正な取扱い、③利害関係者の権利の認識と、コーポレート・ガバナンスへの参加、④情報開示と透明性の確保、⑤取締役会の責任という5つの原則を示し、そしてそれを具体化する勧告を示している。その後、2004年には、社会状況の変化を受けて内容を強化した「コーポレート・ガバナンス原則改訂版」[3]が発表された。

（2） 日本企業のコーポレート・ガバナンス

日本においては、1980年代から1990年代にかけて、金融界における規制緩和、世界経済のグローバル化、IT革命の進行など、日本企業の経営を取巻く環境は大きく変化した。そのような中、企業グループの解体・希薄化、持合いの解消が進み、銀行には法人・個人から潤沢な預金が流入する一方、企業の資金需要は縮小したため、銀行は企業を監視する強い力を持たなくなった。1990年代のバブル経済の崩壊後は、金融機関による大量の不良債権の存在が明らかとなり、その処理のために公的資金が注入されるとともに、金融機関の再編成が行われ、一般企業の側でも、不正経理、粉飾決算や不正配当などの不祥事も多く発覚した。このような企業不祥事の多発を受けて、不祥事の発生を防ぐには誰がどのように企業を統治すべきか、という観点から、コーポレート・ガバナンスという概念がクローズアップされるようになった。

このような中、1994年に経済構造の現状に即した新しいコーポレート・ガバナンスの原則の確立を目的として、日本コーポレート・ガバナンス・フォーラムが発足し、1998年5月には最終報告として「コーポレート・ガバナンス原則－新しい日本型企業統治を考える（最終報告）」が発表された。この最終報告は、取締役会の改革（社外取締役の導入、取締役会と執行役員会の分離など）、アカウンタビリティ（説明責任）の確立やディスクロージャー（情報公開）の拡充など、日本企業のガバナンスについての提言を行ったものであるが、これと前後して、ソニーをはじめとして執行役員制の導入など取締役会の改革を行う企業も相

---

3) http://www.oecd.org/corporate/ca/corporategovernanceprinciples/32361945.pdf（確認日 2013年12月）。

次いだ。なお、2001年10月には、この改訂版が発表されている。

一方、2005年には、従来の商法の会社編等を統合した会社法（平成17年7月26日法律第86号）が制定・公布され、2006年5月1日に施行された。そこでは、①すべての大会社に対し、業務の適正を確保するための体制の構築の基本方針を決定することが義務づけられ、②株主総会における取締役の解任決議要件を特別決議から普通決議に緩和すること、③主に中小企業で利用されることを想定した会計参与制度の新設など、コーポレート・ガバナンス確保のための措置が講じられるようになった。この新会社法の下では、株式会社は、経営トップのマネジメント組織のあり方として、①従来型の取締役会設置会社、②委員会設置会社、③非取締役会設置会社の3種類から選択することができることとなった。なお、取締役会設置会社においては、原則として、会計監査と業務監査を行う機関として監査役が置かれ（会社法327条2項）、コーポレート・ガバナンス強化の要求を受けて、たびたびの商法改正で監査役会の設置や監査役の独立性の強化が図られてきた。しかし、現実には監査役はほとんど社内出身者の中から、経営者によって選ばれているため、経営者を監視する力を持っていないという反省から、社外監査役を登用し、監査の独立性と質の充実を図ることが目標とされてきた。

（3） 東京証券取引所によるコーポレート・ガバナンス白書

前述のようにコーポレート・ガバナンスに関する議論が行われるようになって以降、監査役の機能強化や委員会等設置会社制度の導入といった法制面での整備が進むとともに、個々の上場企業や非上場の企業においても外部者による経営のモニタリングの仕組みを取り入れるなど、企業不祥事を防止しあるいは経営効率を高めて企業価値の向上を図るため、コーポレート・ガバナンスの改善・向上への取組みが着実に進んできているが、不祥事は解消されていないのが現状である。

企業の利潤追求活動は、多様な利害関係者（株主または投資家・経営者・従業員・取引先・債権者・地域社会など）との複雑な利害調整なしには成立し得ない。企業活動が広域化する中では異なる文化や社会の価値観をも考慮に入れる必要が高まっており、企業の利潤追求活動が、市場原理に則り公正かつ透明に、株主・投資者はもとより経済社会全体に対して説明可能なものとして、社会的責任

を果たしながら遂行されることが必要となりつつあり、コーポレート・ガバナンスにはこれらすべての利害関係者との関係のあり方が問題であるとして、東京証券取引所（以下、「東証」という。）においても、「上場会社コーポレート・ガバナンス原則」[4]が策定され、またコーポレート・ガバナンスに関する報告書（以下、「報告書」という。）の制度化などの各種取組みが進められてきている。東証上場会社全体のコーポレート・ガバナンスについての取組状況および進捗状況を多角的に明らかにすることを通じ、内外の投資家が安心して投資できる、国際的に遜色のない株主の権利保護とそれに基づくコーポレート・ガバナンスを実現するという観点から、報告書のデータを用いて、東証上場会社のコーポレート・ガバナンスの現状について総合的な分析を行い、2007年以来、「コーポレート・ガバナンス白書」が隔年発刊されてきている。「コーポレート・ガバナンス白書2013」[5]は、その最新版である。

報告書においては、コーポレート・ガバナンスについての会社の取組みに関する基本的な方針、コーポレート・ガバナンスの目的などについて具体的に記述することが求められており、その他にも、株主その他のステークホルダー（株主、従業員や消費者など、企業を取り巻くあらゆる利害関係者）の位置づけ、経営監視機能に対する考え方、企業グループ全体における考え方などについての記述が要請されているので、わが国における上場企業に関しては、現状のコーポレート・ガバナンスの状況が把握できるようになっている。

その内容を見ると、まず、コーポレート・ガバナンスについての会社の取組みに関する基本的な方針やコーポレート・ガバナンスの目的として、「企業価値」に言及する会社が53.3％（前回調査比0.9ポイント増）と全体の過半数を占めている。また、連結売上高や外国人株式所有比率が大きくなるに従い、「企業価値」に言及する会社の割合も増加する傾向が見られた。企業不祥事を契機としてそのあり方が議論されることの多いコーポレート・ガバナンスであるが、企業価値の向上こそがコーポレート・ガバナンスの本来の目的であるという認識が広がって

---

4) http://www.tse.or.jp/rules/cg/principles/b7gje60000002yj4-att/governance_091222.pdf（確認日 2013年12月）2009年12月22日改訂版。

5) http://www.tse.or.jp/rules/cg/white-paper/b7gje60000005ob1-att/white-paper13.pdf（確認日 2013年12月）。

おり、「コーポレート・ガバナンスの基本原則は、経営の効率性、透明性を高め、企業価値を最大化すること」、「企業価値の向上のため、また株主に対する経営の透明性を高めるため、コーポレート・ガバナンスを経営上のきわめて重要な課題と位置づける」、「企業活動を通じて継続的に収益を上げ、企業価値を高めていくためには、その活動を律する枠組であるコーポレート・ガバナンス体制の整備は不可欠であると考える」など、コーポレート・ガバナンスの目的が企業価値の向上にあるとして説明するものが多い。

（4） 上場会社によるコーポレート・ガバナンス報告書

　東証は、最近のディスクロージャーに対する不信感を醸成するような不祥事の続発や、法制面における会社の定款自治の範囲の拡大などを背景として、上場会社には、従来にも増して、株主・投資家を重視し、社会的責任に配慮した行動が求められるとしている。そして、適切なディスクロージャーに企業経営者が責任をもって取組み意識を持つということと、企業経営者の独走を牽制する観点から独立性のある社外の人材を適切に活用するという点の実現を促進する観点から、各社のコーポレート・ガバナンスの状況を投資家に、より明確に伝える手段として、新たに「コーポレート・ガバナンスに関する報告書」の開示を求めている。これによって、投資家が各社のコーポレート・ガバナンス体制について、独自に比較・判断することができるよう、コーポレート・ガバナンス関連情報が報告書の形で集約され、東証のホームページから閲覧できるようになった。

1） ガバナンス体制の選択－委員会設置会社

　この報告書では、「現状のコーポレート・ガバナンス体制を選択している理由」が記載されており、組織形態が委員会設置会社か監査役設置会社であるか、社外取締役を選任しているか、いないかに区分して、取締役会をはじめとするガバナンス機構の構成に関して、現状の体制を採用している理由について記載することが求められている。

　ちなみに、委員会設置会社の場合には、従来の監査役設置会社から委員会設置会社へ組織形態を変更したことから、当該組織形態を採用している理由も求められている。例えば、意思決定の迅速化や経営の透明化、海外投資家の支持率の向

上などについての監査役設置会社との比較や、これらの機能を強化するために現在導入を検討している施策の概要、社外取締役の各社における役割や機能を記載することを記載要領において例示している。

前述のコーポレート・ガバナンス白書2013によると、委員会設置会社（全49社）が同制度を選択している理由につき、監督と執行の分離を明確にすること（46社、95.9%）、執行機能の強化（49社、100.0%）、執行役を経営トップに据える迅速かつスピード感のある意思決定の評価（39社、79.6%）、執行機能への権限委譲（19社、38.8%）、社外取締役によるチェック機能の強化（29社、59.1%）およびそれによる経営の透明性の確保といったものが多かった。なお、東証上場会社で委員会設置会社を選択している会社は全体の2.2%（前回調査比変わらず）にすぎず、ほとんどの会社（97.8%）は監査役設置会社である。

2）社外取締役

このコーポレート・ガバナンス報告書の記載要領によると、監査役設置会社であって社外取締役を選任している場合には、各社の現状に照らして当該ガバナンス体制を採用している理由を記載することが求められており、具体的には、社外取締役の各社における役割や機能を記載することが例示されている。前述のコーポレート・ガバナンス白書2013によると、社外取締役を置く会社の説明は、業務執行に対する監督・監査を行うため最適とする説明と、経営に対する意見・アドバイスを提供するためとする記述があり、社外取締役に期待されている機能として助言（アドバイザリー）と監督（モニタリング）の両面からのものが多い。

一方、監査役設置会社であって社外取締役を選任していない会社にも、各社の現状に照らして当該ガバナンス体制を採用している理由を記載することが求められている。特に、社外取締役に期待される役割を代替する独自のコーポレート・ガバナンス体制の整備、実行に係る内容について具体的に記載することが求められており、社外監査役による監査で代替するという場合には、取締役と監査役では法的にも役割が異なる部分があることを踏まえて、その差異を含めて社外取締役に期待される機能を代替する仕組みの内容や、経営監視機能の強化に係る具体的な体制やその実行状況、経営監視機能の客観性および中立性の確保に対する考え方などの記載である。具体的な記載内容としては、社外監査役を中心とした

監査役会や取締役相互の牽制、執行役員制度の導入による監督と執行の分離、アドバイザリー・ボード等によるガバナンスで十分に機能している、といったものや、また、取締役の任期を1年に短縮したことで株主によるチェックが機能するという考え方や、任期が4年である監査役のほうが短期的視点に左右されない大局的な観点からの助言・問題提起ができ、有効であるとの記述もあった。

東証では、2009年12月に有価証券上場規程等の一部を改正し、すべての上場会社が備えるべきコーポレート・ガバナンスの枠組として、独立役員の確保を求めることとされ（有価証券上場規程436条の2第1項）、この独立役員には、上場会社の取締役会などにおける業務執行に係る決定の局面等において、一般株主の利益への配慮がなされるよう、必要な意見を述べるなど、一般株主の利益保護を踏まえた行動をとることが期待されている。

3）経営会議等のコーポレート・ガバナンス体制

前述の東証のコーポレート・ガバナンス白書においては、さまざまな面での統治機能や監視機能の強化のための取組などが説明されている。

監査役設置会社については、迅速な意思決定を行うための取締役会以外の体制として、経営会議をはじめとする取締役会以外の重要な意思決定機関に関する記述が目立っている。このような日本企業の特徴ともいえる経営会議・常務会に言及している会社の割合は、各々47.3％（前回調査比0.9ポイント増）および10.3％（同0.9ポイント減）であった。こうした会議体は、規模の大きい会社ほど設置される傾向が強く、かつ取締役会に付議する前段階の位置づけで業務執行をスムーズに行う観点から導入されていることが多いようである。また、企業規模の拡大に伴い、経営の意思決定の迅速化や業務執行の効率化や、責任の明確化を図る観点から執行役員制度の導入について記述している会社は53.1％で、前回調査時に比べ1.8ポイント増加している。これは、監督と執行の分離の明確化についての動きが進んでいることが確認できる。規模の大きい会社ほど執行役員に言及する傾向が顕著である点や、取締役の人数を減らして取締役会自体をスリム化し、取締役会が担う経営の意思決定機能と業務執行機能の明確な分離に言及する会社が多く見られる。

併せて、監査役の機能強化に向けた取組み状況として、監査役監査を支える人

材・体制の確保状況、独立性の高い社外監査役の選任状況や、財務・会計に関する知見を有する監査役の選任状況について記載が求められているが、これに対しては、独立性の高い社外監査役の選任、取締役会、会計監査人、内部監査部門との連携強化、定例的な監査の実施などの説明が主なものであった。

一方、2013年4月に改訂された「コーポレート・ガバナンス報告書」の記載要領によると、少子高齢化や労働人口の減少が進む中、女性の活躍促進がわが国経済を活性化する力であり、外国でも取組まれていることを踏まえて、企業における女性の活躍に関する情報、役員会等の男女別構成や、女性の活躍の方針・取組み等、女性の活躍状況の開示も要請されている。

2. コーポレート・ガバナンスと企業法務

(1) コーポレート・ガバナンスの課題

わが国においてもコーポレート・ガバナンス論が広まった理由としては、利益供与や賄賂、粉飾決算、違法配当、リコール隠し、食品偽装など企業の不祥事が相次いだこと、またそれが発覚するケースが増えたことが原因である。経営の効率性を意識するあまり、企業の意思決定において監視機能が働かないこと、また企業運営の現場において、適法性のチェックや、企業として社会的責任を果たすという目的との整合性のチェックが十分に行われなかったことがその大きな理由であるといわざるを得ない。適法性に関しては、直接または間接的にも、企業法務が分掌すべき業務であり、また社会的責任との整合性に関しても、企業理念や社会的倫理など、企業運営に際して、拠り所とすべきベースが無視されず、適切に機能するかという問題である。この適法性や社会的責任との整合性の問題はどちらかというとコンプライアンスの問題であるので、本章第2節で扱うこととするが、ここではコーポレート・ガバナンスにおける監視機能の問題を取り上げることとする。

その具体例として、記憶に新しい、オリンパスの事件を考えてみたい。オリンパス事件については、すでにさまざまな媒体で報じられており、本書総論第2章においても、その事件の発覚のきっかけ等が説明されていることから、ここでは詳細は省略するが、問題は、バブル経済崩壊に起因する金融資産の運用損(含み損)の表面化を避けるため、含み損を抱える金融資産を複数のファンド(受皿

ファンド）へ帳簿価格で譲渡することで損失計上を先送りするとともに、その損失の解消を図るために、企業の買収や手数料の支払いなどという方法で、受皿ファンドを解消することにより、損失解消を図るという異常な処理がなされたことに起因する事件である。その後、2011年11月、弁護士と公認会計士から構成される第三者委員会が設置され、同年12月6日に第三者委員会調査報告書（以下、「本報告書」[6]という。）が公表され、同時に、コーポレート・ガバナンス改善の必要性や、再発防止策等に関して提言がなされたものである。

（2） オリンパス事件の教訓

本報告書では、取締役（会）の意思決定や業務執行に対して牽制機能を有する監査役会の対応が、「多額の含み損が指摘されていたにもかかわらず、その実態、発生原因、開示の要否、解消に向けた具体的な施策などの検討は行われておらず、アドバイザリー報酬が含み損の填補に使用されていることなどについて調査・検討が不十分であるといわざるを得ない」と監査役会の対応に対しても十分なガバナンス機能が果たされていないという点を指摘している[7]。このような監査役会の対応に関する指摘についても、監査役会が企業の内部統制において果たすべき重要な役割を示すものであり、監査法人による問題指摘に対して監査役会が真摯に対応しようとしていたならば、適切な対応が図られていたであろうということになる。

オリンパスでは、本報告書を受けて、取締役責任調査委員会や監査役等責任調査委員会を設置し、一連の役員等の法的責任の有無に関する調査が行われ、結果の報告も出されており、現旧取締役19名、現旧監査役5名について、それぞれ法的責任があるとの判断が出され、法的責任があるとされた取締役と監査役に対して、10億円を上限とする代表訴訟が提起されている。

また本報告書において指摘された問題点や再発防止に向けた提言を踏まえ、①コーポレート・ガバナンス体制の見直し・強化、②内部統制システムの整備、③コンプライアンス体制の見直しを図っている。

---

6) http://www.olympus.co.jp/jp/common/pdf/if111206corpj_6.pdf（確認日2013年12月）
7) 本報告書158頁。

① コーポレート・ガバナンス体制の見直し・強化

　執行役員制により、執行役員の業務執行機能と、取締役による経営意思決定や業務執行状況の監督機能を分離し、ガバナンス体制を確立し、取締役会は、取締役11名の過半数の6名を独立性の高い社外取締役で構成し、経営戦略など経営上重要な事項についての迅速な意思決定を行うとともに、執行役員による業務執行を適切に監督するという強化策を打ち出している。

② 内部統制システムの整備

　本社部門の位置づけや牽制機能を明確化して、その仕組みづくりとルールの見直し・徹底を図っており、事業投資を統括的に管理する仕組みを整備し、新たなガイドラインによる定期的なモニタリングを実施するとともに、監査役監査や公認会計士監査との連携強化を進めるとされている。

③ コンプライアンス体制の見直し

　コンプライアンスの統括責任者としてチーフ・コンプライアンス・オフィサー（CCO）を任命し、取締役会の諮問機関として、社外取締役を委員長とするコンプライアンス委員会を設置し、直面する課題の整理と、取組みを行い、信頼回復を目指している。さらに、内部通報制度として「コンプライアンス・ヘルプライン」を拡充するとともに、コンプライアンス教育の充実を図ることとしている。

　以上のさまざまな取組みは、「信頼回復に向けた100日間の記録」と題するオリンパスCSRレポート2012（特別版）[8]において、問題発覚からの経緯と新経営陣発足から約100日間の再発防止と企業再生に向けた取組みが開示されている。

（3）コーポレート・ガバナンスと企業法務

　本報告書で、特に注目すべきであるのは、「監査法人からの指摘事項について、監査役会とオリンパスの社内法務部との間で、オリンパスの業務執行の適法性や契約内容の問題点に関する意見交換はされていない」旨の記載[9]であり、

---

8) http://www.olympus.co.jp/jp/common/pdf/csr_confidence_2012.pdf（確認日 2013年12月）。
9) 本報告書152頁。

「監査役会としては、社外の意見を求めるほか、監査法人が指摘した点について、社内法務部に対してオリンパスの業務執行行為の適法性や締結された契約内容の妥当性について検証を求め、あるいは社内法務部と意見交換するという対応をすることも考えられるが、このような対応もしていない」旨の記載[10]である。

　この指摘は、監査役会に対する指摘事項であるものの、社内の組織と監査役会の連動が必要とされるという点で、社内の企業法務を担当する組織に対する重要な指摘でもある。つまり、この第三者報告書でも「オリンパスの社内法務部の業務内容には、業務執行行為の適法性の検討や契約書の内容検討もあるのに、このような社内の組織と監査役会との連動が全く見られない…」とか、「本件国内3社等の買収に当たっては、オリンパス法務部が主導して買収監査が行われるべきであるが、これが全く実施されなかった。買収に当たり取り交わされた契約書については、その締結前に、オリンパスの社内法務部が、本件買収を主導したオリンパスの社内部署から独立した立場で、その内容を十分に検討すべきであるが、そのような検討がされたこともなかった。したがって、本件買収に関するオリンパス監査役会の対応の問題点と並び、オリンパスの社内法務部の対応についても問題があった」といわざるを得ない、と指摘されている[11]。

　以上の指摘は、オリンパス事件に限らず、企業法務のあるべき姿を示しているとともに、企業法務が果たすべき責任が明らかとされている。もし企業法務がその理念に沿って本件を担当した場合には、外部の会計監査人が指摘した問題をはぐらかすための道具としてのみ活用され、問題をあたかも隠蔽するかのような目的に利用されることはなかったであろう、という指摘は、企業法務として、その日常業務の中で特に留意すべき事項であり、現実問題として、どちらかというと表面的あるいは形式的な審査に追われている企業法務としては、反省すべき点であろう。確かに、オリンパス事件のように、含み損の処理やその損失の飛ばしに際して海外におけるM&A取引などが利用されている損失処理の問題などは高度の経験と法的知識がなければその問題を十分に理解し、問題を指摘することは現実的には困難であると思われるが、可能な限り企業法務が早期に関与すること

---

10) 本報告書158頁。
11) 本報告書158頁。

によって、問題が的確に把握されるとともに、取締役会への適切な情報開示を求めるなど、社内ルールにしたがった専門職集団としての適切な業務執行が期待される問題である。これは、ガバナンスにおける企業法務としての重要な役割であり、かつ内部統制における企業法務の課題である[12]。

第2節 コンプライアンス（法令等遵守）

1. 企業不祥事とコンプライアンス

（1）企業のコンプライアンスとは

　コンプライアンス（Compliance）とは、それがビジネス活動のなかで使用される場合には、「法令、規則、ガイドライン、社内ルール等を、企業がそのビジネス活動のすべての場面において遵守すること」と定義することができ、企業が法律や規則などの基本的ルールに従って活動するというコーポレート・ガバナンスの基本原理の1つで、ビジネス・コンプライアンスという場合もある。つまり、「単に法律を遵守すること」にとどまらず、「さまざまなルールや慣行を守り、誠実に業務執行を行うこと」をいうとされている。

　本来の法律や規則は、社会の一定の価値や利益を正当に保護するために存在しており、その保護されるべき価値や利益は、時代によって変遷するものである。したがって、コンプライアンスは、法令の趣旨を理解し、その法令が守ろうとする、また増進しようとする利益や価値に従った行動を企業に求めるものである。企業がそのような行動をとることにより、コンプライアンス違反のリスクは減殺されるとともに、社会から尊敬される企業となり、その企業の価値も増大するはずである。その意味では、企業の社会的責任：CSR（Corporate Social Responsibility）と同様に、企業のあるべき姿を示しており、共に企業経営の重大課題として重視されている。

　これまで発生した不祥事事例からも明らかであるが、法令や規則等の違反（コンプライアンス違反）による信頼の失墜や、それを原因として法律の厳罰化や規

---

[12] 中央経済社「企業法制改革論Ⅱコーポレート・ガバナンス編」（2013年）；本書は対談集であるが、「企業法務にとってのガバナンスとは」が議論されているので参考になる。

制の強化が事業の存続に大きな影響を与えた事例が繰り返されているため、コンプライアンス（法令等の遵守）が、特に企業活動における法令違反等を防ぐという観点からよく使われるようになった。こういった経緯から、日本語ではしばしば法令遵守と訳され、法律や規則といった法令を守ることだけを指すという考え方もあったが、法令とは別に社会的規範や企業倫理（モラル）を守ることも当然に「コンプライアンス」に含まれるとする考え方が今や一般的である。このようなコンプライアンスを徹底することが、企業としての社会的責任であるといえよう。

（2） ビジネス現場への「コンプライアンス」の登場

日本企業が関係した法令違反問題（コンプライアンス問題）が最初に大きく話題となったのが、東芝機械ココム違反事件（1987年）である。本事件は、東芝機械が商社経由で輸出許可申請を行った上で旧ソ連に工作機械を輸出したのであるが、これが対共産圏輸出統制委員会（ココム）規制[13]に違反しているとされ、その結果、ソ連原子力潜水艦の性能が向上し、ソ連原潜の探知が困難になったとして、アメリカからの対日批判がエスカレートし、親会社の東芝製品の不買運動にまで発展した問題である。一方、東芝機械およびその従業員は外為法違反で起訴され、東芝機械は罰金刑、従業員は執行猶予付きの有罪となった。

この事件をきっかけとして、輸出に関わる企業では、「輸出貿易管理」を積極的に進めることとなり、専門のセクションを社内に設置するようになり、このセクションの行う「輸出貿易管理」が「コンプライアンス」と呼ばれていた。

また、1989年から1990年にかけて、日米両国間で「貿易収支の不均衡の削減に資することを目的として、両国で貿易と国際収支の調整の上で障害となっている構造問題を識別し、解決する」ことを目的として設けられたのが、「日米構造協議」(Structural Impediments Initiatives (SII)) である。

この日米構造協議の最終報告（1990年6月28日）の中に、「独占禁止法及びその運用の強化」という項目があり、そこでは「公正取引委員会は、独占禁止法

---

[13] ココムとは、「対共産圏輸出統制委員会」("Coordinating Committee for Export Controls") で、欧米16か国と日本が参加し、共産系諸国を対象に締結した軍事技術・戦略物資の輸出規制の協定を指しているが、1994年3月に廃止されている。

違反について刑事処罰を求めて告発を行なうことにより、今後は刑事罰の活用を図ることとする」とある。

この結果、公正取引委員会と検察庁の協議機関が設置され、公正取引委員会による刑事告発が積極的に行われるようになるという流れが生じた。これを受けて各企業は、「独占禁止法遵守プログラム」を導入し、「独占禁止法遵守（コンプライアンス）マニュアル」を策定する等の対応を行った。これ以降、その他を対象とするコンプライアンス・マニュアルも企業において策定されることとなった。

その後の一連の企業不祥事により、各企業がコンプライアンスを重視するようになり、コンプライアンス体制の構築を含め、内部統制システムと同様、重要な経営上の課題となってきている。

(3) コンプライアンスと不祥事原因

企業における不祥事の原因が明らかとなれば、その企業においては、コンプライアンスの徹底も一般的には比較的容易になるはずであるが、実際にはそれほど簡単ではなく、問題が大きくなってから不祥事が発覚することが多い。その理由としては、不祥事の原因にはさまざまなものがあり、それらが微妙に関連しあっているために、コンプライアンスの実効性を担保することが困難になっているからであると推定される。

その代表的なものを取り上げると、以下のとおりである。

① 企業の利益至上主義
② 経営トップの全社一丸型；社員による「会社のために」型
③ 不正の日常化；悪弊の継続・事なかれ主義・隠ぺい体質
④ 業務上の基本知識の欠如
⑤ 作業過程での手抜き
⑥ 反社会的勢力との癒着・利用
⑦ 役員や社員による私利・私欲型
⑧ あきらめ、問題の放置、誠実性の欠如
⑨ リスク管理体制の不備と危機管理のまずさ
⑩ コミュニケーションの欠如

これら個々の原因はこれまで指摘されてきたものであるが、これだけではな

く、これ以外にもあるであろうし、またこれまでのように不祥事に比較的寛容であった社会から、厳しい法的制裁と社会的非難を含めた社会的制裁がより厳しくなってきたという社会環境が変化していることも、不祥事が表面化するようになった理由ではないかと思われる。

2. コンプライアンスをめぐる最近の動向

(1) 一般傾向

「企業活動におけるコンプライアンス」が強調されるようになって久しく、現在、企業や組織におけるコンプライアンス活動は、さらなる進化が求められる局面を迎えている。

企業におけるコンプライアンス活動は、前述のとおり、特に、「企業活動における法令違反等による不祥事を防ぐ」という観点から推し進められてきた経緯があるが、背景には、企業活動における法令違反等によって、当該企業に対する社会からの信頼が大きく失墜したり、不祥事が事業の存続そのものに大きな影響を与えたりした事例が、数多く繰り返されたことが影響している。一時は、消費者に直接、商品やサービスを提供する企業や組織を中心に、連日のように企業不祥事に関するマスコミ報道があり、一部には、過剰ともいえるほどにマスコミ報道がなされたケースもあった。このような状況は、少しは沈静化したようであるが、企業不祥事に関する記事が新聞紙面からなくなることは期待できないであろう。経営トップをはじめ、それぞれの組織や組織内の構成員が、「コンプライアンス」意識を高め、社会との関係を意識し社会的要請に応えるべく努力した企業では、コンプライアンス違反の事例は減少してきているようであるが、コンプライアンス体制の構築が遅れたり、コンプライアンスに対する意識改革が遅れた企業では、コンプライアンス違反ともいえる事例が起きる可能性は否定できない。

いずれにしても企業や組織の不祥事を防止するための、コンプライアンス・プログラムの構築やコンプライアンスの実施体制の整備およびその実施などが、経営活動や事業活動の重要な一面として強調されるようになり、企業や組織においてコンプライアンスが的確に機能しているかどうかを含めた「内部統制」がより重視されるようになっている。

このような一連の社会的要請の変化は、法制度や法的要求事項の変化として

も、色濃く現れている。例えば、会社法や金融商品取引法等における内部統制の規制の強化は、このような変化の一環であり、上場企業では内部統制が機能しているかどうかに関する内部統制報告書の提出が義務づけられるなど、内部統制体制の整備等は一段落したともいえるかもしれない。企業と消費者を含む社会との関係においては、かつての事業活動を主体とした考え方から、消費者・顧客中心の考え方に変化していることは明らかである。また、公益通報者保護法の制定や、多様な就労形態を前提とした労働法への対応など、各種の法的要求事項や、その背景にある社会的要請事項は、日々変化しており、法的リスクやコンプライアンス・リスクはかつてなく高まっている。そればかりでなく、企業や組織ならびに組織の構成員の行動が常に社会から注目され、監視されているという意味で、「社会的な責任を果たしているか」という観点からのリスクについても確認する必要があろう。

　企業としては、法令遵守は最低限の義務であるとの認識のもと、社内の規則等のルールや社会規範・企業倫理などに加え、各企業がもつ価値観（企業理念や社是・社訓など）に照らし、社会的に許容される範囲で経営が行われるのであるが、このような経営が、理想的なコンプライアンス経営であるといえる（図1）。

図1　企業のコンプライアンス

（2） 経団連「企業行動憲章」

　図1にある経営理念とか経営ビジョンとは、企業および企業の経営者の信条・信念・理想・哲学・ビジョンなど経営における価値観・物の考え方であり、企業が経営戦略を策定したり、意思決定を行う際の理想的な拠り所であり、また社員の行動の基本方針ともなるものである。社是・社訓などもこの経営理念を具体化したものであるといえる。多くの企業では、創業の精神、企業使命、企業理念、社是・社訓など長期的に守るべき理念や哲学を掲げ、企業目的、事業目的や経営方針、さらには行動指針・行動基準・行動規範などを用意している。また、これらの理想を実践するための具体策として「コンプライアンス・プログラム」を策定し、実践することが期待されている。

　この企業行動規範やコンプライアンス・プログラムの参考になるものとして、経団連によって、企業不祥事が多発したことを契機として、これまでの企業行動を振り返り、21世紀に向けて真に豊かで活力のある市民社会にふさわしい企業行動のあり方を確立するためということで、1991年9月に「企業行動憲章」を制定し、企業行動のあり方の指針（企業の社会的役割を果たす7原則、公平なルールを守る5原則、および経営トップの責務3原則）を示し、1996年12月には、以下の5つの課題と提言を掲げ、新たな企業行動憲章が策定された。

① 自己責任に則り、企業倫理を遵守しつつ、公正かつ自由な競争を展開する。
② イノベーションを通じ、消費者・ユーザーの満足度・感動を高める。
③ あらゆる市民（従業員、株主、地域住民など）の支持が得られる活動を展開する。
④ 循環型社会の構築に貢献する。
⑤ 国際的な事業展開に際しては、現地社会から信頼される企業市民として、現地の経済発展や生活の向上に貢献していく。

　以上を踏まえ、具体的な企業行動指針として、以下の10項目が掲げられている。その後改正が繰り返され、現在は、「社会の信頼と共感を得るために」と題する2010年9月の企業行動憲章[14]が最新のものとなっている。各企業もこの経

---

14) http://www.keidanren.or.jp/japanese/policy/cgcb/charter.html （確認日 2013年12月）。

団連の行動憲章をもとに独自の行動憲章や行動規範を策定している。なお、この企業行動憲章の趣旨を徹底するための参考として、「企業行動憲章－実行の手引き」(第6版)[15]が作成され、憲章の各項目について、それが求められる背景、企業の基本的心構え、姿勢が解説され、具体的なアクション・プランが示されている。

【経団連：企業行動憲章の10原則】(2010年9月14日)
① 社会的に有用で安全な商品・サービスを開発、提供し、消費者・顧客の満足と信頼を獲得する。
② 公正、透明、自由な競争ならびに適正な取引を行う。また、政治、行政との健全かつ正常な関係を保つ。
③ 株主はもとより、広く社会とのコミュニケーションを行い、企業情報を積極的かつ公正に開示する。また、個人情報・顧客情報をはじめとする各種情報の保護・管理を徹底する。
④ 従業員の多様性、人格、個性を尊重するとともに、安全で働きやすい環境を確保し、ゆとりと豊かさを実現する。
⑤ 環境問題への取り組みは人類共通の課題であり、企業の存在と活動に必須の要件として、主体的に行動する。
⑥ 「良き企業市民」として、積極的に社会貢献活動を行う。
⑦ 市民社会の秩序や安全に脅威を与える反社会的勢力および団体とは断固として対決し、関係遮断を徹底する。
⑧ 事業活動のグローバル化に対応し、各国・地域の法律の遵守、人権を含む各種の国際規範の尊重はもとより、文化や慣習、ステークホルダーの関心に配慮した経営を行い、当該国・地域の経済社会の発展に貢献する。
⑨ 経営トップは、本憲章の精神の実現が自らの役割であることを認識し、率先垂範の上、社内ならびにグループ企業にその徹底を図るとともに、取引先にも促す。また、社内外の声を常時把握し、実効ある社内体制を確立する。
⑩ 本憲章に反するような事態が発生したときには、経営トップ自らが問題解決にあたる姿勢を内外に明らかにし、原因究明、再発防止に努める。また、社会への迅速かつ的確な情報の公開と説明責任を遂行し、権限と責任を明確にした上、自らを含めて厳正な処分を行う。

---

15) http://www.keidanren.or.jp/policy/cgcb/tebiki6.pdf (確認日 2013年12月)。

(3) コンプライアンス部門の設置

　企業の不祥事のほとんどは、法律や規制等に違反したりすることだけでなく、社内ルールや当然の注意義務を無視したり、看過することによって生じることが多く、これまで、各企業ではコンプライアンス部門の体制整備を行い、事業活動のチェックを行うシステムが構築されてきたが、このコンプライアンス部門をどう強化し、どう機能させるかも経営責任の一部であり、広義のコーポレート・ガバナンスにかかわる問題であるともいえる。経団連の企業行動憲章にもあるとおり、経営トップの率先垂範が最も重要な要素を占め、経営者が自ら率先して、企業倫理の実践に取り組んでいくことが、従業員との間の信頼関係を構築することになり、結果として社員全員がこれらを遵守することに繋がるといえる。

　以上のように、企業行動基準やコンプライアンス・プログラムを策定したのみでは十分とはいえず、これを実践するためのシステムの整備や制度化、さらにはそれを実践する組織も必要となる。最近では、経営トップのリーダーシップの下、コンプライアンス委員会が設置され、コンプライアンスのための専門組織を設置する企業も増えている。その中心は、やはり法務の経験者や法務部門の人間が担当することが多いようである。その意味でも、企業におけるコンプライアンスは、法務部門の主要な役割となっている。一方で、コンプライアンスは、経営責任の一部となるので、法務部門とは別の組織とすべきであるとして、独立したコンプライアンス組織を有している企業も多い。

　このコンプライアンス体制（図2参照）のなかでも重要な仕組みは、内部通報

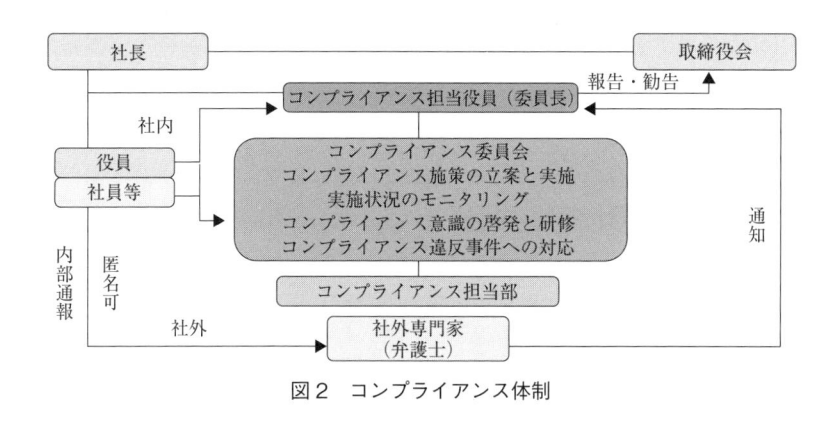

図2　コンプライアンス体制

窓口（ヘルプライン）である。これは、企業内で不祥事等が発生した際に、その情報が遅滞なく、経営トップに伝わるよう、コンプライアンス担当の組織を窓口とするものであるが、社内窓口では情報が社内関係者に伝わってしまうことを危惧するもののために、社外の窓口（通常は、弁護士であることが多い）も設置しているケースが多い。組織内の問題情報を早期に察知し、それに適時に対応することができれば、それが大きな不祥事になることは避けることができ、損失も最小限にとどめることができる。その意味では、このような不祥事情報が経営トップに遅滞なく伝達される仕組みは非常に重要なシステムであり、このようなシステムが用意され、それが適切に機能するのであれば、問題も早期に解決することができる。このように不祥事対応が社内で速やかになされれば、このような不祥事をあえて社外に開示しようとする者もいなくなるであろうと期待されている。なかには、経営サイドや組織内で適切に対応されず、処理も十分に行われないことから、それが不祥事として対外的に開示されてしまうというケースも残念ながら減ってはいない。これまでの不祥事の大半は、このような不祥事情報が社外に開示された結果、明らかとなったもののようである。

　企業組織内で、適切な対応がなされない場合に、その対応が徹底されるよう、マスコミ等への開示を許容し、その開示を行った者に対して、配置転換とか解雇などの処分を禁止した「公益通報者保護法」も施行されている（2006年4月）。この法律は、一定の法律違反など通報対象事実に一定の制限があるものの、企業にとっては不祥事となりうる情報が、経営トップに遅滞なく伝達される仕組みとなっており、適切な運用が行われれば、組織内のコミュニケーションの透明化には寄与することが期待されている。ちなみに、会社のコンプライアンス室に内部通報したことに対し、通報は公益通報者保護法の保護対象に当たらないとし、配置転換も通報が理由とは認め難いとして、会社に人事権の濫用はなかったとした1審判決につき、内部通報による不利益な取扱いを禁じた社内規則に反しており、人事権の濫用に当たるとして1審判決を否定し配置転換は無効であるとした高裁判決[16]もある。

　以上のとおり、企業や事業活動の実施組織を取り巻く社会的環境は大きく変化し、もはや法令遵守は当然のこととして、コンプライアンスを重視しない企業の

---

16) 東京高判平成23年8月31日；その後上告されたが上告棄却で確定している。

存続はありえないという段階にきているという現実を認識することが、ますます重要になっている。

（4） コンプライアンスと企業法務

　コンプライアンスとは、法令や規則等の遵守をその主な対象としていることから、コンプライアンスに対する企業法務への期待と役割は、当然のことながら、重視されることとなろう。コンプライアンス体制のなかでは、企業法務の関与が直接的または間接的であれ、その中心的メンバーとしての役割を担うこととなるであろうし、またコンプライアンス違反による不祥事に対しては、法務として適切な対応や処理が求められることとなる。もし、それが法的な問題であれば当然、そうでない場合においても、企業としての社会的責任を果たすという観点で、その是非が検討されることとなろう。もし経営トップの判断に誤りがあるのであれば、本章第1節で引用したオリンパス事件における企業法務のあり方でも言及されているように、直ちに正すという姿勢と勇気をもつことが必要となろう。その場合の拠り所となるのも、やはり企業理念や社是・社訓、また社会的責任のベースともいえる企業倫理であろう。

　コンプライアンスの実践（つまり法令等の遵守や企業倫理の実践）は、企業にとり社会的信頼を得て、企業が発展するために欠くことのできないものであることを経営陣から繰り返し説明してもらうことは当然として、管理者研修や従業員研修の機会をとらえ、その必要性を強調するとともに、コンプライアンスが押付けのものではなく、従業員やその家族を守る共通の目的であることを実感させること、そのことにより信頼関係の構築をすることが必要であろう。そのなかでも法令等の解説を含め、過去の事例を利用したコンプライアンスとは何かという教育やコンプライアンスを徹底するという意識を従業員に持たせるためには、定期的に「コンプライアンス意識調査」などのモニタリングを実践し、コンプライアンスに対する意識改革を行うことが必要となろう。そして、これは法務部門が中心となって行うべき業務内容であるといえる。その意味では、企業法務は、コンプライアンス研修をはじめとする社内における啓蒙活動の中心的な役割を期待されており、その啓蒙活動を定期的かつ継続的に実践しなければならない。そのためにも企業法務の果たす役割は重く、いっそうの努力が必要とされるであろう。

第2章 内部統制・危機管理および企業法務組織

総論の第2章では、企業の内部統制および危機管理について、企業法務がどのような役割を担っているかを分析した上で、法務組織のあるべき組織形態について検討を行う。いうまでもなく、内部統制や危機管理は取締役の責任と直結する経営課題である。

わが国の会社法務部に関する第10次実態調査の分析報告[1]には、「会社法務部が内部統制システムの構築にどのように関与したか」についての質問に対する回答が示されているが、回答があった会社（合計1,035社）のうち、「社内規程・ルールの作成・見直し等、法的な部分について中心的な役割を担った」との回答が22.5％、「（上記事項に）積極的に関与した」との回答が33.7％、そして「要請

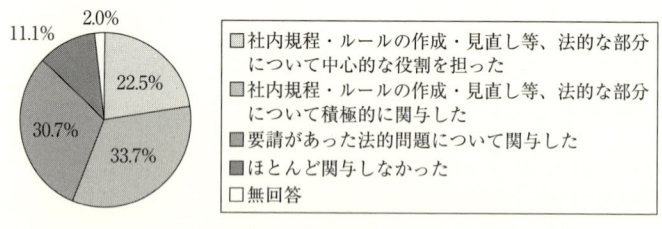

図3 会社法務部の内部統制システム構築への関与

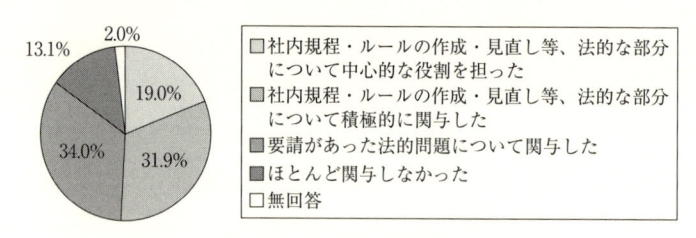

図4 会社法務部の危機管理体制構築への関与

---

1) 経営法友会・法務部門実態調査検討委員会編著『会社法務第10次実態調査の分析報告』NBL No.135（2010年11月）（以下、「本実態調査」という）。

があった法的問題について関与した」との回答が 30.7％であり、「ほとんど関与しなかった」との回答は 11.1％にとどまっている（図3）。また、危機管理体制構築の確立への関与に関する質問についても、上記と近似した傾向を示しており（図4）、内部統制や危機管理といった企業経営の重大関心事について、会社法務部が深く関与している実態を示している[2]。

内部統制や危機管理における企業法務の役割は、それらのシステムの構築に際しての規程やルール作成等の準備作業段階から始まるとしても、それらは Plan-Do-Check-Action の永続的循環において、実効性を維持し、適宜見直しを行い、修正することが要求される。企業法務に対して会社の経営陣は、PDCA の循環において問題を洗い出し、関係各部署と連携して迅速に対応する行動力、協調性そして機敏さを期待している。また本実態調査で明らかになったように、企業法務の構成員には、幅広い法律知識のみならず、バランス感覚やビジネス・センスが期待されている。さらに、企業活動のグローバル化に伴い、企業法務の責任領域は拡大し続ける中で、企業法務組織のあり方も重要な課題になりつつある。以下において、企業法務が果たすべき役割を念頭において、内部統制および危機管理が問題とされた事例を分析する。

第1節　内部統制と企業法務[3]

1．内部統制と企業法務の役割

（1）内部統制とは何か

一般に、コーポレート・ガバナンスは、企業の経営がいかに指揮されるべきか、特に企業の意思決定の中枢に当たる取締役会の枠組をいかに構築していくべきかという問題を中心に扱うが、これに対して、内部統制は、決定された経営方針の

---

2) 本実態調査においては「会社法務部」または「企業の法務部門」という用語が使用されているがいずれも「企業法務を担う法務部門」を意味しており、本章において使用する「企業法務」組織と同義である。
3) 参考文献として、内部統制監査研究会編『内部統制・内部統制監査の研究』（商事法務、2012）、新日本有限責任監査法人編『企業の内部統制とリスクマネジメント－トップダウンアプローチとリスクベースの内部統制評価』（第一法規、2011）、町田祥弘（編著）、鳥飼重和（監修）『内部統制の法的責任に関する研究』（日本公認会計士協会出版局、2013）など。

26 第Ⅰ部 総論

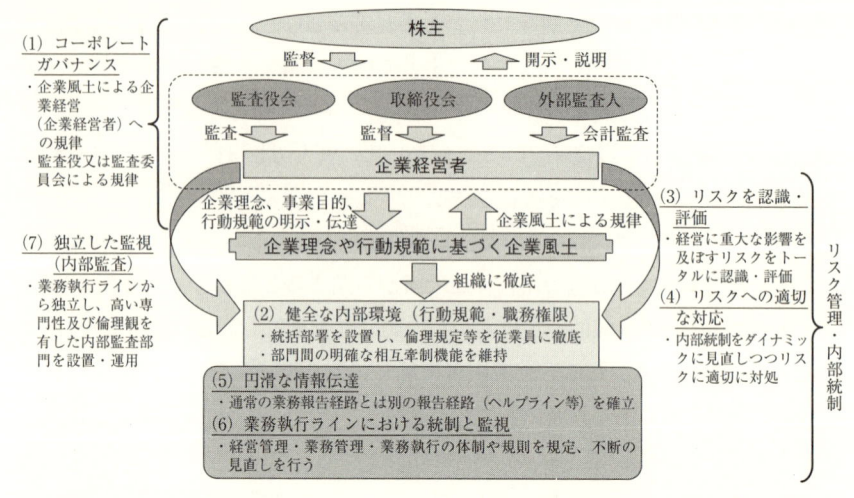

図5 コーポレートガバナンスおよびリスク管理・内部統制に関する指針の全体図
出典：経済産業省「コーポレートガバナンスおよびリスク管理・内部統制に関する開示・評価の枠組みについて―構築および開示のための指針―」(2005年7月)

運営をいかに管理・監督するかの問題を扱う（図5参照）。つまり、内部統制とは組織がその目的を効率的かつ適正に達成するために、その組織の内部において適用されるルールや業務プロセスを整備し運用することを意味するとともに、その結果確立されたシステムをいう。しかし、会社法の規定には内部統制という言葉は使用されていないことに加えて、金融商品取引法の下では財務情報の適正性に重点をおいて内部統制をとらえているので、何をもって内部統制と考えるべきか、また法的にどの程度の内部統制が要求されているのかは明確ではない。

そこで本節においては、まず会社法における「株式会社の業務の適正を確保するために必要な体制」（以下、「適正業務体制」という）を検討した上で、金融商品取引法における「財務計算に関する書類その他の情報の適正性を確保するために必要な体制」（以下、「適正財務体制」という）について検討し、これらを通じて内部統制における企業法務の役割について考える。なお、「適正業務体制」の確立は、会社法上の大会社[4]についてのみ義務づけられており、「適正財務体制」

---

4) 大会社とは、最終事業年度（会社法2条24号）にかかる貸借対照表上、資本金として計上した額が5億円以上、または負債として計上した額の合計額が200億円以上のいずれかに該当する会社をいう（会社法2条6号）。

は金融商品取引法の適用主体にのみ適用される。しかし、適正業務体制と適正財務体制は、それぞれの根拠法令が異なるとはいえ密接に関係しており、さらに、大会社にも上場会社にも該当しない会社の取締役であっても、取締役は会社に対する善管注意義務を負担していることから、内部統制の構築について最大限の注意を払うべきであろう。

(2) 適正業務体制について

　2006年から施行された会社法は、大会社の取締役会に対して「取締役の職務の執行が法令および定款に適合することを確保するための体制その他株式会社の業務の適正を確保するために必要なものとして法務省令で定める体制の整備」（会社法362条4項6号）の決定を義務づけている。適正業務体制の整備は、定款に別段の定めがある場合を除いて、取締役の過半数で決定し、各取締役に委任することはできない（同348条2項・3項4号）。取締役会設置会社では、取締役会で適正業務体制を決定せねばならない（同362条4項6号）。しかし、条文上は「業務の適正を確保するために必要なものとして法務省令で定める体制」とあるように、具体的な内容は法務省令（会社法施行規則。以下、「本施行規則」という）に委任されている。

　本施行規則の下で、適正業務体制を確保するために必要なものとして以下の体制が列挙された[5]。

① 取締役の職務の執行に係る情報の保存および管理に関する体制
② 損失の危険の管理に関する規程その他の体制
③ 取締役の職務の執行が効率的に行われることを確保するための体制
④ 使用人の職務の執行が法令および定款に適合することを確保するための体制
⑤ 当該株式会社並びにその親会社および子会社から成る企業集団における業務の適正を確保するための体制
⑥ 監査役の監査が実効的に行われることを確保するための体制

　しかし、具体的にどのような体制を構築すべきであるかは本施行規則にも明

---

5) 委員会設置会社では若干内容が異なる他、会社の体制によって異なる点がある。

記されていないので、各企業がそれぞれの業態や規模に応じて適切な体制を構築することになる。なお、各社は適正業務体制を公表しているが、表1にわが国を代表する総合商社の適正業務体制を一例として掲載する[6]。この具体例から明確なように、会社法のもとで構築される適正業務体制は、後述する適正財務体制より広い範囲に及んでいる。また、適正業務体制は一般にコンプライアンス（法令遵守）と称される概念よりも広く、情報管理、危機管理、集団統制および実効的監査体制も含まれている点に注意が必要である。企業法務の役割は、究極的には適正な経営の支援であるが、そのためには適正業務体制の確立と継続的な管理サポートが求められている。かつて企業法務の役割が、サービス・スタッフ型の契約管理・治療法務から予防法務に、そしてコンプライアンス・経営参画型法務へと拡大していったように、現代においては適正業務体制の確立と管理・支援にも役割期待が及んでいる。

表1　適正業務体制の具体例

当社は、会社法が定める「業務の適正を確保するために必要な体制」を次の通りとする。
I. 取締役の職務の執行が法令および定款に適合することを確保するための体制並びに使用人（執行役員および職員。以下同じ）の職務の執行が法令および定款に適合することを確保するための体制
1. 当社は、法令遵守および倫理維持（以下「コンプライアンス」という）を業務遂行上の最重要課題のひとつとして位置づけ、その達成を目的として、「役職員行動規範」を制定し、出向社員、嘱託、出向受入嘱託、事務系契約社員、派遣社員を含む役職員の全ての適用対象者に遵守を求める。
2. 取締役会において選任したチーフコンプライアンスオフィサー（以下「CCO」という）を委員長とし、コーポレートスタッフ部門の関係部署部長を委員とするコンプライアンス委員会を設置する。コンプライアンス委員会は、国内外の関係会社を含むコンプライアンス体制の整備、およびその有効性の維持・向上を目的とし、原則として年1回定期的に開催する他、必要に応じて都度開催する。
3. コンプライアンス意識を徹底・向上させるために、新人導入研修、海外赴任前研修、関係会社差入役員研修などできる限り多くの機会を捉えて、あらゆる職務の役職員を対象とするコンプライアンス研修を整備・充実する。また、各国の各種の法令の制定改廃について、法務部が社外の弁護士とも連携して、適宜、調査研究を行い、その結果を役職員に対し報告するとともに、個別の法務案件の相談に対処する。
4. コンプライアンスに関する報告・相談ルートは、社外の弁護士および第三者機関への

---

[6] 三井物産株式会社コーポレートガバナンスおよび内部統制原則（2012年4月改訂：www.mitsui.com/jp/ja/company/governance/）から抜粋した（一部改変）。

ものも含め社内外に複数設置する。また、国内関係会社についても、当社が指定する弁護士および第三者機関をその関係会社の社外報告・相談ルートとして設定できることとする。弁護士および第三者機関については、匿名性を担保して利用できる仕組みとする。
5. コンプライアンス違反者に対しては、就業規則に基づく懲戒を含め厳正に対処する。
6. 取締役および使用人の業務執行における法令・定款・社内規程・規則等の遵守状況について日常的に相互監視を行うとともに、定期的に全社および主要な関係会社について、その遵守状況の監査を行い、会社経営に対する影響の評価分析を行う。また、社長直轄の内部監査部は、内部統制の整備・運用状況を、業務の有効性・効率性、財務報告の信頼性、法令遵守の観点から検証するとともに、リスクマネジメントの妥当性・有効性を評価し、その改善に向けて助言・提言を行う。
7. 監査役は、株主の負託を受けた独立の機関として取締役の職務執行を監査することにより、取締役および使用人の業務執行における法令・定款・社内規程・規則等の遵守状況を監視する。
8. 取締役会の監督機能を強化するため、適切な数の社外取締役を選任する。また、経営の客観性・透明性を確保するため、当社全体のコーポレートガバナンスの状況や方向性等につき社外役員の視点を交えて検討するガバナンス委員会等の諮問委員会を設置する。

Ⅱ. 取締役の職務の執行に係る情報の保存および管理に関する体制
1. 当社は、取締役の職務の執行に係る情報の保存および管理につき、コーポレートスタッフ部門担当役員を責任者と定め、以下に列挙する職務執行に係る重要情報を文書または電磁的記録により関連資料と共に保存・管理する。取締役および監査役は、これらの文書等をその要請に基づき速やかに閲覧できるものとする。
 (1) 株主総会議事録
 (2) 取締役会議事録
 (3) 取締役会の諮問委員会議事録
 (4) その他の各種会議体の議事録
 (5) 取締役を決裁者とする稟議書その他社内申請書
 (6) 取締役を署名者または押印者とする契約書
 (7) 会計帳簿、計算書類、出入金伝票
 (8) 官公庁その他公的機関、証券取引所に提出した書類の写し
 (9) その他「情報管理規程」に定める情報
2. 前項各号に定める情報の保存期間、保存場所およびその方法については「情報管理規程」に定めるところによる。

Ⅲ. 損失の危険の管理に関する規程その他の体制
1. 各営業本部長および地域本部長は各々、「営業本部長権限規程」等の各種権限規程等に基づき付与された権限の範囲内で事業を履行し、その範囲内で、事業の履行に伴う損失の危険(以下「リスク」という)を管理する。付与された権限を越える事業を行う場合は「稟議制度」による許可を要し、許可された当該事業の履行に係わるリスクを管理する。
2. 一方、コーポレートスタッフ部門は、内外連結ベースで、多種多様な定量・定性リスクを全社一元的に管理する統合リスク管理体制を構築する。同体制は、内部統制の一元的管理体制の整備並びにその有効性の維持・向上の役割と責任を負う内部統制委員会、および、投融資に係わる全社的リスク管理機能を担うポートフォリオ管理委員会を核と

し、関係のコーポレートスタッフ部門各部が夫々の職掌に定めるリスク管理分野において各種社内規程等の制定を行うと共に事前審査或いは事後モニタリングを通じ、また相互連携して対応する。また、全社的な投資基準、撤退基準等の投資に関する基準を作成し、これに基づき適正な投資管理を行う。
3. 重大事態発生時においては、「危機対策本部規程」に基づき、損害・損失等を抑制するための具体策を迅速に決定・実行する組織として、社長を本部長とする危機対策本部を設置し、適切に対応する。また、地震やテロ等の災害を受けた場合には、「災害時事業継続管理規程」に基づき、事業継続または早期復旧・再開を図るための組織として、人事総務部管掌役員を本部長とする緊急対策本部を設置し、適切に対処する。

Ⅳ. 取締役の職務の執行が効率的に行われることを確保するための体制
1. 取締役会:当社は、取締役の人数を実質的な討議を可能とする最大数にとどめる。取締役会は、取締役の経営者としての職務執行が効率性を含め適正に行われているかを監督する。
2. 執行役員制:取締役の経営者としての職務の遂行がより効率的に行われるべくその業務の執行にあたり、執行役員制を採用する。執行役員は取締役会により選任され、取締役会が定めた責務を遂行する。
3. 各種委員会:経営執行段階の意思決定の効率化および適正化のため経営会議、ポートフォリオ管理委員会等、各種会議体を設置する。
4. 営業本部・地域本部制:商品をベースとした営業本部制並びに米州、欧州・中東・アフリカおよびアジア・大洋州からなる地域本部制を採用し、夫々の本部長に対し権限規程に基づき一定の権限を付与した上で、現場に密着し、スピード感のある経営を実践させる。
5. 稟議制度:各営業本部長および地域本部長の権限を越える案件については、関係コーポレートスタッフ部門各部の職掌・専門分野の見地から審議の上、全社最適の観点から代表取締役が決裁する制度(稟議制度)を構築する。
6. 中期経営計画:中期経営計画および年度事業計画を策定し、それに沿った事業戦略および経営諸施策の推進・実施を行うと共に、その進捗状況を取締役会にて定期的に検証することにより、効率的に業務を執行する。

Ⅴ. 当社企業集団における業務の適正を確保するための体制
1. 当社は、関係会社の自律経営を原則とした上で、関係会社については、主管者を設け、その職責等に関する「関係会社主管者職務規程」を制定し、次のとおり関係会社に対し適切な管理を行う。
 (1) 個々の関係会社の経営状況を把握し、適切な連結経営体制を構築・維持する。
 (2) 出資者としての法的または契約上の権利を行使し、関係会社の経営者が適切な水準の社内規程・規則等を整備・運用するよう求める。同様に、事業報告・財務報告・監査報告などの関係会社の重要事項についての報告を求め、また、役員の選解任・剰余金処分などの決議事項につき、出資者として適切な意思表示を当該関係会社の経営者に対して行う。
 (3) 関係会社の重要なリスクの存在を識別・測定し、これに対応するための継続的な統制を組織的に行う。
2. 当社は、主要な関係会社に対し、定期的にその業務執行における法令および社内規程・規則等の遵守状況の監査の実行を求め、その結果の会社経営に対する影響の評価分析を行う。
3. 当社は、国内関係会社につき、当社がコンプライアンス社外報告・相談ルートとして

指定する弁護士および第三者機関をその関係会社のコンプライアンス社外報告・相談ルートとして設定できることとする。関係会社は、当社の役職員に関し、コンプライアンス違反またはその疑いのある行為を発見した場合および当社よりコンプライアンス違反行為またはその疑いのある行為の実行を要請された場合は、当社の社内外のいずれかのコンプライアンス報告・相談ルートを通じて当社コンプライアンス委員会に対し報告することができる。

Ⅵ．監査役がその職務を補助すべき使用人を置くことを求めた場合における当該使用人に関する体制、および、当該使用人の取締役からの独立性に関する事項
1. 当社は、監査役の監査の実効性を高め、かつ、監査職務が円滑に遂行されるため、監査役の職務遂行を補助する組織として監査役室を設置し、専任の使用人を3名以上配置する。これらの使用人は、専ら監査役の指揮命令に従って、監査役業務全体を補佐するものとし、これに必要な、適正な知識、能力を有するものとする。
2. 監査役室員の取締役からの独立性を確保するため、監査役室の組織および監査役室員の人事（異動、人事評価、懲戒等）に関しては、担当代表取締役が監査役の同意を得た上決定する。

Ⅶ．取締役および使用人が監査役に報告をするための体制その他の監査役への報告に関する体制
1. 監査役は、取締役会のほか、重要な意思決定の過程および業務の執行状況を把握するため、経営会議、その他の重要な会議または委員会に出席することができる。
2. 監査役には主要な稟議書その他社内の重要書類が回付され、または、要請があれば直ちに関係書類・資料等が提出される。
3. 監査役は、定期的に、会長、社長、その他の取締役、執行役員、コーポレートスタッフ部門部長等との連絡会議を開催し、更に、随時必要に応じ、職員も含め執行部側からの報告を受けることができる。特に、コンプライアンス関連情報についてはCCOとの連絡会を定期的に開催する。
4. 取締役は、会社に著しい損害もしくは影響を及ぼす恐れのある事実を発見した場合、直ちに監査役会に報告を行う。使用人は、必要に応じ、監査役にコンプライアンスに関する報告・相談を行うことができる。
5. 監査役は主要な関係会社の往査並びに関係会社の監査役との日頃の連携および関係会社監査役連絡会を通して、関係会社管理の状況の監査を行う。

Ⅷ．その他監査役の監査が実効的に行われることを確保するための体制
1. 取締役は、監査役の職責、心構え、監査体制、監査基準、行動指針等を明確にした監査役監査基準を熟知するとともに、監査役監査の重要性・有用性を十分認識し、また、監査役監査の環境整備を行う。
2. 監査役が必要と認めたときは、代表取締役等と協議の上、特定の事項について、内部監査部に監査の協力を求めることができる。内部監査部は、監査役および監査役会と緊密な連携を保ち、監査役による効率的な監査に協力する。また、監査役は、法務部、経理部その他の各部に対しても、随時必要に応じ、監査への協力を求めることができる。
3. 監査役は会計監査人と、両者の監査業務の品質および効率を高めるため、相互協議に基づき、情報・意見交換等の緊密な連携を図ることができる。
4. 監査役は、専任の顧問弁護士を委嘱し、定期的、又必要の都度随時相談することができる。また、監査役は必要に応じ、その他の社外の専門家の委嘱をすることができる。

（3） 適正財務体制について

2006年に投資家の保護を目的として金融商品取引法が制定された。本法律は、従来の証券取引法を抜本的に改正したものであるが、①金融商品・サービスの販売に関する横断的なルールを設けること、②四半期開示を義務づけ、公開買付け制度（TOB）や大量保有報告制度を見直すことなどが改正の主目的であった。金融商品取引法では、企業情報の開示の充実の一環として、アメリカのSarbanes & Oxley法[7]を参考にして、新たに企業の内部統制の監査に関する制度が導入された。そして、企業の信頼性を確保するために、財務報告内容に関する企業活動を、内部統制によって適正化・効率化することを経営者の義務として課している。対象となる企業はすべての上場企業で、連結対象となる子会社も含まれる点に注意を要する。なお、内部統制は、企業目的を達成するために欠かせない仕組みであり、取締役は、内部統制を構築するとともにその有効性と効率性を維持する責任がある。2007年に企業会計審議会から公表された「財務報告に係る内部統制の評価および監査の基準」によれば、内部統制とは、次の4つの目的を達成するために企業内のすべての者によって遂行されるプロセスとされている。

① 業務の有効性・効率性：事業活動の目的の達成のため、業務の有効性・効率性を高めること。
② 財務報告の信頼性：財務諸表および財務諸表に重要な影響を及ぼす可能性のある情報の信頼性を確保すること。
③ 事業活動に関わる法令等の遵守：事業活動に関わる法令その他の規範の遵守を促進すること。
④ 資産の保全：資産の取得・使用・処分が正当な手続・承認の下で行われるように、資産の保全を図ること。

また、内部統制を構成する基本的要素として、(a) 統制環境、(b) リスクの評価と対応、(c) 統制活動、(d) 情報と伝達、(e) モニタリング、および (f) ITへの対応が挙げられている。これら6つの要素が経営管理の仕組みに組み込まれて一体となって機能することで、内部統制の目的が達成されうる。

---

7) Public Company Accounting Reform and Investor Protection Act of 2002 のことで、企業改革法などとも称される。

(a) 統制環境：組織の気風を決定し、組織内のすべての者の統制に対する意識に影響を与えるとともに、他の基本的要素の基礎となる、誠実性・倫理観経営者の意向・姿勢、経営方針・経営戦略、取締役会、監査役（または監査委員会）の有する機能、組織構造と慣行、権限と職責および人的資源に対する方針と管理などが挙げられる。

(b) リスクの評価と対応：組織目標の達成を阻害する要因を「リスク」として識別し、分析・評価するとともに、そのリスクへの適切な対応を行う一連のプロセスをいう。

(c) 統制活動：経営者や部門責任者などの命令・指示が適切に実行されることを確保するために定める方針・手続をいう。権限や職責の付与、業績評価や職務の分掌などの広範な方針・手続が含まれる。

(d) 情報と伝達：必要な情報が識別・把握・処理され、組織内外や関係者相互間に正しく伝えられることを確保することをいう。特に、必要な情報が関係する組織や責任者に、適宜、適切に伝えられることを確保する情報・伝達の機能が不可欠である。

(e) モニタリング：内部統制の有効性・効率性を継続的に評価するプロセスをいう。モニタリングにより、内部統制は常に監視・評価され、是正されることになる。

(f) ITへの対応：あらかじめ適切に定められた方針・手続を踏まえ、業務の実施において、組織内外のITに適切に対応することをいう。特に、組織の業務内容がITに大きく依存している場合や情報システムがITを高度に取り入れている場合等には、内部統制の目的を達成するための不可欠の要素となる。

適切な内部統制が存在し、かつ、それが適切に運用されることによって、経営者は業務の有効性や効率性を高め、より高い品質で企業経営を行うことができる。株主、投資家や債権者などの利害関係者にとっては、企業の内部統制の整備状況の良否が、高い関心事であることから、その整備と時宜を得た体制の見直しのための支援が、企業法務に期待されている。

2. 会社および役員の内部統制構築義務と法的責任[8]

　内部統制システムを構築すべき義務（以下、「内部統制構築義務」という）に違反した場合の会社の責任および会社役員の責任について検討を行う。まず、表2に内部統制構築義務との関係で会社または役員への責任追及がなされた主な事例をまとめた。この表2により、内部統制構築義務違反に関連して、いかに多くの株主代表訴訟が提起されているか、理解できるであろう。また、取締役の内部統制構築義務違反が生じた場合に、損害を被った第三者に対して会社の責任は生じるのかという問題も検討が必要である。そこで、まず取締役の内部統制構築義務に関するリーディングケースというべき大和銀行株主代表訴訟について検討を行い、次に有価証券報告書の不実記載が、代表取締役の内部統制構築義務違反による不法行為であるとして、会社法第350条に基づき会社の不法行為責任が追及された事例（日本システム技術事件判決）を検討する。

（1）　大和銀行株主代表訴訟

　本件は、わが国裁判所が初めて取締役の内部統制構築義務を認めた事例である。本判決を契機に、わが国における内部統制の重要性が強く認識されるようになり、企業法務にとっては、内部統制構築関連の業務が増加する要因となった。本件は、1983年、アメリカ合衆国で当時の大和銀行ニューヨーク支店に採用されたトレーダーが、変動金利債の取引で損失を出したことから始まった。この損失が発覚することをおそれて、同トレーダーは国債の簿外取引によって損失の穴埋めを図ろうとしたが、損失はむしろ拡大し、同トレーダーが書類を偽造したこともあり、不正は12年間も発覚せず、1995年には大和銀行の損失は当時の為替レートで約1100億円にまで増加した。ついに、本件についてアメリカ連邦準備制度理事会の調査が開始され、その結果、1996年2月に大和銀行は16の罪状を認め、多額の罰金を払いアメリカから撤退した。

　本件は、国内では同行の株主による株主代表訴訟に発展した。同行個人株主等は、同行の役員49人を相手取って総額1,824億円相当の賠償を求めた。結果、

---
[8] 参考文献として、鳥飼重和・青戸理政著『内部統制時代の役員責任』（商事法務、2008）など。

第2章　内部統制・危機管理および企業法務組織　35

表2　内部統制構築義務違反と役員・会社の責任（主要判例）

事件名	事件の概要	被告	判決の概要	参考事項
大和銀行（大阪地判平成12年9月20日・判時1721号3頁）	同社トレーダーによる簿外取引等による巨大損失（株主代表訴訟）。	代表取締役・業務担当取締役・その他の取締役・監査役	一部認容。担当取締役の他、取締役・監査役に内部統制体制整備の義務懈怠を認め、総額830億円の支払いを命じた。	控訴審で和解が成立した（2億5千万円）。内部統制システム構築義務違反を認定した。
三菱商事（東京地判平成16年5月20日・判時1871号125頁）	黒鉛電極に関連してカルテルに関与した（株主代表訴訟）。	取締役および監査役	請求棄却	裁判所は被告らの善管注意義務違反の内容を具体的に特定するよう原告に求めたが、原告はこれに応じようとしなかったことから、主張自体が失当であるとされた事例。
ヤクルト（東京地判平成16年12月16日・判時1888号3頁）	副社長によるデリバティブ取引により巨大損失が発生。	取締役・監査役	第一次訴訟の担当取締役に善管注意義務違反を認定し67億円の賠償を命じた。	取締役の具体的行為について善管注意義務違反を認めた。
ダスキン（大阪地判平成16年12月22日）（大阪高判平成18年6月9日・判タ1214号115頁）	未認可の食品添加物が入った肉まんを販売。通報した取引業者に数千万円の口止め料を支払う（株主代表訴訟）。	取締役・監査役	一部認容。法令遵守体制構築の面では懈怠はないが、問題となる肉まんの販売継続について知った時点で代取に報告すべき義務があった。	未認可添加物が混入した事実を知りながら黙認した担当取締役について善管注意義務違反を認めた。
雪印食品（平成17年2月10日・判時1887号135頁）	輸入牛肉を国産牛肉であると偽装して国に買取らせた（株主代表訴訟）。	担当取締役、その他の取締役、監査役	請求棄却	取締役の責任を否定した。
ジャージー高木乳業（名古屋高金沢支判平成17年5月18日・判時1898号130頁）	牛乳等の製造販売業を営む株式会社の代表取締役について、牛乳の違法な再利用を防ぐための社内体制を速やかにかつ確実に構築する職責を怠った結果、牛乳の違法な再利用がなされ、会社の廃業および解散に至ったと認定された。	代表取締役、その他取締役、監査役	一部認容・一部棄却。	牛乳等の製造販売業を営む株式会社の代表取締役の、牛乳の違法な再利用を防ぐための社内体制を速やかにかつ確実に構築しなかったという任務懈怠が認定された。
日本システム技術（東京地判平成19年11月26日・判時1998号141頁）（東京高判平成20年6月19日・金判1321号42頁）（最判平成21年7月9日・判時2055号147頁）	ソフトウェアの開発・販売会社（東証二部上場）の社員が2000年から2004年まで取引先の販売会社の印鑑・注文書等を偽造し、架空売上げを計上したことから、結果として有価証券報告書の虚偽記載となり、同社株価は暴落した。	日本システム技術株式会社	第1審・控訴審は内部統制システムに欠陥があったことを認めたが、最高裁は通常予想される不正行為を防止し得る程度の管理体制は構築されていること、また以前に同様の不正行為が起こっていない以上、本件不正を予見すべき特段の事情も認められないと判断した。	内部統制システム構築義務に関して最高裁が初めて判断したもの。同システム構築は代取の職務と判断。また、取締役等の運用義務違反の有無を判断する際に、信頼の権利の考え方を認めた判例ととらえられる。

第一審判決[9]においては、同行に対して約975億円の賠償が命じられた。本判決はわが国で初めて裁判所が、取締役による内部統制構築義務を認めた判決として注目される。本判決において、裁判所は以下の通り述べている。

　健全な会社経営を行うためには、目的とする事業の種類、性質等に応じて生じる各種のリスク、例えば、信用リスク、市場リスク、流動性リスク、事務リスク、システムリスク等の状況を正確に把握し、適切に制御すること、すなわちリスク管理が欠かせず、会社が営む事業の規模、特性等に応じたリスク管理体制（いわゆる内部統制システム）を整備することを要する。そして、重要な業務執行については、取締役会が決定することを要するから（商法260条2項）、会社経営の根幹に係わるリスク管理体制の大綱については、取締役会で決定することを要し、業務執行を担当する代表取締役および業務担当取締役は、大綱を踏まえ、担当する部門におけるリスク管理体制を具体的に決定するべき職務を負う。この意味において、取締役は、取締役会の構成員として、また、代表取締役または業務担当取締役として、リスク管理体制を構築すべき義務を負い、さらに、代表取締役および業務担当取締役がリスク管理体制を構築すべき義務を履行しているか否かを監視する義務を負うのであり、これもまた、取締役としての善管注意義務および忠実義務の内容をなすものと言うべきである。監査役は、商法特例法22条1項の適用を受ける小会社を除き、業務監査の職責を担っているから、取締役がリスク管理体制の整備を行っているか否かを監査すべき職務を負うのであり、これもまた、監査役としての善管注意義務の内容をなすものと言うべきである。

　もっとも、内部統制システムの具体的内容については、それぞれの会社に広範な裁量が残されている。裁判所は、「整備すべきリスク管理体制の内容は、リスクが現実化して惹起する様々な事件事故の経験の蓄積とリスク管理に関する研究の進展により、充実していくものである。したがって、様々な金融不祥事を踏ま

---

9) 大阪地判平成12年9月20日（判時1721号3頁）。

え、金融機関が、その業務の健全かつ適切な運営を確保するとの観点から、現時点で求められているリスク管理体制の水準をもって、本件の判断基準とすることは相当でないと言うべきである。また、どのような内容のリスク管理体制を整備すべきかは、経営判断の問題であり、会社経営の専門家である取締役に、広い裁量が与えられていることに留意しなければならない」と判示した。

【本判決の評価】

従来、取締役に対する責任追及訴訟は、取締役の個別の監視義務違反を問題としてきた。しかし上記判決において、①リスク管理体制の構築と、それが構築されているかどうかの監視義務が取締役の善管注意義務に含まれることを認め、②どのような管理体制を構築すべきであるかについては取締役の経営判断であると断じた点について画期的な判決であり、本判決によって企業法務にとって内部統制システム構築が優先課題の1つとして認識されるなど、その業務に多大な影響を与えた。

(2) 日本システム技術事件について

日本システム技術株式会社（東京証券取引所第2部上場会社：以下、「日本システム」という）の事業部長等が、営業成績を上げるために2000年9月から2004年12月までの間、主要販売先である計14社の印鑑、注文書、売掛残高確認書などを偽造するなどして、約11億4,000万円の架空売上げを計上したことにより、有価証券報告書に不実の記載がなされ、後日その事実が公表されたことによって日本システムの株価が暴落した。同社が架空売上げを計上していた事実が公表される前に日本システムの株式を取得した株主Xは、日本システムの代表取締役が従業員による不正行為を防止するためのリスク管理体制を構築すべき義務に違反した過失が認定されると主張し、その結果Xが被った損害について、日本システムに対し会社法350条に基づく損害賠償請求訴訟を提起した。

1) 第1審判決および控訴審判決

第1審および控訴審は、日本システムの代表者が各部門の適切なリスク管理体制を構築し、機能させる義務を怠った結果、有価証券報告書に虚偽記載がなされ

たとして、虚偽記載を知らないで株式を取得した投資者が、後に虚偽記載の事実が発覚して株価が下落し監理ポスト割当ての措置がとられたため、株式を売却せざるを得なくなって被った損害について、同社の損害賠償責任を認めた。以下は第1審判決（東京地判平成19年11月26日、判時1998号141頁）の引用である。

　(1) 証券取引法24条1項および企業内容等の開示に関する内閣府令15条は、上場会社等に定期的、継続的な有価証券報告書の提出を義務づけ、投資者に対し、流通市場において有価証券に投資するに際しての基本的な判断資料を提供させることとしている。

　有価証券報告書等に虚偽記載があった場合の流通市場における発行会社の無過失責任を定める同法21条の2（平成16年12月1日施行）は、同日前に提出された有価証券報告書等については適用されないため（平成16年法律第97号附則5条）、本件に同条は適用されないが、有価証券の公正円滑な流通の確保および投資者保護のため、有価証券報告書の記載内容は正確を期すべきことが要請されている（同法24条の4、197条1項1号参照）。

　被告は、会社の業績を判断するに際しての基本的な事項である売上高、経常利益および当期純利益等について、数年間にわたり有価証券報告書に虚偽の記載をしたものである。

　(2) ア　この点について、被告は、本件不正行為当時の被告の内部統制システムは被告の事業内容および規模等からすれば相当なものであって被告代表者には過失はない、本件不正行為は本件事務手続から逸脱したものではなく、元事業部長らによる巧妙な隠蔽工作にまで耐え得るような内部統制システムを構築することは取締役の義務の範囲を超えていると主張する。

　イ　確かに、前記認定のとおり、元事業部長らによる注文書、出荷指示書、検収書および売掛金残高確認書の偽造等といった隠蔽工作により、本件不正行為は、形式的には本件事務手続から逸脱するものではなかったといえる。

　しかしながら、前記認定のとおり、本件不正行為当時、GAKUEN事業部はソフトウェア商品の納入、売掛金の回収、不良債権の処理方針の決定および各種伝票資料の管理を含む幅広い業務を分掌しており、注文書や検収書の形式面の確認を担当するBM課およびエンドユーザーである大学に赴き、

事務ソフトの稼働の確認を担当するCR部が同事業部に直属していたことが認められる。このような被告の組織体制に基づき構築されたものと解される本件事務手続においては、BM課が作成した検収書は、元営業社員を経由して販売会社に送付することとされていたが、これが元事業部長らによる検収書の偽造を可能とした要因であったと認めることができる。また、本件事務手続においては、ソフトウェア商品の出荷、納品および大学におけるシステムの稼働確認といった業務をすべて同事業部が行うこととされていたために、実際には商品の出荷、納品およびCR部の担当者による大学におけるシステムの稼働確認がなされていないにもかかわらず、元事業部長らによってこれらの作業がなされたかのような資料を作成することが可能となったものと認めることができる。

　このようにみると、本件不正行為当時のGAKUEN事業部の組織体制および本件事務手続には、元事業部長ら同事業部の上層部が企図すれば、容易に本件不正行為を行い得るリスクが内在していたというべきである。

　そして、被告代表者は、被告の取締役および代表取締役として、被告の健全な運営を図るため、各部門の適切なリスク管理体制を構築し、機能させる義務を負うものと解するのが相当であるところ、上記本件事務手続の流れを踏まえて、不正行為がなされる可能性を意識すれば、本件不正行為当時においても、被告代表者が上記リスクが現実化する可能性を予見することは可能であり、また、当該リスクを排除ないし低減させる対策を講じることが可能であったというべきである。にもかかわらず、被告代表者は、各部門に不正はないものと過信し、組織体制や本件事務手続を改変するなどして当該リスクを排除ないし低減させる対策を講じることをせず、適切なリスク管理体制を構築すべき義務を怠ったものというべきである。

2）最高裁判決（最判平成21年7月9日）

　これに対して最高裁判所は、日本システムの従業員らが営業成績を上げる目的で架空の売上げを計上したため有価証券報告書に不実の記載がされ、その後同事実が公表されて当該会社の株価が下落し、公表前に株式を取得した株主が損害を被ったことにつき、次の事情の下では、当該会社の代表者に、従業員らによる架

空売上げの計上を防止するためのリスク管理体制を構築すべき義務に違反した過失があるとはいえないと判断した。

① 当該会社は、営業部の所属する事業部門と財務部門を分離し、売上げについては、事業部内の営業部とは別の部署における注文書、検収書の確認等を経て財務部に報告される体制を整えるとともに、監査法人および当該会社の財務部がそれぞれ定期的に取引先から売掛金残高確認書の返送を受ける方法で売掛金残高を確認することとするなど、通常想定される架空売上げの計上等の不正行為を防止し得る程度の管理体制は整えていた。

② 上記架空売上げの計上に係る不正行為は、事業部の部長が部下である営業担当者数名と共謀して、取引先の偽造印を用いて注文書等を偽造し、これらを確認する担当者を欺いて財務部に架空の売上報告をさせた上、上記営業担当者らが言葉巧みに取引先の担当者を欺いて、監査法人等が取引先あてに郵送した売掛金残高確認書の用紙を未開封のまま回収し、これを偽造して監査法人等に送付するという、通常容易に想定し難い方法によるものであった。

③ 財務部が売掛金債権の回収遅延につき上記事業部の部長らから受けていた説明は合理的なもので、監査法人も当該会社の財務諸表につき適正意見を表明していた。

【本判決の評価】

　第1審、控訴審および最高裁判決のいずれも、取締役にはリスク管理体制の構築義務があるという前提では共通している。しかし、第1審および控訴審は、取締役がリスク管理体制の構築義務に違反したと認定したのに対して、最高裁判所は、「通常予想される不正行為を防止し得る程度のリスク管理体制」は構築されていたと認定し、過去に同様の不正行為が起こっていればともかく、そのような事実が認められない以上、営業部長等の架空取引といった不正を予見すべき特段の事情も認められないとして、取締役の義務違反は存在しないと判断した。しかし、内部統制は広く社内外の不祥事を教訓として、その防止策を構じることによって強化されてきた。もし「同様の不正行為」が過去に社内で生じている場合に、同種の不正行為の再発防止を図ることは当然の前提であるが、企業法務には、他社において生じた不正行為についても、それと同

種の不正行為防止に注力する慎重さが求められる。

3. 内部統制構築と企業法務の役割：オリンパス事件の教訓

本事件は、オリンパス株式会社（以下、「オリンパス」という）が巨額の損失を「飛ばし」という手法で10年以上隠し続けた上に、これを不正な会計手法で処理しようと試みた事件である。2011年4月にイギリス人社長が就任した後に、不正が発覚し、企業買収の問題等を調査して、一連の異例ともいえる高額な企業買収により会社と株主に損害を与えたとして、当時の会長および副社長の引責辞任を促したが、その後の取締役会で同社長はその職を解任されてしまった。そこで、同氏が事実を公表したことから、「飛ばし」により隠蔽を継続してきた巨額の損失を、M&Aを活用して損失穴埋めに利用しようとした経営の実態が次第に明るみに出た。同11月には、オリンパスは弁護士と公認会計士から構成される第三者委員会を設置し、「損失計上先送り」と損失隠蔽の為のM&A取引を公式に認めた。そこで、同年12月6日に公表された第三者委員会調査報告書（以下、「本報告書」という。）をもとに、特に内部統制における企業法務の役割に焦点をあてて検討を行う。

本報告書は、2009年4月に、国内3社の株式買取およびジャイラス買収に係るアドバイザリー報酬に関して監査法人から、国内3社の株式取得価格が妥当であったか、同対価の支払先の妥当性について、ジャイラスの株式取得にかかるアドバイザリー報酬が取得価格の12%と高額である理由等について、オリンパス監査役会に照会するための報告書が提出された事実が記載されている[10]。これを受けた同社監査役会は、同年5月に外部の弁護士・公認会計士および大学教授（経済学）の3者で構成される委員会を組成し、約3週間で報告書（以下、「2009年委員会報告書」という）をオリンパスに提出させている。

2009年委員会報告書は、それがオリンパスの当時の経営陣の意向であったと推測されるが、充分な事実の調査や検証も行われることなく、会社から提出された資料のみから取締役の不正もしくは善管注意義務が認定できるか否かについて、第三者委員会の見解が求められた模様である。

---

10) 本報告書149-151頁。

2009年委員会報告書の冒頭において、「独自の調査、検査、ヒアリング等による事実確認や資料、書類の製本の確認等を行っておらず、その点において、事実関係の正確性および証拠評価等について何らの意見をも表明する立場にないこと、調査期間が極めて限定されていたことから、開示情報（特に英文の契約書類）について網羅的な精査ができていない他、ヒアリング対象者も極めて限定されており、より広い範囲で開示資料の検討やヒアリングを実施し、あるいは充分な時間をかけて開示資料の検討やヒアリングを実施していれば発見できたであろう事項が発見できていない可能性も充分にあること」が条件付けられている（これらを以下、「本前提条件」と総称する）。その上で、2009年委員会報告書には、例えば「本件国内3社の一連の株式取得に違法もしくは不正な点があった、または善管注意義務違反があったとまでも評価できるほどの事実は認識できない」とか、「意思決定の際に取締役が特段私利を図った事情は、開示を受けている資料からは伺われないほか、オリンパス取締役によれば、そのような事情は一切ないとのことである」といったような結論が記載されている。

上記結論をもとに同社監査役会は、2009年委員会報告書の本前提条件には一切触れることなく、「当監査役会は、この報告書を受けて、その内容について慎重に確認および信義を行った結果、監査役会の意見として『取引自体に不正・違法行為は認められず、取締役の善管注意義務違反および手続的瑕疵は認められない』との判断に至った」と監査法人に報告している[11]。そして、同監査法人は、無限定適正意見を付した監査報告書を提出することになった。

上記のような手段を用いて監査法人の問題追求をかわした事実はそれ自体問題であるといわざるを得ないが、ここでは、本報告書における次の記載に注目したい。つまり、本報告書は「監査法人からの指摘事項について、監査役会とオリンパスの社内法務部との間で、オリンパスの業務執行の適法性や契約内容の問題点に関する意見交換はされていない」と指摘している[12]。この指摘は、企業法務部が内部統制において果たすべき重要な役割を示唆するものであり、監査法人の適切な問題指摘に、オリンパス監査役会が真摯に対応しようとしていたならば、同社法務部の見解を聴取することによって適切な対応が図られていたであろ

---

11) 本報告書156頁。
12) 本報告書152頁。

う。企業法務が、その理念に沿って本件を担当することができた場合は、2009年委員会報告書が問題をはぐらかすための道具として利用されることはなかったはずである。

もう一点、本報告書において重要な指摘が見い出される。本報告書において、オリンパス社による国内3社およびジャイラス社の買収（2008年）に当たって、本来オリンパス社の法務部が、社内で買収を主導した部署から独立した立場で、その内容を十分に検討すべきであり、主導して買収監査を行うべきであったところ、これが全く実施されなかった点が問題として指摘されている。つまり、法務部の本来の業務は、業務執行行為の適法性の検討や、契約書の内容検討であったにもかかわらず、法務部が監査役会と連動して調査・検討が行われなかった点について、本報告書は、「法務部の対応についても問題があったといわざるを得ない」と記載している[13]。確かに、M&Aや知的財産権関連の取引などは高度の法的知識や技術がなければ理解することは困難であり、その交渉過程に法務部が介在することによって、業務執行行為の適法性だけでなく、その透明性が担保されると期待される。

本件が露呈したガバナンスの機能不全は、単に同社のみの問題ということはできない。他の企業においても、重要な業務執行に際して本来企業法務が関与して、適正な会社の意思決定を導くべきであったところ、経営陣の不正な思惑の下に、企業法務の関与が排除される事態も想定される。それではどのようにすれば高度化する企業犯罪を防止することができるのであろうか。

まず、企業はあたかも一個の有機体（生き物）であり、正常な経済活動が続けられる一方で、ときとしてけがや病気に見舞われることは避けられない事実を再認識すべきであろう。問題は、そのような病理的な現象が発生したときに、それを発見し、治療するシステムが社内に存在するかどうかである。その意味においてまず重要であるのは、開かれた組織構造の保持と企業の構成員の意識改革であるが、これを実行できるのは企業の経営者であり、そしてこれを支えるのは企業の法務部である[14]。そして高度化する企業犯罪の抑止については、高い専門性を備えた要員を擁する企業法務部が、企業活動の現場における対応責任を担うべ

---

[13] 本報告書158頁。
[14] 経営刑事法研究会編『企業活動と経済犯罪』（民事法研究会、1998）7-9頁。

きであろう。

　企業法務には、求められた課題を与えられた情報のみを分析して、そこから法的に正確な回答を出すことだけが求められているわけではない。不利な事実は隠してしまうのが人間の弱みであることを念頭において、最初に与えられる情報は不十分である場合が多いという事実も踏まえつつ、必要な社内調査を通じて真相解明を図ることこそが企業法務に期待されている。調査を通じて会社で何が起きているのか、そしてどのような法的リスクが内在するのかを把握し、そのリスクを払拭するために必要な措置を講じることによって、リスク回避という「結果」をもたらすことが企業法務に期待された役割である。

第2節　危機管理および不祥事対応[15]

　政治・経済的要因のみならず、自然災害やサイバーテロ、環境問題、そして役職員による不正や不祥事など、会社を取り巻くリスクは多様である。日本企業は伝統的に危機管理が苦手であるといわれてきたが、企業法務はこうした指摘に真摯に耳を傾けるべきである。本章の冒頭で示したように、本実態調査において会社幹部は危機管理体制の構築について企業法務に期待を寄せている事実が明らかになっている。危機管理は、純粋に法的対応のみでは解決できない問題が含まれているが、法律の専門家であるからこそ、法律問題とそれ以外の経営判断事項との峻別も可能であり、何より企業法務に求められる経営感覚やバランス感覚に則り、危機を適正に管理・克服するための主導的役割が企業法務には期待されている。ここでは、不祥事が発生した際の情報開示や強制・任意調査への対応について検討する。

1. 適時開示の重要性：不祥事の公表は経営判断事項か

（1）ダスキン肉まん事件の概要

　本件は、株式会社ダスキン（以下、「ダスキン」という）が運営するドーナッツ等の国内フランチャイズ・チェーンは、国内で使用が認められていない酸化防

---

15) 参考文献として竹内朗「企業不祥事の危機管理」（東京弁護士会弁護士研修センター運営委員会編『企業法務と組織内弁護士の実務』）（ぎょうせい、2011）。

止剤が混入した肉まんを、2000年4月から12月にかけて約1,300万個販売していたという事案である。問題が発覚した2002年以降も、未認可の酸化防止剤の混入を知りながら販売を続けたとして、元専務ら2人とダスキンが食品衛生法違反罪で2003年に略式起訴され、罰金20万円の略式命令を受けた事件である。本事件に関連して提訴された株主代表訴訟において、大阪高等裁判所は取締役および監査役全員に対して2億円〜5億円の連帯責任を認める判決（表2参照）を下した。これは、取締役の不祥事に関する公表義務を認めた初めての国内判決と考えられており、企業の危機管理のあり方について大きな影響を与えよう。

（2） 判決の概要

裁判所は、「食品の安全確保は、食品会社に課せられたもっとも重要で基本的な社会的な責任である。食品会社には、安全性に疑問のある食品を販売したことが判明した場合には、消費者に対して公表して商品の回収に努めるべき社会的責任があり、これを果たさないとき消費者の信用を失い、厳しい社会的非難を受けることになる」と述べた。つまり、「消費者は食品の安全性についてはきわめて敏感であり、企業に厳しい安全性確保の措置を求めている。未認可添加物が混入した違法な食品を、それと知りながら継続して販売したことになると、その食品添加物が実際に健康被害をもたらすおそれがあるかどうかにかかわらず、違法性を知りながら販売を継続したという事実だけで、当該食販売会社の信頼性は大きく損なわれることになる」と断じている。

さらに、ダスキンが未認可添加物混入および販売の事実を、公表しなかった問題について、「自ら積極的には公表しない」というあいまいな方針の採用は、「消極的に隠蔽する」方針と同義であると断じた上で、同社の経営者はその責任を回避して、問題を先送りしたにすぎず、あいまいでなり行き任せの方針を手続的にも曖昧なままに黙示的に事実上承認した事実については、到底「経営判断」というに値しないと認定している。そして、「過去になされた隠ぺいとは反対に、自ら進んで事実を公表して、既に安全対策が取られ問題が解消していることを明らかにするとともに、隠ぺいが既に過去の問題であり克服されていることを印象づけることによって、積極的に消費者の信頼を取り戻すために行動し、新たな信頼関係を構築していく」ことこそ企業の取るべき途であると判断している。

【本判決の評価】

　本判決が食品会社について、その取扱いにかかる食品の安全性について疑問が生じた場合には、当該事実を公表する取締役の義務を認めたことは、企業の社会責任と経営判断の透明性を求めた結果であると評価できる。被告側は、問題となった添加物はわが国では未認可であるが、他の先進諸国ではすでに当該添加物の使用が認められていた事実等に基づき、かかる状況において会社としての対外公表をいつどのような方法で行うかについては経営判断の問題であると主張したが、そのような判断で公表を遅らせる行為は消極的な隠蔽に他ならず、食品の安全確保を最優先課題とすべき食品会社の社会的責任に違背するものである。企業危機に直面した際に企業法務は、企業の社会的責任と経営判断の透明性を基軸とした対応に心がけるべきである。

2. 不祥事の公表のタイミングについて

　2004年9月に日本企業（A社）の欧州の関連会社で日本車を販売するB社（本社ベルギー）オランダ支店の元経理課長が、31億円を横領していたとのニュース・リリースが公表された（資料1参照）。このプレス・リリースから確認されたのは、①本件は2004年1月、B社元課長の出費を不審に思ったカード会社の上記子会社への通報で発覚したこと、②元課長はオランダ国籍の男性で1992年に現地で採用されたこと、および③同人は2000年3月期から2004年3月期まで5年間にわたり、在庫品の処理などに伴って入る資金の一部を流用するなど、不正経理を繰り返していたことなどである。A社は欧州の法務拠点をロンドンに有し、当該拠点では本店法務部から派遣された法務担当者が数名、現地弁護士が1名勤務していたが、問題は、B社がA社の本店営業本部直轄の子会社であり、当時はその経営管理は法務も含めて本店側が主担当であった事実である。しかし、上記のような緊急事態については、むしろA社の欧州法務拠点が対応することが迅速性にすぐれ、また現地での対応にも利がある。実際に、事件発覚後は本件について、A社の欧州法務拠点が対応することになったが、課題は本店法務部と欧州法務拠点との密接な連接である。A社の欧州法務拠点は、2004年1月の事件発覚以降、現地に担当者を派遣してその法務対応にあたり、またその状況を本店側に報告していたが、その対外公表が、A社が四半期報告書を提出

すべき9月までずれこんでしまったのである。これに対して、マスコミは、事件発覚から発表まで約8カ月もたっており「A社の管理体制が問われそうだ」などと報じて、同社のリスク管理体制への不信をあらわにした。

確かに、このような事件が発覚した時点では、何が起きたかの事実確認に追われ、また容疑者の刑事告訴や横領された資金のルートの解明や、損失を最小限に抑えるための容疑者の資産の差押えや関係当事者に対する民事訴訟の提起など、現場においては対外公表まで機転がまわらないのが現実であろう。しかし、子会社で生じた多額の損失事件であれば、それはいずれは連結財務諸表において公表される資料であることから、その詳細について株主・投資家に対する説明が求められる。より早い時点で企業法務が中心となって、広報やIRの関係部署と相談した上で対外公表しておくことが、「リスク管理体制への不信」を回避する最善の方法であり、かつ経営の透明性の観点からも最良の方法であったと思われる。このような公表の遅れは、おおむね社内における連携の不調によって引き起される。企業法務は、直面する法務対応のみに専心するのではなく、対外公表やマスコミ対応についても関係部署とのコミュニケーションを図り、包括的なリスク管理に努めるべきである。

実際にA社が2004年9月にウェブ上で公表したニュース・リリースは、資料1の通りである。これは要領よく事件の概要と現在の状況、そして最も重要な決算への影響の有無を記載したものであるが、この内容であれば事件発覚から9か月を待たなくても公表が可能であったと考えられる。会社にとって都合の悪い事実であれば、なおさら迅速な開示が求められる。公表が遅れたために、信頼が失墜したケースは少なくない。

【資料1　A社ニュースリリース：2004年9月28日】（一部改変）
在欧州孫会社支店での横領事件による損害発生について
　当社の欧州における孫会社B社（本社：ベルギー）のオランダ支店において、本年1月に横領事件が判明し、2004年3月期に日本円で約19億円の損害が発生いたしました。当社は以後現地捜査当局に全面協力すると共に、鋭意社内調査を進めた結果、事件概要を略々捕捉しB社の再建方針を決定いたしましたので御報告申し上げます。

> 　B社は、C社（日本の自動車製造販売会社）製の車のベネルクス3ヶ国での卸売りおよび直接販売を目的に1974年に設立され、現在は1995年に当社（A社）100%出資（本社60%・欧州会社40%）によりオランダに設立した子会社の出資先です。
> 　本件はB社オランダ支店において現地採用の元経理課長（2004年1月7日解雇）による不正な経理操作によるものです。またこの19億円以外に2003年3月期までの4年間に約12億円を着服していた事実もこれまでの現地当局の捜査により判明しておりますが、この約12億円につきましては本人の経理操作により毎期B社の通常損失として処理されていた結果、今後の当社連結決算への影響は無い見通しです。
> 　尚、同人は逮捕・勾留の上、現在刑事・民事双方にて公判中です。
> 　本件は同人の巧妙な手口によりその発見が遅れましたが、かかる事件の再発防止のため同社ではより牽制機能のある組織体制作りを初めとする内部統制再強化に取組んでおります。当社としては事件概容の掌握に努めた結果、B社を再建する目途が立ったため、減増資を決定し新体制を固め、引き続き欧州での車販売の主要拠点であると位置づけております。

3. 適時開示制度について

　金融商品市場の機能は、国民の有価証券による資産運用と、企業の有価証券の発行による長期安定資金の調達とを効率的に結び付けることにある。しかし、この機能が十分に発揮されるためには、市場の公正性と健全性に対する投資者の信頼が確保されていることが必要であり、有価証券について適切な投資判断材料が提供されていることがその前提となる。投資判断材料の提供のための制度として、金融商品取引法に基づく法定開示制度（有価証券届出書、有価証券報告書、四半期報告書など）と、金融商品取引所における適時開示制度が併存するが、適時開示制度は、各金融商品取引所の規則により、重要な会社情報を投資者に提供するための制度であり、投資者に対して情報をタイムリーに伝達する役割を担っている。

　金融商品市場においては時々刻々と発生する各種の会社情報が投資判断に大きな影響を与えることから、投資者にとって、適時開示は大変重要な制度である。特に、企業を取り巻く環境の変化が著しい時代にあって、投資者が的確な投資情報を入手するためのいっそうの環境整備が進められている中、企業法務は、

最新の会社情報が迅速、正確かつ公平に提供されるように注意する必要がある。

4. 刑事事件への対応

一般的な企業法務は、民事訴訟対応を前提に弁護士事務所との関係を構築している。しかし、経済刑法の違反事件の摘発・執行が積極化するに際して、刑事事件への対応も視野に入れる必要性が生じている。例えば、社員が当局から事情聴取を受ける場合、企業法務に支援が求められることになるが、ここで企業法務の対応は、民事対応と同じとはいえない。例えば、民事事件であれば法務部が社内調査を実施し、その報告書を経営幹部に報告することが一般的であろうが、刑事事件について企業法務が直接的に関係者を調査し、その調査結果を社内記録として残すことが妥当であるか否かを、事前に十分検討すべきである。

検察や警察が行う事情聴取は、刑事訴訟法に基づく刑事手続であるので、取調べを受ける役職員が、被疑者として取調べを受けるのか、または参考人としての取調べであるのか判別する必要がある。前者の場合は、被疑者にその権利を守るために弁護士選任権があることにも留意すべきである。もし、問題となる法令に法人処罰規定（両罰規定）がある場合は、被疑者と会社間に利害関係が生じるので、個別に弁護士を選任すべきであろう。また、従業員が真実を述べる意向を有している場合に、会社側がそれを引止めることは証拠隠滅罪に該当する懸念が指摘される。また、事件についての会社の調査は、そのコンプライアンス・プログラムで定められた手続に則り行う必要があり、その目的を逸脱する意図をもって調査や打合せを行ってはならないので、そうした事情を熟知した企業法務が調査を主導することが望ましい。

5. まとめ：危機管理・不祥事対応における企業法務の役割

企業法務は、法律の専門家集団であると共に、内部統制の重要な担い手として会社経営を支える立場にある。危機管理に際して、企業法務に対する役割期待は大きいことから、場合によっては法律問題が含まれているという理由だけで、すべて企業法務の判断に委ねられる状況も予想される。このような場合に企業法務が、あまりにも「法的判断」に固執すると、かえって常識と乖離した結論が導かれる可能性がある。もちろん法令や定款に反する結論は論外であるが、「経営判

断」とは、必ずしも法的判断のみから導かれる結論ではなく、むしろ「世間の常識」を基礎に、ステークホルダーの利益を最優先して判断した方が望ましい場合も少なくない。企業法務を担う者は、究極的には良きビジネス・パーソンであるべきであろう。危機管理・不祥事対応に際しては、法律知識を武器にしつつも、良きビジネス・パーソンとして、バランス感覚に則り、世間の常識を踏まえた対応が期待される。

第3節　法務組織について[16]

1. 会社法務実態調査結果の示唆

(1) 経営の羅針盤となるべき企業法務

　経営法友会が5年ごとに実施している会社法務実態調査の第10次調査分析報告[17]では、今後の展望を次のように述べている。

　　各企業の法務部門が、これまでの業務領域を超え、かなり"経営"を意識した領域へその範囲を拡大してゆく傾向が見られた。経営の目指す目標・ビジョンを共有し、経営戦略の達成に必要な法務知識を保有しつつ、経営陣（役員等）への情報を発信すること、また、経営陣（役員等）から意見を認められる場合には経営の視点に立った法務判断を行い、社内外のリスクを察知した場合には迅速に伝達を行うこと等の回答が多く挙がっていた。

　そして、「法務部が『経営の羅針盤』となるべき方向性が見られる」と総括している。この背景として、「法の支配」原則に基づく経営が定着するなかで、「経営と法律の一体化」[18]が一層進展した事実が指摘されるであろう。
　また、法務部の将来像に関連して、本実態調査では、法務部の今後のあり方と

---

16) 本節は本章の執筆者がNBL No.958～960（2011）に連載した「海外法務拠点の機能分析」を改訂したものである。
17) 経営法友会、前掲注1）。
18) 大矢息生『企業法務総論』（税務経理協会、1996）、5頁。

して、全体の57.7%が「増員して権限・業務を拡大すべき」もしくは「増員すべき」と回答している。その権限や人員拡大に伴う組織のあり方について、本調査は直接的な質問を行っていないが、下記の各項目はこの問題を考えてゆく上で参考になる。

① 経営陣から判断や意見を求められている事項（複数回答可）として、「重大な法的リスクに関するもの」との回答が83.3%であり、また「重要案件の決定に関するもの」との回答が59.2%を示していること。
② 法務部門が信頼を得るために大切なこと・達成度・課題として「経営・ビジネス全体を俯瞰したバランス感覚」との回答が56.7%であること。
③ 資本金1,000億円以上の企業では「これから取り組んで行きたいもの」として「海外の法務事情に強い」という目標をあげた会社が44.6%（製造業では51.7%）であること。

つまり、「法的リスク対応」、「経営・ビジネスのバランスのとれた法務の必要性」、さらに「海外案件への対応の必要性」といったキーワードが将来の企業組織を構築する上で重要な要素となりうる。

（2） グローバル経営体制の下で企業法務が抱える課題

グローバル経営体制の下で企業法務が抱える課題に関しては、本実態調査の「グループ会社と法務部門」に関する調査項目が参考になる。①「グループ会社に法務部門」はないとの回答が海外では58.6%と高い比率を示しており、海外に限れば、②「グループ会社ごとに法務部門がある」という回答は2.5%だけであった。これに対し、③「規模により法務部門がある会社とない会社がある」という回答は28.6%、さらに④「法務部門は親会社あるいは地域本社のみにある（法務部門を有するのは例外的）」という回答は10.3%であった。

設問が前回調査と異なるので正確な比較は困難であるが、前回調査（2005年実施）でも「法務部は親会社にしかない（親会社以外で法務部門を有するのは例外的）」との回答は61.9%（前回の本質問は国内外別になされていない）であったのに対し、今回調査でも上記の①と④の合計は68.6%（左記は海外について。ちなみに国内については66.8%）であったことから、前回調査結果との比較ではあまり大きな変化は見られない。これらの数字が意味するものは、連結経営体制

が進展しているにも拘わらず、法務部門は親会社または地域本社のみに依存している状況である。

　また、親会社のグループ会社への法務問題への関与については、「親会社は関与していないもしくは報告のみ求める」と回答した会社は、海外について 12.9% にすぎず、大部分の会社は海外においてもグループ会社の法務問題に関与している事実が判明する。さらに法的に重大なリスクの発見報告体制については、「社内規程・ルールの見直し等に関与している」との回答が 63.1%、「運用の全部または一部を担当している」との回答が 31% を占め、内部報告（通報）体制に関しても、半数以上の会社が社内規程・ルールの見直し等に関与しているか、運用の全部または一部を担当している。こうした傾向は、調査結果から内部統制システムの整備への関与や危機管理体制の確立への関与、さらには国内外の独禁法遵守といった項目についても当てはまる。

　つまり、上記はグループ連結レベルでの内部統制、内部通報、危機管理、コンプライアンス等に企業法務が深く関わりつつある事実を示しているが、これに対応できるのは現状では、限られた法務拠点（あるいは法務中枢組織のみ）である[19]。そこで、今後さらに企業法務の権限を拡大し、人員増を図る必要があると意識されている。これは本実態調査で明らかになった法務の権限・業務範囲と人員増大の要請につながるものと考えられる。

　他方で、企業の新興国への進出に伴い、外部弁護士事務所への相談は増加しており、海外法務案件で相談を受けた国内弁護士は 95%、過去 1～3 年前に比べ相談が増加していると答えた国内弁護士は全体の 57%、そして中国関連の相談は全体の相談案件中 58% であった[20]。会社法務部の調査でも調査対象となった会社の約半数は海外の弁護士を利用したことがあると回答し、資本金 1,000 億円以上の会社では 75.2% に及んでいる。海外の弁護士に依頼する業務内容としては、現地の法律・制度等に関する問い合わせが 58.4%、訴訟対応 46%、契約書作

---

[19] 日本貿易振興会（ジェトロ）により実施された「渉外法務体制とアジアのビジネス法に関するアンケート調査」（2003 年 3 月）によると、海外の法務体制について、9 割の企業はアジアの海外事業拠点に渉外法務の担当者がおらず、選任担当者がいる企業は 3%、兼任を含めても 7% という状況であった。専任の渉外法務担当がいる国は中国がトップであったが 8 社にすぎない。
[20] 日本経済新聞（2010 年 12 月 24 日）。

成等 31.3%となっている。

上記の状況を踏まえ、経営陣の期待に応えるべく拡大を指向する法務組織のあり方について検討を行う。

2. 法務機能の分散化の要請とリスク

（1） グローバル経営体制と法務組織

企業法務の規模と体制は、企業の経営組織によって異なるであろうし、本社に経営資源と権限を集中する経営形態の下では、必然的に法務組織も中央集権的にならざるを得ないであろう。しかし、後述するようにグローバル経営体制下での法務リスクに対応するためには、法務組織も分散化が必要となる。以下では、法務機能を地域に分散することによってどのような問題が生じるのか検討を行う。図6に、グローバルな企業法務組織の概念図を示した。業種や経営組織形態によっては異なる場合もあるが、海外法得拠点においては法務中枢組織への報告義務と地域経営拠点への報告義務（指揮系統）が生じる。この二重の指揮系統をい

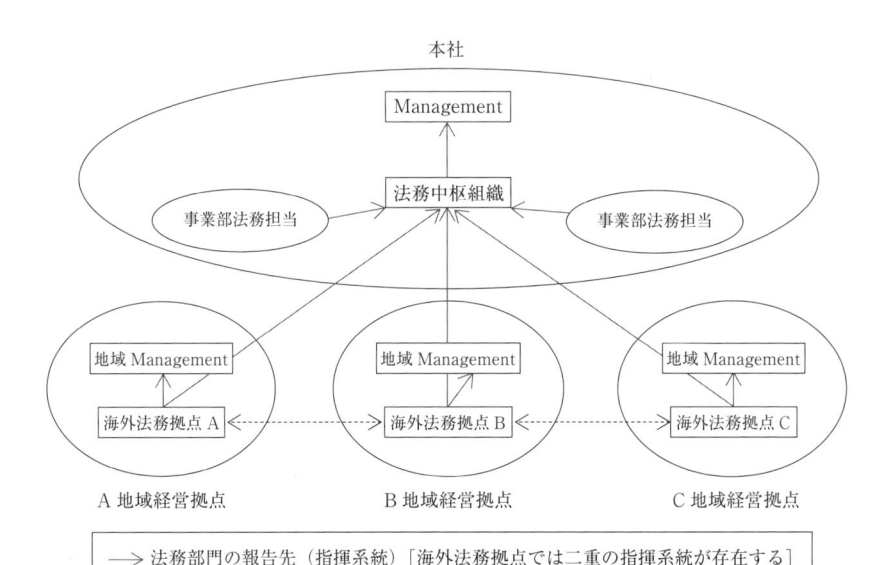

図6 グローバルな法務組織（概念図）

かに調和させるかは、法務地域拠点の効率的運営の重要なポイントである。

(2) 法務組織における集中管理と分散化の必要性

1980年代に成熟期を迎えたアメリカの企業法務は、すでに複雑で地域的な広がりのある企業組織に企業法務が組織的にどう対応して行くべきかが課題となり、その後もこの文脈で法務組織のあり方について議論がなされてきた。そこでは、法務組織のモデルとして法務中枢組織 (office of general counsel) による統括管理と部門または地域の法務拠点 (line lawyers またはoverseas legal office：「分散された法務拠点」) による分散型管理の双方が必然的に要求されると論じられている[21]。つまり、すべての主要な経営戦略組織およびコスト・センターには分散された法務拠点が設置されることが基本である。分散された法務拠点においては、国内であれ海外であれline management (事業部等の経営陣) と共に意思決定に参加できる程度に経営陣と密接性を保った法務組織を意味する。そして、分散された法務拠点はそうした事業部などの経営陣が抱えるあらゆる問題を掌握し、それを法務中枢組織にフィードバックする。法務中枢組織は、必要な協力を分散された法務拠点に提供し、両者は密接な関係をもって全社的視点から法務問題の掌握と対応に当たる。これがグローバルな経営体制に対応する企業法務組織の理念型である。

(3) 効率的で高い質の法務サービスを提供するための施策

上記の理念型組織を実現することは現実には容易ではなく、多くの法務組織は理念型組織を実現することへの障害をかかえている[22]。その理由としては人的資源の問題もあろうし、またコスト面の制約も指摘される。いずれにしても、現実に制約を受ける組織形態を前提に、その体制のもとで法務組織が経営者を含め会社全体に、効率的かつ高い質のサービスを提供するためには、どのような組織運営においても一定の中枢機関による管理が不可欠であろう。また法務組織が全

---

21) Antonio Handler Chayes, John G. Wofford and D. Broward Craig, *Managing the Corporate Legal Function* (New York: LEXIS Publishing, 2000), at 1-2, 1.3.
22) chayes *et al., ibid.*

体として職業的専門性をもった独立性を維持することも必要である[23]。グローバル経営体制の下では、地域的に広がりのある多様なビジネスを各地域拠点が一定の自立性のもとに統括しつつ、全社的視点から統一性をもった統制が必要となる。そこで、法務組織は中央管理化（集中化）と地域分散化（分権化）の相反する２つの要請を調和して行かなければならない。集中か分散化の議論は、法務組織論の基礎である[24]。これを表3「法務組織の分散化の長所と問題点」にまとめたので参照願いたい[25]。分散化の利点を要約すると、①予防法務に最適であること、②ビジネス実務を熟知した上で最適な法務サービスが提供可能であること、および③ビジネスと法務の相互理解に立って法務機能を最大限に発揮できること等である[26]。

（4）集中方式化の傾向について

　国際化時代における分散方式とグローバル化時代における集中方式化の傾向について、今日の企業活動は、いくつかの地域に拡散していても、一地域での企業活動が直ちに他の地域に影響を及ぼすことから、全世界的に統一性のある法的サービスが求められ、企業法務においても、統一性のある法的サービスを維持するために地球規模でのコミュニケーションが重要となる。グローバル時代だからこそ、国ごとに法務部門をもつ意義が軽減したとみるべきであろうという指摘もなされている[27]。確かに全般的に法務組織の集中化傾向がある事実は否めない。他方で集中管理に徹するあまり、地域・ライン経営拠点におけるいわば見張り番としての法務要員を削減した場合、内部統制やコンプライアンスの視点から大き

---

[23] ここでいう「独立性」は、社内弁護士（企業法務担当者）が management とは一定の距離を保ちつつ独立して公正な判断を行うことができるかが基準となる。特に海外法務拠点では、management との距離が近く経営理念も共有することが容易である反面、management の影響力が過度に作用することによって社内弁護士の独立性が悪影響を受ける懸念がある。こうした問題は、その担当者に中枢法務組織の一員であることを意識させることと、これを中枢法務組織が支援できる環境整備（人事制度や指揮命令系統の整備も含め）が必要とされる。

[24] 高柳一男『国際企業法務』114頁（商事法務研究会、2002）。

[25] Chayes *et. al. supra* note 21, at 2-7, 2-9.

[26] Carole J. Basri and Irving Kagan, *Corporate Legal Departments*, Third Edition（New York: Practicing Law Institute, 2010), at 2-13.

[27] 高柳、前掲注24）116頁。

表3 法務組織の分散化の長所と問題点

分散化によって達成可能な要素	分散化に際して考慮すべき問題点
1. 法務組織・顧客（地域マネジメントなど）間の相互理解が深まる：顧客と近い距離に位置することによりコミュニケーションの密度も高まり相互の理解が深まることによって、より高い質のサービスを効率的に提供することが可能となる。	a. 法務業務の重複・非効率性の懸念：各法務要員が独立してそれぞれの判断で業務を行う場合、重複業務を各地で行い、全体としての経験が蓄積されずにその場限りの対応となり、非効率な運営が行われる懸念がある。
2. 経営状況をより正確に把握できる：経営の現場に位置することによって、いかなる環境のもとでどのように業務が運営されているかを正確に把握できる。	b. 法務方針の一体性欠如を生じるリスク：個々の法務拠点でそれぞれの法務組織が個別に判断を行った場合、全体としての法務方針に一貫性を欠く懸念がある。
3. 法的リスクの早期発見が可能：法務要員が現地の経営・ビジネスの一員として業務を行うことによって、法的リスクを迅速に掌握することが可能となる。	c. 全社的経営方針との乖離の懸念：地域・ライン経営者と密接な法務サービスを提供する場合、全社的方針と乖離した、その地域・ライン固有の方針に傾く懸念がある。
4. 効率的に内部統制支援が可能：地域またはラインマネジメントの実情を掌握することにより、コンプライアンスをはじめとする内部統制の支援が可能となる。	d. 法務担当者の孤立化と法務組織全体の協調が阻害される懸念：中央組織からの統制・コミュニケーションが不十分な場合、地域・ライン法務担当者の孤立によりサービスの質の低下を招く他、組織全体としての協調性の構築が阻害される懸念がある。
5. 幅広い企業法務のスキルを習得する機会となる：法務拠点においてはより柔軟で迅速な法務対応が求められ、必然的に法務専門性を高めつつもジェネラリストとしての総合力を高めることが可能となる。	e. 法務組織要員としての職業的独立性・公正さが阻害されるリスク：地域・ライン経営者との一体化が過度に浸透することによって、法務中央組織への報告がおろそかになり、法務組織が地域・ラインの拠点を含め全体として独立性を維持しつつ機能することの阻害要因となる可能性がある。
6. 法務人材養成の好機である：独立して判断すると共に、自己の判断に責任をもって対応する必要があることから、担当者のモチベーションを高めつつ判断能力を養う機会となる。	f. 人的資源の非効率的活用の懸念：地域・ライン経営にとって有用な法務人材を育成する場合、その代替・配置転換は容易ではなく、結果として法務組織全体として人的資源の効率的活用の機会を喪失する懸念がある。
7. 経営陣に対して法務機能をより良く理解してもらう好機となる：より幅広く経営との接点をもち、かつ地域またはライン経営者と共に業務を遂行する機会を増加させ、法務機能について経営陣が理解し評価する好機となる。	g. 外部弁護士に過度に依存するリスク：地域・ラインの法務拠点は限られた人員でサービスを提供しなければならない。そこで過度に外部の弁護士に業務を依存することによりリーガル・コストが増大するのみならず、貴重な知識や経験が法務組織内に蓄積されない懸念がある。

なリスクを抱える結果にもなりかねない。そうしたコンプライアンス問題を引き起さないためにも、内部統制体制を確立し、その予防と早期発見に対応することは、企業が社会的責任を果たすための出発点でもある。グローバルな企業法務の体制について検討する際には、こうした要請に企業法務として応えられる体制であるかどうかを考えるべきであろう。

3. 法務組織の効率的運営とは

　法務部門の組織化は、集中もしくは分散化のいずれを基本とするにせよ、一方の短所を補うために他の方式の長所を取り入れているのが現実の姿[28]であり、企業法務は理想的な運営形態を模索して試行錯誤を繰り返している状況にあるといえる。一例として、アメリカ IBM 社は、過去において事業部ごとに法務組織を組成し、分散化を推進してきたが2009年には、それらの法務要員をジェネラル・カウンセルの直接の指揮命令下に置くことを決定した[29]。こうした傾向はSchneider Electric 社など他のアメリカ企業にもうかがうことができる。これらは、法務管理の集中化の例として紹介されることが多いが、実際には分散化された法務組織において、法務中枢組織による分散された組織要員に対する管理の強化傾向と理解すべきであろう。

　まず、上述のとおり分散化によって諸問題（表3参照）を抱えることになるが、これらの問題は法務組織の運営の工夫により克服が可能であることを理解する必要がある。こうした問題を補いつつ、分散化の長所を活かした法務組織運営を図るためにどのように効率的運営を実現することができるか検討する必要がある。

　まず、法務担当者の異動による流動性（mobility）を高めて、中枢組織と地域拠点間の流動性を高める必要があるであろう[30]。現実には、法律専門家にとってこの人事流動性は最も困難な問題であると位置づけられており[31]、人事異動に抵抗を示す者も少なくない。これは、法律という地域専門性を必要とされる業

---

[28] 高柳、前掲注24）121頁。
[29] *Corporate Counsel*, Vol. 16, June 2009, at 75.
[30] Chayes *et. al., supra* note 21, at 1-3.
[31] Chayes *et. al., ibid*.

務であることも大きな要因であり、法律家は地域スペシャリストであることに満足を覚えてそこに安座しがちである。しかし、優れた企業法務家にとっては地域専門家であるばかりでなく幅広い知識・経験を備えたジェネラリストであることが要求される。

　また、タスク・フォースを組成し、中枢組織と地域法務拠点の要員が相互に連絡を密にして重要案件に取り組む方法も考えられる[32]。その他、法務組織内でキャリア・デベロップメント・プログラムを作成して、これに基づいた人事異動を行い担当業務の幅を広めていく工夫、中枢組織での法務組織全店会議の開催、中枢組織の長（本店法務部長）が海外法務拠点を含む組織方針を明確に伝達すること、その他人事査定ルートの工夫なども組み合わせて分散化された組織にいて適正な中枢組織からのコントロールを実現することが可能であろう。

　また、多くの地域経営拠点がその傘下に複数の地域・国にまたがる事務所・事業部を統轄していることから、地域法務拠点の長は、その規模や必要性に応じて担当地域内での法務運営を実施する必要がある。いわば、地域ミクロ・レベルでの法務運営であるが、上記に準じた手法がここでも参考になるであろう。

---

32) Chayes *et. al.*, *id.* at 2-9.

第Ⅱ部 各 論

第1章 企業取引管理

第1節 契約管理

【はじめに】

　企業法務が担当する業務の中でも、多くの企業では、その主要部分は紛争を事前に回避する予防法務としての契約関連業務である。この契約の検討と作成等の業務を実行するということは、法的知識が一定程度必要とされるだけでなく、取引内容の理解をするとともに、営業現場の人々との接点と信頼関係を構築する最良の機会である。同時に、該当部署の取引におけるリスクの所在を知り、そのリスクを事前に最小限にとどめるなど企業としてのリスク管理にとって非常に重要な機会でもある。企業法務を担う者にとっては、自社の製品や取引形態を理解する絶好の機会とともに、一方では、当該部署やその担当者に「法務知識・契約知識」を教育（OJT）する絶好の機会でもある。

　取引契約を成立させ、それが問題なく履行されることがビジネスの主要な目的であるが、その契約成立過程において、対象取引におけるリスクを分析しながら、相手先との間で交渉等を行うことにより相手先が考えていることを理解すると同時に、これら分析や交渉から発生するリスクを回避するために、相手先との間で、可能な範囲で合意点を見出す、代替案を提案する、説得のための理論武装をするなど、より良い契約の成立に向けて尽力することも企業法務に求められる重要な役割である。このような努力は、万一、相手先との間で紛争となり、訴訟等で解決をせざるを得ない場合にも、おおいに役に立つといえよう。また同時に、契約締結に至る過程や履行過程における法令遵守はもとより、取引先との関係を良好に保ち、最終的には、代金の回収を含めて、履行が当初の目論見どおり適時に完了することを求める営業現場の人たちに協力することも重要な役割である。

　そのためには、幅広い法律知識を持ち、業務や業界の事情に通じていること、

バランス感覚のある判断力や代替案が出せるような創造性が求められることとなろう。さらには、会社の継続を揺るがすようなリスクを抱えている事実が発見され、その回避ができない可能性が高い場合には、身体を張ってでも反対する気概と見識が必要とされるなど、ある意味では、企業法務の担当者には、「会社の良心」として、法令遵守も含めたコンプライアンスを実践しながら、リスクの軽減を図ることで、会社全体としてのリスク・マネジメントを徹底することが期待されている。

本節においては、企業取引に関連して留意すべき、企業取引管理の主要事項である「契約管理」という分野において、企業法務として意識をし、理解をしておくべき主要な事例や問題を取り上げ、主要な論点の整理をするとともに、企業法務の視点からの留意事項や発展課題をまとめている。

判例 No. 1[1] 【チェックポイント：契約締結に際して情報提供義務および説明義務を負担するか】

【設問】

1. 信用協同組合のYは、債務超過の状態にあるとして、監督官庁から破綻認定を受ける現実的な危険性があるにもかかわらず、Yの支店長は、Xらに対し、そのことを説明しないまま、Yに出資するよう勧誘し、1999年（平成11年）3月に、各500万円の現金出資を受けた（以下、「本件各出資」といい、本件各出資に係るXとYとの間の各契約を「本件各出資契約」という）。
2. Yは、上記の本件各出資に先立つこと、1994年と1996年に行われた監督官庁の立入検査において、欠損見込額を前提とする自己資本比率の低下を指摘され、実質的な債務超過の状態にあるなどの指摘を受け、文書をもって早急な改善が求められ、改善されない場合には業務停止処分が発動される可能性がある旨の警告を受けていたが、その後上記の状態を解消することができないまま、Yは、本件各出資を受けた後、2000年12月に、金融再生委員会から、金融整理管財人による業務および財産の管理を命ずる処分を受け、経営が破綻したため、Xらは、これにより本件各出資にかかる持分の払戻しを受けることができなくなった。
3. そのため、Xらが、Yに対して、Yが実質的な債務超過の状態にあり経営が破綻するおそれがあることをXらに説明すべき義務があるにもかかわらず、こ

---

[1] 最判平成23年4月22日（NBL 955号15頁、996号81頁）。

れに違反して本件各出資の勧誘をしたなどと主張し、①不法行為による損害賠償請求権または本件各出資契約の詐欺取消し、もしくは錯誤無効を理由とする不当利得返還請求権に基づき（主位的主張）、②本件各出資契約上の債務不履行による損害賠償請求権に基づき（予備的主張）、各500万円および遅延損害金の支払いを求めたものである。
4. ①契約締結に際して信義則上の情報の提供義務や説明義務があるか、②この信義則上の説明義務に違反したために、相手方が契約を締結するに至り、損害を被った場合、それは不法行為に当たるか、③当事者が契約関係に入った以上は、契約上の信義則は契約締結前の段階まで遡って支配するから、本件説明義務違反は、本件各出資契約上の付随義務違反として債務不履行をも構成するか。

【論点解説】

1. 契約締結過程における情報提供義務や説明義務は信義則上の義務か（論点①）

> 主要論点1：契約締結に際して必要な情報が適切に開示されれば、契約の締結に至ることはなかったような場合、また、当事者間の情報や専門的知識に大きな違いがあるような場合には、一方の当事者から他方の当事者に対して、信義則上の情報の提供義務や説明義務が課せられる。

　契約の交渉過程において、契約が署名または調印される前に、当事者が一定の信義則上の注意義務を負担し、その信頼を裏切った場合には、その信頼を裏切ったことにより実際に発生した損害（信頼利益といわれている）を賠償する義務を負うとされている。この信義則上の注意義務は、これまで契約締結上の過失の問題として認識されてきた問題であるが、契約交渉・締結過程における信義則上の注意義務と呼ばれ、安全配慮義務とか、情報提供義務とか、説明義務などといった具体的な注意義務として認識されるようになってきている。

　契約当事者間においては、私的自治の原則があり、契約を締結するかどうかを決めるために必要な情報を収集し分析することは、原則として、当事者各人が自己責任において行うべきものとされる。しかし、当事者間の情報や専門的知識に大きな違いがあるような場合、または契約締結に際して必要な情報の開示が適切になされれば、契約の締結に至ることはなかったような場合には、一方の当事者から相手方当事者に対して、信義則上の情報の提供義務が課せられる。

　不動産売買などの場合、宅建業法では宅地建物取引業者に重要事項の説明義

務を課しており（宅建業法 35 条)、売主が住宅公団の場合、分譲価格の適否につき判断するための適切な説明がなされなかった事案で、信義則違反による慰謝料請求を認めた最高裁判例[2]や、また、契約の締結過程において、信義則上、必要な情報の提供義務が課せられた事例、最近では、シンジケートローンのアレンジャーによる、借入人から入手した参加金融機関にとって、参加するかどうかを決定する上で重要な情報を参加金融機関に伝えないで、シンジケートローンへの参加勧誘を行った際の参加金融機関への提供義務違反を認めた最高裁判例[3]があるが、これらは、いずれも信義則上の説明義務違反や情報提供義務違反によるものである。

2. 信義則上の説明義務に違反し、相手方が損害を被った場合は不法行為とみなされるか（論点②)

> 主要論点 2：信義則上の説明義務に違反して、当該契約を締結するか否かに関する判断に影響を及ぼすべき情報を相手方に提供しなかった場合には、上記当事者は、相手方が当該契約を締結したことにより被った損害につき、不法行為による賠償責任を負う。

　本件、第 1 審や控訴審は、上記の説明義務違反について、当該当事者が結果として契約を締結するに至らなかったときは、不法行為責任を負うことを確認し、最高裁においても、「契約の一方当事者が、当該契約の締結に先立ち、信義則上の説明義務に違反して、当該契約を締結するか否かに関する判断に影響を及ぼすべき情報を相手方に提供しなかった場合には、上記当事者は、相手方が当該契約を締結したことにより被った損害につき、不法行為による賠償責任を負うことがある」として、信義則上の説明義務違反に対して不法行為責任を認めており、最近の最高裁でもこれを確認している[4]。

---

2) 最判平成 16 年 11 月 18 日（判タ 1172 号 135 頁）。
3) 最判平成 24 年 11 月 27 日（NBL 991 号 8 頁）。
4) 最判平成 25 年 3 月 7 日（判タ 1364 号 158 頁）。

3. 本件説明義務違反は、各契約上の付随義務違反として債務不履行をも構成するか（論点③）

> 主要論点3：信義則上の説明義務に違反して、当該契約を締結するか否かに関する情報を相手方に提供しなかった場合、この説明義務自体は、締結済みの出資契約に基づいて生じた義務ではないとして、説明義務違反を債務不履行責任として認めることはできない。

本件、第1審も控訴審も、当該当事者が契約関係に入った以上は、信義則上の説明義務に違反し不法行為を構成するとともに、出資契約上の付随義務違反にも当たり、被告の債務不履行により出資金相当額の損害を被ったものというべきであるとして、Yの債務不履行責任をも認めたが、最高裁では、「契約の一方当事者が、当該契約の締結に先立ち、信義則上の説明義務に違反して、当該契約を締結するか否かに関する判断に影響を及ぼすべき情報を相手方に提供しなかった場合には、上記当事者は、相手方が当該契約を締結したことにより被った損害につき、不法行為による賠償責任を負うことがあるのは格別、当該契約上の債務の不履行による賠償責任を負うことはないというべきである」とし、その理由として、「上記のように、一方当事者が信義則上の説明義務に違反したために、相手方が本来であれば締結しなかったはずの契約を締結するに至り、損害を被った場合には、上記説明義務の違反によって生じた結果と位置付けられるのであって、上記説明義務をもって上記契約に基づいて生じた義務であるということは、それは一種の背理であるといわざるを得ない。契約締結の準備段階においても、信義則が当事者間の法律関係を規律し、信義則上の義務が発生するからといって、その義務が当然にその後に締結された契約に基づくものであるということにならないことはいうまでもない」として、債務不履行責任を認めなかった。

つまり、この信義則上の義務に関して、「契約に基づいて生じた義務」という場合には、不法行為責任に加え、債務不履行責任が広く認められる可能性[5]もあるとの期待に一定の歯止めがかけられたものといえる。

---

[5] これまでは、当事者が契約関係に入った以上は、契約上の信義則は契約締結前の段階まで遡って支配するに至るとみるべきであるとされ（我妻榮『債権各論上巻』（岩波書店、1954）38頁以下）、付随義務違反による補充的契約責任をいう類型が認められていた（北川善太郎「契約締結上の過失」契約法体系刊行委員会編『契約法大系I』（有斐閣、1962）231頁以下）。

【企業法務の視点】

　一般的には、損害賠償責任さえ認められれば、それが債務不履行責任であれ、不法行為責任であれ問題はないとされるかもしれない。しかし、信義則上の説明義務違反につき契約締結後に債務不履行責任が認められず、不法行為責任だけが損害賠償の法的根拠だとすると、説明義務違反により損害賠償を求める側にとっては、時効の問題や立証責任の問題が生じる。本件のように、出資の可否を判断するに際して非常に重要な情報等の説明義務違反がある場合に、消滅時効が10年である債務不履行責任に比べ（民法167条1項）、不法行為による場合は、その起算日は不法行為を知った時から3年という短い期間に消滅時効にかかってしまい（民法724条）、損害賠償が認められないという結果となることもあり、また出資先の説明義務違反が不法行為であることを債権者である出資者側が立証しなければならないという立証責任の問題が残ることになる。しかし、債務不履行責任の追求であれば、債務者側の過失（帰責事由）の立証責任（過失がないことの立証）は、債務者側にあるため、立証責任の負担も不法行為による場合に比べると軽減されることになる。

　本件では、契約締結前における信義則上の説明義務に関し、その違反に伴い、契約締結後に発生した損害賠償責任については、不法行為責任は認めるものの、債務不履行責任を認めなかったわけであるが、最高裁の千葉裁判官の補足意見では、「本件のように、契約は効力が生じたが、契約締結以前の準備段階における事由によって他方が損失を被った場合にも、『契約締結のための準備段階における過失』を契約上の責任として扱う場合の一つに挙げ…」、さらに「このような契約締結の準備段階の当事者の信義則上の義務を一つの法領域として扱い、その発生要件、内容等を明確にした上で、契約法理に準ずるような法規制を創設することはあり得るところであり、むしろその方が当事者の予見可能性が高まる等の観点から好ましいという考えもあろうが、それはあくまでも立法政策の問題であって、現行法制を前提にした解釈論の域を超えるものである」とした。

　本件出資契約等の重要な契約に関しては、実務では、下記のように契約の交渉から契約締結および契約の履行が段階的に行われる場合が少なくなく、契約関係に入るか否かの判断をする際に問題になるものだけではなく、出資の実行など契約履行時においても、その義務を実行するかどうかを判断する際に問題となる場

合もある。このような場合において、契約交渉や締結に至る過程における信義則上の説明義務以外に、出資の実行などの段階において、同様の説明義務を課されるかどうか、また、その義務に違反した場合に、それを「契約に基づいて生じた義務」として、債務不履行責任を認める余地があるかどうか、さらには、契約違反として債務不履行責任を追及できるような契約条項上の工夫も検討すべきである。

【発展課題】

1. 保険の勧誘などの金融商品取引の際の説明義務違反も信義則上の義務違反となるか[6]。
2. 契約の締結段階において、信義則上の説明義務や情報提供義務を「契約に基づいて生じた義務」として構築することは可能か[7]。
3. 「契約に基づいて生じた義務」として、債務不履行責任を追及するための、契約条項はどのようなものが考えられるか。

判例 No. 2[8] 【チェックポイント：建物建築請負契約に基づく瑕疵担保責任の範囲とは】

【設問】

1. 建築等を業とするX（原告・控訴人・被上告人）は、注文主であるY（被告・被控訴人・上告人）から、1995年11月に、神戸市灘区内において、神戸大学の学生向けのマンションを新築する工事（以下、「本件工事」という）を請負った（以下、この請負契約を「本件請負契約」といい、建築された建物を「本件建物」という）。
2. Yは、建築予定の本件建物が多数の者が居住する建物であり、特に、本件請負契約締結の時期が、同年1月17日に発生した阪神・淡路大震災により、神戸大学の学生がその下宿で倒壊した建物の下敷きになるなどして多数死亡した直後であっただけに、本件建物の安全性の確保に神経質となっており、本件請負契約を締結するに際し、Xに対し、耐震性を高めるため、当初の設計内容を変

---

6) 最判平成8年10月28日（金法1469号49頁）。
7) 大阪地判平成23年7月25日（判タ1367号170頁）、中山代志子「M&Aにかかる株式譲渡契約における表明保証違反の免責条項により免責が認められた例」（NBL984号99頁）。
8) 最判平成15年10月10日（判タ1138号74頁、判時1840号18頁）。

更し、その断面の寸法 300mm×300mm の、より太い鉄骨を使用することを求め、X もこれを承諾したところが、X は、この約定に反し、上告人の了解を得ないで、構造計算上安全であることを理由に、同 250mm×250mm の鉄骨を南棟の主柱に使用し、施工をし、本件工事は、1996 年 3 月上旬、外構工事等を残して完成し、本件建物は、同月 26 日 Y に引き渡された。
3. X から請負代金残額の支払いを求めたことに対して、Y が南棟主柱に関する工事に瑕疵があるとして、瑕疵の修補に代わる損害賠償債権等を自動債権とし、当該請負代金残金を受動債権として対当額で相殺した結果、X は請負代金の支払いを求め、Y に対して訴訟を提起したところ、原審は、X には、南棟の主柱に約定のものと異なり、断面の寸法 250mm×250mm の鉄骨を使用したという契約の違反があるが、使用された鉄骨であっても、構造計算上、居住用建物としての本件建物の安全性に問題はないから、南棟の主柱に係る本件工事に瑕疵があるということはできないとした。
4. ①本件工事において、建物の安全性という通常の効用の点が問題ない場合に、瑕疵担保責任が認められるか、②約定通りの鉄骨を使用していないという当事者間の合意内容と不一致がある場合にも、瑕疵があるといえるか。

【論点の解説】
1. 建物の安全性という通常の効用に問題ない場合に、瑕疵があると認められるか（論点①）

> 主要論点1：請負契約における請負人の瑕疵担保責任は、債務不履行責任の特則であるということから、契約目的物が客観的に通常の利用目的ないし性質を有しているのであれば、瑕疵があるとまではいえない。

　請負契約においては、仕事の完成義務が規定され、瑕疵のない完全な仕事をすることが請負人の債務の内容であるとされていることから、完成した建物に存在する瑕疵についての瑕疵担保責任については、不完全履行という債務不履行の特則であると解されており（法定責任説）、仕事の完成ないし受領時から、担保責任が適用されると考えられている。この請負契約の仕事の目的物に「瑕疵」があるとは、どのような状態をいうのかについては、民法においては、請負人の瑕疵担保責任における瑕疵の意義について規定をおいていないので、本件のような事例が問題となる。

したがって、請負契約における担保責任としての「瑕疵」は、完成された仕事が契約で合意した内容通りでなく、使用価値もしくは交換価値を減少させるという点で欠陥があるか、または当事者があらかじめ定めた性質を欠くなど、不完全な点を有することであると解されたり[9]、仕事の結果が請負人の保証した性質を有せず、通常もしくは当事者が契約によって期待して一定の性状を完全には備えないことをいうとされている[10]。　本件原審が、約定とは異なる細い主柱を使用したことは、「契約違反」ではあるが、完成した建物がいわゆる「居住用建物としての安全性には問題がない」ことを理由に、本件工事には「瑕疵があるとはいえない」と判断したことからもわかるように、主観的な瑕疵よりは、客観的な瑕疵の有無が瑕疵担保責任のベースとなっている。

2. 約定通りの鉄骨を使用していないという当事者間の合意内容と不一致がある場合にも、瑕疵があるといえるか（論点②）

> 主要論点2：本件工事において、約定どおりの鉄骨を使用していないことは、請負契約上の契約違反であり、太い鉄骨を使用することを特に約定し、それが契約の重要な内容になっていたことから、太い鉄骨を使用せず、細い鉄骨が使用されたのは、「瑕疵」である。

　本件は、建物の安全性という契約の目的物がもつ通常の効用の点では何ら問題がない場合であっても、震災直後の対応として、学生向けのワンルーム・マンションとして、多数の者が居住する建物の耐震性を高め、より安全性の高い建物とするため、特に太い鉄骨を使用することを請負業者に求め、業者から承諾を得て施工されたものであるが、請負業者のほうで、注文者の了解を得ないで、単に構造計算上安全であることを理由として、細い鉄骨（250mm×250mm）を使用して施工したものである。つまり、請負契約において約定違反をしたことは、請負契約上の債務不履行となることは当然として、本件では、太い鉄骨の使用が特に約定され、これが「契約の重要な内容」となっていた場合には、その約定通りに施工せず細い鉄骨を使用したことを「瑕疵」と判断したものである。

---

9) 我妻栄『債権各論中巻二』（岩波書店、1962）631-632頁。東京地判平成6年9月8日（判時1540号54頁）。
10) 東京地判平成3年6月14日（判時1413号78頁）。

本件からは、合意内容との差異があった場合に、すべて瑕疵だと判定をしているものではなく、仕事の契約目的（特に耐震性の面でより安全性の高い建物にするため）や、契約締結時の事情、当事者間の合意との不一致の程度などが考慮されることは当然であり、この不一致が、特に契約目的に関わるようなものであり、かつ注文者にとって目的物の価値を減ずるものかどうかという点で、「瑕疵」を判断していることから、契約目的や趣旨が考慮され、その価値を左右するような重要な内容との不一致があるかどうか、またその不一致の程度が考慮されることが明らかとされたものである。

【企業法務の視点】
　実務的には、本件でもそうであるように、請負契約上の「瑕疵」についての概念が明確ではないことから、瑕疵の有無の判断を民法や裁判所等に頼ることはできない。したがって、瑕疵概念に関する実際上の判断基準として、より多様な要素を取り込んだ、具体的かつ精密な基準が利用されるようになっている。つまり請負契約書上、契約書や見積書の記載内容、設計図書、建築基準法等の法令、日本建築学会等の権威ある団体の技術基準、住宅金融公庫等の基準、工事代金額、発注者が企画した用途なども合意内容として契約書に取り込むことが多くなっている。
　さらには客観的な社会通念によるということも十分に可能であるが、本件のような事例の場合は、震災直後において特に耐震性を高めるというために、当初の設計を変更してより太い鉄骨を使用することを求め、それを請負人も承諾したという事情を考慮すると、鉄骨の太さが契約の重要な内容になっているものとして、そのような当事者間の特別な合意内容と実際の工事内容との乖離を「瑕疵」として評価するのは、一般的にも受け入れやすい判断である。その意味で、本件判決は、これまでの通説的な瑕疵概念を前提としつつ、約定違反についても「瑕疵」としてとらえ、瑕疵評価に一定の判断基準を認めたことは評価に値するものと考えることができる。
　ちなみに、売買契約の瑕疵担保責任においては、これまで法定責任説と契約責任説の対立があり、瑕疵概念についても、それぞれの立場から、「主観的瑕疵」ないし「客観的瑕疵」をめぐって議論が行われているが、判例や学説においては、「主観的瑕疵」概念が採用されてきたようである。この中で、「主観的瑕疵」

とは、当事者が契約において予定した使用適性を欠くこととされ、「客観的瑕疵」とは、目的物が有すべきことを取引上一般的に期待されている性質を欠くこととされてきた。ただ、今は、瑕疵の判断基準を、売買契約においてどのような「対象」として把握されたか、かつ「対象」とされた「物」について、契約に適合する物としての性質を備えているか（通常の利用目的ないし性質）、また特に合意されると「特別の利用目的ないし性質」が基準として判断されるとした考え方も有力となっている[11]。この二段階による瑕疵構造の考え方が、請負契約においても採用が可能とされ、合意内容が基準となるとされ、もし合意がないときには、予定された目的に適う通常の品質・性能を有するかどうかが瑕疵の判断となるという考え方もある。

　この売買契約における「瑕疵」については、本書第5章第1節（環境保護、判例 No. 53）において、土地売買契約における有害物質による土壌汚染につき、民法570条にいう瑕疵とされるかどうかなど瑕疵担保責任が問題となった事例[12]が解説されているので参照されたい。

【発展課題】

1. 建設工事の不具合や不完全さに対する請負人の責任を追及する場合、民法634条以下の瑕疵担保責任は、仕事の完成後の瑕疵について適用されるか[13]。
2. 上記課題1において、完成とは、予定された最後の工程を終えた時か、あるいは完成工事を注文者に引き渡した時か[14]。
3. 不法行為法上、建物としての基本的な安全性を損なう瑕疵は、居住者等の生命、身体または財産を危険にさらすような瑕疵であるとされているが、この考え方は、本件のような請負契約上の瑕疵にも適用することができるか[15]。
4. 完成後の瑕疵により契約目的を達成することができない場合に、契約解除を認めることが可能か[16]。

---

11) 潮見佳男『契約責任の体系』（有斐閣、2000）381頁。
12) 最判平成22年6月1日（判タ1326号106頁）。
13) 大阪高判昭和61年12月9日(判タ640号176頁)。
14) 参考書：潮見佳男『契約規範の構造と展開』（有斐閣、1991）247頁；大村敦志『基本民法Ⅱ　債権各論［第2版］』（有斐閣、2005）136頁。
15) 最判平成23年7月21日（判タ1357号81頁）。
16) 最判平成14年9月24日（判時1801号77頁）。

判例 No. 3[17] 【チェックポイント：譲渡禁止特約に反する債権譲渡は無効か】

【設問】

1. 原告 X は、2005 年 3 月 25 日に特別清算開始決定を受け、同手続を遂行中の株式会社である。X は、2002 年 12 月 2 日に、金融機関である被告 Y らとの間で、X・Y 間の手形貸付取引に基づき、Y らが X に対して現在および将来有する貸付金債権およびそれに付帯する一切の債権を担保するために、X が訴外 A に対して取得する請負工事代金（以下、「本件債権」という）を、Y に譲渡する旨の債権譲渡担保契約を締結した。
2. 訴外 A に対する本件債権は、2002 年 6 月 2 日を始期とし、2006 年 12 月 2 日を終期とする工事に係るものであり、債権額は金 1 億 5,968 万円となったが、X と訴外 A 間の工事発注基本契約書および工事発注基本契約約款によって上記工事請負代金債権には譲渡禁止特約が付されていた。譲渡担保債権には譲渡禁止特約が付されており、Y らはこのことを知っていたが、訴外 A 名の承諾書が存在したため、与信行為に及んだものである。
3. 訴外 A は、債権者不確知を理由として本件債権の供託をしたところ、X は、Y に対して、本件債権には譲渡禁止特約が付されているので、X・Y 間の債権譲渡は無効であると主張し、供託金返還請求権は、X に帰属することの確認を求め、他方、Y らは、供託金返還請求権は Y に帰属することの確認を求めて反訴に及んだものである。
4. ①譲渡禁止特約に反して譲渡したときには、譲渡は無効とされるか、②譲渡につき、債務者が承諾を与えたときは、譲渡の効果は認められるか。また、③譲渡禁止特約付債権譲渡の無効を主張できる当事者は誰か。

【論点の解説】
1. 譲渡禁止特約に反して譲渡した場合の有効性について（論点①）

> 主要論点 1：債権の譲渡禁止特約の効力について、同特約は債権の譲渡性を物権的に奪うものであり、特約に反してなされた譲渡は無効となる。

民法では、原則として債権の譲渡性を認めているが（民法 466 条 1 項）、同条 2 項において、譲渡禁止特約の効力も認めている。ただし、譲渡禁止特約は善意

---
17) 最判平成 21 年 3 月 27 日（判タ 1295 号 172 頁、判時 2042 号 2 頁）。

の第三者には対抗することができないとされている（同条2項但書）。この譲渡禁止特約については、債権の譲渡性を奪うものであり、特約に反してなされた譲渡は無効となるが（物権的効力とされている）、同特約は債務者の利益のためになされるのであるから、債務者が譲渡について承諾をした場合には、債権譲渡は譲渡の時に遡って有効となるとするのが従来の確立した判例解釈である[18]。しかしながら、本件においては、民法は、原則として債権の譲渡性を認め（466条1項）、当事者が反対の意思を表示した場合にはこれを認めない旨定めている（同条2項本文）、したがって、債権の譲渡性を否定する意思を表示した譲渡禁止の特約は、債務者の利益を保護するために付されるものと解されるとした。つまり、本件においても債務者の承諾がない以上、本件債権譲渡担保契約による譲渡は債務者に対しては無効とされ、本件債権の帰属主体である債権者に変更がないことは明らかであるとしたが、それが物権的な効力をもつものであることまでは明言はしていない。

また、民法では、譲渡禁止特約を対抗できるのは悪意または重過失の譲受人に対してだけであって、善意（軽過失ある場合を含む）の譲受人に対しては譲渡禁止特約を対抗できないとされている（同項但書）。つまり、本件の場合、XとY間における譲渡担保契約の無効を主張できるかどうかは、第三者（A）にとっては、譲受人（Y）の悪意か善意かによって決まることになることも考慮すべきである。

2. 譲渡禁止特約付の債権譲渡につき、債務者が承諾を与えたときは、譲渡の効果は認められるか（論点②）

> 主要論点2：譲渡禁止特約付の債権の譲渡であっても、譲渡禁止特約は、もっぱら債務者の保護のための規定であることから、債務者が承諾をした場合に、この債権譲渡を無効とする理由はない。

本件は、そもそも債務者の承諾自体が偽造により問題となる案件であり、債務者の承諾を得たとされない債権譲渡という事案であることから、債務者が承諾を

---

18) 大判昭和6年8月7日（別冊ジュリスト3号126頁）、最判昭和52年3月17日（判時849号73頁、判タ348号203頁）等。

した場合には、どうなるかという問題がある。そもそも債権の譲渡は原則有効であり、債務者への確定日付ある通知または承諾が第三者対抗要件となるという民法の規定（467条）に従い、譲渡をする場合は、債務者の同意を得ることが前提とされる。したがって、債務者の事前の同意を得ない債権の譲渡は債務者との関係で認められず、さらに譲渡禁止特約があることは債務者の保護を目的としたものであるとすると、もし債務者の承諾を得ることができれば、債権者としても、また債務者としても当該債権譲渡を無効であると主張する理由はなく、この債権譲渡は有効であるとされるものであり、その効果についても、譲渡時点に遡って有効になる。ただし、民法116条の法意に従い、承諾以前に生じた第三者の権利を害することはできないことになる。

3. 譲渡禁止特約付債権の譲渡無効を主張できる当事者は誰か（論点③）

> 主要論点3：債権の譲渡禁止特約の効力について、譲渡債権者は、同特約の存在を理由に債権の譲渡の無効を主張する独自の利益は有しないとされる。

本件は、債権者が債務者の譲渡承諾書を偽造して譲渡を行った事案であるが、もしそうであるなら、債権者としては、譲渡禁止特約については悪意であり、その譲渡禁止特約違反による譲渡に関しては、信義則によって、無効を主張することを認めないとすることも可能であったと思われるも、本件は、無効を主張した者は、その特別清算人であることから、法的には、清算会社の業務執行機関兼代表者ではあるものの、譲渡承諾書の偽造には関与していないものであることから、信義則の判断において、債権者と同一視することができるかという点で問題は残るということが理由であったかもしれない。

ちなみに、本件第1審や控訴審では、「代表清算人が債権譲渡の効力を無効であると主張することが禁反言の法理に反し、信義則に違反するとまではいえない」と判断したが、本件最高裁では、債権者による譲渡禁止特約を理由とする譲渡の無効主張を否定するために、信義則ではなく、債権者を無効主張ができる者から除外するという方法を採用して、譲渡禁止特約は、債務者の利益を保護するためのものであることを明言したこと、また債務者が承諾した場合には、譲渡禁止特約が付された譲渡についても、譲渡の時に遡って有効であるとしたことによ

り、譲渡禁止特約に関し、物権的効力に言及することなく、かつ信義則による無効を認めることなく、譲渡禁止特約の存在を理由に譲渡の無効を主張する「独自の利益」の有無という中間的な理由付けをしているという点で特徴がある。

【企業法務の視点】

　本件は、譲渡禁止特約付債権を譲渡した債権者は、この特約を理由として譲渡の無効は主張できないことを認めた最初の最高裁判決であるという点で非常に重要である。これまでのように、譲渡禁止特約の効力に関して、物権的効力説とか、債権的効力説とかという議論の対立に関して、あえてそこに踏み込むことなく、譲渡禁止特約があることにより、譲渡の無効を主張することができるかどうかという視点、つまり譲渡の無効を主張できる当事者は誰かという視点に立って判断を下していることは、実務的な対応として意味がある判決である。

　このような事例の中で、起こるべき法的な問題を考えることが要求される実務家にとっては、自らがどの当事者の立場となるかによって裁判所はどう判断するかということがわかるので、非常に有意義である。ただ、無効を主張するために、「独自の利益」は何を意味しているか、また破産管財人や差押債権者は独自の利益を有しているかどうかなどという点、本判決ではそれを明らかとしていないという点で問題は残っている。

　民法では、債権の譲渡を禁止する特約は善意の第三者に対抗することができない旨規定し（466条2項但書）、同特約の存在につき悪意（重大な過失がある場合）の譲渡債権の譲受人については、譲渡によってその債権を取得し得ないということも明確であるという判決[19]を考えると、譲渡禁止特約付きの債権譲渡に関しては、譲渡債権者は当然として、譲渡につき承諾をした債務者、および悪意（譲渡禁止特約の存在に関して重大な過失がある場合を含む）の債権の譲受人は、その無効を主張できないということとなる。つまり、本判決においては、譲渡禁止特約に反して譲渡を行った債権者（譲渡債権者）は、譲渡禁止特約を理由とする譲渡の無効を主張することはできないことを判断したものであり、一方で、債務者の承諾を得ていないことを理由として、譲渡の無効を主張できるのが債務者

---

19) 最判昭和48年7月19日（判タ301号170頁、判時715号47頁）。

だけに限定されるということまでを判断したものではない。

　以上を考慮すると、譲渡禁止特約付きの債権について債権譲渡や債権譲渡担保契約を締結する際には、譲渡禁止特約の有無をチェックするのは当然のこととして、それがチェックできないとしても、債権譲渡を有効としたり、債権譲渡担保を確保するためには、債務者の承諾を得ること、あるいは債務者の承諾が得られていることを確認することがまずは求められることとなる。しかし、債権譲渡を利用した債権の流動化の場合や債権譲渡担保を取得する場合には、一般的に当該債権の債務者の信用不安を惹起するおそれがあることから、上記のような第三者対抗要件を具備することが留保され、債務者の信用状態が悪化したときに、この対抗要件を具備するという方法がとられることが多かった。しかし、このような危機の際の対抗要件の具備については、破産法等により否認権の対象となる可能性もあり、またこの否認権をクリアーするために考え出された停止条件型や予約型の契約についても、権利変動の対抗要件の否認や危機否認を認める判決[20]が相次いで出されたことから、有効な手段とはいえなくなった。これを回避する方法として、債権譲渡登記を利用することで、債務者へ通知したり、承諾を求めることなく、第三者対抗要件を具備することが可能となっているが、本件のような譲渡禁止特約の問題は依然として残るので、その意味では本判決は非常に重要であろう。

　なお、民法（債権関係）の改正に関する中間試案が、この譲渡禁止付債権の譲渡に関する問題も整理しているので、参考にされたい。

【発展課題】

1. 本件のような譲渡禁止特約付きの債権譲渡に関しても、第三者において錯誤無効を主張することは可能か[21]。
2. 債権の流動化による資金調達を考える際、譲渡禁止特約が支障となるが、この譲渡禁止特約付きの債権譲渡に関して、原則として譲渡人と譲受人との間で債権譲渡の効力を認めることは可能か。

---

20) 大阪高判平成10年7月31日（金法1528号36頁）、東京地判平成15年9月12日（判時1853号116頁）等。
21) 最判昭和40年9月10日（判タ183号99頁）；幾代通『民法総則［第2版］』（青林書院、1984）276頁。

3. 譲受人が第三者対抗要件を具備して後に、譲渡人について倒産手続開始の決定があった場合に、譲受人に対して譲渡禁止特約を対抗することができるか。また当該債権が差押えられた場合はどうか[22]。

判例 No. 4[23] 【チェックポイント：債務者が実体のない会社であることを知らずに債務保証を行った場合は錯誤無効を主張できるか】

【設問】

1. 金融機関であるY銀行は、A会社に対して、2000年9月と2001年1月に、それぞれ2,000万円（計4,000万円）の貸付を行い、その貸付にあたって、X信用保証協会が、Yからの依頼に基づき、AのYに対する借入金返済債務を保証する契約（以下、「本保証契約」という）を締結した。
2. その後、Aが弁済や利息の支払いを怠ったので、XはYに対して、本保証契約に基づく保証債務の履行として、計4,070万円の代位弁済をしたが、A会社はそもそも企業としての実体はなく、Aの代表者が運転資金の融資名目で金員を詐取することを企てて、決算報告書を捏造するなどして本件貸付が実行されたものであることが判明し、この代表者は、その後、2004年に詐欺罪等により実刑判決を受けている。
3. このような状況下で、Xは、Yに対して、本保証契約には、要素の錯誤があるので無効であるとして、代位弁済金を不当利得として返還するよう求めたが、Yは、Xにおける錯誤を争い、さらに、Xは、Aの企業実体について調査すべき義務を怠った重過失があるので、錯誤無効の主張をすることはできないと反論。またXが調査義務を怠ったために、Yが貸付をしたのであるから、YはXに対して代位弁済金と同額の不法行為に基づく損害賠償請求権を有するとして相殺を主張したところ、第1審は、Xの請求を認容したので、Yが控訴したのが本件である。
4. ①本件貸付についての保証に関して、要素の錯誤が認められるか、②金融機関からの信用調査報告書を信頼して机上調査のみにより保証したとして、それが重過失にあたるかどうか、③要素の錯誤があった場合、民法96条2項が適用（類推適用も含む）されるか、④錯誤無効が主張された場合に、相手方の損害賠償請求権が認められるかどうか。

---

22) 最判昭和45年4月10日（判タ248号115頁）。
23) 東京高判平成19年12月13日（判時1992号65頁）。

【論点の解説】
1. **本件保証に関して要素の錯誤が認められるか（論点①）**

> 主要論点1：企業としての実体がなければ信用保証の対象とならないことは、融資を実行する金融機関Yも熟知していたので、本件保証契約には要素の錯誤がある。

　本件においては、信用保証協会Xとしては、その業務として、中小企業者が銀行である控訴人から借り受けた運転資金の返還債務を保証することができるが、その中小企業者は企業としての実体を有することを当然の前提としており、中小企業者としての実体がなければ信用保証の対象とならないことは、融資を実行する金融機関Yにおいても当然のこととして熟知していたものということができるから、中小企業者が企業としての実体を有することは、Xが保証をするための重要な要素であるということができる。本件では、Aに企業としての実体がないのに、実体があると勘違いをしていたのであるから、通常は、人の性質の錯誤のように見えるが、もし性質の錯誤であれば、動機の錯誤にすぎないとされ[24]、動機の錯誤については、動機が表示され相手方に知れていた場合についてのみ、錯誤無効を主張することができるとされているのが伝統的な判例や学説である。本件でも、動機が表示されていたかどうかの判断が必要となるが、本件で問題となっているのは、保証の前提となる要件に関する錯誤である。したがって、XはAが企業実体を有するものと信じていたということができるから、保証契約における主たる債務者が誰かについての錯誤と同様、本件保証契約は、Xにおいてその重要な部分に要素の錯誤があったということができる。

2. **金融機関からの信用調査報告書を信頼して机上調査のみにより保証したとして、それが重過失にあたるかどうか（論点②）**

> 主要論点2：企業実体の有無については、金融機関の側ですでに厳正な審査がなされていることを前提として自らの調査を行うことが許されることから、重過失はないとされる。

---

24) 我妻栄『民法講義 第一 民法総則［新訂版］』（岩波書店、1965）300頁。

本件、第1審においては、「A会社から融資の申し込みを受けたYは、Aから徴収した資料に基づいて必要な審査を遂げ、自らの判断と責任において、Aが企業実体を有すると判断し、Xに保証を依頼したのであるから……Aが企業実体を有しないということをYにおいて看破することができなかったからといって、その場合に過失責任を問われるとするのは、いかにも不合理であるというべきである」とした。また本件控訴審においても、「融資を適当と認めたときに限り、信用保証依頼書に金融機関所見等を記載して、添付書類とともにこれをXに送付していたこと、Yの審査において、Aに企業実体がないことが判明した場合には、書類をXに送付することはしていないことが認められ、あくまでも、Aである中小企業者がその企業実体を有するか否かは、第1次的には、金融機関の側で厳正に審査することが前提とされていたものと認められるとし、もちろん、最終的にはXがその保証契約について自らの判断と責任においてこれを行うべきものではあるが、しかし、その際には、Aの企業実体の有無について金融機関の側ですでに厳正な審査がなされていることを前提として自らの調査を行うことが許され、金融機関から送付された信用保証依頼書等についての書面調査や必要に応じて行われる面接調査によって明らかになった事実及びXにおいて特に認識していた事実を踏まえ、Aの企業実体について疑問を抱くべき特段の事情のない限り、上記の調査のほかに更に自ら実地調査を含めたより精緻な調査を行うことまでは必要ではなく、その結果、XにおいてAに企業実体があると誤信したとしても、もはやその錯誤については重大な過失があるとはいえないというべきである」と判示している。

3. 要素の錯誤があった場合、民法96条2項が適用（類推適用も含む）されるか（論点③）

> 主要論点3：錯誤により意思表示が無効となるにはその錯誤が法律行為の要素について生じたものであることを必要とし、要素の錯誤に当たらないような錯誤が詐欺によって生じた場合には、表意者は詐欺による取消しを主張するしかなく、民法96条2項の適用または類推適用は認められない。

本件では、Yは、「Aによる詐欺の事実を知らなかったのであるから、XとAとの保証委託契約及びこれを基礎とし、これと一体をなす本件保証契約が錯誤に

より無効となったとしても、民法96条2項等の適用又は類推適用により、XはYに対しこれらの契約の錯誤による無効を主張することができない」旨を主張したが、しかしながら、裁判所は、「民法は、法律行為の要素に錯誤があった場合には意思表示を無効として表意者の保護を図りつつ、錯誤は表意者の内心において生ずるものであることから、表意者に重大な過失があった場合には、表意者の保護を抑制して相手方の保護を図っているのであり、これに対して、詐欺による意思表示については法律行為の要素に錯誤を生じていない場合でもこれを取消し得るものとして表意者を保護するが、善意の相手方又は第三者については表意者の保護に優先することにしたものである。このように、民法は、錯誤と詐欺のそれぞれについて、相互に独立した制度として異なった要件をもって規律し、表意者の保護と相手方又は第三者の保護との均衡を保っているのであり、錯誤による無効の効果の発生を詐欺における善意の相手方又は第三者保護の要件をもって妨げたり、詐欺による取消しの効果の発生を錯誤における表意者保護の抑制のための要件をもって妨げたりするなど、一方の制度の消極要件を他方の消極要件として類推することは許されないものというべきである」と判断した。

　また、Yは、「詐欺の場合には表意者は必ず錯誤に陥っているのであるから、詐欺により錯誤に陥った者が意思表示をした場合に民法96条2項又は3項による保護を認めないと、善意の者が民法96条2項又は3項により保護される余地がなくなってしまう」旨を主張したが、裁判所は、「錯誤により意思表示が無効となるにはその錯誤が法律行為の要素ついて生じたものであることを必要とし、要素の錯誤に当たらないような錯誤が詐欺によって生じた場合には、表意者は詐欺による取消しを主張するしかなく、また、表意者に重大な過失があった場合にも、表意者は詐欺による取消しを主張するしかなく、これらの場合には民法96条2項又は3項によって善意の相手方又は第三者が保護されるのであるから、Yの主張は失当というほかない」として、民法96条の適用または類推適用には理由がないとして認めなかった。

4. 錯誤無効の場合、不法行為に基づく損害賠償請求権が認められるか（論点④）

> 主要論点4：錯誤により意思表示が無効であるとしても、Xには、本件保証契約を締結するにあたり調査義務を怠ったとはいえず、過失があったといえないので、損害賠償請求権は認められない

　本件では、Xが、本件保証契約を締結するに当たり、Aの企業実体について通常要求される調査義務を怠たるなど、Yとの関係で過失があったと認められる場合には、YのXに対する不法行為に基づく損害賠償請求権も認められることとなるが、本件では、前述のとおり、Aの企業実体について通常要求される調査義務を怠たるなど、Xにおいて過失があったと認められないので、YのXに対する損害賠償請求権を認めることはできず、したがって、Yによる不法行為に基づく損害賠償請求権による相殺の抗弁もそれを認める正当な理由がない、と判断された。さらに、Xにおいて、いわゆる契約締結上の過失があったものとも認められないとした。

【企業法務の視点】

　保証契約に基づく保証債務に関しては、保証人が後日、保証には錯誤があったとして、保証契約の無効を主張する場合が少なくない。そもそも、保証契約とは、主たる債務者がその債務の履行をしなかった場合に、主たる債務者に代わって主たる債務を履行する責任のことをいうが、主たる債務がなければ保証責任は存在せず、また主たる債務が無効になれば、保証も無効となる、また主たる債務が消滅すれば、保証責任も消滅するという関係に立っている（保証の付従性）（民法448条）。本件のような保証契約に基づいた保証債務の履行を求められた段階において、その履行を拒絶するための理由として、主たる債務の存在を「錯誤」により無効を主張するということも考えられる。そこで、本件のような事例を利用して、「錯誤無効」を主張するため、あるいは「錯誤無効」を主張されることによるリスクを回避するということは、実務家にとって重要である。

　そこで、「錯誤無効」を主張できる場合は、どのような場合か、無効を主張するに際して、制限はないのか、あるいは、錯誤に陥った際に重大な過失があったかどうか、また第三者の詐欺による錯誤の場合はどうか、などを考えることは、

実務的には重要な課題である。この錯誤には、それが意思表示のどの段階にあるかによって、「動機の錯誤」、「表示上の錯誤」および「内容の錯誤」と呼ばれる「表示行為の錯誤」という3つの場合に分類されるとされている。そして、民法95条が想定している無効とすることができる錯誤は、「要素の錯誤」であるとされ、その錯誤がなければ、表意者は意思表示をしなかったであろうということ（因果関係）、および錯誤がなければ意思表示をしないであろうことが、通常人の基準からも、もっともであるほどの重要な部分についての錯誤である（重要性）という2つの要件を備えることが必要である。民法は、錯誤（95条）と詐欺（96条）のそれぞれについて、相互に独立した制度として異なった要件をもって規律し、表意者の保護と相手方または第三者の保護との均衡を保っているとされている。

また、簡単なクリックで契約が成立してしまうネットワーク上の取引などは、通常の取引よりも錯誤が生じやすいため、「電子消費者契約および電子承諾通知に関する民法の特例に関する法律」（2001年制定）によって、事業者が確認画面によって消費者の意思を確認した場合を除き、消費者が意思のない契約を締結したり、意思と異なる内容の契約を結んでしまっても事業者は重過失の抗弁を主張できない旨を規定したことから、事業者としては、消費者からの錯誤無効の主張を回避するために、確認画面をだし、消費者に注意を促している。

【発展課題】
1. 本件事例の場合、重大な過失とは、錯誤に陥ったことにつき、普通人に期待される注意を著しく欠いていることであるとされているが、相手方が表意者の錯誤を知っているとき、相手方を保護する必要はあるか。
2. 信販会社の立替払いによって、商品を購入した者による信販会社に対する立替金債務を保証した事案で、これが売買を仮装したという「空クレジット」と呼ばれる詐欺行為であった場合、売買契約の成否は、保証契約の重要な内容であるとして、要素の錯誤を認めることができるか[25]。
3. 詐欺と錯誤とが異なった条文に規定されていることを前提として、詐欺によ

---

25) 最判平成14年7月11日（判時1805号56頁）。

る取消権は無条件で認められるか（96条2項）、また詐欺と錯誤の双方の要件が充たされる場合、どちらの規定が適用されるか。

判例 No. 5[26] 【チェックポイント：共同開発契約の違反者に対して逸失利益を請求できるか】

【設問】

1. 電子機器の製造等を業とする会社（X）と測定機器の製造等を業とする会社（Y）とは、液晶パネルの欠陥検査を自動で行う装置（以下、「本件装置」という）を共同で開発および製品化することとし、Xはプローバ部分（液晶パネルをカセットから搬送し、点灯させる部分）と本体部分等の開発と製造および本件装置全体のとりまとめと販売を、Yは欠陥自動検査部分（以下、「テスタ」という）の開発と製造を、それぞれ担当することを定めた契約（以下、「開発および製品化契約」という）を締結し、本件装置の共同開発を進めた。
2. その後、本件装置に興味を持った大手電機メーカー（A社）から検収条件を明記した仕様書がXY両者に交付された。次いで、A社は本件装置の販売を担当するXに対し、順次本件装置8台の注文を行い、XはYに同装置のテスタを注文した。しかし、Xは納期通りプローバをA社に搬入することができたが、Yが検収条件を満たすテスタを納入することができなかったため、A社はXに対する本件装置すべての注文を取り消した。
3. Xは、①被告（Y）は自己の担当部分であるテスタに要求された性能（検収条件）を満たすことができなかったのであるから債務不履行がある、②被告の債務不履行によりA社から注文を取り消されて売却することができなくなったプローバ合計8台分の製造コストなど2億5,800万円と逸失利益（本件装置がA社に売却できていれば、追加注文が得られたはずの消耗品であるプローブユニットの販売利益）6億7,500万円の合計9億3,300万円の損害賠償を求める、とする訴訟を提起した。
4. 被告（Y）は、①「開発および製品化契約」は準委任契約に類する契約なので、開発目標に適合するよう善良な管理者の注意をもって本件装置の開発事務を遂行する義務を負うにすぎないとし、②A社が、ある検査方式を提案し、上手くいかない場合には、自社が責任をとると発言したこと、欠陥の定義づけや検収のために必要不可欠である標準パネルがA社から提供されなかったこと等により、検収が不可能となったのだから、自らには帰責性がないと主張した。
③Xが「A社から追加注文が得られたはず」という消耗品の販売利益まで、注文取消しによる逸失利益として損害額と認められるか。

---

26) 東京地判平成19年5月22日（判時1992号89頁）。

【論点の解説】
1. 被告の債務の内容について（論点①）

> 主要論点1：裁判所は、本件装置を実際に生産ラインで活用しようというA社の意図を被告Yが認識していたことが明らかであるから、被告Yは、単に本件装置の開発を行うだけでなく、製品として完成させることを合意したと判断した。

　上記判断に当たり、裁判所は、被告Yが、A社が本件装置の発注および導入を計画していた事実ならびに本件装置8台を原告Xに注文したことを知っていた事実を認定している。そして、被告Yが受領したA社作成に係る本件装置8台分の仕様書にも、被告Y作成に係る本件装置の仕様書にも、同じ検収条件が明記されていたこと等から、被告Yは検収条件を満足させるテスタを完成させる義務を負っていたものと判断した。

　XとYとの取引関係は、本件装置の共同開発契約（Yの担当部分はテスタ）と本件装置の製造販売契約（XはYにテスタを発注し購入のうえ本件装置を製造し販売する）とに大別される。また、A社とXおよびXとYとの取引はいわゆる製作物供給契約といえる。

　（共同）開発契約が開発目標の達成（仕事の完成）を義務づける「請負契約」であるのか、開発目標に適合するよう善良な管理者の注意をもって開発事務を遂行する義務を負うにすぎない（完成義務はない）「準委任契約」であるのかは、個別具体的な開発の内容、契約書の文言に基づいて判断を下すしかないが、本件では「開発および製品化契約」の具体的内容を述べていない。

　なお、製作物供給契約を締結するに際し、その製品の使用目的や大まかな規格のみを定めて製作を受注し、注文者が詳細な設計、仕様、工作方法等を定めて製作を依頼する場合は、概して「請負契約的性格」といえるが、製作者が注文者から使用目的や大まかな規格などを聞いた上で試作を重ね、注文者が満足した段階で試作製品の設計仕様、工作方法に基づく製品製作の受注を受ける場合は、確定段階までの関係は「準委任契約」であるとして、両者の区別基準を示した判例がある[27]。設問の事例の場合でいうと、「開発および製品化契約」を締結した段階

---

27) 東京高判昭和57年11月29日（判タ489号62頁）。

では、「使用目的や大まかな規格など」を決めた上で試作を重ねるという「準委任契約」の段階であったかもしれないが、注文者（A社）が提示した仕様に基づく製品製作の受注を受けた段階で「請負契約的性格」に変容したと判断されたものと思われる。

　裁判所は、X・YおよびA社との間の交渉経緯から、プローバおよび本体部分とテスタの開発・製品化とがそれぞれXとYとで明確に分担されていた事実、本件装置の発注がA社からXへ、そしてA社から発注を受けた本件装置に使用するテスタがXからその事情を承知しているYに発注されたという事実から、A社とXとの間、XとYとの間という2つの独立した製作物供給契約が締結されており、それは売買でも準委任でもなく、請負契約に準ずる契約であるという判断をしたものと考えられる。

2. 被告Yの帰責事由の有無について（論点②）

> 主要論点2：裁判所は、次のように判断し、被告Yの帰責性を認めた。
> 　(1)「A社が、ある検査方式を提案し、上手くいかない場合には、自社が責任をとると発言したこと」については、A社の意図は本件装置の開発ではなく、自己の生産ラインでの活用であったから、A社の上記発言は、同検査方式に起因しない結果についてまで責任を負うとの趣旨でないことは明らかであり、被告Yも同趣旨を認識していた。
> 　(2)「標準パネルがA社から提供されなかったこと等」については、これらの事実によりテスタの製作が遅滞した可能性はあるものの、本件開発契約によれば、テスタの完成は、被告Yが責任を負うことになっており、被告はA社との間で、複数回の打ち合わせを行っていたのであるから、被告自身がA社に標準パネルの提供を求める等して、その解消を図るべきであって、被告Yに帰責事由がなかったと認めることはできない。

　債務不履行の責任を問われた場合には、免責事由があることや自己に責任がないこと（原因・責任者が他に存在すること、故意・過失がないこと）の立証が常道であり、Yもこれを試みたのだが、上記のごとく退けられている。

3. 「追加注文が得られたはず」という消耗品の販売利益まで損害額と認められるか（論点③）

> 主要論点3：裁判所は、原告の主張を全面的に認め、①本件装置8台分のプローバの製造コスト合計2億4,600万円と、②テスタの不具合等によって、通常の作業以外に原告の技術者が費やした現場作業等に対する人件費合計1,200万円との合計2億5,800万円の実損に加え、③本件装置がA社に納入できていれば、プローバに搭載する消耗品を原告は販売できたはずであり、それによって得られたであろう販売利益3年分の6億7,500万円の逸失利益を損害とし、総額で9億3,300万円の損害額を認めた。

　製作物供給契約の法的性格については、その適用法規が「売買」か「請負」かをめぐって、学説上古くから論議されてきており、判例も「製作物が代替物のときは、売買の規定を、不代替物のときは、請負の規定をそれぞれ適用するのが相当である」[28]や、「具体的事案によって、ある面においては請負に関する規定を適用しある面においては売買に関する規定を適用するということもありうるものといわなければならない」[29]とするもの等があり、定説を見ない。

　本件は、前述のように請負契約に準ずる契約であるという判断をしたものと考えられるが、請負の債務不履行に基づく損害賠償の範囲としては、相当因果関係の範囲内で、請負人がすでに支出した費用と仕事を完成したとすれば得たであろう利益を加えたものと解するのが通説[30]であり、同趣旨の判例[31]もある。また、既成工事部分のうち他に転用できるものがある場合や請負人が仕事完成の義務を免れたために費用の支出を節約することができた場合等には、損益相殺の原則によりこれらを控除すべきであるというのが学説の多数であり[32]、判例[33]も既成工事部分に照応する請負代金をもって、損害額を算定するものがほとんどである。なお、分譲住宅に設置する階段昇降補助装置の製作物供給契約が、発注者

---

28) 東京地判昭和56年10月27日（判タ459号73頁、判時1035号87頁）。
29) 東京地判昭和35年6月9日（判時231号54頁）。
30) 我妻栄『民法講義V3』（岩波書店、1962）651頁、打田・生熊新版『新版注釈民法（16）』（有斐閣、1989）176頁。
31) 名古屋高判昭和63年9月29日（金判811号15頁）、東京高判昭和60年5月28日（判時1158号200頁）、東京高判昭和59年11月28日（判時1138号85頁）など。
32) 打田・生熊前掲注30) 177頁。
33) 前掲名古屋高判昭和63年9月29日、東京高判昭和59年11月28日など。

により一方的に解除された事案[34]では、完成した製作物の転用可能性がないとして、原告主張の全損害額を認定している。

【企業法務の視点】

　製品の共同開発や製作物供給契約において、目標としていた機能・性能を達成できないということはしばしば生じる問題である。本件は、（共同）開発と製品化に関する契約を締結したものの、相互の詳細な義務の内容等（特に、開発不能の場合の対処方法）が明確に定められていなかったために、当該契約の法的性質、損害賠償請求の可否について、裁判所に判断を求めることになったものである。

　本件では、当初は新規の装置の開発と製品化に関する契約であったが、具体的な顧客（ユーザーである注文主＝Ａ社）が現れ、具体的な仕様が提示されることにより、実機として製作する義務が生じたにも拘わらず、ＸＹ間で契約内容を見直し改正または新たに締結することを怠り、一般的な取引基本契約書を締結するにとどめていた。これは、現場の実務において少なからず用いられている便法であり、企業法務としてはモニタリングと教育・指導を要するポイントである。

　被告Ｙとしては、「開発および製品化契約」において、あるいは遅くともＡ社の仕様に基づき実機を製作する段階で、原告と協議し、開発が上手くいかない場合の処理、リスク分担等について、明確に定めておくべきであった（これについては、論点③も同様である。）。

　論点②も、共同開発契約や製作物供給契約においてよく起こる問題である。開発や製作の現場では相手方とは口頭でのやりとりで物事が進められていくことが多く、これを書面化して記録する段階で、技術面以外の事項については大事なポイントが抜け落ちることも生じる。また、信頼関係で物事を進めていくため、後日相手が前言を翻すことになる可能性などということを考えてもいないことが多い。進捗状況、問題点、ペンディング事項などのやりとりを議事録などで書面化し相手方と交換することは一般的に実務として定着しているようだが、企業法務としては、記載・確認事項などについて指導・教育する必要がある。

---

34) 大阪地判平成7年12月20日（判タ914号182頁）。

論点③で、裁判所が逸失利益として3年分の販売利益を認めたことは、企業法務としては大いに参考になり、先例として意義がある。

【発展課題】
1. 機械メーカー甲社は、化学品メーカー乙社の仕様書に基づき1億円の代価で機械の製作物供給契約を締結した。製作開始後、乙社はたびたび仕様を変更、設計変更が重なり工程が遅れたが、納期厳守を求められ、マンパワーの増強などにより納期ぎりぎりで機械を納入した。設計変更に伴い原価は2億円を超えたが、甲社は原価を回収できるか。
2. 上記案件の場合で、甲社が機械を製作中に、発注者である乙社が一方的に契約解除を申し入れた場合、甲社に認められる損害額はどのように認定されるか。なお、当該機械は乙社の特注品であり、転売できる見込みはない。
3. 1の事案において、製作物が機械ではなくコンピュータ・システムの開発であった場合に、発注者（乙）・受注者（甲）それぞれの義務の認定において機械の場合とは違いはあるか。あるとすればどのような点であり、判断にどのような影響を与えるか[35]。
4. 3（コンピュータ・システム）の開発の場合、甲社の請求を認める場合において裁判所はいかなる理由でそれを認め、また、いかなる算出方法で損害額を認定すると考えられるか[36]。

---

[35] 東京地判平成16年3月10日（判タ1211号129頁）、東京地判平成24年3月29日（金法1952号111頁）ほか。
[36] 大阪地判平成14年8月29日（平成11年（ワ）第965号）、東京地判平成17年4月22日（平成14年（ワ）2077号）、東京地判平成22年1月22日（平成18年（ワ）6445号、同14701号）。

判例 No. 6[37] 【チェックポイント：入金リンク特約付の代金支払債務は停止条件付債務か不確定期日債務か】

【設問】

1. A社は、指名競争入札（以下、「本件入札」という）により、一部事務組合（地方自治法284条2項により複数の地方公共団体が共同で設置する特殊法人）であるT広域水道企業団から、浄水場内の監視設備工事を請け負った。この工事のうち監視設備器機（以下、「本件機器」という）の製造等につき、A社はB社に対し、B社はC社に対し、C社はD社に対し、D社は被告Y社に対し、Y社は原告X社に対し、順次これを発注し、それぞれ請負契約が締結された。
（契約の流れ）A→B→C→D→Y→X

2. Y社とX社との間で本件機器の製造等につき請負契約（以下、「本件請負契約」という）が締結されるに至った経緯は、次のとおりである。
   (1) A社は、X社からの働きかけに応じ、本件機器の製造等をX社に行わせることにしたが、X社もA社とともに本件入札に参加した関係（以下、「相指名業者」という）にあったことから、A社が直接X社に対して発注するのではなく、その子会社または関係会社を介在させて発注することとなり、C社が、A社から介在させる会社の選択等を任された。
   (2) C社は、Y社に対し、「受注先からの入金がなければ発注先に請負代金の支払いはしない」旨の入金リンクという特約を付するからY社にリスクはないとの説明をして、本件機器の製造等をY社が受注して他社に発注することを打診した。Y社は、帳簿上の売上高を伸ばし、県の行う経営事項審査の点数を増加させ、公共団体等から大規模な工事を受注する可能性を増大させることなどを目的として、本件機器の製造等を受注することにした。
   (3) これを受け、A社は、X社に対する発注者をY社とすることをX社に打診した。X社は、Y社の与信調査を行った上で、A社に対し、これを応諾する旨回答し、X社とY社との間で、本件請負契約が締結されるに至った。なお、本件代金額とD社とY社との間で締結された請負契約における請負代金額は、同額であった。
   (4) X社とY社とは、本件請負契約の締結に際し、「支払条件」欄中の「支払基準」欄に「毎月20日締切翌月15日支払」との記載に続けて「入金リンクとする」との記載（以下、「本件入金リンク条項」という。）がある注文書と請書とを取り交わして、Y社が本件機器の製造等に係る請負代金の支払いを受けた後にX社に対して本件代金を支払うことを合意した。

---

37) 最判平成22年10月14日（判夕1336号46頁、判時2097号34頁、金判1357号13頁）。

第1章　企業取引管理　89

3. X社は、本件機器を完成させ、本件請負契約において合意されたところに従い、本件機器をA社に引渡した。A社はB社に本件機器の製造等に係る請負代金を支払い、B社はC社に上記請負代金を支払った。
4. ところが、C社は、破産手続開始の決定を受け、破産手続廃止の決定を受けた。そのためD社はC社から請負代金の支払いを受けておらず、Y社もD社から本件機器の製造等に係る請負代金の支払いを受けていない。Y社からの請負代金の支払いがないので、X社は、Y社に対し、本件請負代金3億1,500万円の支払いを請求する訴訟を提起した。
5. 上記事実関係の下において、控訴審は、次のとおり判断して、X社の請求を棄却すべきものとした（第1審も同趣旨でX社の請求を棄却している）。
Y社は、C社からの説明により、本件入金リンク条項につき、本件機器の製造等に係る請負代金の支払いを受けなければ、X社に対して本件代金の支払いをしなくてもよいという趣旨のものととらえていた。また、X社も、Y社を相手方として本件請負契約を締結してはいるものの、本件機器の製造等に係る打合せ、引渡しの状況等に照らせば、実質的には、A社から支払われる本件機器の製造等に係る請負代金を通過させる役割を期待していたにすぎなかったというべきである。したがって、本件入金リンク条項は、本件代金の支払いにつき、Y社が本件機器の製造等に係る請負代金の支払いを受けることを停止条件とする旨を定めたものと解するのが相当であって、上記条件は成就していないから、X社の請求は理由がない。
6. Xは上告したが：
①「入金リンクとする」との記載は「停止条件」以外には解釈できないのか。仕事を完成させ、本件機器の引渡しまで行ったX社が弁済を受けられないままにしておくことでよいのか。②X社はY社以外に救済（弁済）を求める相手はいないのか。③どうしてX社はA社と直接契約することができなかったのか。

【論点の解説】
1.「入金リンクとする」との記載の意味するところは何か（論点①）

> 主要論点1：最高裁は、「入金リンクとする」の趣旨は「不確定期限」を定めたものであると判断した。

上記判断の理由として最高裁は、「本件請負契約が有償双務契約であることは明らかであるところ、一般に、下請負人が、自らは現実に仕事を完成させ、引渡しを完了したにもかかわらず、自らに対する注文者である請負人が注文者から

請負代金の支払いを受けられない場合には、自らも請負代金の支払いが受けられないなどという合意をすることは、通常は想定し難いものというほかはない」とし、「当事者の意思を合理的に解釈すれば、本件代金の支払いにつき、被上告人（Y社）が上記支払いを受けることを停止条件とする旨を定めたものとはいえず、本件請負契約においては、被上告人が上記請負代金の支払いを受けたときは、その時点で本件代金の支払期限が到来すること、また、被上告人が上記支払いを受ける見込みがなくなったときは、その時点で本件代金の支払期限が到来することが合意されたものと解するのが相当である」と述べている。[38]

ある不確定な事実の発生を義務履行の時期としたとき、それが「期限」（不確定期限）を定めたものであるのか、「条件」（停止条件）を付したものであるのかについては議論の分かれるところである。

「停止条件」とは、法律行為の効力の発生を、発生するかどうかが不確実な事実にかからしめる法律行為の付款をいい、「不確定期限」とは、法律行為の効力の発生（消滅）または債務の履行を、将来発生することが確実であるが、いつ発生するか不明な事実の発生まで延ばす法律行為の付款をいう。停止条件と不確定期限の違いについては、停止条件となる事実は「発生するかどうかが不確実のもの」であるのに対し、不確定期限となる事実は「将来発生することは確実であるがいつ発生するかが不明なもの」とされているが、この違いは、具体的事案ごとの契約の解釈の問題とされている。

第1審および控訴審では、Y社は口銭等の金銭的な利益を得ていないから代金の支払いに関する完全なパイプ役にすぎないとし、X社もY社の役割はそのようなものにすぎないと認識し、Y社が請負代金の支払いを受けなかった場合にまでY社に支払いを求めることができるとは認識していなかったものと判断し、Y社の停止条件の主張を採用したものと思われる。

しかし、最高裁は上記のように「不確定期限」を定めたものと判断し、原判決中被上告人に関する部分を破棄し、期限の到来等につきさらに審理を尽くさせるため、その部分につき原審（高裁）に差し戻した。

---

[38] 判例は不確定期限とするものが多い。古くは、大審大正4年2月19日（民一判・大正3年（オ）511号）、大審大正4年12月1日（民三判・大正4年（オ）350号）、最近では、最判平成22年7月20日（裁判所時報1512号7頁）。

2. Xが弁済を求めるべき相手はYの他にはいないのか（論点②）

> 主要論点2：X社は、①訴訟提起時には、A社を契約当事者、Y社を連帯保証人として、A社に直接請負代金の請求をしていた。その後、Y社との間の請負契約の成立を認めて、今度は、②A社はY社を介入させる旨を打診するに当たりY社の債務を保証したと主張して、A社に対しても同額の支払を求めた。そのほか、予備的請求として、③A社およびY社に対して、「B社、C社、D社が介在することを秘匿していた」として不法行為（正確にはA社やY社の担当者の不法行為に関する使用者責任）に基づく損害賠償を求めた。

①の「A社が（実質的な）契約者である」という主張が最も事実関係に則したものと思われるが、書面で交わされたY社との間の請負契約書を認めざるを得ないことになったようで、やむなく主張した②は「書面によらない保証契約は効力を有しない」として裁判所に退けられており、③についても、そもそも「B社、C社、D社が介在することを秘匿していた」ことが不法行為を構成するとはいえないし、A社やY社らが、当時C社が破産を申し立てるほどの逼迫した状態であると認識していた、あるいはそれを予期し得たと認めるにたる証拠はないとして裁判所に退けられている。

3. A社と直接契約できなかった理由（論点③）

> 主要論点3：A社とXとが本件入札において相指名業者（同じ指名競争入札に参加した業者）の関係にあったことが理由とされている。

落札業者が相指名業者を下請事業者として起用し、入札工事等を発注することは、入札談合の疑いを招かないよう、自主的に慎重な対応がされていたようであり、別の会社を介在させて発注することとなったようである。

国土交通省関東地方整備局建政部建設産業課による「建設業相談事例集Q&A平成14年」[39]によると、相指名業者が下請業者となることや、相指名業者から、合材を購入することは、建設業法上は問題ないが、発注者の判断として、個別相

---

39) 国立国会図書館インターネット資料収集保存事業（WARP）
 URL: http://warp.ndl.go.jp/info:ndljp/pid/259973/www.ktr.mlit.go.jp/kyoku/construction/soudan/zireisyuu.pdf（確認日2013年12月）。

指名業者の下請参入等について何らかの取扱いを行っている場合があるので個々の発注者と相談するように指導しており、現実に「当社では、入札をよりいっそう公正かつ公平な競争とする観点から、特別な場合を除き、平成25年4月から、相指名業者への下請発注を原則として禁止することとしましたので、お知らせします。(工事標準仕様書に規定を設けます)」としている公社[40]など、多くの公共団体・公社などでは「原則禁止」としている。相指名業者間での下請関係をむやみに認めることにより、入札前に下請負をさせることを約束して、あるいは下請負することを約束させて、特定の業者が受注し、あるいは特定の業者に受注させる等の業者間における不穏な動きが生じる可能性が高い[41]という、独占禁止法上の配慮(入札談合を生む環境の醸成を避ける)によることは明らかである。

そうであるならなおさら、本件のように「別の会社を介在させて発注する」という方法が正当な解決策とは思われないので、A社としては、発注者に対して相指名業者を下請負人とする必然性を説明し、「禁止の例外措置」[42]の適用を求めるべきであったし、Xとしてもそのように A 社に働きかけるべきであった。

《例外措置の例》
特別な場合(禁止の例外措置となる場合)について
相指名業者を、下請負人とできる場合は、工事の全部または主たる部分を一括して下請負させる場合を除き、次に該当するものとし、相指名業者を下請負人としたい場合、下請負契約承諾願を提出し、当社の承諾を必要とします。但し、下請負契約の合計額が工事全体のおおむね5割を超えないものとします。
(1) 当該工事に近接又は関連する他の工事を相指名業者が既に受注しており、工事現場状況、工事管理、安全管理、経費等において、相指名業者が施工することが最も望ましい場合
(2) 地域性等を勘案し相指名業者を下請負人とすることが最も望ましい場合等やむを得ない理由が認められる場合

---

40) 東京都住宅供給公社　入札・契約情報 NEWS　URL:
http://www.to-kousya.or.jp/keiyaku/news/h25_3_14news.html (確認日 2013 年 12 月)。
41) 大館市　契約検査課「建設工事における下請負について」URL:
http://www.city.odate.akita.jp/keiyaku_kensa/gaiyo/k_sub.htm (確認日 2013 年 12 月)。
42) 東京都住宅供給公社・前掲注 40) 参照。

【企業法務の視点】

設問の事例は、いわゆる「介入取引」に付随する与信リスクの問題でもある。介入取引といわれるものは、売主と買主との間ですでに売買につき合意が成立しているが、その中間に商社等が介入する形態がその典型例で、大別すると、①売買の対象となる商品が現実に存在し、売主と買主との間ですでに売買契約の条件は確定しているが、売主が早期に確実に売買代金を入手するために、買主が代金支払いの時期を遅らせるために、あるいは、売主と買主との間においては与信枠の関係で直接の取引ができないために、中間に商社等を介入させるもの、②商品が存在せず、あるいは、商品が存在してもその引渡しがされることは予定しておらず、本来であれば消費貸借とすべきところ、売買という形式をとったにすぎず、もっぱら資金融通のためのもの、の2種類がある。②の類型は、いわゆる「架空取引」あるいは「循環取引」と見分けがつかず、架空取引や循環取引に陥る危険性も高い。

①または②のいずれの形態であれ、介入者のいずれかが決済を滞らせたり、支払不能の状態に陥ったりすると、支払いの流れにおいて当該介入者の下流に位置する当事者に延滞債権あるいは回収不能債権が生じることになる。企業法務としては、介入取引に参加するに当たっては、介入する意義・必要性を確認するとともに、全取引当事者の素性と与信面の調査・確認をさせることが必要となる。Y社が介入した理由は「帳簿上の売上高を伸ばし、山梨県の行う経営事項審査の点数を増加させて、公共団体等から大規模な工事を受注する可能性を増大させることなどを目的」としていたという。介入取引（架空取引・循環取引も）への参画は、多くの場合が「売上増」が目的とされており、売上ノルマ、業績至上主義に追い込まれた担当者・組織が、リスクを顧みる余裕もなくのめり込んでいきやすいのである。

論点①は、介入者であるY社が、A社のアドバイスもあり、上記与信リスクを避けるために「入金リンクとする」との特約文言を加えたものである。この文言が業界で「停止条件を定めたもの」として慣行に至っているとの評価が下されていないからには、3億円を超える代金の支払条件をあえてリスキーな停止条件付（上位者が代金の支払いを受けなければ、自分も代金の支払いを受けなくてよい）とすることはないであろうと考えるのが「常識」というものであろう。そう

いう意味では、最高裁の判断は常識に基づいたものであり、企業法務において「常識」に基づいた判断の大切さを示す事例といえよう。

論点③は、企業法務としては、本件で最も問題とすべきポイントである。入札談合との疑いを避けるためであれば、「別の会社を介在させて発注する」、しかも本件のように多数の業者を介在させることは、入札談合の手法の1つ[43]でもあり、まったく意味がないばかりか、かえって疑惑を招く工作といわざるを得ない。X社の立場でもY社の立場でも、企業法務としては、与信上とコンプライアンス上のリスクの所在を説明し、取引の流れの実態を確認させ、仕組みを再考させるべき案件である。

【発展課題】
1. 設問の判例（No. 6）の場合において、第1審・控訴審の判決のごとく停止条件付との判断が確定した場合、X社はいつ、誰から、どのような形で代金を回収できるのか。
2. X社がこの取引へのすべての介入者を含め全体の流れを承知していたならば、どのような代金支払いの保全策を講じるべきであったか、できるだけたくさん提案しなさい。
3. 下請発注が入札談合の手段として利用される手法とはどのようなものか[44]。
4. 甲社は、経営不振の乙社に対し2億円の債権を有するが、乙社の倒産を回避して再建を図るために、1億円を乙社の経営が安定するまで長期棚上げして、経営が安定した段階で支払いについて両者で協議することとした。乙社の経営がまだ安定していない段階で、甲社の方が倒産して清算段階に入ったが、棚上げ債権1億円支払いの請求は認められるか[45]。

---

[43] 社会保険庁シール入札談合事件　東京高判平成5年12月14日（判タ840号81頁）、公正取引員会勧告審決平成5年（勧）第9号。
[44] 東京都住宅供給公社・前掲注40）参照。
[45] 大阪地判昭和50年5月22日（判タ326号258頁）。

判例 No. 7[46] 【チェックポイント：新聞特約店契約は特約店の販売努力義務違反により解約できるか】

【設問】

1. Y会社の発行する「Y新聞」を配達する新聞販売店を経営するX_1とX_2（以下、両者を総称し「Xら」という）が、Y会社（以下、「Y」という）に対して、X_1は、新聞販売店契約の更新を正当な理由がないのに拒絶されたとして、その地位の確認と、Yが新聞供給者としての優越的地位を濫用してX_1の営業権を違法に侵害したとして、不法行為による損害賠償を、X_2は、Yが新聞販売店契約を不当に解除しようとしたことによって精神的苦痛を受けたなどとして、不法行為による損害賠償（慰謝料の支払い）を、それぞれ求めた。
2. XらとYの新聞販売店契約には、Yの示唆があるにも拘わらず経営努力が認められないときや、Yに対し虚偽の報告を行ったときなどに無催告解除できるとの解除条項、また1年毎に契約を自動更新するとの更新条項がある。
3. Yは、X_1については担当地区の世帯増に対する消化率が低く努力不足があり、部数実態報告にも虚偽があるなどとして、一部区域をYに返還することを求め、これに応じない場合には契約を期間満了として更新しない旨を通知した。X_1は裁判所に対し、新聞販売店の地位を仮に定めることを求める地位保全仮処分の申立てを行い、仮に定める旨の決定を受けたが、Yは新聞紙の供給しか行っていない。
4. Yは、X_2については廃業と担当区域の返還を提案していたにとどまるものであるとして、不法行為を否定した。なお、X_2はY新聞販売店所長の団体であるYC会のブロック会に参加できない状況に置かれている。
5. ①XらとYの新聞販売店契約は「継続的契約」といえるか。②X_1の販売努力不足、部数虚偽報告、一部販売区域の返還拒否などは契約の更新拒絶事由といえるか。③X_2に対して廃業と担当区域の返還を迫ったこと（Yいわく「提案」）は、不法行為を構成するか。また、損害賠償（慰謝料の支払い）は認められるか。

---

46) 福岡高判平成19年6月19日（判タ1265号253頁）。

【論点の解説】
1. 新聞販売店契約は「継続的契約」といえるか（論点①）

> 主要論点1：裁判所は、X_1 が約1,200万円の代償金を支払ってYと新聞販売店契約を締結し、その後も店舗確保のために建物賃貸借契約を締結し、該建物の増改築に資金を投下したりしていること、従業員を雇用し、セールス業者に報酬を支払い、販売拡大のために景品等を提供するなど、相当多額の投資をしてきたことなどを指摘し、これを継続的契約と認めている。

　継続あるいは反復した取引が一定のレベルまで達し「継続的契約」といわれる契約関係であるとされた場合には、それを解消（継続的契約の解約と更新の拒絶を総称して、ここでは「解消」という。）される当事者の保護という観点から、判例上、その解消については「正当な理由」が必要として制限され、かかる理由が認められない場合には、債務不履行ないし不法行為を構成するとされる場合がある。

　継続的契約とは「一定の期間または不定の期間、種類物（継続的契約を締結した時に、個別給付請求の対象物が給付に必要な限度において決定されている場合と一定の範囲内に限定されているだけで個別契約により決定される場合も含む）を、売主が継続的に供給し、買主が各期の給付に対応して、代金（継続的契約を締結した時に金額または算式により一定額に決定されている場合と個別契約ないし期間契約により決定されている場合を含む）を支払う契約をいう」[47] とされている。また、2009年3月31日に民法（債権法）改正検討委員会により発表された「債権法改正の基本方針」では「契約の性質上、当事者の一方または双方の給付がある期間にわたって継続して行われるべき契約をいう」[48] との定義（試案）が示されている（なお、「民法の改正に関する中間試案」[49] では定義規定は除かれている）。

　「継続的契約」の一方的な解消を制限する法的根拠としては、①継続的契約は「信頼関係を基礎とする契約」ととらえ「継続的契約関係にあっては、継続的契約関係に関する民法628条、663条2項、678条2項等の趣旨に照らしても、信

---
47) 川越憲治「継続的取引契約の終了 別冊NBL19号」（商事法務、1988）4頁。
48) 『債権法改正の基本方針 別冊NBL126号』（商事法務、2009）【3.2.16.12】。
49) 平成25年2月26日発表。

頼関係の破壊等のやむを得ない事由がない限り、これを解約したり更新を拒絶したりすることはできないと解するのが相当である」[50]とするものと、②信義誠実の原則という一般条項に根拠を求め「例え契約条項中に当事者の一方の意思により解除ができる旨の定めがあっても、信義則上、著しい事情の変更や相手方の甚だしい不信行為等やむを得ない事由がない限り、一方的解約は許されないと解される」[51]とするものがある。

2. X₁の行為は契約の更新を拒絶する「正当な理由」といえるか（論点②）

> 主要論点2：継続的契約の解約や更新の拒絶に必要とする「正当な理由（やむを得ない事由）」の判断においては、①信頼関係の破壊の有無、②相当な予告期間の有無、③契約を解消される者（被解消者）の投下資本の回収度合い（未回収部分の補償）等が重視される。

　裁判所は、Yが指摘するX₁の行為の原因の多くはYに責があるとして、更新を拒絶する「正当な理由」とは認めなかった。本件で裁判所は、X₁の販売努力不足（業績不振、営業努力不足）については、有力販売店でありYC会の有力者であるSの不興を買ったX₁が専門のセールス団の派遣を受けられない状態であったことをYが放置していたことが業績不振の一因であること、X₁の業績は同一地域の他の販売店と比較しても著しく劣るとはいえないし、更新拒絶後の業績の悪化は、Yが新聞紙を供給する以外の役務の提供をしないということによるものであるから、このことをもって営業不振などといってX₁を責めることはできないとした。また、部数虚偽報告については、その背景にはひたすら増紙を求め、減紙を極端に嫌うYの体質があるとし（「目標達成は全YCの責務である」「増やした者にのみ栄冠があり、減紙をした者は理由の如何を問わず敗残兵である、増紙こそ正義である」などと記した文書を配布したり、YC会の販売会議で担当部長らが「Y新聞販売店には増紙という言葉はあっても、減紙という言葉はない」と発言したりしている）、一方で「定数」（新聞販売店からYに対する注文部数）と「実配数」（新聞販売店がYに対して新聞等の実際の配達部数とし

---

50) 大阪高判平成8年10月25日（判時1595号70頁）。
51) 東京地判平成5年9月27日（判時1474号25頁）。

て報告する数)が異なることを知りながら、あえて定数と実配数を一致させることをせず、定数だけを広告料計算の基礎としているという態度が見られるのであり、自らの利益のためには定数と実配数の齟齬をある程度容認するかのような姿勢であると評されても仕方のないところであり、X_1の虚偽報告を一方的に厳しく非難することは、このような自らの利益優先の態度と比較して身勝手のそしりを免れないものというべきである、として退けている。

一部販売地区の返還拒否については、Yに返還すべきとする理由の根拠が明らかでなく、X_1が、熟慮の上、前言を翻し返還を拒否したことをもって契約更新の拒絶理由にはならないとした[52]。

3. X_2に対して廃業と担当区域の返還を迫ったことは、不法行為を構成するか（論点③）

> 主要論点3：X_2は、YからX_1らと同じく業績不振という理由を告げられて廃業勧告を受け、これを拒絶している。X_1と行動を共にし、同じ立場にいたところ、Yは、X_1に対して突然新聞の供給を停止するという強引な方法で、販売店の営業を継続できなくした。X_2は、被告から販売区域の返還を迫られたことによって、店を続けていけなくなるという恐怖を感じさせたことから、YはX_2に対して不法行為責任を負う。

第1審[53]では、廃業および区域返還すなわち新聞販売店契約の中途解約の合意に向けた提案がYからされたにとどまるものであって、解除の意思表示または中途解約の申入れがあったものとはいえず、その条件提示等も踏まえると、かかる提案が不法行為に該当するということはできない、として違法性を否定している。

しかし、裁判所（高裁）[54]は、YのXらや訴外Aに対する一連の態度は、継続的な新聞販売店契約による地位があるのに、X_1については少なくとも過失に

---

52) 正当の理由を認めず契約解消・取引停止につき債務不履行責任等を認めた例として
　　大阪高判平成9年3月28日（判時1612号62頁）、東京地判昭和56年5月26日（判タ455号127頁）等がある。
53) 福岡地判平成18年9月22日（判タ1244号213頁）。
54) 福岡高判平成19年6月19日（判タ1265号253頁）。

基づいて違法に、Aについては仮処分で仮にその地位が定められたのに故意にそれに違反して、それぞれ不利益を与えたのであって、X_1やAと同一歩調をとっていたX_2がそれらのYの行動を見て現実的な不安を感じることは当然認識できたのに、それを解消するどころか現実の危険を感じさせたのであるから、YはX_2に対しても不法行為責任があり、その精神的苦痛を慰謝する必要があるというべきである、とした。また、X_2がYC会内のブロック会に参加できないとされていることは新聞販売店としての地位を不当に侵害されているものである。Yは、会則上も協同して会務の運営を図る立場にあるのであるから、YC会に対して、その関係の正常化を働きかけるべきであるにも拘わらず、これに全く反対していないこと、Yのセールス等補助がYC会を通して行われており、X_2がこれら補助を受けられないでいることを放置する結果になっていることについて、Yには、別個の不法行為責任もあるとしている。

【企業法務の視点】

　論点①の解説で積み残した「継続的契約」と認められるポイントであるが、「継続的供給契約」を前提に、判例に見られる主なポイントとして下記のものを挙げることができる。

① 購入義務や購入予定（目標）が定められている。
② 被解消者による（人的・物的）投資がなされている、あるいは当該ビジネスの拡大について被解消者の貢献度が大である。
③ 当該商品（あるいは役務）への被解消者の依存度が大である。
④ 対象物を解消者以外から調達するのは困難である。
⑤ 代替品の市場開拓の困難性。
⑥ 受発注が機械的になされていた（注文されるとほぼ自動的に受注され出荷等が履行されていた）。

　上記 ②～⑤ポイントの裏返しが契約解消により被解消者の被る損害であり、その保護を図るべきとする理由であるのだから、解消者の立場に立つと、論点②の主要論点2に記載したように、直ちに解消したい場合には、(a) 被解消者側に信頼関係の破壊に当たる事実があるか（これがあればほぼ認められる）、(b) ①がない場合には、被解消者の未回収部分の補償や下記「相当な予告期間」内に得ら

れるであろう、得べかりし利益の補償[55]を検討の上、契約解消の交渉を行うことである。

　直ちにというほど逼迫した問題でない場合には、相当な予告期間（半年から1年）[56]を定めた解約通知を行う、というのが、実務的な対応と考えられる。

　契約の解消（ここでは解除[57]を含む）を求める場面で、最もシリアスでかつ悩ましい場面は、被解消者に信用不安が生じている場合である。契約の解消に当たっては、信用不安を解消するための債権保全措置の要求や支払方法の改善要求などの努力を行った上で契約を解消すべだということになり、その努力の内容・程度については判例[58]を参照せざるを得ない。すでに代金の滞納が著しい場合には契約を解消することができる[59]、代金の不払いがある場合には（支払いがあるまで、既契約すべての）出荷を停止することも可能[60]と考えてよいであろう。

　論点③は、解消者の立場として契約解消を求める交渉を行うに当たって留意すべき注意点を示している。企業間の交渉であっても、交渉相手は感情を持った人間であり、企業もまた人間の集団である。交渉相手の人格と尊厳を尊重・配慮した言動が求められる。

　加えて、論点③は、継続的契約の解消においては独占禁止法への配慮が必要で

---

55) 1年間の得べかりし利益を認めたもの：東京地判昭和36年12月13日（判時286号25頁）、名古屋高判昭和46年3月29日（判時634号50頁）、東京地判昭和56年5月26日（判時1020号64頁）、東京地判平成3年7月19日（判時1417号80頁）。
　　6か月間の得べかりし利益を認めたもの：東京地判昭和57年10月19日（判時1076号72頁）、東京地判昭和56年9月30日（判時1045号105頁）。
　　なお、5年間の得べかりし利益を認めたものとして東京高判平成14年12月5日（判時1814号82頁）がある。
56) 仙台地決平成6年9月30日（判時1553号126頁）：6か月、千葉地裁佐倉支部決平成8年7月26日（判タ938号260頁）：1年間。
57) 継続的契約の場合は「将来に向かっての解除」という意味で「解約」という用語を使用しているが、ここでは個別売買契約などを含むことより、「原状回復」義務を含んだ「解除」も「解消」の意味に含んで使用している。
58) 東京地判昭和49年9月12日（判時772号71頁）、水戸地判昭和58年9月5日（判時1107号120頁）、東京高判昭和62年3月30日（判時1236号75頁）、東京地判昭和52年2月22日（判時865号71頁）。
59) 東京高判昭和57年8月25日（判時1054号92頁）。
60) 名古屋地裁昭和59年2月21日（判時1132号152頁）、東京高判昭和50年12月18日（判時806号35頁）。

あることも示している。裁判所は、Yの言動を「優越的地位の濫用」と明確には断言していないが、「供給者としての優越的地位に基づいて、自社の意向を押し通そうとしたものであり、その地位を濫用したと評されても仕方がないというべきである」と、ほぼこれを認める判断を示している。契約解消の目的がカルテル行為（不当な取引制限）である場合もなきにしもあらずだが、その実体が再販売価格の維持（安売り業者の排除）、排他条件付取引（競争品の取扱いの制限等）などのような「不公正な取引方法」を強いるためであることがよくある（契約の解除条件として条項化されていることも多い）。

このような具体的な違法類型に該当する目的達成のためでなくとも、商品・サービスの供給者、ライセンサー、フランチャイザーなど優越的な立場にある場合には、本件で示されたように、契約解消自体がその動機・目的と相まって「不公正な取引方法」の1類型である「優越的地位の濫用」と判断されかねないことに留意する必要がある。独占禁止法上「優越的地位の濫用」では初めての違反であっても課徴金納付命令を下しうることになっている。

【発展課題】
1. 化粧品製造販売会社・甲社が同社の製品を量販店（総合スーパーマーケット）に低価格販売をした販売代理店・乙社に対して契約を解除して商品供給を停止した。乙社は、本件契約解除は再販売価格維持を目的としたものだと主張して、損害賠償を求めて提訴した。乙の請求は認められるか[61]。
2. 上記案件で、甲社が同社の製品は対面販売を条件づけているにも拘わらず、乙社がセルフサービス販売である量販店に販売したことは販売代理店契約違反だとして解除した場合に、乙社の請求は認められるか[62]。
3. 継続的契約関係と認定された場合、その解消には相当な猶予期間が必要とされる場合があるが、その期間の認定においてどのようなことが考慮されるか[63]。
4. 解消者・被解消者の企業規模・力関係が拮抗している場合、継続的契約の解

---

61) 大阪地判平成7年11月7日（判時1566号85頁）、大阪高判平成9年3月28日（判時1612号62頁）。
62) 東京高判平成6年9月14日（判時1507号43頁）、東京高判平成9年7月31日（判時1624号55頁）。
63) 東京地判平成16年4月15日（判タ1163号235頁）など。

消の違法性の判断においてどのような影響を与えるか[64]。

判例No. 8[65] 【チェックポイント：他人物売買を所有権者が追認した場合の法的効果は】

【設問】

1. 茸の生産工場であった会社Aは、原告である有限会社Xに工場を賃貸し、Aの代表者Bとその妻Cは引き続き同工場で茸の生産に携わり、Xから労賃の支払いを受けていた。なお、Aは事実上倒産状態にあった。
2. ところが、XとAとの間の賃貸借契約に関する争いがこじれて、一時期（2003年8月12日から同年9月17日）BとCが同工場を占拠し、その間に同工場で生産したブナシメジを地元農協であるYに出荷し（法律的にいうと販売委託契約を締結し）、Yは同販売委託契約に基づきブナシメジを顧客に販売してその代金を受領した。
3. これに対し、Xが当該ブナシメジの所有権は自己に帰属するのでAには代金（206万円）を支払わないようにYに申し入れた上、Yに対する代金支払請求訴訟において無権利者であるAとYとの間で締結された上記販売委託契約を追認したからその販売代金の引渡請求権が自己に帰属すると主張した。
4. 一方Yは、販売委託契約はAとの間で成立しており、代金は別途YがAに対し保有する延滞債権（茸生産資材等の代金211万円）を自動債権として対等額で相殺すると訴訟において主張した。
5. ①Xは、販売委託契約の追認により販売代金の引渡請求権を得ることができるのか。②Xが、事実上倒産状態にあるAを経由せず、直接Yから代金の支払いを受けるためには、他にどのような請求の方法が考えられるか。

【論点の解説】

1. 販売委託契約の追認により販売代金の引渡請求権を得ることができるのか（論点①）

主要論点1：無権利者（A）を委託者とする物の販売委託契約が締結された場合に、当該物の所有者（X）が、自己と同契約の受託者（Y）との間に同契約に基づく債権債務を発生させる趣旨でこれを追認したとしても、その所有者（X）が同契約に基づく販売代金の引渡請求権を取得することはできない。

---

[64] 東京地判平成11年2月5日（判タ1073号171頁、判時1690号87頁）など。
[65] 最判平成23年10月18日（判タ1360号93頁、判時2135号58頁）。

裁判所（最高裁）は、上記のごとくXによる販売代金の引渡請求権の取得を否定した。ブナシメジの販売委託契約は、無権利者（A）と受託者（Y）との間に有効に成立しているのであり、当該ブナシメジの所有者（X）が同契約を事後的に追認したとしても、同契約に基づく契約当事者の地位が所有者（X）に移転し、同契約に基づく債権債務が所有者（X）に帰属するに至ると解する理由はなく、また、そのように解するべきではないからである。なぜならば、もし、Xの追認により、同契約に基づく債権債務がXに帰属するに至ると解するならば、受託者（Y）が無権利者（A）に対して有していた抗弁（本件の場合は「相殺権」）を主張することができなくなるなど、受託者（Y）に不測の不利益を与えることになり、相当ではないからである。

　Xは、「他人が所有する建物に第三者が根抵当権を設定する処分をした場合において、その建物の所有者が当該処分を追認したときは、民法116条が類推適用され、当該処分の時に遡って効力を生ずる」旨判示している最高裁判例[66]を引用し、無権利者（A）と受託者（Y）との間で締結された販売委託契約を権利者であるXが追認したことにより、AとYとの販売委託契約の時点に遡ってXとYとの間で当該販売委託契約の効力が生じたと予備的主張を行い、控訴審ではこれが認められた。

　物の所有者の追認によって物権的効力が生ずるとする最高裁判例は多々あるが、それにとどまらず、契約関係に基づく債権債務が当該所有者に帰属するという債権的効果まで生ずるか否かについて明確に判断したものは本件が初めてである。

　学説上は、債権的効果まで生ずるとする肯定説（川井健『民法概論（1）民法総則〔第4版〕』（有斐閣、2008）258頁）と、物権的効果が生ずるにとどまるとする否定説（米倉明「法律行為（8）」法教51号14頁、北川善太郎『民法講要（1）民法総則』（有斐閣、2001）178頁）に分かれている。債権的効果まで生ずるとすると、本件において最高裁が指摘しているように、契約の相手方が予期しない者との行為を強制されることになる。その意味では、販売委託契約の法律構成とされる「授権」の問題にもつながるものである。

---

[66] 最判昭和37年8月10日（判時314号19頁）、なお、大審昭和10年9月10日（民集14巻1717頁）も参照のこと。

授権とは、自己の名で法律行為をしながら、その法律効果を本人に帰属させる制度であり、被授権者が自己の名で授権者が有する権利を処分する法律行為をすることによって授権者がその権利を処分したとする効果が生じる「処分授権」と、被授権者が自己の名でした法律行為によって授権者が義務を負担するという「義務設定授権」があるとされている。「処分授権」については、「販売委託」や「買入委託」など実務上重要であるとして、法制審議会民法（債権関係）部会においてもこれを肯定する見解が多く、検討の対象とされているが、「義務設定授権」については、被授権者を債務者であると信じた取引の相手方に不測の不利益を与えるおそれがあるという問題があるとして、同部会においてこれを否定する見解が多く、検討の対象から除外された。

販売委託契約の場合に限らず、現実に行われている売買・商流のかなりの部分は他人物売買で成立している。ある業者が、仕入先から商品を仕入れる前に、利益を見込んで顧客との間で売買契約を締結すること（相場用語でいうと「ショート」または「売り持ち」）はしばしば行われているところだが、Xの主張を認めると、当該商品の仕入先がこの売買契約を追認することにより、当然に当該売買契約の当事者となって、売買代金債権まで取得できるということになり、この業者は商品を仕入れて所有権を取得した上でないと、法的意味においては確実に売買代金債権を取得できないことになるので、商品経済に無用なリスクと混乱を与えることになる。これは、到底受け入れられるところでなく、最高裁の判断は相当と判断される。

2. Xが直接Yから代金の支払いを受けるためには、他にどのような請求の方法が考えられるか（論点②）

主要論点 2：Xは、地裁・高裁段階で、①XがYにAへの支払いを留保するように申し入れた時点で、X・A・Yの 3 者間で、XまたはAのいずれが当該ブナシメジの所有者であるのかが確定した時点で、その確定した所有者に対しYが販売代金を支払うという合意が成立していたので、別件訴訟によりその所有権がXにあると認定されたからには当然にXに支払われるべきだと主張した。また、仮にこれが認められないとしても、②Yは、Aからブナシメジの販売委託を受託するに際し、その所有権についてAとXとの間に争いがあり、しかもAが事実上倒産状態にあって同社からの債権回収が困難であることを知りながら、あえ

> てAと販売委託契約を締結し、所有者であるXの利益よりAに対する自己の延滞債権の回収を優先させて相殺を主張し、よって、Xに対し本件ブナシメジの販売代金相当額の損害を与えたとして、販売代金相当額の損害賠償を求めた。いずれの裁判所も、これらの主張を退けた。

　この種の他人物売買で先ず頭に浮かぶのが「即時取得（善意取得）」（民法192条）の問題であるが、本件では物の取戻しは目的ではないので、本来Xとすれば、自己の所有にかかるブナシメジを勝手に販売し利益を得たAに対して、販売代金相当額の不当利得の返還請求権または不法行為による損害賠償請求権を行使すればよいのであるが、Aが事実上倒産状態にあり、Aを経由するとAがその金員を他の用途に消尽してしまい事実上回収できないおそれがあること、さらに本件ではYがAに対し保有する自働債権をもって相殺すると主張しているため、Xが直接Yに対し支払請求権を主張できるような法律構成を組み立てる必要があったのである。その意味では、XがAを債権者代位してYに支払いを請求するという方法もとれなかったのである。

　①の3者間契約が成立していたという主張は、Yとの間で書面を交わしていればまだしも、黙示の合意を主張するに値するような状況証拠が整っていなかったようである。また、②の不法行為の主張も、Yが当初から債権回収の手段としてAの名によるブナシメジの出荷を受け入れていたのであれば、Xの主張が受け入れられる余地もあったかもしれないが、本件ではYが「相殺」を主張したのは訴訟が提起されてからであり、YがXに損害を与えても自らの債権回収を優先して仕組んだものであるというような事実はなかったようである。

【企業法務の視点】

　企業法務においてしばしば直面する本件に類似した問題として、倒産会社に存在する自社商品（預け品や所有権留保品、あるいは契約解除により所有権を取り戻した商品など）を当該倒産会社が売り払った場合に、その譲受人にどのように対抗するかの問題がある。

　多くの場合、譲受人による「即時取得」の主張に対抗しがたい。そこで、債務者（倒産会社）が譲受人に保有する売掛金債権の差押えを試みるのであるが、これも本件のように譲受人が反対債権を持っている場合は相殺されてしまい、ま

た、譲受人が反対債権を持っていない場合でも、動産売買先取特権の物上代位に基づく差押え等とは異なり、優先権がないため、やはり回収は難しいというのが実態である。そこで、実務においてよく利用されるのが「動産総合保険」である。この保険を付保しておけば、付保した商品を取引先が勝手に処分して倒産したような場合には、その損害の填補を受けることができる。

　本件の場合もそうであるが、企業法務の基本動作としては、やはり自社商品が他に処分される前に、処分されないように手を打つこと、ということになる。取引先が倒産したり、倒産しそうな場合には、先ずは自社商品の返還を請求し、取引先が応じない場合は、処分禁止の仮処分を申し立てることである。本件に則していうと、ＢとＣが工場を実力で占拠した時点から、生産中のブナシメジが転売されるおそれがあったのだから、その時点でブナシメジについて、処分禁止の仮処分を申し立てておくべきだったし、取引先である農協（Ｙ）にはＡの名による出荷には応じない（引き取らない）ように申し入れておくべきであった。

【発展課題】
1. 本件が、主要論点２の②のように、ＹがＡに有する延滞債権の回収の手段として販売委託契約を締結したのであれば、不法行為と認められ、損害賠償が認められるであろうか。
2. 本件においてはＡの「無権代理」を主張する余地はなかったようだが、「無権代理」と「他人物売買」との異同を説明しなさい。
3. Ｘが追認しなければ、代金の帰属はどのようになったのか。
4. 動産の販売委託契約を起案するに際して、条項として盛り込むべき内容を「委託者の立場」と「受託者の立場」に分けて列記しなさい。

第2節　与信管理・債権保全・債権回収

【はじめに】

　与信とは、金銭の貸付またはこれと同等の行為をいう。商品の売買取引において、現金取引（商品の引渡しと引換えに売買代金を支払う取引）の場合は与信にはならないが、掛売り（商品の引渡しより一定期間後に売買代金を支払う取引）の場合は金銭の貸付と同様の信用を買主に与えるものなので与信になる。日本の企業間の取引においては、現金取引はまれで、掛売りが大半である。すなわち、日本の企業間の取引は、企業と企業が信用を供与し合って成り立っており、これを企業間信用と呼んでいる。

　しかし、企業は業績不振などにより資金繰りが悪化し、債務を支払うことができなくなると倒産する。取引先が倒産し、多額の債権の貸倒れが発生した場合、企業の決算や資金繰りに重大な影響を及ぼし、最悪の場合、自社が連鎖倒産する危険も生じる。そこで、このような貸倒れリスクを防止・軽減するためには、まず取引先の信用状態をよく調査し、それに応じた与信限度を設定し、それを守るという与信管理がリスク・マネジメントの1つとして企業にとって必要不可欠の業務になっている。

　上記の与信取引の支えとなるのが債権保全、すなわち担保である。取引先が倒産した場合、会社資産はまず担保権者および租税債権や労働債権などの優先債権者への弁済に充てられ、残った資産が一般債権者に平等に分配されることになるので、一般債権者に対する配当は僅少であり、大半が回収できないこととなるのが通常である。しかし、事前に価値のある担保を取得しておけば、その担保を実行することにより一般債権者に優先して債権の弁済を受けることが可能になる。そこで、与信上不安のある取引先については前もって担保を取得しておくことが重要になる。

　担保には、人的担保（保証）と物的担保がある。物的担保には、抵当権、質権、先取特権、留置権、譲渡担保、所有権留保などいろいろな種類があり、それぞれ対象物件や成立要件・対抗要件が異なる。物的担保は対抗要件を具備しないと第三者に対抗できないので、物的担保を取得する場合はまず対抗要件の具備

手続を行うことが重要である。

　倒産の整理手続には、法律の規定に従い裁判所の関与の下に整理手続を行う法的整理と法律の規定によらず私的に整理手続を行う私的整理（任意整理ともいう）とがある。法的整理には、再建型手続である会社更生（会社更生法）、民事再生（民事再生法）と清算型手続である破産（破産法）、特別清算（会社法）の4つがある。

　抵当権や質権、譲渡担保などの物的担保については、民事再生、破産、特別清算の場合は、別除権として取り扱われるので、担保権者は各整理手続に拘束されずに担保権を実行することができるが、会社更生の場合は、担保権者は更生手続外で担保権を実行することが許されず、更生手続に参加して弁済を受けることになる。

　企業は取引先が倒産するおそれがあるような情報をキャッチした時に、取引先から担保を取得するような場合があるが、そのような場合に問題になるのが否認である。否認とは、債務者が法的整理開始前に、詐害行為（債権者全体に損害を与える行為）や偏頗行為（一部の債権者のみを有利に扱う行為）をした場合、これらの行為の効力を否定して債務者の財産を取り戻し、債権者に公平に分配するための制度である。

　債権回収の実務上、否認をおそれていたのでは回収につながらないが、企業法務においては、否認の要件に注意しつつ、債権回収に当たることが求められる。

判例 No. 9[67]　【チェックポイント：循環取引における買主による同時履行の抗弁権の主張は認められるか】

【設問】

1. X（原告）は、鉄鋼、非鉄金属、食料などを取扱う商社であり、上場会社である。Y（被告）は、大手冷凍食品メーカーであり、上場会社（当時）である。A社は、農産品、水産品などの製造販売を行う中小企業であり、Yとその子会社で33.4%を出資している。
2. 2003年4月頃、XがYに対しA社向けの冷凍食品などの商品を継続的に売却し、これをYがA社に転売するという取引を開始したが、この取引のうちには、XがA社から仕入れた商品をYに売却し、これをYがA社に売却するという循環取引も含まれていた。

67）東京地判平成22年6月30日（判タ1354号158頁）。

3. 2007年4月頃、Yが循環取引をしていた疑いがあるとの報道がなされたため、YはXに対し本件取引を停止する旨を通知した。また、本件取引の停止により資金繰りに行き詰ったA社は同年5月に破産手続開始の申立てを行った。
4. Xは、Yに対し、売買代金の支払いを求める訴訟を提起した。Yは、本件取引は、商品の存在を前提としており、かつ、循環取引ではないと認識していたと主張して、商品の引渡しがあるまで売買代金の支払いを拒絶する旨の同時履行の抗弁権を提出した。これに対し、Xは、Yが本件取引に循環取引が含まれていることを認識していたことは明らかであるから、商品の引渡しを受ける独自の利益がないなどと主張した。
5. ①Yの同時履行の抗弁権の主張は認められるか。
   ②どのような場合に、循環取引であることを認識していたと判断されるのか。

【論点の解説】
1. 循環取引であることの認識の有無と同時履行の抗弁権の主張の可否について（論点①）

主要論点1：買主が循環取引であることを認識していた場合、商品の未引渡しを理由に、代金の支払いを拒絶することはできない。

本件の裁判所は、「Yが本件取引に循環取引が含まれることを認識していた場合には、XY間に当該循環取引について商品の引渡しを予定していないものと考えられるから、Yは、信義則上、Xに対し、同時履行の抗弁権を主張することができないものと解すべきである」と判示し、Xの請求を認容した。

循環取引とは、一般に、ある商品について最初の売主から中間業者の間を順次転売され、最終的には最初の売主が最後の買主となる取引形態のことをいうところ、循環取引においては売買代金が当事者間を移転するのみであり、商品が現実に引渡されることはないとされている[68]。

商品の売買においては、特に売買代金の先払いを合意していない限り、買主は売主が商品を引渡すまで売買代金の支払いを拒むことができる（民法533条）。

しかしながら、買主が循環取引であることを認識していた場合には、売主と買主間においては商品の引渡しを予定していないものと考えられるから、買主は、

---
68) 柏木昇「介入取引の性質」商法（総則・商行為）判例百選［第4版］121頁。福田和也「環状取引をめぐる法的問題」（判夕960号62頁）。

信義則上、同時履行の抗弁権を主張することができないものと解される[69]。

本件においては、次の論点②に述べる事実の認定により、Yは本件取引が循環取引であることを認識しており、かつ、自社の売上を伸ばすために循環取引を積極的に活用したいものと認められるとして、Yの同時履行の抗弁権の主張が排斥されたものである。

2. 循環取引であることの認識の有無の判断について（論点②）

> 主要論点2：同一商品が繰り返し売買されていたり、市場価格に比し高額な商品が存在していたり、請求書に商品明細が添付されていなかったような場合は、循環取引であることを認識していたと判断される。

本件においては、Yが循環取引であることを認識していたと認められる事実として、①請求書の中に同じ商品名、ロットナンバー、単価、数量の商品が繰り返し登場していること、②請求書に記載された商品の中には市場に比較して極めて高額のものが存在すること、③請求書には商品明細が添付されず、商品の数量、単価については、金額の合計を合わせたものだけがあること、④信用調査機関のA社の評価は決して高い評価ではないにも拘わらず、YのA社に対する与信額が急速に増加していること、⑤Yは売上の数字に関心があり、対象商品については特に関心を有していなかったことが認められることなどを挙げている。

循環取引において、首謀者が介入者に循環取引であることを明示的に告げることは一般的ではなく、介入者は取引を継続する中で暗黙のうちに循環取引であることを認識し、これを容認して取引を継続しているのが通常である。

裁判所は、この介入者の認識について、取引の経緯、取引関係書類（契約書、納品書、請求書など）の作成状況や記載内容、取引の異常性（商品の種類、数量、金額など）、与信管理の状況（信用調査や社内承認手続の有無など）などのさまざまな事実を積み重ねて判断している[70]。

---

69) 同旨の判例：大阪地判昭和59年9月27日（判時1174号105頁）、東京地判平成1年1月30日（判タ714号201頁）、東京地判平成2年8月28日（金判873号36頁）など。
70) 大阪地判昭和59年9月27日（判時1174号105頁）、東京地判平成13年11月16日（最高裁HP）、大阪地判平成14年3月25日（判タ1140号164頁）、東京地判平成16年7月9日など。

【企業法務の視点】

　循環取引にはさまざまな形態があるが、典型的なのは、商品が当初の売主（首謀者）から複数の企業を経由して転売され、最終的には当初の売主に戻るという取引が繰り返し行われるものである。循環取引は、売上高を不正に増加させる目的や在庫品を利用した金融目的（資金繰り）のために利用されることが多い。

　循環取引の問題点は、対象となる商品が存在しなかったり、存在していても、その価値が取引金額に比して著しく低かったりするようなケースが多いことである。そのようなケースでは、首謀者などが倒産したような場合に、取引先に対する売上債権の回収不能や在庫品の減損などで多額の損失を被るおそれがある。また、循環取引における紛争の多くは、首謀者などの倒産により売上債権が回収できなくなった企業が自己の仕入先に対し、商品の未引渡しを理由に、仕入代金の支払いを拒んだり、支払済みの仕入代金の返還を求めたりするようなケースである。

　本件もこのような事案であるが、裁判所は、介入企業が循環取引であることを認識していたと認められる場合は、信義則上、自己の仕入先に対し仕入代金の支払いを拒むことはできないと判示したものである。

　したがって、企業法務においては、このような循環取引に巻き込まれないように、次のような点に留意する必要がある。

① 現物（または商品の引渡状況）を確認すること。
② 直接の販売先から物品受領書を直接取得すること（判例[71]では、買主が売主に受領書を交付しているような場合は、信義則上、買主は売主に対して商品の引渡しがないこと理由に代金の支払いを拒むことができないとされている）。
③ 実需の裏付のある取引であること（実需がなければ金融取引として対処する）。
④ 取引の妥当性（取引ルート、当事者の信用力、取扱商品、利益率、決済サイトなど）をチェックすること（例、化学品の問屋が魚を扱うなど）。
⑤ 仕入先に対しても与信管理マインドをもつこと（介入取引は仕入先に対す

71）大阪地判昭和47年3月27日（判時684号76頁）、新潟地判昭和53年8月25日（判タ372号104頁）、東京高判昭和54年4月17日（判タ388号152頁）、大阪地判昭和59年9月27日（判時1174号105頁）、東京地判平成2年8月28日（金融・商事判例873号36頁）など。

⑥ 取引に異常性がないかチェックすること（例、市場規模に比べて取引が異常に膨らむなど）。

⑦ 営業倉庫と保管番号をチェックして、一度購入して転売した商品を再び購入していないか確認すること。

⑧ 定期的に債権債務残高の確認（管理部署で残高確認書の作成・発信）ならびに在庫商品の確認（管理部署による取引先・倉庫会社への預け商品の在庫証明書の取得および実地棚卸調査）を実施すること。

⑨ 仕入先・販売先との間で売買契約書（基本契約書および個別契約書）を作成すること（事故例では、契約書の不備が多い。ただし、契約書を作成したからといって、循環取引が防げると過信してはならない）。

【発展課題】
1. 循環取引に介入した買主が商品の引渡しを受けていない場合、売主の売買代金の支払いの請求に対し、同時履行の抗弁権のほかに、どのような主張が考えられるか[72]。
2. 循環取引が発覚した場合、会社法および金融商品取引法上、どのような措置が必要になるか。
3. 循環取引により会社に損害が発生したり、会計書類に虚偽記載がなされたりなどした場合、会社および取締役などにどのような責任が生じるか。

判例 No. 10[73] 【チェックポイント：動産譲渡担保が重複設定されている場合に後順位担保権者による私的実行は認められるか】

【設問】
1. X（原告、控訴人、被上告人）は、食料品などの売買および輸出入業などを目的とする会社である。Y（被告、被控訴人、上告人）は、ブリ、ハマチ、カンパチなどの養殖、加工、販売などを目的とする水産業者である。
2. Yは、Yが債権者に対して負担する債務の担保として、漁場のいけす内にY

---
72) 東京地判平成22年6月30日（判タ1354号158頁）など。
73) 最判平成18年7月20日（判タ1220号90頁、金法1792号50頁）。

が所有する養殖魚について、次のとおり集合動産譲渡担保を設定した。
　① 2000年6月30日、A社に対し、甲漁場、乙漁場ほかのいけす内の養殖魚すべてについて、極度額25億円の集合動産譲渡担保を設定し、占有改定の方法により引渡しを行った。
　② 2000年12月7日、B社に対し、乙漁場のいけす内の養殖魚すべてについて、極度額10億円の集合動産譲渡担保を設定し、占有改定の方法により引渡しを行った。
　③ 2003年2月14日、C社に対し、甲漁場、乙漁場ほかのいけす内の養殖魚すべてについて、極度額30億円の集合動産譲渡担保を設定し、占有改定の方法により引渡しを行った。
　④ A社とB社は、通常の営業の範囲内で養殖魚を販売することを、またC社は養殖魚をその当然の用法に従い無償で使用することを、それぞれYに認めていた。
3. Xは、2003年4月30日、Yとの間で次の内容の契約を締結した。
（1）本件第1契約
　① Yは、乙漁場のいけす内の養殖魚（ブリ13万尾余り）をXに売却し、当該養殖魚の所有権は、同日、YからXに移転する。
　② 売買代金は、XがYに対して有している既存の債権と対当額で相殺する。
　③ Xは、Yから買取った養殖魚を同日から2004年4月30日までの間Yに預託し、その飼育管理をYに委託する。飼育管理のために要する経費は、下記④によりYがXから当該養殖魚を買い戻すときに精算する。
　④ Yは、Xから預託を受けた養殖魚を2003年10月1日から2004年4月30日までの間にXから買い戻し、これをフィレ加工の上Xに販売し、XはこれをD社（大手量販店）に販売する。
　⑤ 買戻代金は上記①売買代金に経費を加算して算出した金額とし、買戻代金の支払いはYからXへの加工販売代金との精算をもって行う。
（2）本件第2契約
　① Yは、Yの所有する養殖魚（ハマチ27万尾余り）をXに売却する。
　② Xは、第三者への売却を目的として、2003年7月31日までに当該養殖魚のすべてをいけすから移動するものとする。Yは、当該養殖魚のすべてが移動するまでXに代わり飼育を行うものとする。
4. 上記3の本件第1契約および第2契約（以下、総称して「本件契約」という）の目的物である養殖魚（以下、「本件養殖魚」という）は、上記2のA社、B社およびC社の各集合動産譲渡担保の目的物になっていたものである。
5. Yは、2003年7月30日、東京地方裁判所に民事再生手続開始の申立てを行

い、同年8月4日、開始決定がなされた。
6. Xは、Yに対し、本件契約により本件養殖魚の所有権を取得したとして、所有権に基づく本件養殖魚の引渡しを求める訴訟を提起した。これに対し、Yは、①本件契約は譲渡担保契約と解すべきである。②本件契約に先立って、A社、B社およびC社がそれぞれ集合動産譲渡担保の設定を受け、対抗要件を備えている以上、Xは即時取得の要件を満たさない限り、本件養殖魚の所有権を取得することはあり得ないなどと主張して争った。
7. ① 本件契約は真正な売買契約と認められるか。
② 本件契約が実質上譲渡担保契約であると認められた場合、後順位譲渡担保権者であるXによる私的実行は認められるか。
③ 本件契約が真正な売買契約と認められた場合、Xによる対象養殖魚の所有権の承継取得は認められるか。

【論点の解説】

1. 売買の目的物を売却と同時に買主が売主に預託し、売買代金を既存債権と相殺する契約の実質的意義について（論点①）

> 主要論点1：売主から買主への売却と同時に買主が買い取った目的物を売主に預託し、売買代金を既存の債権と相殺する契約は真正な売買契約と認められず、譲渡担保契約と解される。

第1審および控訴審は、本件第1契約および第2契約とも、真正な売買契約であると認めたが、本件においては、本件第1契約については、次の理由から、本件第1契約の性質は譲渡担保契約と解するのが相当であるとして、真正な売買契約を前提とするXの所有権に基づく引渡請求を認めなかった。
① YからXへの養殖魚の売却と同時に、XからYへの養殖魚の預託が行われるため、契約時に目的物に対する直接の占有は移転せず、Yが養殖魚の飼育管理を継続して行うこととされていること。
② 養殖魚の売買代金は、XのYに対する既存の債権と対当額で相殺され、現実の代金の授受は行われないこと。
③ XからYに預託された養殖魚はYがXから買い戻し、加工した上で、Yに販売することとされており、実質的には、この加工販売代金との精算をもって、XのYに対する既存債権の回収が行われることになること。

④　Yが支払不能になった場合には、Xが養殖魚を第三者に売却することで、上記債権の回収が図られることになることが明らかであること。

2. 動産譲渡担保が重複設定されている場合における後順位担保権者による私的実行の可否について（論点②）

> 主要論点2：動産譲渡担保が重複設定されている場合、後順位譲渡担保権者による私的実行（所有権に基づく引渡し請求）は認められない。

　本件は、上記のとおり本件第1契約を実質上譲渡担保契約であると認め、A社、B社およびC社の各譲渡担保に劣後する譲渡担保がXのために重複して設定されたと判断した上で、「Xの請求が譲渡担保の実行に基づく引渡請求の趣旨を含むものであるとしても、重複して譲渡担保を設定すること自体は許されるとしても、劣後する譲渡担保に独自の私的実行の権限を認めた場合、配当の手続が整備されている民事執行法上の執行手続が行われる場合と異なり、先行する譲渡担保権者には優先権を行使する機会が与えられず、その譲渡担保は有名無実のものとなりかねない。このような結果を招来する後順位譲渡担保権者による私的実行は認めることはできないというべきである」と判示して、Xの本件第1契約に基づく目的物の引渡請求を棄却した。

　譲渡担保の重複設定という法律関係に関する主な議論としては、担保的構成、所有権的構成および両者の中間的立場である設定者留保権説の3つがある。担保的構成の立場からは、先順位と後順位の各譲渡担保の併存を認めることになる[74]が、所有権の構成の立場からは、即時取得の成否が問題となるにすぎない[75]。また、設定者留保権説の立場からは、第三者は設定者留保権を担保目的として取得するにとどまるとされる[76]。

　本件は、先順位と後順位の各譲渡担保の併存を一応承認しつつ、先行する譲渡担保権者が本来有すべき優先権の実効性を確保するという観点から、後順位譲渡

---

[74] 米倉明「譲渡担保の研究」（有斐閣、1976）77頁、鈴木禄弥「譲渡担保」（新版民法演習2物権）219頁など。
[75] 我妻榮『新訂担保物権法』（岩波書店、1968）650頁。
[76] 道垣内弘人『担保物権法〔第2版〕』（有斐閣、2008）310頁。

担保権者による私的実行の権限を否定するという判断を示したものであり、結論としては、設定者留保権説に近いものといえる。

3. 集合動産譲渡担保の設定者が目的動産について通常の営業の範囲を超える売却処分をした場合における処分の相手方による承継取得の可否について（論点③）

> 主要論点3：集合動産譲渡担保の設定者が目的動産について通常の営業の範囲を超える売却処分をした場合は、処分の相手方による承継取得は認められない。

　本件は、本件第2契約については、真正な売買契約であることを前提として、Yが本件第2契約に基づき養殖魚の所有権を取得したといえるかどうかを検討している。

　構成部分の変動する集合動産を目的とする集合動産譲渡担保においては、集合物の内容が譲渡担保設定者の営業活動を通じて当然に変動することが予定されているので、譲渡担保設定者は、通常の営業の範囲内において、個々の動産を集合物から分離して処分する権限が付与されており、この権限内で行われた処分の相手方は、譲渡担保の拘束を受けることなく、当該動産の所有権を確定的に取得できると解されている。上記設問2のYとA社、B社およびC社間で締結された各集合動産譲渡担保契約においても、上記の趣旨を確認的に規定したものと解される。

　他方、集合動産譲渡担保の設定者がその目的物である動産を通常の営業の範囲を超えて処分した場合の効力については、見解が分かれている。

　第1審は、処分の相手方は即時取得が認められない限り、所有権を取得できないとするものであり、所有権的構成に立脚するものと解される。また、控訴審は、通常の営業の範囲を超えた処分であっても、譲渡担保の負担付で目的物の所有権が移転することを承認するものであり、担保的構成と親和的なものといえる。

　本件は、控訴審の見解を否定し、「対抗要件を備えた集合動産譲渡担保の設定者がその目的物である動産につき通常の営業の範囲を超える売却処分をした場合、当該処分は上記権限に基づかないものである以上、譲渡担保契約に定められ

た保管場所から搬出されるなどして当該譲渡担保の目的である集合物から離脱したものと認められる場合でない限り、当該処分の相手方は目的物の所有権を承継取得することはできないというべきである」と判示して、この部分を原審に差し戻した。

【企業法務の視点】

本件は、すでに他の債権者の集合動産譲渡担保が重複して設定されている動産を購入したX（被上告人）がY（上告人）に対し所有権に基づく引渡しの請求を求めた事案であるが、裁判所は、①XとY間の売買契約の1つは実質上譲渡担保契約であると認めた上で、②Xは後順位譲渡担保権者になるので、後順位担保権者による私的実行（所有権に基づく引渡し請求）はできない、また、③XとY間の売買契約のもう1つは真正な売買契約と認めたが、集合動産譲渡担保の設定者（Y）が目的動産について通常の営業の範囲を超える売却処分をした場合は、当該動産が集合物から離脱したものと認められる場合でない限り、処分の相手方（X）は当該動産の所有権を承継取得することはできないと判示したものである。

まず、①の問題であるが、契約の法的性質については最終的には裁判所が判断し決定するものであるから、再売買契約のように売買契約の形式を取っていても、実質上自社の債権を担保する目的で作成されたものは、裁判で争いになった場合、担保契約と判断されるおそれがある。したがって、企業法務においては、営業部署や経営者の取引先に対する与信判断を誤らせないよう、取引の実態に即した契約書を作成すべきである。

次に、②の問題であるが、譲渡担保の設定が重複した場合、後順位譲渡担保権者の私的実行は認められないので、債権回収が困難になる。したがって、企業法務においては、譲渡担保の設定を受ける場合、対象動産について、すでに他の債権者のために譲渡担保が設定されてないかどうか事前にチェックする必要がある。

集合動産譲渡担保の第三者対抗要件としては、占有改定（民法183条）と動産譲渡登記（動産及び債権の譲渡の対抗要件に関する民法の特例等に関する法律）がある。他の譲渡担保権者が動産譲渡登記を行っている場合は、動産譲渡登

記ファイルを調査することにより把握することが可能である。しかし、占有改定の場合は、外形的には分からないので、譲渡担保設定者に確かめるしかないが、譲渡担保設定者が本当のことをいわないというリスクがある。

また自社が譲渡担保を設定する場合は、本件の事案のような問題を極力避ける意味から、対抗要件の具備については、占有改定ではなく、動産譲渡登記を利用すべきであろう。

最後に、③の問題であるが、「通常の営業の範囲」とは必ずしも明確ではないが、企業法務においては、例えば、自社の債権回収のために他の債権者の譲渡担保の対象になっている動産を一度に大量に購入し、債権と相殺するような取引を行う場合は、「通常の営業の範囲」とは認められず、対象動産を譲渡担保設定者に預けたままにしていると所有権が取得できなくなるおそれがある点に留意し、このような取引は避けるべきであろう。また、逆に自社が譲渡担保の設定を受けている動産が「通常の営業の範囲」を超えて売却処分されたが、譲渡担保設定者の占有下にあるような場合は、本件の見解に従い、処分の相手方の所有権の取得を否定し、対象動産を取り戻す必要がある。

【発展課題】
1. 集合動産譲渡担保においては1個の集合物として目的物を特定する必要があるが、その方法はどのようなものか[77]。
2. 集合動産譲渡担保の目的物に対し、動産売買先取特権に基づく競売がなされた場合、集合動産譲渡担保権者は当該競売を阻止することができるか[78]。
3. 動産譲渡担保の目的物が他に転売された場合、譲渡担保権者は物上代位に基づき、当該転売代金債権を差し押さえることができるか[79]。

---

77) 最判昭和54年2月15日(判時922号45頁、判タ383号95頁)、最判昭和62年11月10日(金法1186号5頁)。
78) 最判昭和62年11月10日(金法1186号5頁)。
79) 最判平成11年5月17日(判時1677号45頁、判タ1003号155頁)。

判例 No. 11[80] 【チェックポイント：国税の法定納期限前に設定された将来債権譲渡担保権の目的債権が国税の法定納期限後に発生した場合は国税に優先できるか】

【設問】

1. X（原告、被控訴人、上告人）はクレジットカード事業者であり、Y（被告、控訴人、被上告人）は関東信越国税局長である。
2. A社は、1997年3月31日、Xとの間で、B社がXに対して負担する一切の債務の担保として、A社がC社との間の継続的取引契約に基づき同日現在有する商品売掛代金債権および商品販売受託手数料債権ならびに同日から1年の間に取得する商品売掛代金債権および商品販売受託手数料債権（以下、「本件目的債権」という）をXに譲渡する旨の債権譲渡担保契約（以下、「本件契約」という）を締結した。
3. A社は、同年6月5日、C社に対し、同月4日付の確定日付のある内容証明郵便をもって、本件契約にかかる債権譲渡担保の設定を通知した。
4. Yは、A社が国税を滞納したため、A社に対する国税の滞納処分として、本件目的債権のうち、1998年3月11日から同月30日までの間に発生したもの（以下、「本件債権」という）を差し押さえた。
5. Yは、同年4月10日、A社が同日現在滞納していた国税のうち本件債権の発生前に法定納期限を徒過していたもの（以下、「本件国税」という）について、旧国税徴収法24条1項（現同項）の規定により譲渡担保財産である本件債権から徴収するため、Xに対し同条2項（現同項）所定の告知をした。
6. C社は、同年5月26日、本件債権について、債権者を確知することができないことを理由に、被供託者をA社またはXとして2億8,212万6,823円を供託した。
7. Xは、同月27日、Yに対し、Xが本件債権を譲渡担保財産としたのは本件国税の法定納期限以前である旨を述べた書面を提出し、その提出に当たっては、上記3の内容証明郵便の原本を呈示するとともにその写しを提出した。
8. Yは、2001年11月22日、旧国税徴収法24条3項（現同項）の規定に基づき、譲渡担保権者であるXを第二次納税義務者とみなし、上記6の供託金に係る還付請求権を差し押さえた（以下、この差押えを「本件差押え」という）
9. Xは、本件債権は本件国税の法定納期限以前に譲渡担保財産となっていたものであり、Xは旧国税徴収法24条6項（現8項）所定の証明をしたから、本件につき同条1項の規定を適用することはできず、本件差押えは違法であるとし

---

80) 最判平成19年2月15日（判タ1237号140頁、金法1803号85頁）。

て、その取消しを求める訴訟を提起した。
10. 本件債権は本件国税の法定納期限以前に譲渡担保財産となっていたとするXの主張は認められるか。

【論点の解説】
1. 将来債権譲渡担保の目的である債権が国税の法定納期限経過後に発生した場合における譲渡担保権者の優先権主張の可否について

> 主要論点：国税の法定納期限以前に将来発生すべき債権を目的とする債権譲渡担保が設定され、かつ、第三者対抗要件が具備されていた場合は、当該譲渡担保契約の目的である債権が国税の法定納期限経過後に発生したものであっても、譲渡担保権者は国税に対し優先権を主張できる。

旧国税徴収法24条1項（現同項）は、国税を滞納した納税者の財産につき滞納処分を執行してもなお徴収すべき国税に不足する場合、納税者が譲渡担保に供した譲渡担保財産から滞納国税を徴収すること（譲渡担保権者の物的納税責任）を認めているが、同条6項（現8項）は、譲渡担保権者が滞納国税の法定納期限以前に譲渡担保財産となっている事実を、その財産の売却決定の前日（譲渡担保財産が金銭による取立ての方法により換価するものであるときは、その取立ての前日（国税徴収法施行令8条3項））までに証明した場合には、譲渡担保権者は上記の物的納税責任を負わない旨を定めている。

本件は、譲渡担保の設定について第三者に対する対抗要件が具備された後、滞納国税の法定納期限が到来し、その後に譲渡担保の目的である債権が発生したため、当該債権が旧同法24条6項（現8項）にいう「国税の法定納期限以前に譲渡担保財産となっている」ものに当たるかどうかが争われたものである。

第1審は、本件債権は本件国税の法定納期限以前に譲渡担保財産になっていたものであるとして、本件差押えを違法として取り消した。これに対し、控訴審は、滞納者と譲渡担保権者が集合債権譲渡担保契約を締結し、第三者に対する対抗要件を具備した場合であっても、滞納者の滞納国税の法定納期限が到来した後に発生した債権については、当該債権の発生時に滞納者から譲渡担保権者に移転するものであるから、当該債権はその発生時に譲渡担保財産となったものと解すべきであるとして、本件差押えに違法はないと判断し、第1審判決を取り消し、

Xの請求を棄却した。

　本件は、将来発生すべき債権にかかる譲渡担保権者の法的地位について述べた上、「その法的地位にかんがみれば、旧国税徴収法24条6項（現8項）の解釈においては、国税の法定納期限以前に、将来発生すべき債権を目的として、債権譲渡の効果の発生を留保する特段の付款のない譲渡担保契約が締結され、その債権譲渡につき第三者に対する対抗要件が具備されていた場合には、譲渡担保の目的とされた債権が国税の法定納期限の到来後に発生したとしても、当該債権は『国税の法定納期限以前に譲渡担保財産となっている』ものに該当すると解するのが相当である」と判示し、原判決を破棄し、Yの控訴を棄却した。

　将来発生すべき債権を目的として譲渡担保契約が締結された場合において、目的債権が譲渡担保権者に移転する時期をどのように考えるかについては、目的債権が現実に発生した時に移転するという説（債権発生時説）と、譲渡担保契約が締結された時に移転するという説（契約時説）が対立している。この目的債権の移転時期に関する解釈によれば、控訴審判決は発生時説を採用したものであり、第1審判決と本件は契約時説を採用したものと考えられる。

　しかしながら、本件においては、上記の目的債権の移転時期に関する解釈には触れずに、将来発生すべき債権にかかる譲渡担保権者の法的地位を「将来発生すべき債権を目的とする譲渡担保契約が締結された場合には、債権譲渡の効果の発生を留保する特段の付款のない限り、目的債権は譲渡担保契約によって譲渡担保設定者から譲渡担保権者に確定的に譲渡され、目的債権が将来発生したときには、譲渡担保権者は譲渡担保設定者の特段の行為を要することなく当然に当該債権を担保目的で取得することができ、この場合においては、第三者に対する対抗要件を具備することができるものである」とした上で、この譲渡担保権者の法的地位にかんがみた国税徴収法の解釈問題として、上記の判旨の結論を導いたものである。

【企業法務の視点】

　集合債権譲渡担保とは、譲渡担保設定者がその取引活動により取得する多数の債権を一群のもの（集合債権）と捉えて譲渡担保の目的とするものであり、その集合債権の中には現在すでに発生している債権のみならず、将来発生すべき債権

も含まれる。将来発生すべき債権を目的とする債権譲渡契約については、判例により、譲渡される債権の範囲が特定されている限り、有効であるとされている[81]。

債権譲渡の第三者対抗要件については、民法に基づく確定日付のある債務者への通知（民法467条1項）または確定日付のある債務者の承諾（同2項）と「動産及び債権譲渡の対抗要件に関する民法の特例法」に基づく債権譲渡登記が併存している。なお、債権譲渡登記の場合は、債務者に対抗するためには、債務者に登記事項証明書を交付して債権譲渡通知書を発送することが必要になる。

集合債権譲渡担保契約には、停止条件型（債務者に一定の信用悪化事由が発生することを停止条件とし、停止条件が成就したときに、債権移転の効力を生ぜしめ、第三者対抗要件を具備するもの）または予約型（債務者に一定の信用悪化事由が発生したときに、譲渡担保権者が予約完結の意思表示をすることにより債権移転の効力を生ぜしめ、第三者対抗要件を具備するもの）と本契約型（契約締結と同時に、債権移転の効力を生ぜしめ、第三者対抗要件を具備するもの）がある。なお、本契約型の場合は、債務者に一定の信用悪化事由が発生するまでの間は、譲渡担保設定者に目的債権を自ら受領して使用する権限を与え、債務者に一定の信用悪化事由が発生したことに基づき、譲渡担保権者が譲渡担保設定者に通知したときに、上記受領権限を喪失させて債権者が対象債権を直接受領するという方法を取るのが一般である。本件の事案の集合債権譲渡担保契約も本契約型であり、このような規定が設けられている。

従来の集合債権譲渡担保契約は、停止条件型または予約型契約が主流であった。それは、従来の債権譲渡の第三者対抗要件には上記の民法に基づく対抗要件しかなかったので、契約締結時に第三債務者（対象債権の債務者）へ通知したり、承諾を求めたりすると債務者の信用不安を惹起するおそれがあるため、第三者対抗要件の具備を留保し、債務者の信用状態が悪化したときに第三者対抗要件を具備するという方法が取られてきた。その場合、破産法などにおいて規定する否認の1つに「権利変動の対抗要件の否認」（債務者の支払停止などがあった後に行った対抗要件の具備行為であって、権利移転の日から15日を経過した後に行われたものは否認できる）があり、契約締結時に債権移転の効果を生ぜしめる

---

81) 最判昭和53年12月15日（判時916号25頁）、最判平成11年2月29日（判タ1103号186頁）。

とこの15日を経過してしまう可能性が高いため、債務者の信用が悪化した時点で債権移転の効果を生ぜしめることにより、この権利変動の対抗要件の否認の問題をクリアーしようとして考え出されたのが停止条件型や予約型の契約である。

ところが、その後この停止条件型や予約型の契約について権利変動の対抗要件の否認や危機否認を認める判例が相次いで出され[82]、停止条件型・予約型契約は、権利変動対抗要件の否認や危機否認の問題をクリアできる有効な手段にはならなくなった。一方、1998年10月に「債権譲渡の対抗要件に関する民法の特例法」（現「動産及び債権譲渡の対抗要件に関する民法の特例法」）が施行され、債権譲渡の第三者対抗要件として新たに債権譲渡登記制度が導入された。

この債権譲渡登記を利用すれば、契約締結時に第三債務者へ通知したり、承諾を求めたりすることなく、第三者対抗要件を具備することができ、権利変動対抗要件の否認や危機否認の問題をクリアすることができることから、現在は契約締結時に債権譲渡登記により第三者対抗要件を具備する本契約型の集合債権譲渡担保契約が主流になってきている。

本件は、法定納期限以前に集合債権譲渡担保契約が締結され、第三者対抗要件を具備しておけば、目的債権の発生が法定納期限の経過後であっても、国税に対抗できることを最高裁として初めて判示したものである。

したがって、企業法務においては、集合債権譲渡担保契約を締結した場合は、遅滞なく第三者対抗要件を具備することが求められる。

【発展課題】

1. 集合債権譲渡担保契約の目的となる将来発生すべき債権は、どのように特定する必要があるか[83]。
2. 同一の債権が複数の者に譲渡され、複数の確定日付のある債権譲渡通知が競合した場合、その優劣関係はどうなるか[84]。確定日付のある債権譲渡通知と債

---

82) 大阪高判平成10年7月31日（金法1528号36頁）、大阪高判平成10年9月2日（金法1528号36頁）、大阪地判平成14年9月5日（判タ1121号255頁）、東京地判平成15年9月12日（判時1853号116頁）、最判平成16年7月16日（判時1872号64頁、判タ1167号102頁）など。
83) 最判昭和53年12月15日（金法898号93頁）、最判平成11年1月29日（判時1666号54頁、判タ994号107頁）。
84) 最判昭和49年3月7日（判時737号36頁）、最判昭和55年1月11日（金法914号126頁）。

権譲渡登記が競合した場合の優劣関係はどうなるか。
3. 譲渡制限特約のある債権（当事者間で債権譲渡を禁止する旨の特約がある債権）の譲渡は有効か[85]。譲渡制限特約のある債権の債務者は、譲渡制限特約をもって譲受人に対抗できるか[86]。

判例 No. 12[87] 【チェックポイント：ファイナンス・リース契約における民事再生手続開始申立てを理由とする契約解除特約は有効か】

【設問】

1. X（原告、被控訴人、上告人）は、産業用機械、情報機器などの各種物件のリースなどを目的とする会社であり、A社は、飲食店業などを目的とする会社である。
2. リース業者であるB社は、1993年5月1日から1998年3月20日までの間に、複数回にわたり、A社と「物件1」についてリース契約を締結し、当該物件を引き渡した。
3. B社は、1998年11月30日、会社更生手続開始の決定を受け、更生管財人が選任された。B社の更生管財人は、1999年2月20日、A社と「物件2」についてリース契約を締結し、当該物件を引き渡した。
4. Xは、B社の更生管財人からB社の営業などの譲渡を受け、上記「物件1」および「物件2」（以下、「本件リース物件」という）に係るリース契約（以下、「本件リース契約」という）の契約上の地位を承継した。
5. 本件リース契約には、A社について整理、和議、破産、会社更生などの申立てがあったときは、B社は催告をしないで契約を解除することができる旨の特約（以下、「本件特約」という）が定められていた。
6. A社は、2002年1月17日、東京地方裁判所に民事再生手続開始の申立てをし、同月21日、同手続の開始を決定がされた。Xは、同月24日、A社に対し、本件特約に基づき本件リース契約を解除する旨の意思表示をした。その後A社は本件リース物件の一部をXに返還したが、残りの物件（以下、「本件物件」という）は返還していない。
7. Xは、A社に対し、本件リース契約の解除に基づく本件物件の返還と未払リース料、規定損害金、使用損害金の請求訴訟を提起した。
8. Y（被告、控訴人、被上告人）は、本件訴訟の控訴審係属中にA社を合併して本件リース契約の契約上の地位を承継した。

---

85) 最判平成9年6月5日（判時1615号39頁、判タ952号296頁）、最判平成21年3月27日（判タ1295号172頁、判時2042号3頁）。
86) 民法466条2項、最判昭和48年7月19日（判時715号47頁、判タ301号170頁）。
87) 最判平成20年12月16日（判タ1295号183頁、判時2040号16頁、金法1869号42頁）。

9. ①Xの本件特約に基づく本件リース契約の解除は認められるか。
   ②本件特約に基づく本件リース契約の解除が認められない場合、Xは本件物件を取り戻すことができないのか。

【論点の解説】

1. ファイナンス・リース契約において、ユーザーについて民事再生手続開始の申立てがあったことを契約の解除事由とする旨の特約の効力について（論点①）

> 主要論点1：いわゆるフルペイアウト方式によるファイナンス・リースのユーザーについて民事再生手続開始の申立てがあった場合、これを契約解除事由とする特約に基づき、リース業者はファイナンス・リース契約を解除することはできない。

　本件は、リース業者であるB社とユーザーであるA社との間の本件リース契約において、A社について整理、和議、破産、会社更生などの申立てがあったときは、B社は催告をしないで契約を解除することができる旨の本件特約が定められていたところ、A社について民事再生手続開始の申立てがなされたため、B社から営業などの譲渡を受けたXが本件特約に基づき本件リース契約を解除して、A社に対し本件リース物件の返還や損害金などの支払いを求めた事案である。本件特約に定める解除事由には民事再生手続開始の申立てがあったことも含まれると解される。

　本件リース契約は、リース業者がリース期間中にリース物件の取得費、金利およびその他の経費などを全額回収できるようにリース料の総額が算定されている、いわゆるフルペイアウト方式のファイナンス・リース契約（以下、「ファイナンス・リース契約」という）である。最高裁は、ファイナンス・リース契約については、一貫して、その実質はユーザーに対して金融上の便宜を付与するものであり、リース物件の使用とリース料の支払いとは対価関係に立つものではないとしている[88]。

　このようなファイナンス・リース契約には、ユーザーについて法的整理（破産、会社更生、民事再生、特別清算）手続開始の申立てがあったときは、リース

---

88) 最判平成5年11月25日（金法1395号49頁）、最判平成7年4月14日（金法1425号6頁）。

業者において契約を解除してリース物件を引き上げることができるなどとする特約（以下、「倒産解除特約」という）が付されているのが通常であるが、倒産解除特約の効力については、従前から有効説[89]と無効説[90]とが対立してきた。この点について、最判昭和 57 年 3 月 30 日（民集 36 巻 3 号 484 頁）は、所有権留保特約付売買契約の買主である株式会社に会社更生手続開始の申立ての原因となるべき事実が生じたことを売買契約解除の事由とする旨の特約について、「このような特約は、債権者、株主、その他の利害関係人の利害を調整しつつ窮境にある株式会社の事業の維持再生を図ろうとする会社更生手続の趣旨、目的を害するものであるから、その効力を肯認することはできない」と判示した。

この判決の考え方が、ファイアンス・リース契約にも適用されるのか、また、民事再生手続開始の申立てを契約解除事由とする特約についても適用されるのかが本件の論点である。

第 1 審は、ファイアンス・リース契約の解除は担保権の実行であり、民事再生手続において担保権は別除権として再生手続によらないで行使することができるので（民事再生法 53 条 2 項）、民事再生手続との関係では、別除権行使の方法を定める本件特約を無効にすることはできないとして、本件リース契約の解除の効力を認めた。

これに対し、控訴審は、「民事再生手続開始の申立てがあったことのみを理由に、リース業者がリース物件を取り戻せるとすると、民事再生手続の目的である『債務者とその債権者との間の民事上の権利関係を適切に調整し、もって当該債務者の事業または経済生活の再生を図る』ことが困難になるのであって、本件特約は民事再生法の趣旨、目的を害するものとして無効であり、これを理由とする本件リース契約の解除の効力は生じない」と判示した。

本件は、民事再生手続は、経済的に窮境にある債務者について、その財産を一体として維持し、債務者と全債権者との間の民事上の権利関係を調整して、債務者の事業または経済生活の再生を図るものであり（民事再生法 1 条参照）、担保

---

89) 園尾隆司・小林秀之編『条解民事再生法（第 2 版）』（弘文堂、2007）227 頁、市川充「民事再生手続におけるリース取引の処遇」（銀法 578 号 23 頁）など。
90) 田原睦夫「倒産手続と非典型担保権の処遇　譲渡担保権を中心に」（別冊 NBL69 号 73 頁）、山本和彦「倒産手続におけるリース契約の処遇」（金法 1680 号 13 頁）など。

の目的物も民事再生手続の対象となる責任財産に含まれるとした上で、「ファイナンス・リース契約におけるリース物件は、リース業者がリース契約を解除してリース物件の返還を求め、その交換価値によって未払リース料などの弁済を受けるという担保としての意義を有するが、同契約において民事再生手続開始の申立てがあったことを解除事由とする特約による解除を認めることは、このような担保としての意義を有するにとどまるリース物件を、一般債権者と債務者の間の事前合意により、民事再生手続開始前に債務者の責任財産から逸出させ、民事再生手続の中で債務者の事業などにおけるリース物件の必要性に応じた対応をする機会を失わせることを認めることにほかならないから、民事再生手続の趣旨、目的に反することは明らかである」として、本件特約を無効とした。

2. 民事再生手続におけるファイナンス・リース契約のリース業者による契約の解除とこれに基づくリース物件の取戻しの可否について（論点②）

> 主要論点2：民事再生手続において本件特約が無効とされた場合であっても、再生債務者（ユーザー）がリース料を滞納していれば、リース業者はその債務不履行を理由としてリース契約を解除し、リース物件の返還を求めることができる。

　本件は、ファイナンス・リース契約における民事再生手続開始の申立てがあったことを解除事由とする特約の効力について判示するにとどまるものであり、リース業者によるファイナンス・リース契約の解除およびリース物件の返還請求の可否について答えるものではない。

　この点について、控訴審は、本件特約を無効としつつも、「民事再生手続開始の前後を問わず、弁済期の到来したリース料債権の支払が遅滞している場合には、本件リース契約の『リース料の支払を一度でも怠ったときは催告しないで契約を解除できる』旨の規定に基づき、リース業者はリース料の支払遅滞を理由としてリース契約を解除し、リース物件を取り戻すことができると解されるから、リース業者の利益も相応に保護されるというべきである。すなわち、確かに、リース料債権は再生債権であり、再生債権は民事再生手続開始は再生計画の定めによるところによらなければ弁済をすることが禁じられるものであるが（民事再生法85条）、それは、別除権である担保権の実行を妨げる趣旨ではないものであ

るから、リース業者は、民事再生手続開始後であっても、担保権実行の観点からリース料の支払遅滞を主張でき、リース料の支払が遅滞したときはリース契約の解除（担保権の実行）をすることができると解すべきである」と述べている。

　また、本件においても、裁判官の1人が補足意見として、「本判決の結論は、再生債務者がリース料を滞納した場合のリース契約の解除の可否には、当然ながら何らの影響を及ぼすものではない。再生債務者がリース料を滞納していれば、リース業者は、その債務不履行を理由としてリース契約を解除することができるのは当然である。また、一般に、リース契約では、ユーザーが倒産手続開始の申立てをした場合、ユーザーはリース料金についての期限の利益を失い、直ちに残リース料金の全額を支払うべきものとする定めが置かれているが、かかる期限の利益喪失条項の効力は一般に否定されていない。そうすると、ユーザーが民事再生手続開始の申立てをしたときは、通常、ユーザーはリース料金の期限の利益を喪失するから、リース業者はリース料金の債務不履行を理由にリース契約を解除することができることとなる」と述べている。また、その場合の再生債務者の対抗措置について、「再生債務者は、民事再生手続の遂行上必要があれば、これに対し、担保権の実行手続の中止命令（民事再生法31条1項）を得て、リース業者の担保権の実行に対抗することができると考えられる」と述べている。

　本件は、会社更生手続における非典型担保とされる所有権留保特約付売買契約についての倒産解除特約を無効とした最判昭和57年3月30日（前掲）と平仄を合わせるものであり、同じく再建型倒産手続である民事再生手続においても非典型担保とされるファイナンス・リース契約における倒産解除特約を無効とするものであるが、担保権の実行が制限される会社更生手続における場合と異なり、民事再生手続においては、ファイナンス・リース契約は別除権として再生手続によらずに実行（債務不履行を理由にリース契約を解除してリース物件の返還を請求）することは可能である。

【企業法務の視点】

　ファイナンス・リースは、実質上リース物件を購入して、その代金を分割払いする取引に類似する取引であるが、従前は、会計上は通常のリース（賃貸借）取引と同様の処理でよく、貸借対照表にリース物件を資産として計上することを

要しなかったため、総資産の増加やROA（総資産利益率）の悪化を避けたいといった理由からファイナンス・リースを利用する企業も多かった。しかし、2007年に財務諸表規則（財務諸表等の用語、様式及び作成方法に関する規則）が改正され、2008年4月1日以後に開始する事業年度に係るファイナンス・リース取引については、借主（ユーザー）は、貸借対照表上、リース物件を資産に計上し、リース料債務を負債として計上することとされたため、このような会計上のメリットはなくなったが、現在も企業が機械設備などを取得する際の金融手段の1つとして利用されている。

　リース業者においては、本件により、会社更生手続の場合と同様、民事再生手続においても倒産解除特約は無効とされたが、清算型倒産手続である破産や特別清算手続においてはいまだ判例はなく、倒産解除特約が認められる可能性があるので、ファイナンス・リース契約書には倒産解除条項を残しておくべきであろう。また、倒産解除特約は無効とされても、期限の利益喪失条項の中に民事再生手続開始の申立てを入れておけば、ユーザーが民事再生手続開始を申立てた場合、リース料債務について期限の利益を喪失させ、債務不履行を理由にリース契約を解除してリース物件の返還を求めることができるので、ファイナンス・リース契約書の中に民事再生手続開始の申立てを含む期限の利益の喪失条項を規定しておくことも重要である。

　なお、ユーザーにおいては本件に対する対応は特に必要ないが、企業法務の視点から、ファイナンス・リースを利用する場合の注意点について若干コメントする。

　ファイナンス・リース契約は、リース（賃貸借）の形を取るものの、その実質はユーザーに対して金融上の便宜を付与するものであるので、①ユーザーは、その責任と負担においてリース物件の点検・整備・修繕・修復を行うこと、②ユーザーは、リース期間中においてリース物件を使用しない期間または使用できない期間があっても、理由を問わずリース料の支払義務を免れないこと、③ユーザーは、リース物件の引渡しを受けた後、リース物件の瑕疵に関し、リース業者に対して何らの請求もできないこと、④リース物件が天災地変などにより滅失し、または毀損・損傷して修理・修復が不能となった場合リース契約は終了し、ユーザーは残リース料に相当する規定損害金の支払義務を負うことなど、通常のリース契約とは異なる規定が置かれているのが一般である。

したがって、ファイナンス・リースを利用する場合は、リース物件の瑕疵担保責任やメンテナンスなどについては、リース物件の売主との間で直接取り決めるとともに、天災地変などによるリース物件の損害をカバーするために自社で損害保険を付保する（リース業者が付保している場合は、その付保条件を確認し、カバーされていない損害について付保する）ことが必要である。

【発展課題】
1. 会社更生手続においてファイナンス・リース契約の未払リース料債権はどのように扱われるか（更生債権か共益債権か）[91]。
2. 破産手続においてファイナンス・リース契約上の倒産解除特約（ユーザーに破産手続開始の申立てがあった場合、リース業者は催告なしにリース契約を解除できる旨の特約）は有効とされるか。
3. 民事再生手続においてファイナンス・リース契約は担保権消滅許可の対象になるか[92]。

判例 No. 13[93] 【チェックポイント：任意整理手続開始後に設定された譲渡担保権は否認されるか―また開始後に取得した債権との相殺は有効か】

【設問】
1. Ｘ（第1事件原告兼第2事件被告）は銀行業などを営む株式会社であり、Ａ社は陸上および船舶の各種空調設備・糧倉庫冷凍設備の設計施工などを業務とする株式会社であり、Ｙ（第1事件被告兼第2事件原告）はＡ社の再生管財人である。
2. Ａ社は、2008年1月7日、債権者である金融機関（Ｘを含み、少額債権者およびリース債権者を除く）に対し、任意整理手続を開始するとともに、同月8日から同年4月末日までの弁済の全部の一時停止を申し入れた。同年1月10日に第1回債権者説明会を開催し、2007年12月末時点における貸付金残高が5,000万円以上の金融機関（Ｘを含む）などに対し、2008年1月8日から同年4月末日までの弁済の一時停止を申し入れた。その後、2008年1月24日に第2回債権者説明会、同年2月26日に第3回債権者説明会が開催された。
3. Ａ社は、2008年3月24日、Ｘの支店にＡ社名義の普通預金を開設し、同月

---

91) 最判平成7年4月14日（判タ880号147頁、判時1533号116頁）。
92) 大阪地判平成13年7月19日決定（判時1762号148頁、倒産判例百選（第4版）114頁）。
93) 大阪地判平成22年3月15日（判タ1327号266頁）。

25日、1億円を預け入れた（以下、この預入れを「本件預入れ」といい、預け入れた金員を「本件預金」という）。
4. また、A社は、2008年3月26日、Xとの間で、2007年9月28日付当座貸越契約に基づきXがA社に対して貸し付けた金員の一部である2億1,000万円（以下、「本件貸付金」という）を被担保債権とし、第三者からA社宛に振り出された約束手形1億1,000万円相当を譲渡担保の目的物とする譲渡担保設定契約（以下、「本件譲渡担保設定契約」という）を締結し、2008年3月26日から同年5月20日までの間に、Xに対し、約束手形18通を引渡した。
5. 2008年3月27日に第4回債権者説明会が開催され、A社から、本件預入れおよび本件譲渡担保設定契約の締結について説明されたが、債権者らから特に異議などはなかった。
6. 2008年5月30日、金融機関の1社がA社に対して動産仮差押えの申立てを行ったため、A社は任意整理の続行は不可能と判断し、同年6月5日、民事再生手続開始の申立てを行った。同月18日、民事再生手続開始の決定がなされ、Yが再生管財人に選任された。
7. Yは、本件譲渡担保設定契約の締結について否認の請求をし、これが認容されたので、XはこれをTOT服とし、その取消しを求めた（第1事件）。他方、Yは、Xに対し、本件預金の払戻しを請求、Xは本件貸付金との相殺を主張したので、Yは、当該相殺は民事再生法93条1項2号の相殺禁止に該当するとして争った（第2事件）。
8. ① A社の任意整理手続開始後に行われた本件譲渡担保設定契約の締結は、民事再生法上の否認の対象になるか。
② A社の任意整理手続開始後に預け入れられた本件預金の返還債務と本件貸付金の相殺は、民事再生法上の相殺禁止に該当するか。

【論点の解説】

1. 特定債権者に対する担保の供与などの否認および相殺の禁止の要件である支払不能の事実の認定について（論点①）

主要論点1：大幅な債務超過状態に陥り、資金不足が見込まれるため、任意整理手続を開始し、金融機関に対して弁済の一時停止の申入れを行ったような場合は、支払不能の状態にあると認定される。

民事再生法では、相殺について、再生債権者は、支払不能（再生債務者が、支払能力を欠くために、その債務のうち弁済期にあるものにつき、一般的かつ継続

的に弁済することができない状態をいう）になった後に契約によって負担する債務をもっぱら再生債権をもってする相殺に供する目的で再生債務者の財産の処分を内容とする契約を再生債務者との間で締結することにより再生債務者に対して債務を負担した場合であって、当該契約の締結の当時、再生債務者が支払不能であったことを知っていたときは、相殺することができないと規定している（同法93条1項2号）。

　また、特定債権者に対する担保の供与などについて、再生債務者が支払不能になった後に行った既存の債務についての担保の供与は、債権者がその行為の当時、再生債務者が支払不能であったことまたは支払の停止があったことを知っていた場合に限り、否認することができると規定している（同法127条の3・1項2号）。

　そこで、本件では、本件預入れおよび本件譲渡担保設定契約の締結が支払不能の後になされたものであるかどうかが争われた。

　この点について、本件は、次のような事実をもとに、A社は、本件預入れおよび本件譲渡担保設定契約の締結の当時、その財産、信用または労務による収入のいずれをとっても債務を支払う能力を欠くために、その債務のうち弁済期にあるものについて、一般的かつ継続的に弁済することができない状態にあったと認めることが相当であるとして、支払不能を認定した。

① A社の債務のうち、2008年3月24日までに弁済期が到来したが弁済されなかった債務は、総額で32億8,000万円を超えていたこと。これに対し、A社が同日時点において使用可能であった現預金は12億9,683万2,000円程度であり、弁済期の到来した債務を弁済することができない状態であったこと。

② A社の2006年の当期純損失は22億2,734万8,000円、2007年の当期純損失は116億483万3,000円であり、同年末の債務超過額は99億9,315万1,000円であったこと。

③ 任意整理開始後の2008年1月24日時点におけるA社の資金繰りの試算では、同年3月期には19億2,900万円の資金不足が生じることが見込まれていたこと。

④ 同月25日当時、A社の再三の要求にもかかわらず、弁済一時停止の同意書を提出した金融機関は2行にとどまっていたこと。

2. 特定債権者に対する担保の供与などの否認および相殺の禁止の要件である支払不能についての悪意の認定について（論点②）

> 主要論点２：債権者集会に出席し、債務者が債務超過状態にあり、資金不足が見込まれるとの説明を受けており、債権者自身も弁済期にある債務について弁済を受けていないよう場合は、債務者が支払不能にあることを認識していたと認定される。

　上記の通り、民事再生法93条1項2号に規定する相殺の禁止は、債権者が当該契約の締結の当時、再生債務者が支払不能であったことを知っていたことを要件としている。また、民事再生法127条の3・1項2号に規定する特定債権者に対する担保の供与などの否認は、債権者がその行為の当時、再生債務者が支払不能であったことまたは支払の停止があったことを知っていたことを要件としている。

　なお、支払停止とは、民事再生法等の倒産法上定義はないが、一般には「弁済能力の欠如のために弁済期に到来した債務を一般的・継続的に弁済できない旨を外部に表示する債務者の行為」と解されている。また、民事再生手続開始申立前1年以内に支払停止があった後は、支払不能であったものと推定される（民事再生法127条の3・3項）。

　そこで、本件では、Ｘが本件預入れおよび本件譲渡担保設定契約の締結の当時、Ａ社が支払不能であったことまたは支払の停止があったことを知っていたかどうかが争われた。

　この点について、本件は、次のような事実をもとに、Ｘは、Ａ社の財務状況、信用力ならびに資金繰りおよび収益の状況が著しく悪化し、Ａ社が支払不能であることの認識があったと認定した。

① 　Ｘは、債権者説明会において、Ａ社の財務状況および資金繰りなどについて説明を受けており、特に第2回債権者説明会では、金融機関の支援がなかった場合は、2008年2月期は4億6,000万円、同年3月期は19億2,900万円の資金不足が見込まれるとの説明を受け、また、第3回債権者説明会では、2007年12月期には99億8,500万円の債務超過になるとの説明を受けていたこと。

② 　弁済一時停止の同意書を提出期限までに提出した金融機関は2行のみであり、第3回債権者説明会においても同意書の提出を求められたが、Ｘは提

出しなかったこと。
③ Xは、A社のXに対する債務のうち、2008年3月24日までに弁済期が到来した2億375万円が弁済されなかったことを認識していたこと。

3. 相殺禁止の要件である「専ら再生債権をもってする相殺に供する目的でされた財産処分契約」の認定について（論点③）

> 主要論点3：債務者が債務超過状態にあることを債権者が知っており、財産処分契約により生じる債務が再生債権と同額で、財産処分契約が再生債権を事実上担保するためのものであると認められるような場合は、「専ら再生債権をもってする相殺に供する目的でされた財産処分契約」と認定される。

上記の通り、民事再生法93条1項2号に定める相殺の禁止は、債権者が再生債権について、専ら再生債権をもってする相殺に供する目的で再生債務者の財産の処分を内容とする契約を再生債務者との間で締結することにより再生債務者に対して負担した債務と相殺することを禁止している。

そこで、本件では、本件預入れが「専ら再生債権をもってする相殺に供する目的」でされたどうかが争われた。

この点について、本件は、「専ら再生債権をもってする相殺に供する目的」が要件とされた趣旨は、支払不能後の代物弁済などの偏頗行為を否認権の対象とすることとの均衡を図り、相殺が偏頗行為の否認を潜脱する手段として用いられることを防止する一方、継続的に取引を行う当事者間においては、将来においても相互の債権債務を担保視して取引がなされることが多いところ、支払不能後に新たな債務を負担した場合を一律に相殺禁止の対象とすると、継続的取引に萎縮的効果が生じることを配慮したものであるとして、その判断は再生債務者の債務負担前後の諸事情を総合して判断するのが相当であるとした上で、次のような事実から、本件預入れは「専ら再生債権をもってする相殺に供する目的」による財産処分契約であると認定した。

① Xは、本件預入れの当時、A社が債務超過状態にあることを知っていたことが認められること。
② A社は、本件預入れによる金員と本件譲渡担保設定契約による担保手形の額の合計額が本件貸付金と同額になるようにXから要求されたこと。

③　本件預入れの口座は、従来から利用されていた口座ではなく、本件預入れの前日に新たに開設されたものであったこと。
④　Xは、本件預入れが本件貸付金を事実上担保するためのものであることを前提とする主張をしていること。

【企業法務の視点】

　本件は、A社が債務超過に陥り、資金繰りが困難になったため、主要な金融機関に対して弁済の一時停止を申し入れ、任意整理手続が開始された後に、主要金融機関の1社であるXが既存の貸付金債権について第三者振出の約束手形を目的物とする譲渡担保を取得するとともに、債務者に預金をさせ、その預金返還債務と貸付金債権の相殺を行ったことについて、債務者の再生管財人であるYから、上記譲渡担保の否認と相殺の禁止を主張され、裁判所もこれを認めたものである。

　本件においては、任意整理の債権者説明会において、A社からXに対する譲渡担保の設定と預金について説明され、債権者らから特に異議は述べられなかったようであるが、結果的に任意整理が成立せず、法的整理手続が開始された場合は、支払不能後の行為として、否認や相殺禁止の対象とされることに留意する必要がある。

　また、本件においては、XのA社に対する貸付金はA社の特定の船舶建造のための紐着き融資であり、A社の注文主に対する建造代金請求権を事実上の担保とした融資であるということができるところ、Xはそのような担保取得手続を行っていなかったようである。

　債務者の経営状況が悪化してからの既存の債権についての担保取得は、否認されるおそれがあるので、担保はできる限り取引開始時に取得すべきである。Xも貸付金の貸付実行時に担保を取得しておくべきだったと思われる。

【発展課題】

1. 民事再生法、会社更生法および破産法上の否認には、本件の偏頗行為の否認のほか、どのようなものがあるか。
2. 債権者が相殺権を行使する場合の行使時期について、民事再生法、会社更生

法および破産法では、どのような制限を設けているか。
3. 民事再生法、会社更生法および破産法上の相殺禁止の対象となる債権者の債務負担時期については、本件の支払不能後のほか、どのようなものがあるか。
4. 民事再生法、会社更生法および破産法では、債務者に対して債務を負担する者が債務者に対する債権を取得して債務と相殺することについて、どのような場合に相殺を禁止しているか。

第3節　公正取引・下請取引

【はじめに】
　企業の事業活動は、公正かつ自由な競争のルールの下で行われるのが基本であり、このルールを規定し、企業の事業活動を規制するのが各国の競争法である。わが国においては、「私的独占の禁止及び公正取引の確保に関する法律」（以下、「独占禁止法」という）、「不当景品類及び不当表示防止法」（以下、「景品表示法」という）、「下請代金支払遅延等防止法」（以下、「下請法」という）などが定められている。
　独占禁止法は、市場経済の中で市場メカニズムを円滑に機能させるために企業の事業活動の基本ルールを定める法律であり、公正かつ自由な競争の促進を保護法益とし、一般消費者の利益を保護するとともに、国民経済の民主的で健全な発達を促進することを目的としている。規制の構造は、私的独占の禁止、不当な取引制限および不当な取引方法の禁止である。
　私的独占は、事業者が単独または共同して他の事業者の事業活動を排除もしくは支配することにより一定の取引分野における競争を実質的に制限することであり、不当な取引制限は、2以上の事業者が市場支配を目的として価格、生産数量、販売数量などを制限するカルテル、入札談合などにより同様に競争を実質的に制限することである。
　不公正な取引方法は、公正な競争を阻害するおそれのある行為であり、不公正な取引方法の行為類型の主なものは、共同の取引拒絶、その他の取引拒絶、差別対価、取引条件等の差別取扱い、不当廉売、不当な利益による顧客誘引、抱き合わせ販売等、排他条件付取引、再販売価格の拘束、拘束条件付取引、優越的地位

の濫用が挙げられている。

違反行為に対する措置として、公正取引委員会による立入調査、違反行為者に対して、不当な取引制限等について排除措置命令、価格カルテルや入札談合等について課徴金納付命令、軽微な行為については警告ないし注意がある。不公正な取引方法による被害者は、違反行為の差止めの訴えを裁判所に提起できる。価格カルテル、私的独占、不公正は取引方法などの被害者は、損害賠償を請求できる。さらに公正取引委員会には犯則調査権限があり、悪質な違反行為者に対して刑事告発をすることができる。罰則として、罰金（両罰）および懲役刑が定められている。

景品表示法は、商品および役務の取引に関連する不当な景品類および表示による顧客の誘引を防止することを目的としており、消費者庁長官または公正取引委員会による調査、違反行為者に対する消費者庁長官による差止め等の排除命令が定められている。

下請法は、独占禁止法の補完法として下請取引の公正化、下請事業者の利益保護を目的とし、とりわけ下請取引における下請代金の支払遅延等を規制している。違反行為に対する措置としては、公正取引委員会、中小企業庁長官等による調査、違反行為に対する公正取引委員会による勧告、軽微な行為については警告ないし注意、勧告措置後の公表があり、一定の違反行為に対する罰金（両罰）が定められている。

判例 No. 14[94]　【チェックポイント：入札談合はどのような基本合意があれば成立するか】

【設問】

1. 原告らは、国内の広い地域において総合的に建設業を営む者（以下、「ゼネコン」という）であり、多摩地区において営業所を置くなどして事業活動を行っている。財団法人東京都新都市建設公社（以下、「公社」という）は、多摩地区において1997年10月1日から2000年9月27日までの間（以下、「本件対象期間」という）、72件の工事（以下、「本件各工事」という）を発注し、指名競争

---

94) 最判平成24年2月20日、東京高判平成21年10月23日。
　越智保見「入札談合における基本合意・競争の実質的制限の意義と立証―多摩地区談合事件」ジュリ臨時増刊（平成21年度重要判例解説）1398号（2010）275頁以下参照。

入札の方法によって発注業者を選定した。
2. 原告らを含む33社は、遅くとも1997年10月1日以降、公社発注の土木工事について、受注価格の低落防止を図るため、以下の内容の合意（以下、「本件基本合意」という）をしていた。①公社から指名競争入札の参加者として指名を受けた場合には、当該工事もしくは当該工事の施工場所との関連性が強い者、もしくはJV（ジョイント・ベンチャー、共同企業体）または当該工事についての受注の希望を表明する者、もしくはJVが1名のときはその者を受注予定者とし、受注希望社が複数のときは、それぞれの者の当該工事または当該工事の施工場所との関連性（条件）等の事情を考慮して、受注希望者間の話合いにより受注予定者を決定する。②受注すべき価格は、受注予定者が決め、受注予定者以外の者は、受注予定者がその定めた価格で受注できるように協力する。
3. 公正取引委員会（被告）は、2001年12月14日、本件対象期間中に本件各工事を行ったゼネコンのうち、独占禁止法3条に違反する行為をしたとして34社に対し課徴金納付を命じた。34社はこれを不服として審判手続の開始を請求し、被告は、1社を除く33社が、公社が行う指名競争入札において、基本合意に基づいて受注予定者を決定し、受注予定者が落札できるように協力したとし、その行為が同法2条6項の不当な取引制限に当たり同法3条に違反したとして、売上額を認めることができない3社を除く30社に対し課徴金の納付を命ずる審決（本件審決）をした。
4. 原告ら（K社ほか3社）は、本件審決の取消しを求めて訴えを提起した。
5. 業界における基本合意は各工事の入札による競争を実質的に制限するか。

【論点の解説】
1. 本件基本合意の存在について（論点①）

> 主要論点：本件基本合意は、契約のような法的拘束力をもつ合意とはいえないが、当該業界における慣行として尊重し遵守すべきものとされ、現実にもこれが尊重され遵守されて受注調整のルールとして有効に機能し、受注予定者がこのルールに従って33社に属する他の事業者および協力会社の協力を得て希望の物件を落札していた場合には、33社の基本合意が存在したと認められる。

　裁判所によれば、本件基本合意は、文書化され、あるいは合意の参加者が一堂に会する等して定められたものではなく、その当事者が誰なのかを明確にする基準があるとは認められない。また、受注調整の方法および基準、受注予定者の決定の手続、各ゼネコン間の連絡方法、違反に対する制裁等のルールが具体的に定

められているとはいえず、その存在や内容について何らかの周知措置がとられたとも認められない。したがって、本件基本合意は、契約のような法的な拘束力をもつ合意とはいえない（関係者の多くは、多摩地区で営業活動をするゼネコンの間の慣行と称している）。しかし、各証拠によると、このような慣行は、受注調整や入札に際しての協力につき、本件審決が認定するような内容のものとして存在していたことは明らかである。しかも、多摩地区で営業活動をするゼネコンの担当者の間では、先任者からの引継などによって広く知られていた上、33社においてこれを尊重し遵守すべきものとされ、現実にもこれが尊重され遵守されて受注調整のルールとして有効に機能し、受注予定者がこのルールに従って33社に属する他の事業者および協力会社の協力を得て希望の物件を落札していたことが認められる。したがって、独占禁止法の不当な取引制限の有無を判断するに際して、このようなゼネコン間の受注調整および公社発注の物件の入札に際して有効に機能している慣行を、本件対象期間中にこれに基づいて公社発注の土木工事を落札・受注した33社の基本的な合意であったと認めることは何ら不当なものではない。

　土木建設工事の入札においては本件におけるような受注調整の慣行が、何らの法的拘束力はないけれども、関係事業者の間に存在している場合が多く、常態化しているともいえる。当該慣行がどのような程度や範囲に至れば、受注調整のルールとして有効に機能しているといえるかは難しい問題であるが、違法性判断の基準を明らかにするためには重要な問題である。本件では、上記慣行が関係事業者に広く知られており、これを尊重し遵守すべきものとして実際にも尊重・遵守されて、これに従って落札が行われたことから、裁判所によりこの慣行が入札における基本合意として評価されたものである。

2. 本件基本合意と不当な取引制限について（論点②）

> 重要論点：33社と協力会社の数が本件対象期間における公社の入札にAランクで参加する資格を有する事業者全体に占める割合、競争制限効果が生じたと認められる件数およびその落札金額の割合は、いずれも相当程度高く、本件基本合意は、公社が発注する本件工事の入札による競争を実質的に制限するものである。

　裁判所は、本件基本合意が入札による競争を実質的に制限するか否かについて

以下のように判断した。

　本件対象期間における公社が発注するＡランク（事業者格付けランク）の工事に関して、33社および協力会社が総事業者に占める割合は過半数を超え（51.9％）、下水道工事についても半分近く（47.9％）を占めていた。本件各物件72件のうち、本件審決において競争制限効果が生じたと認められた物件は31件あり、その落札金額合計113億914万1,000円は、本件各物件の落札金額合計200億7,575万4,000円のうち56.3％を占めている。

　33社と協力会社の数が本件対象期間における公社の入札にＡランクで参加する資格を有する事業者全体に占める割合、競争制限効果が生じたと認められる件数およびその落札金額の割合は、上記のようにいずれも相当程度高く、本件基本合意は、公社が発注する本件工事の入札による競争を実質的に制限するということができる。

【企業法務の視点】
1. 一定の取引分野における競争の実質的制限

　競争の実質的制限とは、市場支配力の形成・維持・強化[95]により、有効な競争が期待できない状態の形成[96]と解されており、事業者間における価格カルテルなどの共同行為が不当な取引制限に当たるかどうかは、①対象となる事業者の特定商品にかかわる市場シェアの合計が市場の大部分を占めている、②当該事業者間で特定商品の価格を引き上げるなどの合意がなされた、③各事業者が合意された価格引上げが実現できるよう取引先と価格交渉などの事業活動を行っていることなどの事実から認定されるといわれている。

2. カルテルの種類

　事業者間の共同行為により市場における競争を制限するカルテルとして、価格カルテル、数量カルテル、入札談合、標準規格カルテル、事業提携などが挙げられる。不当な取引制限にかかわる違反事件としては、価格カルテルが最も多く、生産数量や販売数量などを制限する数量カルテルも、価格引上げの効果を引き起

---
95) 東京高判昭和28年12月17日（東宝・新東宝事件）。
96) 東京高判昭和55年9月26日（石油カルテル（生産調整）刑事事件）。

こすことから独占禁止法上は価格カルテルと同様の取扱いを受けている。入札談合は、官公庁等が物件を発注する競争入札において参加事業者間の話合い等により受注予定者の決定や協力をするカルテルである[97]。

標準規格カルテルは、参加事業者の製品を一定の基準や規格に合致するものに限定するものであるが、安全性の確保、環境保全、品質確保等の観点から規格の統一化を図る場合には競争を実質的に制限することは少なく、また事業提携においても、少数の事業者間で行われ、市場における競争回避ではなく参加事業者の競争力強化や効率化を目的とする場合には独占禁止法上問題となることは少ないと考えられている[98]。

3. 入札談合における競争の実質的制限

入札談合を不公正な取引制限として規制するためには、入札談合によって一定の取引分野における競争が実質的に制限されることが必要である。事業者間で継続的に入札談合が行われる場合には、特定の官公庁等が発注する物件について入札談合を行うこととする旨の合意（基本合意）がなされた上で、官公庁等が個々の物件を発注するために競争入札を実施する際に、事業者間の話合い等により受注予定者等を決定し、当該受注予定者が落札者となるように入札における個別調整が行われる。このように入札談合は、基本合意の形成時と個別調整時に競争回避行為が行われ、基本合意の形成が価格カルテル事件における価格を合意する行為に相当し、個別調整行為は合意した価格で事業活動を実施する行為に相当する。したがって、個々の発注物件等の中に個別調整行為が行われなかった物件があったとしても、基本合意が形成されていれば原則として独占禁止法に違反することになると解されている[99]。

4. 入札談合の基本合意における受注調整ルール

入札談合が行われる際の基本合意における受注予定者の決定にかかわるルールについては、基本合意の形成時に事業者間の話合い等により決定されることに

---

97) 東京高判平成12年2月23日。
98) 佐藤一雄ほか編『テキスト独占禁止法（再訂二版）』（青林書院、2010）52-53頁。
99) 東京高判平成20年9月26日（ごみ処理施設入札談合事件）。

なるが、大きく分けて、①個別物件が発注される際に入札参加者間で特に調整を行わなくても受注予定者が自動的に決定されるもの、②個別物件が発注される際に、基本合意に基づき入札参加者で話合い等が行われて受注予定者が決定されるもの、③入札談合の参加事業者のうち特定の者または特定の第三者の判断により受注予定者が決定されるものがある[100]。

基本合意は、参加事業者間における明確な合意として成立するとは限らない。本件は、多摩地区の当該業界における慣行を通じて受注調整のルールとしての基本合意が形成されたものである。参加事業者間でこのルールが尊重され遵守すべきものとされて、現実に有効に機能しており、この意味で相互拘束性があると認定されたのである。

5. 独占禁止法遵守体制の構築

独占禁止法遵守体制は、企業のコンプライアンス体制において重要な位置を占めており、具体的なコンプライアンス・プログラムとして最初に独占禁止法遵守を表明した企業も多い。企業がひとたび独占禁止法違反行為を犯せば、ブランドの失墜、企業価値の減損、多大のエネルギーと時間の喪失、課徴金や損害賠償による経済的打撃、さらには人材の喪失など計りしれない損失を被ることになる。

まず、①経営トップが独占禁止法遵守の方針を社内外に明確な形で表明することが必要であり、この経営方針に従って、企業法務部門が所管部門として、具体的な独占禁止法遵守のプログラムを作成し、実行していく必要がある。さらに、②独占禁止法遵守マニュアルを作成、関係部門に実行させ、その内容を定期的に見直す、③各層の社内法務教育（役員研修、管理職研修、営業部門研修、新入社員研修等）を継続的に実施する、④定期的に社内立入検査を実施する、⑤社内にアンテナを張りめぐらせ、早い段階で問題を探知し、独占禁止法違反の芽を摘む、⑥違反行為者に対する厳正な懲戒処分を行うなど、独占禁止法遵守を全社に周知徹底することが必要と考えられる。

---

100) 佐藤、前掲注98) 65頁。

【発展課題】

1. 競争入札の参加事業者間の会合において、受注調整にかかわる協議に立ち会い、受注物件の割当てに異論を唱えない行動は、入札談合行為に当たるか[101]。
2. 競争入札の参加2社間の意識的並行行為は、入札談合行為に当たるか[102]。
3. 個別調整が行われない物件が多数に上ったときには、当該基本合意は価格を合意する共同行為といえるか。
4. 「一定の取引分野」の判断は、取引段階、違反者の共同行為の対象としている取引、それにより影響を受ける範囲など、いずれに基づいてなすべきか[103]。

判例 No. 15[104] 【チェックポイント：燃油サーチャージ転嫁の合意は価格カルテルに当たるか】

【設問】

1. 2002年8月頃、燃油価格が上昇し始めたため、航空会社は、国土交通大臣の許可を受けて、同年10月16日以降、航空運送事業を営む者の行う運送を利用して行う輸出にかかわる貨物の運送業務（国際航空貨物利用運送業務、以下、「本件業務」という）を営む者（以下、「本件事業者」という）に対して、燃油サーチャージ（航空会社が燃油価格の高騰時に限り航空運賃に付加して顧客に請求するもの）の請求を開始した。2002年9月18日の国際航空協会の国際部役員会において、12社間に本件業務の運賃および料金について、ハウスエアウェイビルの発効日が同年10月16日以降である貨物を対象に、利用する航空会社から燃油サーチャージの請求を受けることとなるときは、当該燃油サーチャージに相当する金額を荷主に対して新たに請求する旨の合意（以下、「本件荷主向け燃油サーチャージ合意」という）が成立し、他の2社は遅くとも同年11月8日の理事会の頃までに当該合意に参加した。
2. アメリカ合衆国税関当局が2004年8月13日以降実施することとした航空貨物事前申告制度に対応するため、航空会社は、同年8月13日以降、本件事業者に対し、一定額のハウスエアウェイビル情報送信料（以下、「AMSチャージ」

---

101) 平成18年3月8日審判審決（松下電器産業（株）に対する件）。
102) 平成15年6月27日審判審決（（株）東芝及び日本電気（株）に対する件）。
103) 東京高判平成5年12月14日（目隠しシール談合独禁法違反事件第1審判決）。
104) 平成23年7月6日審判審決（郵船ロジステックス（株）に対する件）、平成21年3月18日課徴金納付命令（日本通運（株）ほか11社に対する件）。
　泉水文雄「フォワーダーによる燃油サーチャージ等のカルテルと不当な取引制限、課徴金（独禁法事例速報）」ジュリ1380号（2009）94頁以下参照。

という) を請求することとした。2004年11月の国際部役員会において、13社は、AMSチャージ請求金額はハウスエアウェイビル1件当たり最低500円とすること、請求開始時期は2004年12月13日からとし、遅くとも2005年1月1日から実施することで合意した（以下、「本件AMSチャージ合意」という）。
3. 国土交通省が本件事業者に対して2006年4月1日から本格的に実施を義務づけた爆発物検査に応じて、本件事業者にはそのための体制の維持や検査の実施などによる新たな費用が生じることとなった。2006年2月20日の国際部役員会において、13社は、セキュリティ・チャージについてはハウスエアウェイビル1件当たり最低300円とすること、爆発物検査料については1件当たり最低1,500円とすること、請求開始時期は2006年4月1日とすることで合意した（以下、「本件セキュリティ・チャージ等合意」という）。
4. 被審人Y社は、他の事業者と共同して、本件業務の運賃および料金について、荷主向け燃油サーチャージ、一定額以上のAMSチャージ、一定額以上のセキュリティ・チャージおよび一定額以上の爆発物検査料を荷主に対し新たに請求する旨を合意することにより、当該業務の取引分野（以下、「本件取引分野」という）における競争を実質的に制限しており、独占禁止法2条6項の不当な取引制限に該当し同法3条に違反するとして、公正取引委員会は、被審人を含む12社に対して、2009年3月18日、排除措置を命じ、17億2,828万円の課徴金の納付を命じた。
5. 被審人は、本件排除措置および課徴金の取消しを求めて審判請求した。
6. 国際航空貨物利用運送事業者らが、航空会社が航空運賃に付加して顧客に請求する燃油サーチャージ等を荷主に転嫁する旨の合意（以下、「本件合意」という）は価格カルテルを形成するか。

【論点の解説】
1. 本件合意の内容について（論点①）

> 主要論点1：「航空会社から請求を受ける燃油サーチャージの額に相当する額を荷主に対する燃油サーチャージとして荷主に新たに請求する」という合意は、航空会社から燃油サーチャージとして請求を受けることとなる金額に相当する金額を荷主向け燃油サーチャージの額として決定し、その金額を荷主に請求することであり、荷主向け燃油サーチャージの金額を決定した「価格の決定カルテル」である。

　審判官によれば、請求するに当たっては、請求する金額を決定することが当然の前提となっており、本件荷主向け燃油サーチャージ合意の趣旨は、航空会社が決めた燃油サーチャージの額と同額を荷主向け燃油サーチャージとして請求することにより、新たに発生した費用（燃油サーチャージ相当額）を自社で負担する

ことなく実際の役務利用者である荷主に転嫁することにあり、荷主向け燃油サーチャージについて金額を決定した「価格の決定カルテル」であるほかはなく、独占禁止法2条6項の「対価を決定する」ものに該当する。

本件 AMS チャージ合意および本件セキュリティ等合意も同様に解されている。すなわち、本件 AMS チャージ合意は、「国際航空貨物利用運送業務の運賃および料金について、…ハウスエアウェイビル1件当たり500円以上を、AMSサーチャージとして荷主に対し新たに請求する」というものであり、本件セキュリティ・チャージ等合意は、「…ハウスエアウェイビル1件当たり300円以上を、セキュリティ・チャージとして荷主に対し新たに請求する」、「…ハウスエアウェイビル1件当たり1,500円以上を爆発物検査料として荷主に対し新たに請求する」というものであって、いずれも、新たに発生した費用について、当該費用の金額を決定し、荷主に対し請求することを合意したものであり、その合意の趣旨は、新たに発生した費用を自社で負担することなく実際の役務利用者である荷主に転嫁するものであると解される。

2. 本件合意の成否について（論点②）

> 主要論点2：価格カルテルの合意がどの会合で成立したかは、特定時期の会合において話合いの内容が具体的に合意されたかどうか、またその後の会合における状況も勘案して、判断される。

審判官は、各合意の成立について以下のように判断した。

本件荷主向け燃油サーチャージ合意については、上記のように2002年9月18日の国際部会の役員会において成立したものと認めることができる。さらに、当該合意の遂行に関して、14社は、2002年11月から2007年11月までの間に、たびたび役員会の会合を開催し、14社は、役員会での方針に従い、荷主に対して一貫して燃油サーチャージの支払いを求めて交渉し、役員会で決定された交渉担当会社が実際に荷主との交渉に当たるなどしていたものと推認される。このように14社は、長年にわたり、繰り返し役員会の会合を開催し、自社の取引先との交渉内容、交渉経過および交渉結果等の情報を披歴し合い、取引先に対する競合他社の行動についての情報を入手してその動向を把握し、その上で各社とも取

引先に対して同一の行動をとっていたのである。

　本件 AMS チャージ合意の成立については、上記のように 2004 年 11 月の国際部会の役員会において成立したものと認めることができる。その後に開催された役員会においても、本来であれば、競争相手に対して秘密にするはずの、自社の取引先との交渉内容、交渉経過、交渉結果等の情報を披歴し合い、取引先に対する競合他社の行動についての情報を入手してその動向を把握していたのであって、このようなことは、本件事業の取引分野において自由な競争が行われていたとすれば到底あり得ないものである。

　本件セキュリティ・チャージ等合意については、上記のように 2006 年 2 月 20 日の国際部の役員会において成立したものと認められる。その後の役員会の状況については、本件 AMS チャージの場合と同様である。

　本件燃油サーチャージ転嫁カルテルの合意は、業界団体の国際部会の役員会を舞台に、同一の値上げ幅で、さらに本件 AMS チャージおよび本件セキュリティ・チャージの転嫁カルテルの合意も合わせて同役員会で、最低値上げ幅基準で行われており、その実行において被審人各社は足並みを揃えた行動をとっていたものであり、業界団体の組織を利用する典型的な価格カルテルとして厳しく非難されるべきものと考えられる。

3. 本件合意は本件取引分野の競争を実質的に制限するか（論点③）

> 重要論点：一定の取引分野において競争を実質的に制限するかどうかの判断における重要な要素は、カルテル参加者の当該取引分野における合計市場シェアである。

　審判官によれば、14 社（2004 年以降は 13 社）の本件業務における貨物量の合計は、2001 年から 2008 年までのわが国における本件業務における総貨物量に対して、最小で 72.5％、最大で 75.0％を占めていた。このような市場占有率を有する 14 社によって本件業務に関して不当な取引制限に当たる合意が成立すれば、本件業務の取引分野における競争を実質的に制限することとなるのは明らかである。

　本件荷主向け燃油サーチャージ合意、本件 AMS チャージ合意、本件セキュリティ・チャージ合意をそれぞれ別個に不当な取引制限に該当する行為と評価するのは相当ではなく、あくまでも本件業務の取引分野における競争を回避するため

に行われた一連の1個の不当な取引制限に該当する行為と評価するのが相当である。本件実行期間（2004年11月から2007年11月まで）の4料金の売上額の合計額が本件業務の売上額に占める割合は、12%程度であると推認することができるのであり、その割合からしても、本件業務の取引分野における競争を実質的に制限していると優に評価できるものである。

【企業法務の視点】
1. 不当な取引制限とは
　独占禁止法2条6項によれば、不当な取引制限とは、事業者が、他の事業者と共同して相互にその事業活動を拘束し、または遂行することにより、公共の利益に反して一定の取引分野における競争を制限することである。不当な取引制限は、まず複数の事業者が共同して行うもの（共同行為）であるが、複数の事業者間で明示的な合意や決定がなされたとまでは認定できない場合に、どのような事実が認定できれば共同行為が存在するといえるかかが問題となる。事業者間で情報交換などの連絡交渉が行われていること、その連絡交渉の内容が各事業者の行動の一致をもたらすようなものであること、および結果として各事業者の行為が一致するといった事情が認められれば、共同行為につき事業者間で合意（いわゆる暗黙の合意）がなされたものとされている[105]。そして各事業者は当該合意を遵守するように行動するのが通常であろうから、共同行為の要件が満たされれば、相互拘束または共同遂行の要件も満たされることになり、これらの要件は相互に関連したものであり、厳密に区分することはできないと解されている[106]。

2. 価格カルテルにおける「意思の連絡」と認定されないためには
　東芝ケミカル事件[107]における裁判所によれば、ここにいう「意思の連絡」とは、複数事業者間で相互に同内容または同種の対価の引上げを実施することを認識ないし予測し、これと歩調をそろえる意思があることを意味し、一方の対価引上げを他方が単に認識、認容するのみでは足りないが、事業者間相互で拘束し合

---
105) 白石忠志『独占禁止法』（有斐閣、2006）229-231頁。
106) 佐藤、前掲注98) 34-36頁。
107) 東京高判平成7年9月25日。

うことを明示して合意することまでは必要でなく、相互に他の事業者の対価引上げ行為を認識して、暗黙のうちに認容することで足りると解するのが相当であるとされている（黙示による「意思の連絡」といわれるのがこれに当たる）。

このように意思の連絡が暗黙の合意まで含むとされていることからすれば、企業法務の視点からは、暗黙の合意と認定されないためには、そもそも価格水準や市況に関する情報交換や意見交換のための事業者間の会合には一切出席しないこと、他の名目で開催された事業者間の会合で価格水準や市況に関する情報交換等がなされるようであれば直ちに退席すること（その証拠を残すこと）が必要であり、独占禁止法遵守マニュアルや社内法務教育などによって当該事業部門に対する周知徹底を図らなければならない。

【発展課題】

1. 価格カルテルが話し合われた事業者団体の会合において、価格決定権限を有しない者が参加していた場合、価格カルテルは成立するか。
2. 「毎年、基準価格を決定し、それに基づき販売価格を設定する」との合意は、価格カルテルを形成するか[108]。
3. 石油製品の元売り会社らが、石油製品の値上げをする合意をし、それぞれの実施時期にその効力を発生させた場合、当該共同行為はどのような状況下であれば「相互に事業活動を拘束」するものといえるか[109]。

判例 No. 16[110] 【チェックポイント：カルテルの首謀者はどのような懲役刑を科されるか】

【設問】

1. それぞれ不特定多数の需要者向け溶融55％アルミニウム亜鉛合金めっき鋼板および鋼帯ならびに塗装溶融55％アルミニウム亜鉛合金めっき鋼板および鋼帯（以下、「本件めっき鋼板等」という）の製造販売等の事業を営んでいる会社である、被告会社n社の被告人g、被告会社e社のjおよびq社の専務取締役tは、2006年4月25日、季節料理店sで会合を開き、本件めっき鋼板等の販売価格

---

108) 平成18年11月27日審判審決（タキイ種苗（株）ほか18名に対する件）。
109) 東京高判昭和55年9月26日（石油カルテル（価格協定）事件東京高裁第1審判決）。
110) 東京地判平成21年9月15日。

を同年7月10円引き上げることに合意した。その後同年6月1日、被告会社n社の被告人h、被告会社e社の被告人kおよびq社の担当者らは中華料理店uで会合を開き、値上げを行うことを確認するとともに、各社同年6月時点の販売価格から10円の値上げとすることに合意した。さらに、両会合の前後を通じて、会合に参加しなかった被告会社c社の被告人iおよび被告会社p社の被告人mを含む被告人らならびに各社の担当者は、個別に連絡を取り合うなどして相互に値上げの方針を確認し、かつ値上げの合意を行い、これら一連の行為により本件価格カルテルが行われた。
2. 被告会社等およびq社は、本件価格カルテルに基づき、同年7月以降の出荷分について、それぞれ販売先と価格交渉を行い、引上げ時期、幅は一律ではないが、最終的に1kgあたり平均8から9円の値上げを実現した。
3. 刑事訴追された被告会社ら、被告人らにはどのような刑事罰が科されるか。

【論点の解説】
1. 全体的な情状について（論点①）

主要論点1：刑事訴追における参加会社の責任の程度については、価格カルテル参加会社の合計シェア、犯行の態様と悪質さ、価格カルテルの経済的・社会的影響、参加会社の担当者の過去の違反の状況、参加会社の法令遵守状況などの要素が総合的に勘案される。

　裁判所によれば、本件価格カルテルは、合計約90%のシェアを有する被告会社等およびq社の5社において、被告人ら6人を含む各社の従業員が多数関与して行われた大規模なものである。その過程で、被告人らは、他社と個別に連絡を取り合って、値上げの意向を聞いたり伝えたりし、また何度か会合をもち、社内に持ち帰って協議し、再び会合をもつなどして徐々に合意を形成しており、犯行の態様は組織的で巧妙である。本件めっき鋼板等は、建設資材等として広く国民生活に関わる商品であるところ、本件価格カルテルに従って各社とも値上げを実現させており、本件価格カルテルの直接の経済的、社会的影響も軽視できないところである。また、被告会社等およびq社の担当者は、2002年以前から、「部長会」「課長会」と称する会合を開き、本件めっき鋼板等の価格について情報を交換して互いに値下げを牽制し、あるいは値上げの必要が生じるとこれに合意する価格カルテルを繰り返していた。平成15年3月にc社がステンレス鋼板等の価格カルテルにより公正取引委員会の立入検査を受けたことから、上記のような

会合は取りやめたが、その後も食事会を開く、個別に連絡を取り合うなどの方法により、なお数回にわたって価格カルテルが繰り返された。各被告人は、期間、回数に違いはあるものの、いずれもこれらにかかわってきた。このように本件価格カルテルの根は深く、関係各社の内部において法令遵守の意識が低く、監視機能が不足していたという実態が顕著に現われている。

　本件の悪質さは、被告会社等が過去にも同じ製品の価格カルテルを部長会や課長会を舞台に、その摘発後は表向き当該会合を解散したものの、食事会などを口実に繰り返してきたこと、さらに今回も同様に季節料理店や中華料理店での会合で値上げカルテルを合意して実行したことに如実に示されており、被告会社ら（被告人も含めて）は、科せられた刑事罰以上に、きわめて重い社会的責任を負っていると考えられる。

　なお、当該カルテルの当事者であったq社およびその専務取締役tは、課徴金減免制度を利用して公正取引委員会の立入調査前に第1位の減免申請を行ったことから、刑事告発の対象とはならなかった[111]。

2. 個別の情状について（論点②）

> 主要論点2：被告人それぞれの責任の程度については、参加各社内部における役職や価格決定の権限、カルテルにおいて中心的な役割や重要な役割を果たしたか、その他価格カルテルに関与した度合い、過去の価格カルテにおける関与の度合いなどの要素が総合的に勘案される。

　本件当時、被告人gは被告会社nの専務取締役として同社における本件めっき鋼板等の営業業務を管掌しその販売価格を最終的に決定する権限を有しており、被告人hは同社取締役営業部長として被告人gの下で本件めっき鋼板等の営業に従事していた。gは、s会合に出席し、本価格カルテルの基本的な方向づけを行うなど、中心的な役割を担った者の一人であり、2002年10月以降、数回にわたる本件めっき鋼板等の価格カルテルに関与してきた。hは、u会合に出席しており、2004年4月以降gを補佐する立場として複数回の価格カルテルに関与してきた。

---

111) 白石忠志「刑罰・減免制度・課徴金が交錯した一例（独禁法事例速報）」ジュリ1389号（2009）68頁以下参照。

被告人 i は、本件当時被告会社 c 社の建築建材販売部長であり、同社における本件めっき鋼板等の販売業務の事実上の責任者としてその販売価格を事実上決定する立場にあり、被告人 k に対して c 社も値上げの方針であることを伝え、その後 c 社も値上げを行うことを約束した。i は、s 会合や u 会合などに出席していないが、2003 年 3 月の立入検査以前から課長会に出席するなどして価格カルテルの形成に関与していた。

　被告人 j は、本件当時被告会社 e 社の執行役員本社鋼板部長として同社における本件めっき鋼板等の営業業務を管掌しその販売価格を決定する権限を有しており、s 会合において本件カルテルを方向づけるなど、本件価格カルテルの中心的役割を担った者の一人であり、部長会に出席するなどして、価格カルテルにその初期から強く関与してきた。被告人 k は、e 社の r 支社鋼板部次長として、被告人 j の指示の下、u 会合に出席するなどして重要な役割を果たしており、課長会に出席するなどして価格カルテルに長く関与してきた。

　被告人 m は、本件当時 p 社の取締役建築建材事業部長として同社における本件めっき鋼板等の営業業務を管掌しその販売価格を決定する権限を有しており、被告人 g らから p 社も値上げするように求められて値上げを約束し、u 会合の後には各社の幹部クラスの会合に参加するなど、本件価格カルテルに積極的に関与しきたものであり、2002 年 6 月以降数回にわたる価格カルテルに関与してきた。

　被告会社 3 社（n 社が p 社の吸収分割によりそのめっき鋼板等の事業を承継し、商号を変更して a 社が誕生）につき罰金 a 社 1 億 6,000 万円、c 社および e 社いずれも罰金 1 億 8,000 万円、被告人 g、i、j および m につきいずれも懲役 1 年（執行猶予 3 年間）、被告人 h および k につきいずれも懲役 10 か月（執行猶予 3 年間）の刑が言い渡された。

【企業法務の視点】
1. 課徴金減免制度（リニエンシー）の概要

　課徴金減免制度は、一定の要件に基づき自発的に自らの違反事実に関する情報提供を行った事業者に対して課徴金を減免する制度であり、2005 年に、アメリカ反トラスト法、EU 競争法で採用された制度を導入したものである。この制度の機能として違反行為の発見を容易にし、事件処理を容易にすることが期待され

ている。本制度は、事業者にとっては公正取引委員会に申告するインセンティブを与えるとともに、カルテル参加者の中からこの制度を利用する者が現われるというリスクによってカルテル抑止効果を生むと考えられている。

減免の対象となるためには、当該違反行為にかかわる事実の報告および資料の提出を行う必要があるが、提供した情報の内容については、違反行為に関する自己が知りうる情報および入手しうる情報であるとされ、減免の対象事業者は、2009年の改正で従来の3名から5名に拡大された。

公正取引委員会の立入調査等前に、①単独で、当該違反行為をした事業者のうち最初に公正取引委員会に情報を提供した者は、課徴金の納付が免除される、②単独で、当該違反行為をした事業者のうち2番目に情報を提供した者は、課徴金の額が50%減額される、③単独で、当該違反行為をした事業者のうち、3番目、4番目または5番目に公正取引委員会に情報を提供した者は、課徴金が30%減額される（独占禁止法7条の2第10項、第11項）。

以上いずれの場合も、立入調査等以後当該違反行為をした者でないことが要求される。また、立入検査等以後に情報提供により課徴金の減額を受ける者の数は最大3名とされている。

刑事告発との関係については、公正取引委員会は、納付免除される事業者およびその事業者の役員、従業員等については刑事告発しないことを、2005年10月、「独占禁止法違反に対する刑事告発及び犯則事件の調査に関する公正取引委員会の方針」で明らかにした。

公正取引委員会は、課徴金減免制度の適用を受けた事業者から申出がある場合には、課徴金減免制度の適用事業者について、事業者の名称・所在地・代表者名および免除の事実・減額額の率を公表している（2008年度14件、2009年度16件、2010年度15件、2011年度4件、2012年度18件）。この制度は、課徴金減免対象の事業者名が公表された場合には、官公署が独占禁止法による指名停止を行うときは、その期間が通常の場合の2分の1とされることから設けられている。

このような課徴金減免制度は、違反行為に参加した個別事業者にとっては大きなインセンティブであり、特に課徴金が全額免除の場合はそのようにいうことができる。企業の法務部門としては、事業部門に対する社内調査等により当該違法

行為を探知した場合には、本制度の利用を直ちに検討すべきであろう。各企業の独占禁止法遵守マニュアルや社内教育において課徴金減免制度の趣旨と内容を周知徹底することが必要と考えられる。

2. 刑事告発の対象となる個人

　私的独占または不当な取引制限、事業者団体の競争の実質的制限等の罪は、公正取引委員会の専属告発とされており（独占禁止法96条1項）、公正取引委員会による告発を訴訟要件とし、これがなければ公訴を提起できない。公正取引委員会は、1990年6月、「独占禁止法違反に対する刑事告発に関する方針」を公表し、①価格カルテル、市場分割協定、入札談合、共同ボイコットその他の違反行為であって国民生活に広範な影響を及ぼすと考えられる悪質かつ重大な事案、②違反を反復して行っている事業者・業界、排除措置に従わない違反行為のうち、公正取引委員会の行う行政処分によっては独占禁止法の目的が達成できないと考えられる事案について、積極的に刑事処分を求めて告発を行う方針であることを明らかにした。同方針は、上述のように2005年10月、課徴金減免制度との関係を明らかにし、2009年改正により告発の対象に私的独占が追加された。なお、1991年1月に検察当局と公正取引委員会の間で「告発問題協議会」が設けられ、独占禁止法違反事件の告発に当たり、円滑・適正を期すための意見・情報交換が行われている。

　刑事告発の対象となる案件は、違反共同行為の悪質さや累犯などの悪質なものであり[112]、かつ経営幹部が対象となっていることは、会社自身の行為、すなわち会社の経営そのものが強い非難を受けていることを意味している。本件における被告人個人は、各社の当該事業部門の取締役や部長の要職にあって実質的な決定権者である。当該会社の経営トップは、独占禁止法を軽視するという企業風土や文化を根元から変えるという重い責務を負わされているのであり、これを具体的な経営方針として実際に実行しなければならない。当該企業法務部門は、独占禁止法を遵守するための有効な体制を構築すべく、あらゆる手段を講じて、経営トップの経営方針を支えることが必要である。

---

112) 東京高判平成16年3月26日（東京都発注の水道メーター入札談合に係る独占禁止法違反被告事件）。

【発展課題】

1. 課徴金減免制度は、密告奨励とは異なるものか、制度が悪用されることはないか[113]。

2. どのような場合に複数の事業者が課徴金減免制度利用の共同申請ができるか[114]。

3. わが国の課徴金減免制度は、アメリカ反トラスト法、EU 競争法におけるリニエンシーと比べて、どのような特徴があるか。

4. 個人の懲役刑は、わが国の場合は執行猶予付きとされてきたが、アメリカの場合は実刑である。この差は、競争法違反に対する執行力および抑止力という各競争法制度全体の観点からどのように評価されるか。

判例 No. 17[115]　【チェックポイント：契約終了後の競業禁止は不当な拘束条件に当たるか】

【設問】

1. 原告 M 社と被告 S 社は、2002 年 5 月 27 日、製造委託契約（以下、「本件契約という」という）を締結し、この契約に基づいて被告において 2 剤混合の用事調整型 CO_2 含有粘性組成物製剤を製造し、これを原告に納入していた。

2. 本件契約によれば、その対象は原告が開発した基本処方および技術（特許出願中）を使用し、原告が従来製造・販売していた製品を改良した製品（以下、「本件製品」という）もしくは本件製品を構成するジェル（以下、「本件ジェル」という）であり（第 1 条）、被告は本件製品または本件ジェルについて、その類似物を含めて原告からの事前の書面による許可なく一切製造することができず、原告以外の者に製造させることも販売することもできない（第 5 条 1 項）、そして本条第 1 項は契約終了後 10 年間有効とする（同条 3 項）。原被告は、契約期間中であっても 6 か月前までに相手方に文書で解除の意思表示をすることにより、本件契約を解除することができる（第 13 条 1 項）。

3. 被告は、2003 年 10 月 30 日付の内容証明郵便で、原告に対し解除の意思表示をし、そのころ原告に到達した。

---

113)　独占禁止法 7 条の 2 第 17 項。
114)　独占禁止法 7 条の 2 第 13 項。
115)　大阪地判平成 18 年 4 月 27 日（判時 1958 号 155 頁）。
　　　山根裕子「製造委託契約終了後の競業禁止条項が独禁法違反となるか」ジュリ 1384 号（2009）146 頁以下参照。

4. 被告は、遅くとも2004年2月17日の時点で、商品名を「ヴィターゲル」という2剤混合の用事調整型CO_2含有粘性組成物製剤を、原告の許可なく製造し原告以外の会社に納入していた。原告は、2004年2月18日に被告に到達した内容証明郵便により本件契約を解除する旨の意思表示をした。
5. 原告は、発明の名称を「二酸化炭素含有粘性組成物」と称する特許出願(以下、「本件出願」という)をしているが、現在まで特許査定処分も拒絶査定処分もなされていない。
6. 本件契約終了後10年間という長期にわたり、かつその範囲の広い競業禁止は認められるか。

【論点の解説】
1. 本件契約第5条を含む本件契約の締結は独占禁止法上の不公正な取引方法に該当し公序良俗に反するものとして無効というべきか(論点①)

主要論点1:独占禁止法19条に違反したとしても、本件契約が公序良俗に反するとされるような場合は格別として、同条が強行法規であるからという理由で本件契約が直ちに無効と解されるものではない。

裁判所によれば、本件ジェルは、原告のこれまでの実験により原告が最適と判断したジェルであって、その製造方法にはノウハウが含まれる。継続的取引契約を締結するに当たり、当該ノウハウやその後の変更・改良の際に得られるノウハウを守るため、製造者である被告に対し、契約終了後も一定期間類似商品の製造販売を禁止することは、合理性のあるものであって、独占禁止法19条所定の不公正な取引方法にかかわる「相手方の事業活動を不当に拘束する条件」ということはできない。また、本件契約締結までの原被告間の取引期間、および原告の資本金額や役員構成等からうかがわれる事業規模を考慮すると、本件契約の際に、被告が本件契約の締結を拒否して原告との継続的取引関係に入らないという選択をすることが困難であったとは到底認められないし、原告について「原告の取引上の地位が被告に優越していること」といえる状況があったとも認めることはできない。

裁判所の判断の結論として、被告がノウハウを流用したという事実の立証の難易や、ノウハウを流用して若干の改変をされることを慮って、競業禁止の範囲を取引の対象となる製品の類似商品にまで及ぼすことは不合理とはいえない。被告

商品は、原告商品と成分や使用方法までもが大きな相違のない物であって、被告はこれを本件契約継続中から終了後9か月以内に販売しているのであって、このような期間と製品の限度においては、その禁止範囲が広いとか、禁止期間が長いということはできないから、その限度で本件契約第5条の効力を否定することは到底できない。本件契約第5条による禁止される範囲や期間を公序良俗違反とまでいうことはできない。

　本件は、ノウハウのライセンスを伴う製造委託契約において、委託者でノウハウの実施許諾者である原告が受託者でノウハウの実施権者である被告に課した競業避止義務が、当該ノウハウの保護の観点から、不当な拘束条件に当たるかが争われたが、裁判所が原告の主張を認容する判断は、本件契約の終了後9か月を前提としたものであることに留意する必要がある。競業避止義務の期間が不当か否かは、具体的な事実関係に基づいて評価し判断されることになるが、ノウハウの秘密性そのもの（例えば公知となった時期など）を問題とするような争いが生じた場合には、本件契約第5条の本件契約終了後10年よりもはるかに短い期間しか認容されない可能性があると考えられる。

2. 本件契約第5条は錯誤により無効あるいは同条の合意につき詐欺による取消しが認められるか（論点②）

> 主要論点2：出願中の発明に基づく製造委託契約において、同業者である商人間の契約である以上、出願が特許査定されるかどうかは本件契約の締結に当たり錯誤や詐欺を引き起こすような状況となるものではない。

　裁判所によれば、被告には、本件契約に当たり、契約条項を検討し、交渉する余裕も能力もあったことが認められる。被告は、本件出願にかかわる特許出願書類の提示も求めず、原告側から特許が取得できるといわれたという2002年6月の直前である同年5月27日の本件契約の時点でも特許査定の状況について確認したことはなく、本件契約後約1年間は原告が特許を取得できたか否かについて特段気にもしていなかったことが認められる。特許は出願すれば必ずとれるというものではなく、拒絶される可能性もあることは、常識の類に属する事柄である。本契約は商人間の取引であって、本件出願の優位性に関し、商人間の取引に

おいてセールス・トークとして用いられることが許される以上の説明がなされたと認めるに足りる証拠はない。被告に錯誤が存したことを認めるに足りる証拠はないし、詐欺の事実は認められない。本件出願が特許査定処分を受けられるか否かは、本件契約の要素であったとも認められない。

3. 原告が被った損害額について（論点③）

> 重要論点：原告が発注できなかったことによる損害は、直ちに販売機会の喪失として逸失利益であるというわけではない。逸失利益の立証はその性質上極めて難しく、競合商品の影響、従来の原告発注高と計算対象期間などの諸事情を勘案して認定される。

　本件契約は、原告の解除により終了しなければ、被告の解除から6か月を経て2004年4月30日ころに終了したものと認められ、原告はこのころまで被告に原告商品の製造を発注することができたが、本件契約が同年2月18日に終了したことにより、原告はその翌日以降終了日までの発注ができなくなった。原告は、2004年2月19日より同年4月30日まで発注できなくなったことによる損害賠償の請求ができる。原告は、発注ができなった製品の販売機会を失したとして、その逸失利益を請求するが、それがすべて販売機会を失したと認めるに足りる証拠はない。2003年ごろ以降、原告商品の類似商品は被告製造以外のものも販売されており、多いときには10種類以上であったことが認められる。被告商品が販売されていなかったとしても、直ちにその需要者が原告商品を購入したということはできないから、被告の利益をすべて原告の損失とすることはできない。裁判所は、原告に損害が生じたことは認められるが、その損害の性質上、金額を立証することは極めて困難であるものと認められるとし、弁論の全趣旨と本件の証拠調べの結果に基づき、民事訴訟法248条により、原告の損害額を200万円と認定した。

【企業法務の視点】
1. 不公正な取引方法と公正競争阻害性
　不公正な取引方法の形態は、市場からの排除・市場への参入阻止を生ずるもの、取引の相手方の事業活動を拘束するもの、不当な競争手段となるもの、取引

上の優越的地位の濫用となるもの、という大きく4つに分けることができる。これらの具体的な行為形態については、独占禁止法2条9項1～5号および6号に基づく不公正な取引方法に関する「一般指定」に規定されている。

　これらの行為形態が不公正なものとして規制されるのは、「公正な競争を阻害するおそれ」、すなわち公正競争阻害性があるからであり、公正競争阻害性は不公正な取引方法としての違法性基準といわれ、競争の実質的制限には至らない競争の減殺状態をもたらすことであるといわれる。もっとも、どの程度の阻害性あるいは減殺状態になれば不公正と評価されるのか、どのような要素によりこれを評価するのかは、具体的な個別の行為形態において検討することが必要であると考えられる。

　公正取引委員会は、わが国の流通・取引慣行について、どのような行為が公正かつ自由な競争を妨げ、独占禁止法に違反するのかを具体的に明らかにするために指針を公表している[116]。

2. 取引の相手方の事業活動の拘束を生ずる不公正な取引方法としての拘束条件と公正競争阻害性

　取引の相手方の事業活動の拘束を生ずる形態には、再販売価格維持行為[117]と価格以外の事業活動の拘束がある。価格以外の事業活動（再販売価格以外の価格の拘束を含む）の拘束について一般指定12項は、拘束条件付取引として、「法2条9項4号又は11項（排他条件付取引）に該当する行為のほか、相手方との取引その他相手方の事業活動を不当に拘束する条件をつけて、当該相手方と取引をすること」と規定している。メーカーは、流通業者に対して、専売店制、取扱商品の制限、販売地域の制限、取引先の制限、広告活動の制限、販売方法の制限やリベート等の非価格制限行為をマーケティングの一環として行う。これらの制限行為は、①再販売価格以外の価格の拘束、②取引先の制限、③販売地域の制限・広告活動の制限・販売方法の制限に分けられ[118]、取引先の制限としては、帳合取引の義務づけ、仲間取引の禁止および販売業者への販売禁止が挙げられ、販売

---

[116] 流通・取引慣行に関する独占禁止法上の指針（平成23年6月23日改正）。
[117] 平成16年6月14日勧告審決（グリーングループ（株）に対する事件）。
[118] 平成13年8月1日審判審決（（株）ソニー・コンピュータエンタテインメントに対する件）。

地域の制限としては、責任地域制、販売拠点制、厳格な地域制限おおよび地域外顧客への販売制限が挙げられている[119]。これらの公正競争阻害性は、制限行為の形態や拘束の程度がさまざまでその影響も異なることから、個別の事案に応じて、当該メーカーの市場における地位等から新規参入者を排除するか、当該商品の価格競争を阻害するかなどを勘案して判断されると考えられる。

3. 不当な拘束条件と評価されることのない取引条件

　企業（メーカー）において製品のマーケティングを所管する事業部門は、流通過程においてそのマーケティングの方針や戦略を貫くために、流通業者に対してさまざまな制限や拘束を課している。それらの制限に合理性があり、ブランド間競争やブランド内競争に悪影響を与えるようなものでなければ問題はないが、その域を超えることが多い。どの程度の制限行為になると不当な拘束条件となるかは必ずしも明らかではなく、過去の判決、審決や排除命令の分析・考察を踏まえて、個別の事案における検討が必要である。事業部門に対する法務部門のチェックおよび社内教育が不可欠と考えられる。

【発展課題】

1. 本件において原告による差止めの請求は、どの範囲で認められるか。
2. 国際ノウハウ・ライセンス契約のライセンサー（日本企業）が、ライセンシー（海外企業）に対し、ライセンス契約終了後においてわが国向けの供給を制限することは不公正な取引方法に当たるか[120]。
3. 供給業者が、製品の値引き限度価格を定めて小売業者に対しその価格以上で販売するよう申し入れ、これに応じない場合には出荷を停止することは、不公正な取引方法に当たるか[121]。
4. メーカーが、取引先小売業者に対し、特定の製品の販売価格の表示を行わないようにさせることは、不公正な取引方法に当たるか[122]。

---

119) 前掲注115) 参照。
120) 平成7年10月13日勧告審決（旭電化工業（株）に対する件）。
121) 平成22年6月9日審判審決（ハマナカ（株）に対する件）。
122) 平成22年12月1日排除措置命令（ジョンソン・エンド・ジョンソン（株）に対する件）。

判例 No. 18[123] 【チェックポイント：顧客に対する無料のキャンペーンが差別対価に当たるか】

【設問】

1. 原告U社は有線ラジオ放送等を業とする会社であり、被告K社は有線音楽放送事業を主な目的とする会社である。Aは、1981年から被告従業員として勤務、1999年1月被告の専務取締役となったが、2003年6月に被告を退社し、同年7月1日にネットワークヴィジョンを設立し、自ら代表取締役となった。
2. 原告は、2003年7月1日付けでネットワークヴィジョンとの間で、原告の行う有線ラジオ放送サービスおよびCSデジタル有料放送サービス業務の一部をネットワーヴィジョンに委託する旨の業務提携契約書を取り交わした。
3. 原告およびネットワークヴィジョンは、2003年8月から2004年5月末にかけて5回にわたり、月額聴取料の無料期間や大幅値下げなどのキャンペーンや有利な切換契約の条件を提示する「40周年記念特別キャンペーン」を実施した。業務店向け音楽放送の受信契約件数において、原告（業界1位）のシェアは2003年6月末時点で67％程度、2004年7月末時点で72％、被告（業界2位）のシェアは2003年6月末時点で26％程度、2004年7月末時点で20％程度である。被告の件数は、2003年6月から2004年6月末にかけて約5万件減少した。
4. 公正取引委員会は、2004年9月14日、原告およびネットワークヴィジョンに対し、被告の顧客に限って切替契約の条件として安価な聴取料の提示をすることを取り止め、不当に顧客を奪取しないこと等の勧告をした。そして同年10月13日には同趣旨の審決をした。
5. 原告は、被告が有線ラジオ放送業務の運用の規制に関する法律（以下、「有ラ法」という）等に違反する状態で営業を継続し、原告の顧客を奪取し、これにより損害を被ったと主張して訴えを提起した（本訴）。一方、被告は、原告が被告従業員を大量かつ一斉に引き抜き、引き続き独占禁止法および1982年公正取引委員会告示第15号「不公正な取引方法」に違反する不公正な取引方法を用いたキャンペーンを実施して被告の顧客を奪取し、これにより損害を被ったとして反訴を提起した。
6. 競争相手である被告の顧客に対して、有利な切換契約の条件を提示する原告のキャンペーンは不公正な取引方法としての差別対価に該当するか。

---

[123] 東京地判平成20年12月10日（判タ1288号112頁、判時2035号70頁）。
渡辺昭成「独禁法違反による損害賠償請求—USEN対キャンシステム事件」ジュリ臨時増刊（平成21年度重要判例解説）1398号（2010）290頁以下参照。

【論点の解説】

1. 反訴請求における原告の不法行為の成否について（論点①）

> 主要論点1：被告との有線音楽放送の受信取引を中止して原告と取引するよう勧誘するために、被告の顧客に対してのみ他の需要者と差別的な、顧客に有利な取引条件を提示して被告の顧客と取引することは、不公正な取引方法による不法行為を構成する。

　裁判所によれば、原告は、被告の有線音楽放送事業に関する事業活動を排除することを企て、ネットワークヴィジョンと通謀して、①被告従業員に対して虚偽の事実を告げて、被告を退職してネットワークヴィジョンに移籍するよう勧誘し、被告の従業員総数1,630名の約3割に相当する496名もの職員を一斉に退職させてネットワークヴィジョンに移籍させ、②これに引続き、原告の従業員やネットワークヴィジョンへ移籍した被告の元従業員を使って被告の顧客を原告に切り替えるための勧誘を行い、その際に被告の顧客に対してのみ他の需要者と差別的な、顧客に有利な取引条件を提示し、被告との有線音楽放送の受信取引を中止して原告と取引するよう勧誘し、そのような取引条件により被告の顧客と取引し、もって被告の顧客4万8841件を奪取したものである。

　上記②の原告の行為は、①の行為に引き続き、これとあいまって行われたものであり、独占禁止法に違反する不公正な取引方法を手段とする違法な行為であり、原告はこの行為により被告の顧客を奪取して営業上の利益を侵害して損害を与えたのであるから被告に対する不法行為が成立する。

　本件反訴の特徴は、虚偽の事実の告知による多数の被告従業員の引き抜き行為に連動して、差別対価による被告の顧客の大量奪取、という2つの不当な行為が原告により行われた点にあり、それぞれの行為について不法行為を構成するか否かを評価し判断する必要がある。後者の差別対価という取引条件は、原告が被告の顧客を大量に奪取するためであり、不公正な取引方法を手段とする排除型の私的独占（独占禁止法2条5項）に該当し、不法行為を構成すると裁判所により断定されたのである。

2. 反訴請求における原告の不法行為の成否について（論点②）

> 主要論点2：被告従業員に対して虚偽の事実を告げて、被告を退職してネットワークヴィジョンに移籍するよう勧誘し多数の従業員を引き抜くことは、不公正な引き抜き行為であって不法行為を構成する。

　裁判所によれば、原告とA（ネットワークヴィジョンの代表取締役、被告の元専務取締役）が、被告の正常化作業を阻止し、最終的には被告を吸収することを目標として被告従業員を大量に引き抜く計画をたて、これに基づきAが被告従業員に対し組織的な勧誘を行ったこと、その際にAは最終的に被告が原告によって潰されること等の説明をしたこと、これによって被告従業員のうち3割に当たる従業員が一斉に退職したこと等の事情を総合考慮すると、上記（1）の原告の行為は、単なる転職の勧誘を超えた社会的相当性を逸脱する不公正な引き抜き行為であって違法といわざるを得ない。原告は故意にこのような引き抜き行為をして、被告の被告従業員に対する契約上の債権を侵害したのであるから不法行為が成立する。

　本件では、多数の従業員引き抜き行為自体については不公正な取引方法に該当するか否かの判断はなされていないが、原告の2つの行為は連動しており、「認定された事実を総合勘案すると」と裁判所が述べていることから、被告に対する排除行為の一環として位置づけられていると考えられる。

3. 本訴請求における被告の不法行為について（論点③）

> 重要論点1：被告が有ラ法、道路法、道路交通法、著作権法等に違反する状態のままで営業を続けていることは、これをもって競争事業者である原告との関係で不法行為を構成するものではない。

　裁判所は被告の各種法令違反について以下のように判断した。
　被告が有ラ法3条届出をしていない放送所で営業していることについては、有線放送業務は免許事業ではなく届出制であり、しかも被告は実際に届出をしているのであって、届出をしない放送所が一部あるとしても、これをもって被告の届出をしていない放送所での営業を含めその営業全体が、競争事業者である原告

との関係で不法行為上違法となるということはできない。被告の道路法および道路交通法違反については、これらはいずれも公益目的を実現するための規定であり、私人間の法律関係を直接規律するものではないから、これらの規定を根拠として、被告が原告との関係において義務を負っているということはできない。被告の営業において道路法および道路交通法違反の事実がうかがえるとはいえ、これをもって原告との関係において義務違反があるとか、原告の権利ないし利益を違法に侵害しているということはできず、原告に対する不法行為を構成するものではない。

被告の著作権法違反については、仮に被告が有線音楽放送営業に当たりCDの違法複製等の行為をしているとしても、それは著作権者等との関係でその権利利益を侵害することがあるにとどまり、競争事業者である原告との関係で同様の義務を負っているとはいえず、その義務違反があるということもできない。

4. 反訴請求における被告の損害について（論点④））

> 重要論点2：2003年7月から2004年7月までの原告の上記不法行為によって、被告の顧客を集中的に奪取することにより、被告の売上高は減少しているが、人件費を含む諸経費を免れていることから、被告の被った損害は営業利益の喪失分と解される。

裁判所は被告の具体的な損失額を以下のように算出した。

被告の営業利益喪失期間は、原告の不法行為が開始された2003年7月から2004年6月までの2年とするのが相当である。原告の不法行為が開始された直近である2001年7月から2003年6月までの被告の月次営業利益の合計は11億6,781万4,906円である。一方、原告の不法行為が開始された2003年7月から2005年6月までの被告の月次営業利益の合計はマイナス8億8,408万2,175円である。原告の不法行為がなければ、被告は当該2年間に、直近の過去2年間の営業利益と同程度の営業利益を獲得することができたものと推認されるところ、被告のその間の営業利益は上記マイナスの金額となっている。

したがって、当該2年間に失った得べかりし営業利益は、11億6,781万4,906円－(－8億8,408万2,175円)＝20億5,189万7,081円となる。

【企業法務の視点】

1. 市場からの排除・市場への参入阻止を生ずる不公正な取引方法としての差別対価

不公正な取引方法の諸形態のうち、市場からの排除または市場への参入阻止を生ずるものは、共同の取引拒絶、単独の取引拒絶、差別行為、不当な価格による取引、取引強制および排他条件付取引が挙げられるが、差別対価は、不当な差別取扱いの1つの形態である。差別対価とは、独占禁止法2条9項2号によれば「不当に、地域又は相手方により差別的な対価をもって、商品又は役務を継続して供給することであって、他の事業者の事業活動を困難にさせるおそれがあるもの」とし、一般指定3項はこれに「又はこれらの供給を受けること」を加えている。

2. 差別対価とその公正競争阻害性

差別対価の競争阻害性は、①市場における有力な事業者が、合理的な理由なく差別的な対価をもって相手方と取引することにより、自己の競争者の事業活動を困難にして市場から排除する場合、もしくは②取引の相手方の事業活動を困難にして競争上不利にする場合、または③市場における有力な事業者が、独占禁止法上違法・不当な目的を達成するための手段として用いる場合である。①は不当廉売型差別対価、②と③は取引拒絶型差別対価といわれている。

本件は、長期に継続した無料キャンペーンにより競争者を排除しようとした、不当廉売型差別対価を問題とする事案である。LPガス販売差止事件における裁判所によれば、売手が自らと同等以上に効率的な業者が市場において立ちいかなくなるような価格政策をとっているかどうかによりその公正競争阻害性が判断され、具体的には市場の動向、供給コストの差、当該業者の市場支配力、価格差を設けた主観的意図当を総合的に勘案して判断される[124]。

3. 差別対価と評価されることのない合理的な価格政策

取引数量や運送費等の相違に基づく取引先との合理的な取引条件の相違によって、同じ製品の販売価格に合理的な差がある場合は、その差を反映する異な

---

[124] 東京地判平成16年3月31日（LPガス販売差止請求事件）（判時1855号88頁、判タ1151号285頁）。

る価格に何らの問題もないが、不合理な差別価格が設定されている場合には、不公正な取引方法となるおそれがある。企業が販売する製品の価格設定ないし価格政策そのものは、通常は当該事業部門の所管であろうが、同じ製品に価格差を設ける場合には、その差が合理的な理由に基づくものかどうかについて、法務部門がチェックをする必要があり、独占禁止法遵守マニュアルや社内教育においても周知徹底を図らなければならない。

【発展課題】
1. 一般家庭向けLPガスの大手販売会社が、新規の顧客と従来の顧客との間に価格差を設けて販売することは、不公正な取引方法に当たるか[125]。
2. 国内自動車向け補修用ガラスの最大手卸売業者が、積極的に輸入品を取り扱う取引先ガラス販売業者に対し、国産用補修ガラスの卸売価格を引き上げ、配送の回数を減らす行為は不公正な取引方法に当たるか[126]。
3. 石油製品小売業者が、仕入価格または仕入価格に当該給油所の人件費等の販売経費を加えた価格を下回る価格で普通揮発油を継続して販売することは不公正な取引方法に当たるか[127]。

判例 No. 19[128] 【チェックポイント：どのような広告が誇大表示に当たるか】

【設問】

1. A社は家庭用空気清浄機等の製造販売等を営む者であり（1999年3月1日会社更生手続が開始された）、その空気清浄機は、マイナスイオンを放出して空気中の粉塵をマイナスに荷電し、クーロン力を利用して空気清浄機本体に備えたプラスの電極に集めるという集塵方式で、イオンまたは電子式空気清浄機（以下、「本件空気清浄機」という）と呼ばれている。A社は、その製品の販売のため、1998年1月から10月にかけて店頭配布用のパンフレットを大量に配布、毎

---

125) 前掲注124) 参照。
126) 平成12年2月2日勧告審決（オートグラス東日本（株）に対する件）。
127) 平成18年5月16日排除措置命令（（有）濱口石油に対する件）。
128) 東京高判平成14年6月7日（判タ1099号88頁）。
山根裕子「性能・効果に関する不当表示—空気清浄機事件」ジュリ1281号（2004）156頁以下参照。

日新聞にも広告を掲載し、一般消費者に広告した（以下、「本件広告」という）。
2. 公正取引委員会は、本件広告において公告された空気清浄機は、あたかも他の集塵方式のフィルター式空気清浄機よりも集塵能力が高く、室内の空気中のウィルスを実用的な意味で有効に捕集する能力を有しているかのような表示をしているが、実際にはそのような性能を有するものではなく、本件広告が本件清浄機の性能について、A社と競争関係にある他の事業者にかかわるものおよび実際のものよりも著しく優良であると一般消費者に誤認されるため、景品表示法4条1項1号の規定に違反するとして、2001年9月12日付の審決により排除措置を命じた。
3. A社の管財人が原告として、公正取引委員会（被告）に対し審決の取消しを求めて訴えを提起した。
4. 本件広告は、不当に顧客を誘引し、公正な競争を阻害するおそれがあると認められる表示に当たるか。

【論点の解説】
1. 景品表示法4条1項1号の「著しく優良である」という規定について（論点①）

主要論点：景品表示法4条1項1号の「著しく」とは、誇張・誇大の程度が社会一般に許容されている程度を超えていることを指しており、一般消費者が当該事業者の表示から受ける印象・期待感と、当該商品または「競争関係にある他の事業者にかかわる」商品の実際の状態との較差に関するものである。

裁判所は景品表示法4条1項1号の「著しく優良である」という規定の解釈について以下のような判断を下した。

原告は、他の競争事業者の各表示と比較しても、本件広告の表示は社会通念上許される程度内のものであり、景品表示法4条1項1号所定の「著しく」の要件に該当しないと主張する。およそ広告であって自己の商品等について大なり小なり賛辞を語らないものはほとんどなく、広告にある程度の誇張・誇大が含まれることはやむを得ないと社会一般に受け止められていて、一般消費者の側も商品選択の上でそのことを考慮に入れているが、その誇張・誇大の程度が一般に許容されている限度を超え、一般消費者に誤認を与える程度に至ると、不当に顧客を誘引し、公正な競争を阻害するおそれが生ずる。景品表示法4条1項1号にいう「著しく」とは、誇張・誇大の程度が社会的に許容されている程度を超えていることを指しているものであり、その程度が超えるかどうかは当該表示を誤認して顧客

が誘引されるかどうかで判断され、その誤認がなければ顧客が誘引されることは通常ないであろうと認められる程度に達する誇大表示であれば「著しく優良であると一般消費者に誤認される」表示に当たると解される。

　本件広告の表示は、本件空気清浄機がフィルター式空気清浄機よりも集塵能力が高く、室内の空気中のウィルスを実用的な意味で捕集する能力があると一般消費者に誤認される表示であり、一般消費者において、本件空気清浄機が集塵能力においフィルター式空気清浄機よりも劣るものであり、またウィルスを捕集する能力においても実用的な意味を有していないものであることを知っていれば、通常は本件空気清浄機の取引に誘引されるであろうことはないであろうと認められるから、本件広告の表示は「著しく優良であると一般消費者に誤認される」表示に当たるというべきである。

　本件において、競争他社が原告の指摘するような表示をしていたという市場状況にあったことを考慮に入れたとしてもなお、一般消費者は本件広告の表示により本件空気清浄機の性能を誤認することがなければ、通常は本件空気清浄機の取引に誘引されることはないであろうと考えられる。「著しく」とは、一般消費者が当該事業者の表示から受ける印象・期待感と、当該商品または「競争関係にある他の事業者にかかわる」商品の実際の状態との較差に関するものであり、各表示間の較差または「競争関係にある他の事業者にかかわる」商品の実際の状態との較差に関するものではない。

　本件で原告は、競争他社の空気清浄機の広告には、ウィルスまでも集塵して除菌、ウィルスもしっかりキャッチ、ウィルスなど雑菌類の繁殖を抑制、ウィルスも強力に除去、などといった表示があり、これらの各表示と比較対照してみても本件広告は社会通念上許される程度を超えないものであり、「著しく」の要件に該当しない、と主張したが、裁判所はこれを上述のように一蹴している。企業は宣伝広告活動において、競争他社の広告の表示の仕方に誘惑ないし幻惑されがちであるが、あくまでも一般消費者の視点から誇張・誇大の程度が評価されることを銘記すべきである。

2. 公正取引委員会が行う警告の法的性質について（論点②）

> 重要論点：公正取引委員会が行う警告は、法的拘束力を伴わない、いわゆる行政指導に当たるものであり、審判手続の開始を請求して消滅させる法的拘束力を有するものではないから、審判の対象にはならない。

　公正取引委員会は、景品表示法6条1項の規定に基づき、1999年1月26日、A社の保全管理人に対し、本件空気清浄機につき排除命令を行い、同日警告を行った。原告は、同法8条1項に基づき、同年3月4日、被告に対し、本件排除命令と警告とを一体のものとして両者について審判手続の開始を請求したが、被告は本件警告については審判開始の決定をせずに、同年4月19日同法8条2項の規定に基づき、本件排除命令についてのみ審判開始決定をし、2001年9月12日本件審決を行った。原告は、本件警告が、A社の製造販売している空気清浄機の脱臭能力および花粉症を軽減する効果につき、「実際にはかかる能力を有している根拠は認められない」と断定しており、本件警告は重大かつ深刻な不利益を課する処分で、行政指導の域を超えて実質的に6条1項の排除命令に該当するもので、本件警告と本件排除命令の双方について審判するのでなければ実体に迫り公正を確保することができないとして、本件審決は同法8条1項の解釈適用を誤るものであると主張する。

　裁判所によれば、公正取引委員会が行う警告は、法的拘束力を伴わない、いわゆる行政指導に当たるものであり、審判手続の開始を請求して消滅させる法的拘束力を有するものではないから、審判の対象にはならない。審判手続開始請求の対象となり、審判の対象となるのは、あくまでも排除命令にかかわる行為である。

【企業法務の視点】
1. 景品表示法の概要

　1962年に制定された「不当景品類及び不当表示防止法」（景品表示法）は、商品および役務の取引に関連する不当な景品類および表示による顧客の誘因を防止するため、規制内容の明確化および事件処理手続の簡素化を通じて、公正な競争を確保し一般消費者の利益を保護することを目的としていた。2009年に、消費者行政の円滑な推進のために消費者庁が設置されたことに伴い、景品表示法は、

公正取引委員から同庁に移管された。同法は、公正な競争を阻害する行為を規制するとの考え方から一般消費者による選択の阻害自体に着目して規制するとの考え方に変更されたが、同法の規制対象範囲に実質的な変更は加えられていない。

過大な景品類の提供に対する規制は、景品表示法3条の規定を根拠に、内閣総理大臣が指定する告示により行われている。

① 懸賞による景品類の提供に関する事項の制限（懸賞制限告示）

懸賞制限告示は、事業者が一般消費者または他の事業者に対して、懸賞の方法により提供することができる景品類の最高額および総額を定めている。

② 一般消費者に対する景品類等の提供に関する事項の制限（総付け景品制限告示）

総付け景品制限告示とは、事業者が一般消費者に対して懸賞の方法によらないで景品類を提供する場合の制限告示であり、景品類の最高額が定められている。

不当表示に対する規制は、景品表示法4条が不当表示を3つの類型に分けて禁止している。

① 品質、規格その他の内容に関する不当表示（優良誤認表示）（4条1項1号）
② 価格その他の取引条件に関する不当表示（有利誤認表示）（4条1項2号）
③ 内閣総理大臣の指定による不当表示（4条1項3号）

消費者庁長官または公正取引委員会は、立入調査や報告命令等を含む事件の調査を行い、当該行為の差止め等を内容とする措置命令を行う（6条）。景品表示法は、都道府県においても運用されており、都道府県知事は排除命令と同じ内容の指示をすることができる（7条）。

消費者庁による調査件数は、2009年度702件、2010年度936件、2011度829件であり、そのうち、措置命令は、2009年度12件、2010年度20件、2011年度28件、指導は2009年度402件、2010年度414件、2011年度405件であった。

2. 景品表示法による規制に対する対応

過大な景品類等の提供に対する規制については、具体的な金額による規制が定められており、販売活動を所管する事業部門にとっても当該規制を遵守することに困難はないであろう。一方、販売促進のための宣伝活動として行った表示が景品表示法による不当表示の対象となることは、排除命令等の措置を受けるととも

に自社ブランドの価値を損じる行為となり、販売活動に大きな支障をきたすことになる。

「実際のものより著しく優良である」または「他の競合事業者のものより著しく優良である」という不当表示（有利誤認の場合も「有利」という点で同様）に該当するか否かの判断は相当に難しい。事業部門が自社製品を売り込むために不用意に不当表示にまで踏み込む可能性も十分にある。しかし、このような不当表示問題があることを認識して、その違反のリスクを避けるための対応策を講ずることによって自社ブランドの価値を維持することは可能であろう。

本件において、裁判所は、当該表示を誤認して顧客が誘引されるかどうかは、商品の性質、一般消費者の知識水準、取引の実態、表示の方法、表示の対象となる内容などにより判断されるとしている。これまでの公正取引委員会・消費者庁の排除命令や取消訴訟における裁判所の判断を分析・検討することは有用である。公正取引委員会・消費者庁から特定の業種や商品・役務に関して多くの運用基準が公表されているので、これらを参照するとともに、各企業において具体的な自社製品・役務の宣伝活動おける遵守基準をマニュアルの形等で策定し、事業部門における社内法務教育を徹底するとともに、実際に当該表示を宣伝媒体に載せる際には、事前に法務部門のチェックを受けることも必要と考えられる。

【発展課題】
1. 一般消費者に供給するLED電球について、商品パッケージ等における「白熱電球60W型相当の明るさ」等の表示は、どのような場合に景品表示法4条1項1号違反となるか[129]。
2. スーパーマーケットやドラッグ・ストア等の小売業者において販売される冷凍食品の販売価格について、「希望小売価格」、「メーカー小売参考価格」、「当店通常価格」を比較対象価格として表示する方法は、どのような場合に景品表示法4条1項2号違反となるか[130]。

---

129) 消費者庁平成24年6月14日「一般証明用電球型LEDランプ販売業者12社に対する景品表示法に基づく措置命令について」。
130) 消費者庁平成25年4月25日「小売業者における冷凍食品の販売価格に係る表示の適正化について」。

3. 宝石等を組織販売する会社が、マルチまがい商法の販売組織を開設し、顧客に対して、その問題点や販売の困難性について一切告知を行わず、特異な成功例のみを用いて勧誘行為を行うことは、不公正な取引方法に当たるか[131]。
3. パソコンの製造販売業者が、応用ソフトと他の応用ソフトを抱き合わせた場合、不公正な取引方法に当たるか[132]。

判例 No. 20[133] 【チェックポイント：手形払いから現金払いへの変更は下請法違反になるか】

【設問】

1. 原告は、合成樹脂の射出成型による製品の製造販売等を目的とする資本金3,000万円の株式会社であり、被告は、化学機械、プラスチック加工機械、紙および板紙加工機械等の輸出入、売買等を目的とする資本金55億2,782万9,922円の東証一部上場の株式会社である。原告は、被告との間で、2004年7月1日、請負または売買に関する取引の基本契約を締結し、原告が被告からプラスチック成型加工品製造のための金型、機械設備を購入し、被告から原材料の有償支給を受け、被告の発注を受けて、原材料の成型加工をして被告へ加工品を販売することとした。
2. 原告が2009年1月に被告に納品した製品等の代金額は、2億2,770万7,872円（ただし支払期限は同年2月および3月）であり（以下、「1月分債務」という）、2月は3億3,215万3,476円であり、3月は2億3,899万475円であった。
3. 原告は、資金繰りに窮するようになり、2009年2月12日ころ、被告から振出しを受けた約束手形を割り引くことができない状況に陥り、原告代理人は、被告に対し、被告が2009年2月20日に行うべき1月分債務の支払方法について、手形払いから現金払いに変更することを求めた。被告は、原告に提出済みの約束手形を買い戻し、残る1月分債務を現金払いにすることを提案した。原告代理人は、同月18日、手形割引依頼書のPDFファイルを被告にメールで送付した。被告は、同手形割引依頼書に記載されている数字の中で最も値の小さい2.175%を基に割引料相当額を計算し、割引料相当額を控除して、同月27日、原告代理人に対し、1月分債務の残部として現金1億6,713万6,368円を支払う旨をメールで連絡した。同代理人は、同年3月上旬、「先月はご支援いただきありがとうございました」と記載したメールを送付した。
4. 上記の基準による割引料相当額の控除は、下請法に違反するか。

---

131) 東京高判平成5年3月29日。
132) 平成10年12月14日勧告審決（マイクロソフト(株)に対する件）。
133) 東京地判平成22年5月12日（判タ1363号127頁）。

【論点の解説】

1. 1月分債務にかかわる割引料相当額控除の合意の存否について（論点①）

> 重要論点：原告からの支援要請に応じて現金払いにした経緯および原告被告間のメールによるやりとりにより、1月分債務の支払いから割引料相当額を控除する旨の合意が成立する。

　裁判所によれば、被告は、1月分債務について、原告の求めにより手形払いから現金払いへ変更するに当たって、割引料相当額を控除して支払いをしたところ、原告は特段の異議を述べず、謝意を述べたことが認められる上、原告が手形割引依頼書を被告に送付したのも、同提案を受け入れる前提としての行動であったと考えられることなどに鑑みれば、被告と原告との間で、遅くとも2009年2月27日までに1月分債務の支払いから割引料相当額を控除する旨の合意が成立したものと認められる。

2. 1月分債務から割引料相当額を控除する旨の合意の効力について（論点②）

> 主要論点：割引料相当額を控除する旨の合意は、下請法3条1項3号の趣旨に照らしてその違反の不当性が強いときには、公序良俗に違反して無効となることがありうる。

　裁判所は、当該合意が無効となりうるか否かについて以下のような判断を下した。
　下請法4条1項3号の規定の趣旨は、親事業者による下請代金の不当な減額要求を防止する趣旨で設けられたものと解されるから、支払手段として手形払いと定められているものを、下請事業者からの要請により一時的に現金で支払う場合、親事業者は当初の取引条件よりも早い時期に現金を下請事業者に渡すことになることから、当初の下請代金の額からその期間分の利息に相当する額（親事業者の短期の資金調達における金利相当額）を控除することは、下請法の禁止する下請代金の減額に当たるということはできない。しかし、親事業者短期資金調達金利相当額を超えて下請代金から控除する場合には、下請法の禁止する下請代金の減額に当たるというべきである。割引料相当額の控除が下請法4条1項3号に違反した場合、減額に至る経緯、減額の割合等を考慮して、同号の趣旨に照らし

て不当性の強いときには、割引料相当額の控除の合意が公序良俗に違反して無効となることがありうるが、そうでないときには同号に抵触するというだけで直ちに上記合意が無効となるものではないと解するのが相当である。

　被告は、下請代金から控除した割引料相当額を計算するに当たり、親事業者短期調達金利相当額を基準とするのではなく、原告が金融機関から割り引くときに最も有利な割引率を基準としており、一部上場企業である被告の短期調達金利相当額を上回る減額をしたものと認められるから、親事業者短期調達金利相当額を被告が主張立証しない本件においては、被告が下請代金から控除した割引料相当額の全額について下請法違反が成立するというべきである。

　次に、原被告間での割引料相当額の控除の合意が公序良俗に反して無効であるか否かを検討するに、①被告は、原告からの支援要請を受けて、原告を支援する目的で手形払いから現金払いへ変更する取扱いをしたこと、②割引料相当額の控除には原被告間での合意がなされたこと、③割引料相当額を計算するに当たり、原告が銀行から手形を割り引く際に最も有利な利率を選んで計算していること、④その利率は年2.175％であり、それほど高いものではないことが認められ、これらの控除に至るまでの経緯、控除額の考慮方法、実際の控除額等に照らせば、本件の割引料相当額の合意が下請法4条1項3号の趣旨に照らして不当性が強いとまではいうことはできず、当該合意は無効となるものではない。したがって、1月分債務は、2009年2月27日および同年3月23日の支払いにより消滅したものと認められる。

　本件では、下請事業者である原告が資金繰りに窮したことから、親事業者である被告の支援が手形払いから現金払いへの変更という形で要請されたという特殊な事情が考慮されており、裁判所の判断は妥当と考えられるが、支払条件の変更は下請事業者にとってキャッシュフロー上、致命傷ともなりうるものであり、下請事業者に不利な変更は基本的に一切許容されるべきではない。

【企業法務の視点】
1. 下請法の概要

　下請代金支払遅延等防止法（下請法）は、物品の製造および修理における下請取引の公正化および下請事業者の利益の保護を図るために、下請代金の支払遅延

等の親事業者の不当な行為を規制するため、独占禁止法の特別法として、1956年以来長く運用されてきた。2003年、役務（サービス）にかかわる下請取引についてもその公正化を図ることが必要となり、下請法は改正された。

下請法の適用の対象となる取引内容は、製造委託（2条1項）、修理委託（2条2項）、情報成果物作成委託（2条3項）および役務提供委託（2条4項）の4種類である。

下請法は、取引当事者を親事業者と下請事業者に区分し、両者の資本金または出資金が次の関係にある場合に適用される。製造委託および修理委託の取引で、①親事業者の資本金等が3億円超のときは、下請事業者の資本金等が3億円以下（個人事業者を含む）の場合、②親事業者の資本金等が1,000万円超3億円以下のときは、下請事業者の資本金等が1,000万円以下（個人事業者を含む）の場合。情報成果物作成委託および役務提供委託の取引で、③親事業者の資本金等が5,000万円超のときは、下請事業者の資本金等が5,000万円以下（個人事業者を含む）の場合、④親事業者の資本金等が1,000万円超5,000万円以下のときは、下請事業者の資本金等が1,000万円以下（個人事業者を含む）の場合。

親事業者の義務として、書面の交付義務（3条）、支払期日を定める義務（2条の2）および書類の作成・保存義務（5条）が規定されている。

親事業者の禁止行為として、受領拒否の禁止（4条1項1号）、下請代金の支払遅延の禁止（4条1項2号）、下請代金の減額の禁止（4条1項3号）、返品の禁止（4条1項4号）、買いたたきの禁止（4条1項5号）、購入・利用強制の禁止（4条1項6号）、報復措置の禁止（4条1項7号）、有償支給原材料等の対価の早期決済の禁止（4条2項1号）、割引困難な手形の交付の禁止（4条2項2号）、不当な経済上の利益の提供要請の禁止（4条2項3号）、ならびに不当な給付内容の変更および不当なやり直しの禁止（4条2項4号）が規定されている。

公正取引委員会は、親事業者に対して、立入検査を行い、報告を求めることができる（9条）、また4条違反行為の取止め等の原状回復措置および再発防止等のための必要な措置を勧告し、公表することができる（7条）。書面の交付義務違反等および検査忌避に対しては罰金が科される（10条）。

勧告件数は、2008年15件、2009年度15件、2010年度15件、2011年度18件、2012年度16件（下請代金の減額15件、不当な経済上の利益の提供要請5

件、返品3件、受領拒否1件、1件の勧告事件において複数の勧告あり）であり、2012年で、指導件数は4,550件（過去最多）、下請事業者が被った不利益について、親事業者233名から下請事業者9,821名に対して下請代金の減額分の返還等、総額57億94万円相当（過去最高額）の原状回復が行われた[134]。

2. 下請法による規制に対する対応

　下請事業者は、親事業者への部品や半製品等の供給系列に組み込まれており、親事業者の影響あるいはコントロールを何らかの形で受けることになる。下請法は、親事業者との関係において立場の弱い下請事業者の利益を保護するための規制法規である。独立の事業者の間の通常の取引においては、上記の親事業者の義務や禁止行為は当然に遵守されるべきことであって、親事業者が下請事業者に対してこれらの責任を負うことに困難が伴うものでもない。上記の親事業者の義務は書面主義という形式的義務にすぎず、上記の禁止行為は、親事業者という優越的な地位を利用した不公正な取引方法であって、これらの行為は当然禁止されるべきものである。

　企業によっては下請法の問題を軽視する傾向がみられなくもない。しかし、下請法は独占禁止法の一部を構成している。下請法違反となれば、独占禁止法違反となり、当該企業の信用やブランド、企業価値を損ずることになる。しかも、下請事業者との関係に悪影響を与え、下請事業者の不信を呼び起こすことになり、「下請けいじめ」の会社というイメージを社会に植え付けることになる。

　下請問題は、下請取引の所管部門である事業部門が、下請法の存在自体は認識しながらも、これを軽く考えて、自社の優越的な地位を利用したいと踏込みすぎて違反を引き起こす場合、あるいは下請法による規制をほとんど知らないために違反を引き起こしている場合がある。いずれの場合も、企業法務部門は、事業部門に対して、下請問題の重要性を認識させ、実際の下請管理において下請法の遵守を確保するために、下請法遵守マニュアルの作成[135]や社内法務教育を徹底する必要がある。公正取引委員による定期的な書面調査が行われているが、このよ

---

134) 公正取引委員会平成25年5月22日「平成24年度における下請法の運用状況および企業間取引の公正化への取組」。
135) 下請代金支払遅延等防止法に関する運用基準（平成15年12月11日）参照。

うな機会も生かしつつ、特に新たな下請取引の場合には契約書のチェックを含めて事業部門を指導することが必要と考えられる。

【発展課題】
1. トラック、バス等のブレーキ等の部品の製造委託に関し、単価の引下げ合意日前に発注した部品について引下げ後の単価を遡って適用することは下請法に違反するか[136]。
2. 自社のプライベートブランドを付した食料品等の製造委託に関し、「PB特別ご協賛」等と称して下請代金に一定率を乗じて得た額または一定額を支払わせることは下請法に違反するか[137]。
3. 大規模小売業者が納入業者に対して、自社の店舗の新規オープンに際し自社の販売業務のための商品の陳列等の作業や協賛金の提供を行わせ、自社の棚卸しや棚替えのための作業を行わせることは、不公正な取引方法に当たるか[138]。
4. コンビニエンス・ストア本部が、販売期限を経過したデイリー商品(品質が劣化しやすい食品・飲料)はすべて廃棄して当該商品の原価相当額が加盟店の負担となる仕組みの下で、当該商品の見切り販売の取止めを余儀なくさせる行為をすることは、不公正な取引方法に当たるか[139]。

第4節 消費者保護・商品における指示・警告上の欠陥[140]

【はじめに】

　高度成長期に顕在化した消費者問題に対応するために、消費者と事業者との間の情報の質および量ならびに交渉力等の格差に鑑み、消費者の利益の擁護および増進に関し、消費者の権利の尊重およびその自立の支援その他の基本理念を

---

136) 平成25年2月26日勧告((株)TBKに対する件)。
137) 平成23年3月16日勧告(旭食品(株)に対する件)。
138) 平成19年6月22日同意審決((株)ドン・キホーテに対する件)。
139) 平成21年6月22日排除措置命令((株)セブン・イレブン・ジャパンに対する件)。
140) 消費者庁企画課編『逐条解説消費者契約法〔第2版〕』(商事法務、2010)、日本弁護士連合会消費者問題対策委員会編『コンメンタール消費者契約法〔第2版〕』(商事法務、2010)、消費者庁取引・物価対策課、経済産業省商務情報政策局消費経済政策課編『特定商取引に関する法律の解説〔平成21年版〕』(商事法務、2010)。

定め、国、地方公共団体および事業者の責務等を明らかにするとともに、その施策の基本となる事項を定めることにより、消費者の利益の擁護および増進に関する総合的な施策の推進を図り、もって国民の消費生活の安定および向上を確保することを目的として、「消費者保護基本法」(1968年（昭和43年))が成立し、その後の社会状況の変化（規制緩和、高度情報通信社会）等にも対応するため、2004年（平成16年）に、消費者がより自立するための支援をすることを目的として、「消費者基本法」と改正された。そこでは、消費者の権利、事業主の責務、行政機関の責務等が規定されている。

　この間、2000年（平成12年）には、消費者契約法や特定商取引法（訪問販売法が改正）が制定され、消費者契約法においては、契約書における「消費者の解除を制限する条項」や「事業者からの解除の要件を緩和する条項」が無効とされる場合（同第10条）、特定商取引法では、クーリング・オフの行使の適用除外（同第26条1項）などが規定されている。

　一方、製品事故等に関しては、製造物責任法、食品衛生法、薬事法、道路運送車両法（リコール）、消費生活用製品安全法、消費者安全法などが、また食の安全に関しては、食品衛生法、健康増進法、BSE対策法、食品安全基本法などが、消費者の安全を確保するために制定されている。

　また、2007年（平成19年）には、同種の被害が多数の者に及ぶという特徴のある消費者被害の未然防止・拡大防止を図るために、内閣総理大臣の認定を受けた「適格消費者団体」に差止請求権を付与しようと、消費者契約法に団体訴訟制度が導入され、2009年（平成21年）には、関係省庁が多岐にまたがることによる弊害を解決するために、消費者庁が発足し、「消費者が安心して安全で豊かな消費生活を営むことができる社会の実現」を目指し、「消費者重視」の政策転換が行われている。

　本節においては、このような消費者重視の政策が行われる中、クーリング・オフや消費者契約における条項の無効など「契約の勧誘や契約内容に関する問題」、また「製品の安全性の確保と製造物責任の問題」、さらには「商品の危険性についての指示・警告すべき義務」などの消費者保護に関連する判例を中心に取り上げ、消費者保護に関する論点や実務上のポイントを整理している。

判例 No. 21[141]　【チェックポイント：クーリング・オフをめぐる契約書面と適用除外とは何か】

【設問】

1. X（原告）は、1970年頃から個人で「アトリエ・甲」という名称で印刷画工を業として行っていた。Y（被告）は、A社製の電気通信機器等をリースの目的としているリース会社である。2003年12月8日、Yは、Xが自宅兼事務所として利用していた借家を訪れ、光ファイバーによるインターネット接続を念頭においたファックス自動切替機能がついたビジネスフォンを目的物とするリース契約を「アトリエ・甲」名義で締結した。期間は84か月、リース料総額70万5,600円、月額8,400円とした（第1契約）。
2. Xは、2004年4月14日に、所轄の名古屋西税務署に対し、経営困難を理由に事業の廃業届を提出した。2004年6月1日、YはXとの間で、さらにビジネスフォン2台につき、「アトリエ・甲」名義で、期間84か月、総額105万8,400円、月額1万2,600円として、リース契約を締結した（第2契約）。なお、両契約の契約書にはクーリング・オフの行使に関する事項についての記載は一切なかった。
3. Xは、2006年5月26日までにYに対してリース料として合計55万4,400円を支払ったが、支払いが苦しくなったことから、平成18年7月6日に、Yに対してクーリング・オフの権利を行使した。これに対して、Yは、本件リース契約は、事業者であるXとの間で締結したものであるから、特定商取引法（以下、「法」という）26条1項に該当し、クーリング・オフの行使はできないとした。また、仮に適用除外に該当しなくとも、契約書の交付から3年経過していることから、クーリング・オフは行使できないとした。
4. ①本件リース契約は、Xの営業のためにもしくは営業として締結したものとは認められず、法26条1項に定める適用除外に該当するか。②YがXに交付した契約書は法5条に定める法定書面に該当するか。

---

141) 名古屋高判平成19年11月19日（判時2010号74頁）。

【論点の解説】
1.「営業のために若しくは営業として」の基準（論点①）

> 主要論点1：零細業者が事業者名で契約した場合にも、主に個人用・家庭用として利用する契約については、法26条1項に定める適用除外に該当しない。

　裁判所は、まず、従前は、Xが借家を自宅兼事務所として、その一室を事務所に当てて、印刷画工を行い、その際、家庭用電話機を1台使用していたにとどまること、Xの事業内容は、Xがパソコンを使うことができなかったために時代に乗り遅れ、パソコンが普及した後も、なおもっぱら手作業を中心とした印刷画工であったこと、Xがリース契約を締結した頃は、年間100万円程度の売上げで、1か月10万円に達するかどうかで、2004年には管轄の税務署に対して廃業届を提出したことを確認している。その上で、Xは事業といっても印刷画工をもっぱら1人で、手作業で行う零細業者にすぎず、かつ、X自身パソコンを使えないことに鑑みて、本件リース契約における目的物は、Xが行う印刷画工という仕事との関連性も必要性もきわめて低いことからすると、事業者名で契約をしていた場合であったとしても、営業のためもしくは営業として締結されたものであると認めることはできないとした。

2. 契約書面の記載不備とクーリング・オフの行使（論点②）

> 主要論点2：クーリング・オフに関係する事項が記載されていない書面は、法5条に規定された「法定書面」に該当せず、クーリング・オフの起算点は、法定書面の交付より開始する。

　裁判所は、YがXに交付した契約書には、少なくとも法9条1項規定の売買もしくは役務提供契約の解除に関する事項が記載されていないことから、同契約書は法5条規定の法定書面に当たらないとした。その上で、法9条1項によれば、訪問販売における契約の申込みの撤回または解除は、法5条書面を受領した日から起算して8日を経過するまでは行うことができると定めているところ、本件では、いまだYからXに対して法5条規定の法定書面が交付されていないので、Xによるクーリング・オフの行使は有効に行われたものといえるとした。

【企業法務の視点】

　訪問販売に関するクーリング・オフの制度は、事業者の不意打ち的な販売方法により、消費者の契約する意思が不確定なまま契約を締結するといった実態に鑑みて、書面による情報を基に一定期間冷静に考え直す機会を与える趣旨で設けられたものである[142]。電話勧誘販売にも同様の理由からクーリング・オフ制度が設けられている（法24条）が、通信販売については不意打ち性がないことから、申込みの撤回等が可能であることを広告上に示した場合にのみ、購入者の申込みの撤回等が認められることになる（法15条の2）。このほかに、8日間としているものに、特定継続的役務提供（法48条）と、訪問購入（法58条の14）がある。

　一方で、連鎖販売取引、業務提供誘引販売取引におけるクーリング・オフ制度は、契約内容が複雑であり、消費者が正確な内容を把握せずに契約するという特徴から、クーリング・オフの行使可能期間は法定書面の受領日より20日間とされている（法40条、58条）[143]ので、個々の契約の種類ごとにクーリング・オフの制度があるかどうか、またその行使可能期間等を確認することが求められる。

　さて、訪問販売では法定書面を受領した日を起算点として、8日間は理由の有無にかかわらず解除をすることができるが（法9条1項）、クーリング・オフは基本的に消費者保護を目的とする制度であることから、契約者が、営業のために、または営業として取引を行った場合には、適用除外に該当することになる（法26条1項）。論点①は、従業員のいない零細業者が事業者名で契約した場合、法26条の適用があるかという問題である。

　法26条が訪問販売法に導入された当初は「購入者のために商取引となるもの」と規定されていたことから、「営業のために若しくは営業として」については、商法502条但書の解釈が当てはまるとされている[144]。そして、適用除外に該当せずに、契約者のクーリング・オフの行使を認めた事例として、①自宅で理容店を営む者の多機能付電話機売買契約[145]、②社会保険労務士の高性能・多機能付

---

142) 竹内昭夫「訪問販売と消費者保護」『消費者保護法の理論』（有斐閣、1975）356頁。
143) 日本弁護士連合会編『消費者法講義〔第4版〕』（日本評論社、2013）137頁。
144) 斎藤雅弘・池本誠司・石戸谷豊『特定商取引法ハンドブック〔第4版〕』（日本評論社、2010）73頁。
145) 越谷簡判平成8年1月22日（消費者法ニュース27号39頁）。

電話機リース契約[146]、③宗教法人のセキュリティシステム内蔵のパソコン関連商品のリース契約[147]、④建築事務所の多機能電話機リース契約[148]等が挙げられる。これらの裁判例から、法26条1項の適用は単に契約者の属性によって判断するのではなく、当該取引が契約者にとって「営業として」なされたかを個別具体的に判断する必要がある[149]。

論点②は、クーリング・オフの起算点に影響を及ぼす記載不備の問題である。法定書面を交付する意義は、契約内容を明確にし、後日紛争を生ずることを防止することで[150]、消費者に対してクーリング・オフを行使できる機会を保障することを意味する。そのため、記載事項の一部が欠けている場合、クーリング・オフの起算日が開始しないことになる。

法定書面に記載すべき事項としては、販売業者の名称や住所等販売業者の特定に係る事項、契約内容や条件に係る事項、契約日、クーリング・オフに関する情

表4 契約書面記載事項

商品等の種類（法4条1号）	当該商品が特定できる事項。専門的用語のみでは不十分である。記載可能なものをできるだけ詳細に記載する必要があることから、「工事一式」との記載も不十分となる。
商品等の対価（法4条2号）	販売価格や役務そのものの価格を記載。消費税を徴収する場合には、消費税を含んだ価格を記載。また、「6か月」のように一定期間を単位とする契約については、総額が容易に把握できるように月額表示が求められる。
代金支払いの時期および方法（法4条3号）	持参・集金・振込み・現金・クレジットの表記。また、分割払いの場合、各回の受領金額、受領回数等を記載。
商品の引渡時期および権利移転時期（法4条4号）	商品の引渡しが複数回に及ぶ場合、回数、期間を記載。
クーリング・オフに関する事項（法4条5号）	クーリング・オフができるまたはできない旨の記載。クーリング・オフに関する記載は、赤枠の中に赤字で記載する。
その他主務省令で定める事項（法4条6号）	販売業者の氏名または名称、住所、電話番号、法人代表者名、契約の担当者名、契約の申込日、商品名、商品の型式、商品の数量、隠れた瑕疵があった場合の担保責任等。

---

146) 東京地判平成20年7月29日（判タ1285号295頁）。
147) 東京地判平成21年4月13日（消費者法ニュース80号198頁）。
148) 大阪地判平成20年8月27日（消費者法ニュース77号182頁）。
149) 斎藤・池本・石戸谷・前掲注144）75頁。
150) 東京地判平成20年3月28日（判タ1276号323頁）。

報等が挙げられている（表4参考）[151]。

このような法定書面の記載の不備、法定書面の不交付、虚偽記載があった場合には、100万円以下の罰金（法72条1項1号）のほか、指示（法7条）、業務停止命令（法8条）の対象となる。

なお、交付書面の記載不備がクーリング・オフの起算点に影響するかにつき、以前は、勧誘方法の不当性を考慮して総合的に判断されていたが、近年は、書面の記載事項のみで判断される傾向にある[152]。

【発展課題】
1. 自動車の販売、修理等を業とする者が、訪問販売業者との間で、会社に備え付けられている消火器にその薬剤を充填するという契約を締結した場合、法26条1項の適用があるか[153]。
2. 交付した契約書の一部に不備がある場合、クーリング・オフの起算日は開始しないが、契約締結後、長期間経過した後にクーリング・オフを行使することが権利濫用もしくは信義則違反となるのはいかなる場合か。また、クーリング・オフの行使について期間制限があるか[154]。

判例 No. 22[155] 【チェックポイント：保険契約における保険料不払いに関する無催告失効条項は有効か】

【設問】

1. X（原告）は、生命保険会社Y（被告）との間で、2004年8月1日には医療保険契約を、2005年3月1日には生命保険契約をそれぞれ締結した。各保険契約の保険料は月々8,455円で月払いとしており、第2回目以降の支払いは、月の初日から末日までの間に口座振替の方法によることとしていた。本件の各保険

---

151) 消費者庁取引・物価対策課・前掲注140) 56-63頁。
152) 池本誠司『消費者法判例百選〔第2版〕』別冊ジュリスト200号（2010）115頁。
153) 第1審：神戸地判平成15年3月4日（金商1178号48頁）、控訴審：大阪高判平成15年7月30日（消費者法ニュース57号155頁）。
154) 池本・前掲注152) 115頁。
155) 最判平成24年3月16日（判時2149号135頁）。差戻控訴審：東京高判平成24年10月25日（判タ1387号266頁）、控訴審：東京高判平成21年9月30日（金判1327号10頁）、第1審：横浜地判平成20年12月4日（金判1327号19頁）。

契約約款には、保険料の弁済期限と保険契約の失効に関して次の条項が設けられていた。
(1) 払込期日の翌月の初日から末日までを猶予期間とする。そして、猶予期間内に保険料の払込みがないときは、保険契約は、猶予期間満了日の翌日から効力を失う（以下、「本件無催告失効条項」という）。
(2) 保険料の払込みがないまま猶予期間が過ぎた場合でも、払い込むべき保険料等の額が解約返戻金の額を超えないときは、自動的にYが保険契約者に保険料相当額を貸し付けて有効に保険契約を存続させる（以下、「本件自動貸付条項」という）。
(3) 保険契約者は、保険契約が効力を失った日から起算して1年以内（本件医療保険契約の場合）または3年以内（本件生命保険契約の場合）であれば、Yの承諾を得て、保険契約を復活させることができる（以下、「本件復活条項」という）。
2. Xは、2006年7月頃、病院で突発性大腿骨頭壊死症と診断され、同年11月頃から月に2、3回ほど電気治療を受けていた。2007年1月頃、Xの銀行口座の残高が不足し、Yに対して各保険料が払い込まれなかった。そこで、Yは同年2月14日、Xに対し同月の保険料振替の際に同年1月分の保険料も併せて振り替えること、同年2月中に同年1月分の保険料の支払いがない場合には、本件各保険契約が失効すること等を記載した督促通知を送付し、その際、コンビニエンス・ストアからの送金もできるように、コンビニエンス・ストア用の振込票も併せて送付した（保険業界では、払込みが遅れた場合、契約失効前に保険契約者に対してこうした督促通知を送付するのが慣習となっていた）。しかし、同年2月末日になっても、Xの銀行口座は残高不足のため、1月分の保険料は払い込まれていなかった。

　この後、同年3月8日、Xは、Yに対し、1月ないし3月分の保険料相当額を添えて本件各保険契約復活の申込みをしたが、YはXのそれまでの間の病歴を理由に承諾しなかった。そこで、XはYに対して、本件各保険契約が存在することの確認請求訴訟を提起した。
3. ①実務上、書面による保険料払込みの督促をし、その督促で保険料の支払いがないまま猶予期間を過ぎると当該契約が失効することを契約者に明瞭に理解させるための措置をとっていることは、本件無催告失効条項の有効性を判断する際には考慮すべきか。②どのような方法をとっていると、保険料払込みの督促が確実に運用されていると判断されるか。

【論点の解説】
1. 本件無催告失効条項の消費者契約法10条該当性について（論点①）

> 主要論点1：生命保険において保険契約者による不払いがあった場合、契約者の権利保護を図るために一定の配慮をした支払いの猶予期間や、自動貸付条項、復活条項のような定めがあるほかに、保険会社における保険料支払督促態勢の整備と実務上の運用の確保があるときには、本件無催告失効条項は、信義則に反して消費者の利益を一方的に害するものに当たらない。

　裁判所は、まず、本件約款における無催告失効条項が消費者契約法10条に該当し、無効となるかどうかを判断している。本判決では、本件無催告失効条項は、保険料の払込みがされない場合に、その回数にかかわらず、履行の催告（民法541条）なしに保険契約が失効する旨を定めるものであるから、この点において任意規定の適用による場合に比し、消費者である保険契約者の権利を制限するものであるとして、裁判所は、消費者契約法10条前段要件に該当するとした。

　次に、本判決では、消費者契約法10条後段の要件に該当するかにつき、次の3点に言及し、後段要件に該当しないとした。

　第1に、民法541条の定める履行の催告は、債務者に、債務不履行があったことを気づかせ、契約が解除される前に履行の機会を与える機能を有するものであるが、履行の催告なしに保険契約が失効する旨を定める無催告失効条項により保険契約者が保険料支払債務の不履行があったことに気づかない事態が生ずる可能性が高いことを考慮すれば、本件無催告失効条項によって保険契約者が受ける不利益は決して小さなものとはいえないとした。

　第2に、本件各保険契約においては、保険料の払込みが遅滞しても直ちに保険契約が失効するものではなく、この債務不履行の状態が一定期間内に解消されない場合に初めて失効する旨が明確に定められている上、上記一定期間は、民法541条により求められる催告期間よりも長い1か月とされている。加えて、払い込むべき保険料等の額が解約返戻金の額を超えないときは、自動的にYが保険契約者に保険料相当額を貸し付けて保険契約を有効に存続させる旨の本件自動貸付条項が定められていて、長期間にわたり保険料が払い込まれてきた保険契約が1回の保険料の不払いにより簡単に失効しないようにされているなど、保険契約者が保険料の不払いをした場合にも、その権利保護を図るために一定の配慮がさ

れているものといえる。

　第3に、仮に、Yにおいて、本件各保険契約の締結当時、保険料支払債務の不履行があった場合に契約失効前に保険契約者に対して保険料払込みの督促を行う態勢を整え、そのような実務上の運用が確実にされていたとすれば、通常、保険契約者は保険料支払債務の不履行があったことに気づくことができると考えられる。多数の保険契約者を対象とするという保険契約の特質をも踏まえると、本件約款において、保険契約者が保険料の不払いをした場合にも、その権利保護を図るために一定の配慮をした定めが置かれていることに加え、Yにおいて上記のような運用を確実にした上で本件約款を適用していることが認められるのであれば、本件無催告失効条項は信義則に反して消費者の利益を一方的に害するものに当たらないとした。

2. 保険料払込督促の態勢と実務上の運用について（論点②）

> 主要論点2：未納保険料が発生した場合の督促態勢の整備およびその実務上の運用の確実性は、保険契約者が保険料支払債務の不履行があったことに気づくことができる程度に整えられ、かつ、確実に運用されることをもって足りるとする。

　裁判所は、Yの未納保険料督促事務は、Yのホストコンピュータと保険料の振替口座が開設された金融機関および督促事務委託先の各コンピュータシステムを連動させた自動的な処理により、人為的過誤を排除する形で運用すべく整備されているとみることができ、月次報告書の徴収や月次報告会の開催による事後的な検証の手続を備え、また、これに加えて、営業担当者の保険契約者に対する案内および集金も相まって、契約の失効を防ぐシステムとして確実に運用されているといって差し支えないとした。

　なお、Xは、普通郵便で送付される未納通知書が保険契約者に到達したか否かを確認し、到達を確実にする態勢がとられていないこと等をもってYにおける督促の実務上の運用は確実なものではないと主張するが、裁判所はこれに対して、保険料不払いにおける督促が到達しなければならないとするのは、催告が必要であるというのと同義であるが、本件議論との前提を異にし、未納通知書到達の確実性については、わが国の郵便事情を考慮すれば、到達しない蓋然性はきわめて低く、YがXに未納通知書が到達したことを確認していないからといって、

Yの督促態勢に不備があり、あるいは、確実に運用されていないとすることはできないとした。

以上より、Yにおいては、本件各保険契約締結当時、同契約の中で保険契約者が保険料の支払いを怠った場合についてその権利保護のために配慮がされている上、保険料の払込みの督促を行う態勢が整えられており、かつ、その実務上の運用が確実にされていたとみることができるから、本件失効条項が信義則に反するものとして消費者契約法10条後段により無効であるとすることはできないとした。

【企業法務の視点】

民法では、公序良俗違反や強行法規違反となる場合以外は、契約内容への介入が認められていなかったことから、生命保険契約実務で用いられていた無催告失効条項の有効性につき、裁判例では有効性が認められていた[156]。しかし、消費者契約法施行前の第8次国民生活審議会消費者政策部会報告では、無催告失効条項について問題視され、「現在行われている書面による保険料払込みの督促をいっそう確実なものにし、また、督促に当たっては保険料の払込みがないままに払込猶予期間を過ぎると契約が失効することを明瞭に理解させるための措置を講ずる必要がある」[157]として、実務上の改善策が提言されたことを受け、各社の契約管理システムに保険料不払督促制度が組み込まれるようになった経緯がある[158]。

こうした状況下で、無催告失効条項につき、学説上は無効にすべきであるという無効説[159]と、督促のはがきの送付が行われている限りでは無効とすべきではないという有効説[160]に分かれていた。裁判例でも消費者契約法施行前の事例ではあるが、無催告失効条項は信義則に反して無効か否か分かれていたところ[161]、

---

156) 東京地判昭和48年12月25日（判タ307号244頁）。
157) 第8次国民生活審議会消費者政策部会報告「第2章　個別約款の適正化Ⅰ生命保険約款」。
158) 山下友信「生命保険契約における継続保険料不払いと無催告失効条項の効力」金法1950号42頁（2012）。
159) 消費者庁企画課・前掲注140) 225頁。
160) 山下友信『保険法』（有斐閣、2005) 343頁等。
161) 無催告失効条項に係る約款の効力を認めたものとして、東京高判平成11年2月3日（判時1704号71頁）、無催告失効条項を理由に保険会社が保険金の支払いを拒絶することにつき信義則違反であると判断したものとして、函館地判平成18年1月26日（判タ1223号247頁）がある（もっとも控訴審である札幌高判平成18年9月28日（判タ1226号200頁）では、保険契約者の告知義務違反との関係で無催告失効条項に基づき保険金の支払いを拒絶することは信義則違反ではないと判断している）。

本件により、消費者契約法10条の適用があることが明らかになったが、特に注目すべきは、後段要件である信義則違反の判断枠組みである。学説では、条項の内容のみを判断するもの[162]と契約締結過程にかかわる事情も考慮して当該条項の当不当を判断するもの[163]に分かれていたところ、本件無催告失効条項の有効性については、保険料払込督促の態勢、実務上の運用といった条項の文言以外の事情を考慮するとして、後者の立場に立って判断したことになる（ただし、一般論を述べたわけではない）。

そして、督促制度が実務上確実に運用されているか否かについては、裁判所の認定したことが1つの基準となるが、このことから、督促の法的性質につき、「民法上の催告」であるとしていないことがうかがえる。すなわち、裁判所は、機械的エラーが皆無ではないとしても、人為的過誤の排除がなされていることをもって督促を行う態勢を整え、実務上の運営が確実になされていると判断していることから、相手方に督促が確実に到達することまでも保険会社に求めていないことになる[164]。

もっとも、最高裁では、消費者契約法10条後段に該当しないとの判断に対して、猶予期間や自動貸付条項があったとしても、それらは「催告の代償措置には値しないもの」とし、督促制度は事実上のものにすぎず、法的に何ら担保されているわけではないことから、本訴訟を契機として、督促通知の執行を法的に義務づけるべきであるとの反対意見[165]が出されたことに鑑み、企業としては、保険実務における督促制度の在り方等について、今後、さらに検討していく必要があるだろう。

【発展問題】

1. 払込みが1か月滞納した後、猶予期間中の振替は、前月分と併せて2か月分となるが、保険料振替行口座の残高が1か月分に相当する額はあるものの2か月分に不足する場合、振替がなされず保険契約が失効するか[166]。

---

162) 四宮和夫・能見善久『民法総則〔第8版〕』（弘文堂、2010）244頁。
163) 落合誠一『消費者契約法』（有斐閣、2001）151頁-152頁、大澤彩「建物賃貸借契約における更新料特約の規制法理（下）」NBL932号62頁（2010）、山下・前掲注158）40頁。
164) 山下・前掲注158）42頁。
165) 最判平成24年3月16日。須藤正彦裁判官。
166) 山下・前掲注158）45頁。

2. 契約者が保険料の払込みを怠り、いったん当該保険が失効したのちに当該契約を復活させる場合、復活可能期間の設定、保険契約者による再度の健康状態に関する告知義務が保険契約者に課せられ、さらに保険者の承諾が必要とされる理由は何か[167]。

判例 No. 23[168] 【チェックポイント：適格消費者団体による差止請求権の行使は認められるか】

【設問】

1. Y（被告）は、不動産賃貸業を営む事業者であり、消費者との間で建物賃貸借契約を締結していた。X（原告）は、消費者契約法（以下、「法」という）13条に基づき、内閣総理大臣から認定を受けた適格消費者団体である。
2. Xは、Yの使用している契約書のうち、「賃借人に、解散、破産、民事再生、会社整理、会社更生、競売、仮差押、仮処分、強制執行、成年被後見人、被保佐人の宣言や申立てを受けたとき、賃貸人は、直ちに本契約を解除できる」と規定された解除条項は、法10条に該当し無効であるとして、「申入書」により当該条項の削除を何度か申し入れたが、Yはこれに対応しなかった。
   そこで、2008年3月26日付で法41条1項に基づく「事前請求書」を送付して、再度、当該条項の使用停止を求めたところ、事前請求書は同月27日にYに到達したものの、Yが受取りを拒否したため、Xに返送された。
3. Xは、当該解除条項は法10条に該当し無効であるとして、Yに対して法12条3項に基づき、同条項を含む契約締結の差止めおよび同条項を含む契約書の廃棄を求めた。これに対し、Yは、Xからの申入書の内容があまりに不当であるから、送達された事前請求書の受取りを拒否したので、事前請求はされていないとした。
   また、Xは解除条項の無効につき、信頼関係破壊の法理と比較して消費者の利益を一方的に害すると主張しているが、Yは、法10条は明文規定と比較して消費者の利益を一方的に害する条項は無効となるのであって、解除条項は有効であると反論した。
4. ①Xの差止請求に係る訴えは適法か。②解除条項は、法10条に該当し、無効となるか。③条項の一部が無効と判断された場合、契約書自体を差し止めることができるか。

---

167) 東京高判平成24年10月25日（判タ1387号266頁）。
168) 大阪高判平成24年11月12日（金判1407号14頁）、大阪高判平成21年10月23日（消費者支援機構関西ＨＰ）、京都地判平成21年4月23日（判タ1310号169頁）。

【論点の解説】

1. 事前請求の適法性について（論点①）

> 主要論点1：団体訴訟制度では、被告が改善すべき行為を把握できるよう適格消費者団体に事前の請求が義務づけられており、被告が受取拒否をしたために事前請求の内容を知らない場合でも、法41条1項に定める書面による事前の請求が行われたといえる。

　裁判所は、Xが送付した事前請求書につき、Yは受取りを拒絶したため受領するに至っていないが、受取拒否をしなければ、通常Yに到達したことから、受取拒否をした日にYに事前請求書は到達したとした。

2. 消費者契約法10条前段要件の該当性について（論点②）

> 主要論点2：法10条前段に規定された「比較すべき任意規定」には、判例法理等の不文法も含まれる。

　裁判所は、法10条の任意規定には、明文の規定のみならず、一般的な法理等も含まれると解するとした。そのうえで、解除条項のうち、解散、破産、民事再生、会社整理、会社更生、競売、仮差押、仮処分、強制執行の決定または申立てについては、賃借人の経済破綻を徴表する事由であり、契約当事者間の信頼関係を破壊する程度の賃料債務の履行遅滞が確実視されることから信義則に反するものではないとして、差止めは認められないとした。一方、成年被後見人および被保佐人の開始審判や申立てについては、賃借人の資力とは無関係な事由であり、申立てによって財産の管理が行われ、むしろ、賃料の債務の履行が確保されることになることから信義則に反するとして、当該部分の差止めを認めた。

3. 一部無効と判断された条項につき一律の差止めをすることは相当か（論点③）

> 主要論点3：団体訴訟制度は、個別具体的な事情を考慮するのではなく、消費者取引における同種紛争の未然防止・拡大防止を目的としており、事業者が一部無効となる不当条項を含む契約書を用いて契約を締結することで、市場における消費者の権利を害するおそれがあるとして、一律の差止めが許される。

裁判所は、一部無効と判断された条項につき、当該契約条項を使用した契約締結を差し止める必要が高い場合には、当該契約条項を使用した契約締結を差止めの対象とすべきであるとして、解除条項を含む契約書の使用停止および廃棄を認めた。

【企業法務の視点】

団体訴訟制度は、2007年に消費者契約法に導入された。2009年には、対象行為が拡大され、景品表示法（4条1項1号、4条1項2号）と特定商取引法（58条の18-58条の24）へも団体訴訟制度が導入された。消費者契約法での差止請求権は、法4条規定の不当勧誘、法8条〜法10条規定の不当条項が対象となるが、未然防止・拡大防止のための制度なので、不特定かつ多数の消費者に対する不当行為が、現に行われ、または行われるおそれがあると認められるときに行使が認められる（法12条）。また、適格消費者団体は、会員や相談者から寄せられた被害情報につき、国民生活センターのPIO‐NETに集積された被害情報と照らし合わせたうえで、法的に問題がある不当条項等の改訂または削除を事業者に対して要請し、改善が図られない場合にはじめて、法41条に基づく事前請求を行い、裁判上の差止請求権を行使するという段階を踏むことから、適切な対応をとっている企業に対しては突然裁判上の差止めが行使されることはない。そのため、不当条項等の有無やそれらの改訂または削除といった視点で契約書を見直すことが必要である。

論点①は、適格消費者団体が、相手方事業者に対して提訴する際には、1週間前に「事前請求書」を送付すべきとされており（法41条1項）、これは、事業者に自ら是正する機会を与えることと、紛争の早期解決が意図されている[169]。そのため、被告となるべき者が差止請求を拒んだときは、1週間を経過していなくとも訴えの提起が認められることになる（法41条1項但書）。なお、事前請求の内容が法41条の要件を形式的に満たしているものの、事業者との交渉を全面的に排除するような一方的な内容で事前請求をした場合には、差止請求権の濫用と判断されたり（法23条2項）[170]、私法上の効力とは別に行政処分の対象になる

---

169) 消費者庁企画課編・前掲注140) 433頁。
170) 松本恒雄・上原敏夫『Q&A消費者団体訴訟制度』（三省堂、2007) 68頁。

可能性もある[171]。

　論点②は、法10条の適用要件の問題である。法10条は、民法等の任意規定と比べて消費者の権利を制限または義務を加重する条項で、信義則に反して一方的に消費者の権利を害する条項（後段要件の該当性については、本書184頁以下を参照）を無効とするとしており、法8条および法9条に当てはまらない契約条項につき包括的に対応する一般条項となっている。前段要件の任意規定の範囲につき、明文の規定に限定する見解[172]と限定しない見解[173]があるが、最高裁で、「任意規定には、明文の規定のみならず、一般的な法理等も含まれる」[174]と判示したことから、本件のように判例法理も含まれる。

　論点③は、差止請求権行使の範囲である。本件の解除条項のように契約条項の一部についてのみ無効とされる場合や、法8条1項2号や法9条1号のように具体的な事例によっては有効・無効の判断が分かれる条項に対して、一律で差止請求が認められるかどうかにつき議論がある。団体訴訟制度の立法時には、「無効となる場合がありうる契約条項がそのまま使用されることは適当でない」、「事業者には消費者契約の内容が消費者にとって明確かつ平易なものになるよう配慮することが求められている」[175]といった議論がなされており、また、具体的な事例によって判断が分かれる条項は、法3条の趣旨に照らして相当でないとされることから[176]、一部無効条項に対しても差止請求をすることが認められることになるので留意が必要であろう。

【発展課題】

1. 法12条規定の「現に行い又は行うおそれがあるとき」とは、どのような場合をいうか[177]。

---

171) 消費者庁企画課・前掲注140) 343頁。
172) 消費者庁企画課・前掲注140) 220頁、松本恒雄「規制緩和時代と消費者契約法」法学セミナー549号7頁（2000）等。
173) 山本敬三「消費者契約立法と不当条項規制」NBL686号22頁（2000）等。
174) 最判平成23年3月24日（判時2128号33頁）、最判平成23年7月15日（判時2135号38頁）。
175) 国民生活審議会消費者政策部会消費者団体訴訟制度検討委員会「消費者団体訴訟制度の在り方について」（平成17年6月23日）7頁。
176) 大阪高判平成21年10月23日（消費者支援機構関西HP）。
177) 消費者庁企画課・前掲注140) 261頁、日弁連・前掲注140) 288-289頁。

2. 差止請求が認められた場合、「その他の当該行為の停止若しくは予防に必要な措置」として、契約書の廃棄だけでなく、従業員に対する契約書用紙の不使用・廃棄の指示を行うことが認められるか[178]。
3. 特定適格消費者団体に損害賠償請求権が付与される「集団的消費者被害救済制度」の導入が検討されているが、どのような行為が訴訟の対象となるであろうか。また、損害賠償請求により認められた損害額は、どのような形で消費者に分配されるべきか。

判例 No. 24[179] 【チェックポイント：副作用を伴う医薬品の指示・警告上の欠陥とは何か】

【設問】

1. Aら（肺癌に罹患。各自の進行段階は最も進行段階にある者が2名、7段階中5段階に位置する者が1名）は、治療のため、Y（被告）が輸入・販売した「イレッサ錠250」（以下、「イレッサ」という）の投与を受けた。投薬後、Aらの症状は一時的に改善したものの、再び悪化し、間質性肺炎を発症して死亡した。そこで、Aらの親族（X）らは、Yに対し、欠陥のある製品であるイレッサを輸入し、Aらを死亡させた責任があるとして、製造物責任または不法行為責任に基づき損害賠償を請求した。
2. 肺癌、イレッサ、イレッサの副作用については、以下のことが認定されている。
   (1) イレッサは、2002年に肺癌の治療薬として承認された分子標的剤で、癌細胞増殖に関連する上皮成長因子様態のシグナル伝達経路を選択的に遮断し、癌性腫瘍に対する抗腫瘍効果を発揮する薬である。そして、従来の抗癌剤とは異なる作用上のメカニズムを有し、従来の抗癌剤にほぼ必ず生じる血液毒性、消化器毒性、脱毛等の副作用がほとんど見られず、手術不能等の患者に対して有効性があると認められる。
   (2) イレッサは要指示薬であり、使用者または処方者は肺癌患者専門医となる。そして、肺癌の治療にあたる医師は、一般に抗癌剤には間質性肺炎の副作用が存在し、これを発症した場合には死亡に陥るおそれがあることを認識していた。
   (3) 肺癌は呼吸機能に重大な傷害を与えるとともに、他の致死的な疾病の誘因と

---

178) 京都地判平成21年9月30日（判タ1319号262頁）、大阪高判平成22年3月26日。
179) 最判平成25年4月12日（判時2189号53頁）、原審：東京高判平成23年11月15日（判タ1361号142頁）、第1審：東京地判平成23年3月23日（判時2124号202頁）。

なるもので、肺癌患者の死亡が肺癌の有害作用によるものか、その他の原因によるものかの判定には困難を伴う。また、製薬会社の厚生労働省への医薬品の副作用報告は、副作用情報をできるかぎり網羅的に収集する必要上、医薬品の投与中または投与後に当該医薬品の副作用によるものと疑われる症状が発現した場合に、当該有害事象と医薬品投与との因果関係を判定することなく迅速に行われる。

(4) 薬事法によると、医薬品の添付文書の「警告」欄には、致死的または極めて重篤かつ非可逆的な副作用等が発現する場合等にこれらが記載されることが定められていた。イレッサの添付文書について、輸入承認時に作成された第1版（2002年7月）では、臨床試験で間質性肺炎による死亡者がいなかったことから、間質性肺炎は「警告」欄には記載されず「重大な副作用」欄の4番目に記載されたが、間質性肺炎の発症が致死的となりうる旨の記載はなかった。輸入承認後に、イレッサによる副作用報告がYや厚生労働省にもたらされ、Yは厚生労働省から指導を受けたことから、第3版（同年10月）を作成し、その冒頭に「警告」欄を設け、同欄や「使用上の注意」欄、「重大な副作用」欄に、イレッサにより間質性肺炎を引き起こすおそれが示された。

さらに、第6版（2003年4月）では、「警告」欄中に「突発性肺腺維症、間質性肺炎、じん肺症、放射線肺炎、薬剤性肺炎の合併は、本剤投与中に発現した急性肺障害、間質性肺炎発症後の転帰において、死亡につながる重要な危険因子である」との記載が追加され、医療機関等に配布された。

3. ①肺癌患者の死亡とイレッサの投与の因果関係は認められるか。②イレッサについて設計上の欠陥が認められるか。③イレッサについて指示・警告上の欠陥が認められるか。

【論点の解説】

1. イレッサ投与と副作用発生の因果関係（論点①）

> 主要論点1：医薬品の副作用と被害については、因果関係があるとの判定には困難を伴う場合が多く、厚生労働省によせられる副作用報告には、副作用により有害事象が生じた疑いのある症例もあることから、裁判所は提出された証拠や医師の意見書等に基づき慎重な検討を行い、因果関係の判断をすることになる。

肺癌は、他の致命的な疾病または症状の誘因となるもので、難治性で再発性が高く、また、投与される薬剤の種類も多いことから、肺癌患者の死亡が肺癌の有害作用によるものかその他の原因によるものかの判定には困難を伴うことが多い。そのため、イレッサの副作用と死亡との間の因果関係につき争いがある。

製造物責任法は、民法が過失責任主義であり、被告の内心の証明が原告にとって負担であったことから、被害救済を図ろうと客観的な「欠陥」があったことを原告が証明することへと転換が図られた。しかし、製造物責任法は因果関係の推定規定をおいていないことから、因果関係の有無については、民法の不法行為で採用されている「高度の蓋然性」を証明することで判断されることになり[180]、医薬品等の高度に専門的な製品については因果関係の証明が原告にとって大きな負担となっている[181]。

裁判所は、イレッサの副作用報告における死亡症例の全部がイレッサの副作用により死亡したと認められないことから、「副作用症例として報告のあった分については、因果関係が明らかではないからといって、直ちにこれを無視したり、軽視したりすることは相当ではないが、因果関係が弱い症例、不明確な症例を明らかな症例と一律同等に危険性評価をするのは相当ではなく、個別の因果関係の強弱も考慮した上で危険性の評価をすべきである」[182]との立場を示し、因果関係の認定は証拠に基づいて慎重に検討するとした。その上で、本件Aらのうち2名については、死亡後の解剖結果や担当医の判断に基づき、イレッサの投与が副作用の要因であった可能性が高いとして因果関係を認めた。

2. イレッサの設計上の欠陥の有無（論点②）

> 主要論点2：医薬品は人体にとって本来異物であるという性質上、何らかの有害な副作用が生ずることを避け難い特性があるとされており、副作用の存在をもって直ちに製造物として欠陥があるということはできず、当該医薬品の有用性の程度と副作用の内容および程度の相関関係によって欠陥の有無が判断される。

---

[180] 小賀野晶一「製造物責任と因果関係・損害賠償の範囲」升田純編『現代裁判法大系⑧〔製造物責任法〕』（新日本法規出版、1998）239頁。また、推定規定が置かれなかった背景につき、経済企画庁国民生活局消費者行政第一課編『逐条解説製造物責任法』（商事法務、1994）99-100頁、伊藤滋夫「製造物責任と立証の負担・推定規定」升田・前掲注180）29-31頁を参照。
[181] 医薬品の副作用と障害につき、因果関係が認められなかったものとして、東京地判平成22年5月26日（判タ1333号199頁）。反対に、因果関係が認められたものとして、名古屋高判平成21年2月26日（裁判所ホームページ）（LEX/DBインターネット25440726）等。
[182] 大阪高判平成24年5月25日（LEX/DBインターネット25481411）（法時84巻10号76頁）。

設計上の欠陥とは、製造物の設計段階で十分に安全性に配慮しなかったために、製造物が安全性に欠ける結果となった場合を指す[183]。ただし、医薬品には当然副作用が存在するので、副作用があるという一事をもって欠陥ありと判断するわけにはいかない事情がある。

裁判所は、医薬品に副作用があることが製造物責任法上の欠陥に該当するかにつき、当該疾病または症状の生命・身体に対する有害性の程度およびこれに対する医薬品の有効性の程度と副作用の内容および程度の相関関係によって、副作用の存在にもかかわらずその医薬品に有用性を認めるか否かが決まるとの基準を示した。これに基づき、本件では、イレッサの投与による間質性肺炎の発症頻度が日本人に高いという副作用は認められるものの、手術不能または再発非小細胞肺癌といった困難な疾病に対して治療につき有効性があるものと認められるとして、設計上の欠陥があるということはできないとした。

3. イレッサの指示・警告上の欠陥の有無（論点③）

> 主要論点 3：医薬品については、引渡時点に、予見しうる副作用の情報を適切に与えられることで、通常有すべき安全性が確保されることになる。そして、副作用の情報が適切に与えられたか否かは、当該医薬品における副作用の内容ないし程度、当該医薬品の効能等から通常想定される処方者ないし使用者の知識および能力、当該添付文書における副作用に係る記載の形式等を総合考慮して、予見しうる副作用の危険性が処方者等に十分に明らかにされているか否かという点から判断される。

有用性ないし効用との関係で除去し得ない危険性が存在する製造物について、その危険性の発現による事故を使用者側で防止・回避するに適切な情報を製造業者が与えなかった場合を指示・警告上の欠陥という[184]。

裁判所は、まず、イレッサは輸入承認時点において、臨床試験で間質性肺炎による死亡症例がなかったことから、イレッサによる間質性肺炎が発症する可能性は他の抗癌剤と同程度であるとの認識のもと、本件添付文書第 1 版では、「警告」欄を設けず、医師等への情報提供目的で設けられている「使用上の注意」欄にお

183）経企庁・前掲注 180) 65 頁。
184）経企庁・前掲注 180) 65 頁。

ける「重大な副作用」欄の4番目に間質性肺炎を掲げている。そして、イレッサは手術不能または再発非小細胞肺癌を対象疾患とする要指示剤であることから、イレッサの処方者は癌専門医であり、本件添付文書の説明の対象者も癌専門医等であることを認め、一般的に抗癌剤には薬剤性間質性肺炎という副作用が存在し、癌専門医等は同副作用により死亡することがありうることを承知していたと考えられるとした。

その上で、本件添付文書第1版での記載を癌専門医等が読めば、イレッサの投与により間質性肺炎を発症した場合には致死的となりうることを認識するのに困難はなかったことは明らかであるとして、本件添付文書第1版において、第3版のように「警告」欄に間質性肺炎の記載がないこと、「重大な副作用」欄において4番目に間質性肺炎の記載があったからといって、本件添付文書第1版の記載が不適切であるということはできず、指示・警告上の欠陥はないとした。

【企業法務の視点】

製造物の欠陥につき、製造物責任法では「通常有すべき安全性を欠いていること」（2条2項）と規定しているが、学説上は、設計上の欠陥、製造上の欠陥、指示・警告上の欠陥と分類し、欠陥の有無を判断している。

イレッサのような医薬品の副作用については、設計上の欠陥と指示・警告上の欠陥に該当する可能性があるが、客観的にみて、設計や警告自体が意図されたとおりになされている場合には、欠陥の認定はされないことから、設計上の欠陥や指示・警告上の欠陥の有無については、設計仕様や警告自体が適切であったか否かという価値判断が要求されることになる[185]。そうした価値判断について、学説上は、使用者が製品に対して正当に期待する安全性を備えているか否かを基準として欠陥の存否を判断するという「消費者期待基準説」と、製品の危険と効用とを比較し、危険が効用を上回る場合に欠陥があるとする「危険効用基準説」の2つの見解に分かれている[186]。医薬品には本来期待されている効能と副作用が常に併存するという特性があることから[187]、副作用が存在するだけで、直ちに

---

185) 鎌田薫＝山口斉昭「製造上の欠陥、設計上の欠陥、警告上の欠陥」升田・前掲注180) 129頁。
186) 鎌田＝山口・前掲注185) 129-130頁。
187) 羽田野宣彦「指示・警告上の欠陥」『裁判実務大系(30) 製造物責任法』86頁。

これを製造物責任法上の「欠陥」に該当させることになれば、すべての医薬品が欠陥を有することになり、妥当ではないとの見方がなされており[188]、実務上は、危険効用基準説に立ち、欠陥の存否を判断している。

では、いかなる場合に危険が効用を上回ると判断されるか。これまでの裁判例では、①当該医薬品の効能、②通常予見される処方によって使用した場合に生じる副作用の内容および程度、③副作用の表示および警告の有無、④他の安全な医薬品による代替性の有無、⑤当該医薬品の引渡時期における薬学上の水準等の諸般の事情を総合考慮して医薬品の副作用が欠陥に該当するか否を判断するとの基準が示されている[189]。このように、医薬品の副作用については、学説上の分類である設計上の欠陥と指示・警告上の欠陥とが完全に切り離されているわけではなく、相互補完的な関係にあるといえるのではないだろうか[190]。もっとも、医薬品は本来的に危険を有する製品であるが、もちや包丁等本来的に危険を有する製品と異なり、危険性についての情報は製造業者側に集中しており、使用者はその危険性について容易に認識しうるものではないことから[191]、使用者に対して潜在する危険性を伝える責任が製造業者側に生じることになり、指示・警告上の欠陥に判断がより重点的に行われることになるといえよう。

最高裁では、使用者に肺癌治療医を想定していることから、争いのあったイレッサの添付文書第1版で、「警告」欄が設けられておらず、「重大な副作用」欄に間質性肺炎の記載が4番目にあったとしても、使用者はイレッサには他の抗癌剤同様に副作用が存在することを認識しうるとして指示・警告上の欠陥はないとしたが、間質性肺炎の危険度を考慮すると、「重大な副作用欄」の最後に記載することについては、指示・警告上の欠陥があったといわざるを得ないとの見解もある[192]。

---

188) 山内雅哉「薬品・化粧品の副作用と欠陥」『裁判実務大系（30）製造物責任法』109頁。
189) 名古屋地判平成16年4月9日（判時1869号61頁）。本件は、漢方薬の副作用に関して争った事例である。
190) 鎌田薫「欠陥」判タ862号51頁（1995）。
191) 山内・前掲注188) 86頁。
192) 浦川道太郎「薬害イレッサ訴訟控訴審判決」現代消費者法19号72頁（2013）。

【発展問題】

1. イレッサが流通におかれた時点においては、社会的にみて、「通常有すべき安全性」を具備しているとされていたが、事後の研究等によって、欠陥の存在が明らかになった場合、製造物責任が問われることになるか。また、欠陥の存在が明らかになったまま市場に流通させている場合、製造物責任が問われることになるか[193]。
2. 目的物が化粧品であり、「お肌に合わないときは、ご使用をおやめください」という注意表記がされていた場合、当該表記は、指示・警告上の欠陥に該当するか。また、「敏感肌用ですが、すべての方にアレルギー反応がでないわけではありません」との注意表記は、指示・警告上の欠陥に該当するか[194]。

判例 No. 25[195] 【チェックポイント：指示・警告の欠如は製造物責任における欠陥か】

【設問】

1. X（原告）は、1995年6月30日生まれの女子で本件事故当時満5歳であり、原告法定代理人らは、Xの両親である。Y（被告）は、自転車、その構成部品および付属品の製造ならびに修理等を目的とする株式会社である。
2. 原告法定代理人らは、2000年6月下旬ころ、訴外A社から、Y製造にかかる幼児用自転車を購入した。訴外A社は、売買に先立ち、Yから、箱入り七分組立て（製品を70％程度組み立てて箱詰めすること）の状態で、ペダルやハンドル等の部品とともに仕入れ、これを組み立てて本件自転車を完成し、上記販売に至った。Xは、同年7月12日午後5時ころ、本件自転車に乗って遊戯中、両足を地面に着けた際、右膝の後部が本件自転車の右ペダル軸根元部分から突き出していた約10mmの長さの「ばり」と呼ばれる針状の金属片（以下、「ばり」という）に接触し、これによって膝窩部裂挫創の傷害を負い、膝の裏の傷痕について、形成外科医による再手術を要する後遺障害を生じた。
3. 本件自転車は、ペダル軸の締付け過ぎによって長い「ばり」が発生する危険性を有しているのであるから、Yは、組立者に対し、ペダル軸の締付け過ぎによって「ばり」が発生する危険があること、および仮に「ばり」が発生した場

---

[193] 最判平成25年4月12日（判時2189号53頁）。
[194] 東京地判平成12年5月22日（判時1718号3頁）。
[195] 広島地判平成16年7月6日（判時1868号101頁、判タ1175号301頁）。

合にはこれを除去することを指示・警告する義務があるが、Yはこれを怠っており、この点で本件自転車には指示・警告上の欠陥があるので、Xは、再手術費を含む損害賠償金の支払いを求めた。これに対して、Yは、本件事故は、訴外A社がペダル取付け作業の際に、不適切に強く締め付け、組み立て後の最終点検・整備において危険箇所がないことの確認を怠ったまま販売したことに原因があるとして、争った。

4. ①本件自転車のペダルおよびギアクランクは、いずれもYとは別の会社が製造したもので、JIS規格の寸法も満足したものであるが、本件自転車にX主張の設計上の欠陥があるといえるか、②Yにはことさらに締め付け過ぎることによって「ばり」が発生する危険があるとの指示・警告をする必要や義務があるといえるか、③ある製造物に設計、製造上の欠陥がない場合に、指示・警告上の欠陥が認められる判断基準はどうか。

【論点の解説】

1.「設計上の欠陥」の有無（論点①）

主要論点1：組立マニュアルで明記しているとおり、締付けトルクの範囲内で取り付けていたならば高さ10mmもの「ばり」が発生することはないので、本件製品について設計上の欠陥があったとまでいうことはできない。

製造物責任法における欠陥とは、「当該製造物の特性、その通常予見される使用形態、その製造業者等が当該製造物を引き渡した時期その他の当該製造物に係る事情を考慮して、当該製造物が通常有すべき安全性を欠いていること」（同法2条2項）とされており、設計、製造上の安全性を欠いた場合の欠陥を意味しており、設計・製造上の欠陥があるかどうかが問題となる。

裁判所においては、「本件製品はその構造上、ペダルをギアクランクへ取り付ける際に長い『ばり』が生じる危険性があり、自転車として通常有すべき安全性を欠いている」とのXの主張に対して、本件製品について、ペダルレンチの取手部分に55Kgの力をかけてペダル軸を締め付けて取り付けた場合には、10mmに近い「ばり」が発生する可能性がある。しかし、ペダル軸とギアクランクの硬度の差はペダル軸にボールベアリングを入れることからやむを得ない結果であること、ギアクランクとペダル軸の角度の不一致は製造上不可避的に発生するものであること、Yが組立マニュアルで明記している締付けトルクの範囲内で取り付

けていたならば高さ 10mm もの「ばり」が発生することはなく、レンチの取手部分に 55Kg というかなり強い力が加わらない限り同様の「ばり」が発生することはまずないということを総合勘案すると、「本件製品について、設計、製造上の欠陥があったとまでいうことは困難であり、他にこれを肯定するに足りる事実は証拠上認められない」として、本件については、設計・製造上の欠陥を否定している。

2. 指示・警告の必要性や義務の有無（論点②）

> 主要論点2：製造業者には、組立マニュアルの提供以上に、組立マニュアルの指示等を遵守することはもちろん、指示通りに作業しない場合には、「ばり」が発生する可能性があること、もしその「ばり」が発生した場合には、それを取り除くことが必要であるなど、指示や警告をする必要や義務があったといえる。

　一般に、ある製造物に設計、製造上の欠陥があるとはいえない場合であっても、製造物の使用方法によっては当該製造物の特性から通常有すべき安全性を欠き、人の生命、身体または財産を侵害する危険性があり、かつ、製造業者がそのような危険性を予見することが可能である場合には、製造業者はその危険の内容および被害の発生を防止するための注意事項を指示・警告する義務を負うということができる。そして、この指示・警告を欠くことは、製造物責任法3条にいう欠陥に当たると解するのが相当である。

　本件については、裁判所は、「本件製品は、未完成の自転車であり、Ｙからの購入者であるＡ産業においてペダルをギアクランクに取り付けるなどして組み立てて完成しなければならない商品であったところ、成人男性が容易にかけうる力をかけたときと同一の力を負荷するペダルレンチを使用した場合には約 10mm に達する『ばり』が生じる可能性があり、そして、『ばり』は針状の金属片であり、長さ約 10mm にも達する『ばり』がペダルの取付部分にあった場合、自転車に乗車した者が足を『ばり』に引っ掛けるなどして受傷する危険性は高く、特に本件自転車が幼児用のものであり、幼児は受傷を避けるための注意力が低いことからすれば、なおいっそう上記の危険性は高いから、製造業者であるＹが、本件製品をＡ産業に販売した当時、上記のような危険性を予見することは十分に可能であったといえる」とし、「以上の点からすれば、Ｙは、本件製品をＡ産

業に販売する際、A産業に対し、ペダルをギアクランクに取り付けるときはYの組立マニュアルに指示したトルクを遵守すること、このトルクよりも強く締め付けた場合には危険な『ばり』が発生する可能性があること、取付けが完了した後は必ず『ばり』の有無を確認し、『ばり』が発生していた場合にはこれを取り除くこと等の各点を指示、警告する措置を講じるべきであったというべきである」と判断した。

3. 指示・警告上の欠陥の判断基準（論点③）

> 主要論点3：ある製造物に設計・製造上の欠陥がない場合であっても、指示・警告上の措置が適格に講じられていない場合は、製造物責任法上の欠陥があると認められる。

　設計・製造上の欠陥以外に、指示・警告上の欠陥があったかどうかに関しては、裁判所は、「Yは本件製品をA産業に納入した際、組立マニュアルを交付したが、これにはギアクランクへのペダル軸の締付けトルクを指定することの記載があったにとどまり、締付け過ぎによる『ばり』発生の危険について注意を促したり、組立て後の点検の際に『ばり』を除去するよう指導する記載はなかったのであるから、この組立マニュアルの交付によって、前記のYがなすべき指示、警告の措置を講じたとはいえないし、他にこの措置を講じたというに足りる事実は証拠上認められない」とした。

　したがって、この点で本件製品には製造物責任法にいう欠陥があったといえるから、Yは、この欠陥によってXが被った損害を賠償する義務を負うとされた（法3条）。

【企業法務の視点】

　本件は、製造業者は、製品の客観的性状である欠陥について、製造物責任法に基づく損害賠償責任を負うことは当然であるが、製品の特性に応じた使用上の危険があることを製造業者が予見することができるときには、製造業者はその危険および被害を防止するために、その使用方法を注意書等により具体的に指示・警告すべきであり、これに反して事故が生じたと認められる場合には、指示・警告

上の欠陥があり、製造物責任法に基づく損害賠償責任の対象となる旨が認められた事例である。

このように、その製造業者としての欠陥責任が、製造業者自身による設計や製造上の欠陥に起因するものだけでなく、製造物責任法上の指示・警告上の欠陥が、製造物の使用に当たって注意すべき事項を、その製造業者等が取扱説明書などのマニュアルで補足して安全を図ろうとする範囲にまで及んでいる。これに対して、本件では、組立過程で組立業者が注意すべき事項をきちんと示さなかったことが指示・警告上の欠陥に当たるとしたことから、この結論には反対する説もある[196]。

本判決は、指示・警告上の欠陥を肯定した他の裁判例とは状況を異にするものである。つまり第三者である組立業者による組立作業に起因する場合であっても、組立業者に対して適切な指示や警告等が講じられていない場合や、製造業者が製品の危険性に関する情報を正しく提供しないことは、その製品が「通常有すべき安全性を有しない」ことになり、製品の欠陥（指示・警告上の欠陥）であると判断された。

本件では、製造物責任法に基づく欠陥が、設計や製造によるものだけでなく、製品の安全性についての指示や警告等上の欠陥にまで拡大され、製造業者として製造物責任法に基づく損害賠償義務を負うことが認められたものであり、また、本件のような組立・販売業者は製造業者に含まれるか、設計・企画だけして、実際の部品の製造、組立は他の業者がした場合に、これら設計・企画をした者は製造業者に含まれるかどうかという点など、製造業者を含む関係者にとっては非常に重要な判決である。

これは、製造物責任法のほか、消費生活用製品安全法などの最近の消費者における使用上の安全に関する法令の制定傾向などをみると、単なる個別事例に対する判例にすぎないとはいえず、製造業者としての欠陥責任の範囲がより拡大していると考えてよいであろう。

---

196) 例えば、升田純『警告表示・誤使用の判例と法理』（民事法研究会、2011) 154 頁。

【発展課題】
1. 美容機器を用いてエステサロン経営者の行ったエステ施術による火傷事故について、機器製造業者は、相応の専門性を有している機器使用者に対しても、使用に伴う火傷が生じるおそれの警告や、使用者としての注意義務を喚起することが必要かどうか、またそれを欠いた場合、指示・警告上の欠陥責任があるか[197]。
2. カプセル入りの玩具のカプセルが乳幼児の口腔内に入り窒息を起こした事故に関して、玩具の対象年齢に至らない幼児がカプセルを手にし、玩具を転用して遊ぶことは、「通常予見される使用形態」であるとして、製造物責任法上、欠陥が認められるか[198]。
3. 化粧品の使用により顔面等に皮膚障害が生じたとして損害賠償の請求をした事件に関して、化粧品の製造業者は、その製造販売に当たり、一切の表記をしなかったか、また被害の発生を最大限回避しうるような明確な表示をすべき義務があったにも拘わらずそれを怠った場合、指示・警告上の欠陥があったかどうか[199]。

---

197) 岡山地判平成17年10月26日（判例集未登載）。
198) 鹿児島地判平成20年5月20日（判時2015号116頁）。
199) 東京地判平成12年5月22日（判時1718号3頁）。

第2章 企業組織・経営管理

第1節　組織再編・M＆A

【はじめに】

　本節では、組織再編・M＆A等に関連する裁判例をとりあげ、考察するものである。組織再編・M＆A等に関連する裁判例は、多岐にわたっているが、ここでは、企業法務の観点から、狭義の組織再編・M＆Aにとどまらず、組織再編・M＆Aに関連する株式、募集株式の発行等、新株予約権の発行、取締役等の対会社責任や対第三者責任等の課題も含めて、幅広く、これらの課題に関連する裁判例についても対象としている。

　これらの裁判例の中から、特に、いわゆるニッポン放送事件、レックス・ホールディングス事件、アートネイチャー事件をとりあげることにしたい。

　ニッポン放送事件は、敵対的買収に対する対抗措置をめぐる事案であるが、敵対的買収は対象会社の経営者の同意を得ずになされる買収であることから、一般的に、友好的買収に比べて、関係者の利害が鋭く対立するため、困難な法的問題を有している。

　レックス・ホールディングス事件は、いわゆるMBOにおける株式取得の対価をめぐる事案であるが、近年、わが国において、組織再編行為やMBOにおいて、裁判所に価格決定の申立てがなされるケースが急増している。

　そして、アートネイチャー事件は、新株発行価額と取締役の責任等をめぐる事案であるが、そうした事案において、取締役は、対会社責任と対第三者責任のいずれの責任を負うと考えるのか等の多くの法的問題を有している。

　本節では、組織再編・M＆A等に関連する裁判例の中から、このようなとりわけ示唆に富むと思われる特徴的な裁判例をとりあげ、設問、論点の解説、企業法務の視点、発展課題等を通して、考察していくことにしたい。

第2章 企業組織・経営管理 *205*

判例 No. 26[1] 【チェックポイント：取締役会による敵対的買収に対する対抗措置はどこまで許容されるか】

【設問】

1. Y社は、放送法に基づく一般放送事業、BSデジタル音声放送の企画・制作・運営等を主たる事業内容とする株式会社であり、訴外A社の企業グループの一員であった。A社は、Y社の経営権を獲得することを目的として、株式の公開買付けを開始した。X社は、公開買付けの期間中、立会外取引によってY社株式を買い付け、既存保有株式とあわせて、Y社の発行済株式総数の約35%を保有することになり、その後も、Y社の株式を買い集めた。これに対して、Y社は、取締役会において、A社に新株予約権を発行することを決議した。この新株予約権のすべてが行使された場合、Y社の発行済株式総数の約1.44倍にあたる株式がA社に対して発行されることになり、X社のY社株式の保有割合は、約42%から約17%に低下することになる（他方、A社の保有割合は、約59%に増加することになる）。
2. 原告（X社）はY社の株主であるが、次の理由から、その新株予約権発行の差止めを求めて、仮処分を申請した。
   (1) Y社による新株予約権の発行は、特に有利な条件による発行であるのに、株主総会の特別決議がないため、法令に違反している。
   (2) Y社による新株予約権の発行は、著しく不公正な方法による発行である。
3. ①本件新株予約権発行は、会社法247条2号（改正前商法280条ノ39第4項の準用する280条ノ10）に規定された「著しく不公正な方法」による発行に該当するか。②不公正発行に該当しないと解される場合があるとすれば、それはいかなる場合か。

【論点の解説】

1. いわゆる不公正発行に該当するか否かについて（論点①）

主要論点1：会社の経営支配権に現に争いが生じている場面において、株式の敵対的買収によって経営支配権を争う特定の株主の持株比率を低下させ、現経営者またはこれを支持し事実上の影響力を及ぼしている特定の株主の経営支配権を維持・確保することを主要な目的として新株予約権の発行がされた場合には、原則として、会社法247条2号（改正前商法280条ノ39第4項の準用する280条ノ10）に規定された「著しく不公正な方法」による新株予約権の発行に該当する。

---

1) 東京高判平成17年3月23日（判時1899号56頁）。

まず、X社は、本件新株予約権の発行は、著しく不公正な方法による発行（いわゆる不公正発行）であるとの主張の他に、特に有利な条件による発行であるのに株主総会の特別決議がないため法令に違反しているとして、いわゆる有利発行に関する主張を行っている（会社法238条3項、239条2項、改正前商法280条ノ21第1項等参照）。本件において、裁判所は、本件発行価額が公正な発行価額を大きく下回り、本件新株予約権の発行が「特ニ有利ナル条件」による発行であるとまでいうことはできないと判示して、これを退ける一方、いわゆる不公正発行に関する主張については、これを認容している[2]。そこで、以下では、特に、不公正発行に該当するか否かについて、述べることにしたい。

本件において、裁判所は、大要、上述したように判示した上で、本件新株予約権の発行は、不公正発行であると結論づけている。このように、本件は、新株予約権の発行という方法によって取締役会が行おうとした敵対的買収に対する対抗措置について、これを原則として不公正発行に該当すると判断したところに、特徴があるといえる。

2. 不公正発行に該当しないと解される場合について（論点②）

> 主要論点2：経営支配権の維持・確保を主要な目的とする新株予約権発行が許されないのは、取締役は会社の所有者たる株主の信認に基礎を置くものであるから、株主全体の利益の保護という観点から新株予約権の発行を正当化する特段の事情がある場合には、例外的に、経営支配権の維持・確保を主要な目的とする発行も不公正発行に該当しない。

1.で述べたように、本件において、裁判所は、新株予約権の発行という方法によって取締役会が行おうとした敵対的買収に対する対抗措置について、これを原則として不公正発行に該当すると判断したが、そこには、例外として不公正発行に該当しないと解される場合があることも明らかにしている。

そして、かかる場合として、裁判所は、具体的に、次のように判示している。すなわち、「例えば、株式の敵対的買収者が、①真に会社経営に参加する意思が

---

[2] 有利発行に関して、例えば、「40 募集株式・募集新株予約権の有利発行・自己株式の有利処分」浜田道代・岩原紳作編『会社法の争点』（有斐閣、2009）82頁（徳本穰担当）の文献を参照。

ないにもかかわらず、ただ株価をつり上げて高値で株式を会社関係者に引き取らせる目的で株式の買収を行っている場合（いわゆるグリーンメイラーである場合）、②会社経営を一時的に支配して当該会社の事業経営上必要な知的財産権、ノウハウ、企業秘密情報、主要取引先や顧客等を当該買収者やそのグループ会社等に移譲させるなど、いわゆる焦土化経営を行う目的で株式の買収を行っている場合、③会社経営を支配した後に、当該会社の資産を当該買収者やそのグループ会社等の債務の担保や弁済原資として流用する予定で株式の買収を行っている場合、④会社経営を一時的に支配して当該会社の事業に当面関係していない不動産、有価証券など高額資産等を売却処分させ、その処分利益をもって一時的な高配当をさせるかあるいは一時的高配当による株価の急上昇の機会を狙って株式の高値売り抜けをする目的で株式買収を行っている場合など、当該会社を食い物にしようとしている場合には、濫用目的をもって株式を取得した当該敵対的買収者は株主として保護するに値しないし、当該敵対的買収者を放置すれば他の株主の利益が損なわれることが明らかであるから、取締役会は、対抗手段として必要性や相当性が認められる限り、経営支配権の維持・確保を主要な目的とする新株予約権の発行を行うことが正当なものとして許されると解すべきである」と判示して、例外として不公正発行に該当しないと解される場合があることを明らかにしている。

　このように、本件は、例外的にではあるが、一定の場合には、新株予約権の発行という方法によって取締役会が行おうとした敵対的買収に対する対抗措置について、これが許容されることも明らかにしたものであり、特徴があるといえる。

【企業法務の視点】

　企業法務の視点からは、とりわけ、本件における裁判所の上述したような判断枠組が、従来の類似の事案における裁判所の判断枠組と照らして、どのような点で異なっているのか、ということに留意することが重要となる[3]。

　本件は、改正前商法下の事案である、いわゆるニッポン放送事件である。本件

---

3) 敵対的買収に対する対抗措置についての従来の裁判例について、例えば、徳本穰『敵対的企業買収の法理論』（九州大学出版会、2000）、田中亘『企業買収と防衛策』（商事法務、2012）等の文献を参照。

を契機に、わが国においても、敵対的買収に対する対抗措置についての裁判例が新たに蓄積され始めたが[4]、類似の事案は、本件以前にも、1980年代後半を中心に、新株発行（第3者割当増資）をめぐって、みられてきたところである[5]。そこでは、裁判所は、不公正発行に該当するか否かを判断するに当たり、いわゆる主要目的理論を採用することにより対処してきた。

　この主要目的理論によれば、新株発行の主要目的が買収者の持株比率を低下させ、かつ、当該新株の発行を決議した取締役の支配的地位を維持するためであると考えられる場合には、当該新株発行は不公正であるとされ、もし、新株発行の主要目的が会社の資金調達のため等会社の通常の事業目的のためであると考えられる場合には、当該新株発行は公正であるとされてきた。そして、この主要目的理論の適用における特徴としては、例えば、下記注5) の中のいわゆる宮入バルブ事件に典型的にみられるように、裁判所は、主要目的の認定にあたり、主として、会社に資金調達の必要性があったか否かという要素を考慮の対象とし、その他の要素についてはさほど問題とせず、比較的容易に対象会社の主張を認容することにより、主要目的は対象会社の資金調達にあると認定した上で、不公正発行には当たらないと判示してきたことが挙げられる。そして、こうした結果、例えば、上述の宮入バルブ事件（第1次事件）では、買収者が対象会社の発行済株式総数の過半数に足る株式を取得した場合であったが、対象会社が友好的関係にある会社に対して第三者割当増資を決議した際に、それは新株の不公正発行には当たらないと判示されていた[6]。

　それでは、なぜ、このように、従来の裁判例には、主として、会社の資金需

---

4) 本件以後の裁判例として、予防策に関するいわゆるニレコ事件（東京高判平成17年6月15日（判時1900号156頁））、株式分割をめぐるいわゆる日本技術開発事件（東京地判平成17年7月29日（判時1909号87頁））、従来の裁判例とは異なり株主総会において対抗措置を決定したいわゆるブルドックソース事件（最判平成19年8月7日（民集61巻5号2215頁））等がみられる。

5) そうした事例として、例えば、いわゆるタクマ事件（大阪地決昭和62年11月18日（判例時報1290号144頁））、宮入バルブ事件（東京地決昭和63年12月2日（第1次事件）（判例時報1302号146頁）、東京地決平成元年9月5日（第2次事件）（判例時報1323号48頁））、忠実屋・いなげや事件（東京地決平成元年7月25日（判例時報1317号28頁））等がある。

6) なお、いわゆる忠実屋・いなげや事件（前掲注(5)）は、例外的に不公正発行にあたると判示した裁判例であるが、そこでは、特殊な事案内容等が影響を与えたものと推測される。また、主要目的理論について、例えば、江頭憲治郎『株式会社法　第4版』（有斐閣、2011）708-710頁を参照。

要の有無という要素を考慮して、多くの場合に対象会社の主張が認容されるという傾向がみられたのであろうか。こうした背景には、比較法的にみると、わが国においては、例えば、米国のデラウエア州の判例理論[7]にみられるような、対抗措置の適法性を柔軟に司法審査するための判断枠組がそれまで確立されていなかったために、事案に応じた合理的な解決を困難にするという面があったからではないかと推測される。すなわち、主要目的理論によれば、上述したように、新株発行の主要目的が、対抗措置のように、会社の資金調達（あるいは、他の会社との資本提携、従業員持株制度の推進等）会社の通常の事業目的のためであるとは考えられない場合には、それは不公正発行にあたると判断されることになると思われる。そこで、こうした結果、たとえ、対抗措置が対象会社の利益のために行われ、対象会社の企業価値を高めるものであったとしても、主要目的理論によれば、そうした目的での新株発行はやはり不公正発行に当たると考えられるように思われる。そこで、こうした点から、従来の裁判例においては、もし、事案の本質的な争点が対抗措置であると認められる場合に、事案としてはとにかく第三者割当増資の効力を維持すべきであると判断されるときには、資金調達の目的が主要目的か否かという問題設定を行い、主要目的を資金調達目的であると認定して、当該第三者割当増資を不公正発行ではないと結論づけてきたものと、推測される[8]。

そこで、このようにみてくると、従来の裁判例にみられる主要目的理論は、新株発行が会社の通常の事業目的のために行われる場合において、そこに不公正さが介在するような場合には、一応、機能するといえるが、新株発行が対抗措置の目的で行われる場合には、対抗措置の適法性を柔軟に司法審査するための判断枠組としては、うまく機能しないのではないかと思われる。

これに対して、本件にみられる新たな判断枠組の内容は、大要、「敵対的買収において、対象会社は、いわゆる機関権限の分配秩序の観点から、原則として、対抗措置をとることは許容されない。そして、対象会社は、株主全体の利益の保

---

[7] とりわけ、デラウエア州の最高裁判所によるユノカル判決（Unocal Corp. v. Mesa Petroleum Co., Del.Supr., 493 A.2d 946 (1985)）を期に生成・発展したいわゆるユノカル基準が、その典型例である。この点について、例えば、前掲注3）の拙著の56頁以下を参照。
[8] この点について、前掲注3）の拙著の47頁を参照。また、松井秀征「取締役の新株発行権限（1）」法学協会雑誌114巻4号69頁も参照。

護という観点から、対抗措置をとることを正当化する特段の事情があるときに、例外的に、手段の相当性等が認められる場合には、対抗措置をとることが許容される場合がある」とする旨の内容である。そこで、この判断枠組の内容の特徴は、対抗措置の目的でなされた新株予約権発行について、それを原則と例外に分けて検討しているところにある。特に、その判断枠組は、企業価値の毀損を防ぎ企業価値を維持・向上させる等の目的でなされる新株予約権の発行、すなわち、会社の利益のために対抗措置としてなされる新株予約権の発行が、不公正発行にあたるか否かについて、わが国で初めて、例外的にではあるが、一定の場合には、会社の利益のために対抗措置として新株予約権の発行を行うことが許容されることを明らかにしており、その点においても、意義が少なくないように思われる。

　それでは、本件にみられる判断枠組は、従来の裁判例にみられる主要目的理論といかなる差異を有するのであろうか。次に、この点について整理したいと考える。

　上述したように、従来の主要目的理論によれば、新株発行の主要目的が、対抗措置のように、会社の資金調達等会社の通常の事業目的のためであるとは考えられない場合には、不公正発行に当たると判断されることになる。これに対して、本件にみられる判断枠組によれば、上述したように、対抗措置であると認定された場合にも、直ちに不公正発行に当たるとされるのではなく、さらに、原則と例外に分けて検討され、もし、例外的な場合に当たるとされると、手段の相当性等が認められる場合には、対抗措置をとることが許容されることになる。そこで、この点において、差異があるように思われる。

　このようにみてくると、本件にみられる判断枠組は、形式的な面では、従来の裁判例にみられる主要目的理論と同様の形式を帯びているといえるが、内容的な面では、異質な内容を含むといえ、本件にみられる判断枠組を、単に従来の裁判例にみられる主要目的理論の延長線上のものにあると捉えることには、無理があるのではないかと思われる。

　それでは、従来の裁判例にみられる主要目的理論と本件にみられる判断枠組の射程は、いかに異なるのであろうか。これまでの検討からは、次のように整理されるのではないかと思われる。すなわち、まず、問題となる募集株式および新株

予約権の発行が、会社の通常の事業目的のために行われる場合であり、そこに不公正さが介在するような場合には、基本的に、従来の裁判例にみられる主要目的理論が適用されるように思われる。これに対して、問題となる募集株式および新株予約権の発行が、対抗措置の目的のために行われる場合には、基本的に、本件にみられる判断枠組が適用されるように思われる。そして、このことは、本件の直前に決定が下されたいわゆるベルシステム24事件[9]の司法判断の内容からも支持されうるように思われる。

そこで、問題となる募集株式および新株予約権の発行が、会社の通常の事業目的のために行われるのか、それとも、対抗措置の目的で行われるのか、その区別をいかに行うのかが重要になるように思われる。こうした区別は、従来、わが国では、それほど深く認識されてはこなかったように思われるが、本件を契機とした新たな裁判例の登場により、かかる区別が明確化されたことにも、意義があるように思われる[10]。

今後のさらなる裁判例の蓄積を通じて、敵対的買収と対抗措置をめぐる合理的な利害調整の実現が図られることが期待される。

【発展課題】

1. 本件で判示された4つの類型以外に、その他一般的に企業価値を毀損することが明らかであると考えられる場合にも、取締役会の決議により、新株予約権の発行という方法によって、敵対的買収に対し対抗措置をとることは、適法と解されるか。
2. 1.の場合において、会社から独立した委員からなる第三者委員会が置かれており、その委員会において、敵対的買収に対して対抗措置をとることを取締役会に対して勧告することが、全員一致で決議されたとする。このような事情がある場合には、1.の結論は、左右されるか。
3. いわゆる株式の持合いを進める目的での募集株式の発行については、いかに

---

[9] 東京高決平成16年8月4日（金融・商事判例1201号4頁）。
[10] かかる区別については、経済産業省と法務省による「企業価値・株主共同の利益の確保又は向上のための買収防衛策に関する指針」（平成17年5月27日発表）も、そうした区別を意識してまとめられている。

考えたらよいか。

判例 No. 27[11] 【チェックポイント：MBO における株式取得の対価はどのように考えられるか】

【設問】

1. A社（後にY社に吸収合併された）は、会社の事業活動を支配・管理すること等を目的とする株式会社である。A社は、株主総会において、全部取得条項付種類株式の取得の決議を行った。これに対して、株主であったXらは、株主総会に先立ち、A社に対して、決議に反対する意思を通知し、株主総会において決議に反対した。その後、Xらが所有していた株式は、この決議に基づいて、A社によって取得された。なお、Y社は、マネジメント・バイアウト（MBO）のために設立された会社であるが、A社に対して公開買付けを実施する旨を公表したところ、A社は、公開買付けに賛同の意を表明し、公開買付けがMBOの一環として行われる取引であること等を明らかにした。Y社は、公開買付けを実施したが、その後、残存する株主を締め出すために行われたのが、本件取得である。
2. 原告であるXらは、会社法172条1項に基づいて、裁判所に対して、取得価格の決定を申し立てた。
3. ①裁判所において、MBO における株式取得の対価の決定は、いかに行われるか。②また、①において、株式の客観的価値や今後の株価上昇に対する期待を評価した価額は、いかに算定されるか。

【論点の解説】

1. MBO における株式取得の対価の決定について（論点①）

主要論点1：取得価格の決定の申立てがされた場合において、裁判所は、当該株式の取得日における公正な価格をもって、その取得価格を決定する。裁判所が、当該株式の取得日における公正な価格を定めるに当たっては、取得日における当該株式の客観的価値に加えて、強制的取得により失われる今後の株価の上昇に対する期待を評価した価額をも考慮する。会社法は、取得価格の決定を、記録に表れた諸般の事情を考慮した裁判所の合理的な裁量に委ねたものと解される。

---

11) 東京高決平成 20 年 9 月 12 日（金判 1301 号 28 頁）。

本件において、裁判所は、上述したように判示して、大要、取得価格とは、取得日における全部取得条項付種類株式の公正な価格であるとし、それを定めるに当たっては、取得日における株式の客観的な価値に加えて、強制的取得により失われる今後の株価の上昇に対する期待を評価した価額をも考慮するという判断枠組を採用している。そして、取得価格の決定手続は非訟手続であり、法は価格決定の基準について格別規定しておらず、裁判所の裁量に委ねており、価格の決定に当たっては裁判所の監督的・後見的役割が期待されている[12]。

2. 株式の客観的価値や今後の株価上昇に対する期待を評価した価額の算定について（論点②）

> 主要論点2：一般に、株式市場においては、投資家による一定の投機的思惑の影響を受けつつも、各企業の資産内容、財務状況、収益力および将来の業績見通しなどを考慮した企業の客観的価値が株価に反映されているということができ、株式の評価に当たっては、異常な価格形成がされた場合など、市場株価がその企業の客観的価値を反映していないと認められる特別の事情のない限り、取得日に近接した一定期間の市場株価を基本として、その平均値をもって株式の客観的価値とみるのが相当である。

　MBOと近接した時期においてMBOを実施した各社の例をみてみると、上記各社においては、公開買付けの公表前の3か月または6か月の間の市場株価の単純平均値にプレミアムを加算した価格をもって買付価格としていること等が認められる。そして、公開買付けに当たっては、買付価格は、プレミアムを加えた価格であるとの説明がされたが、相手方会社は、このようなプレミアムを設定した具体的な根拠については特に主張立証をせず、事業計画書や株価算定書の提出もしないのであって、このことも考慮するならば、株式の客観的価値に、プレミアムを加算した額をもって、株価の上昇に対する評価額を考慮した株式の取得価格と認めるのが相当である。

　本件において、裁判所は、大要、上述したように判示しているが、特に、今後の株価上昇に対する期待を評価した価額を、近接した時期に行われたMBOにお

---

[12] この点について、最決昭和48年3月1日を参照。

けるプレミアムの平均値から算定していることが注目される。

【企業法務の視点】

　企業法務の視点からは、とりわけ、上述したように、取得価格の決定手続は非訟手続であり、裁判所の裁量に委ねられていること等から、取得価格の公正さが争われる際に、裁判所がいかなる基準に基づいて判断を行うのか、その判断枠組の内容を明確化して行くことが、当事者に対する予測可能性の点からも、重要となる[13]。

　本件は、会社法下の事案である、いわゆるレックス事件である。本件は、わが国において、MBOにおける株式の取得価格の公正さが裁判によって争われた最初の事案である。MBOとは、一般的に、企業を非公開化して抜本的な経営改革を行う等の目的で当該企業の経営者が資金を出資して自らが経営している企業を買収することをいう。そのため、経営者は利益相反的な地位に立つことになり、株主に対して支払われる対価が不当に低く抑えられる等の懸念が生じる[14]。

　本件では、原決定[15]と本決定で結論が異なっていたため、最高裁に抗告されていたが、最高裁は抗告を棄却し、本決定が確定した[16]。なお、MBOにおける株式取得の対価の決定についての本件の判断枠組（【論点の解説】の1.参照）は、本件以降の類似の裁判例においても、おおむね踏襲されている[17]。

　MBOにおいては、経営者が利益相反的な地位に立つことから、支配・従属関係がある会社において組織再編行為が行われる場合と同様、価格の公正さが問題

---

[13] この点について、例えば、「89　MBOにおける株式の取得価格」江頭憲次郎・岩原紳作・神作裕之・藤田友敬編『会社法判例百選（第2版）』（有斐閣、2011）183頁（德本穣担当）、白井正和『友好的買収の場面における取締役に対する規律』（商事法務、2013）等の文献を参照。

[14] この点について、例えば、経済産業省企業価値研究会「企業価値の向上及び公正な手続確保のための経営者による企業買収（MBO）に関する報告書（2007）を参照。

[15] 東京地決平成19年12月19日（金判1283号22頁）。

[16] 最決平成21年5月29日（金判1326号35頁）。

[17] そうした裁判例として、例えば、サンスター事件（最決平成22年2月23日（資料版商事法務312号123頁））、サイバード事件（東京高決平成22年10月27日（資料版商事法務322号174頁）、最決平成23年6月2日（平23（ク）5号））、オープンループ事件（札幌高決平成22年9月16日（金判1353号64頁参照））等がある。なお、カルチュア・コンビニエンス・クラブ事件（大阪地決平成24年4月13日（金判1391号52頁））もあわせて参照。

となる。こうした観点からすると、本件のように、公開買付け後に残存する株主の締出しが行われる場合には、締出しの前提として行われた公開買付けに際して設定された公開買付価格が、独立当事者間における交渉を経た価格と同視することができる状況下における価格であるか、さらにいえば、MBO の対価の形成過程が公正であるか、ということが問題になると思われる[18]。そこで、このようにみてくると、MBO の対価の形成過程が公正ではないと判断される場合には、裁判所は、価格決定に介入し、そのことを前提として、取得価格を決定することになろう。裁判所は、独立当事者間に準じた交渉が行われたか否かを、価格の形成過程の公正さを判断する際の一要素として、特に重視しているものと位置づけられる[19]。

それでは、MBO の対価の形成過程が公正であるためには、公開買付けに際して、いかなる措置が必要となるのか。この点について、一般的には、MBO における利益相反の観点から、公正な手続を通じた株主利益への配慮が必要とされ、利益相反の回避または軽減措置が講じられることにより、MBO の透明性や合理性が確保されることが必要とされよう[20]。

そこで、MBO に関しては、公開買付規制の開示手続の充実が図られ、買付け等の価格の算定に当たり参考とした第三者による評価書、意見書その他これらに類するものがある場合には、その写しを公開買付届出書に添付しなければならないとされ[21]、さらに、買付価格の公正性を担保するための措置が講じられているときは、その具体的内容の記載も要求されている[22]。

なお、本件においては、裁判所は、今後の株価上昇に対する期待を評価した価額を、近接した時期に行われた MBO におけるプレミアムの平均値から算定して

---

18) この点について、例えば、前掲注 3) の拙稿およびそこで引用している文献を参照。
19) もっとも、カルチュア・コンビニエンス・クラブ事件では、公開買付価格が DCF 法による価格算定結果の評価レンジの下限価格をかなり下回る価格であったという特殊な事案ではあるが、そのことを根拠として、裁判所が公正な価格を実質的に判断すべきである旨を判示しており、注目される。
20) この点について、例えば、本件の最高裁決定における田原睦夫裁判官の補足意見等を参照。
21) 金商法 27 条の 3 第 2 項、公開買付府令 13 条 1 項 8 号参照。
22) 金商法 27 条の 3 第 2 項、公開買付府令 12 条、第二号様式・記載上の注意 (6) f 参照。その他の特例として、第二号様式・記載上の注意 (25)、第四号様式・記載上の注意 (3) d 等も参照。なお、これらに対応して、上場規則による適時開示義務も強化されている。

いることから、こうした裁判所の対処については、個々の案件の特殊性を無視しているとか、リスクを負担してMBOに参画する経営者や外部投資家等のインセンティブを阻害するとの批判もみられる[23]。

本件において、裁判所が、このような算定方法をとらざるを得なかったのは、相手方会社から事業計画書や株価算定評価書の提出がなされなかったためであるが、この点について、裁判所が、価格決定に介入し、取得価格を決定することになる場合、一般的には、鑑定評価のために事業計画書等の提出がなされることが望ましいと思われる。

しかし、事業計画書等は通常外部への公表を予定した書類ではなく、意図的に保守的に作成されたものではない事業計画書等の提出を常に期待することには難しい面もあり、会社側への証拠の偏在という問題もあること等から、現実的には、本件のような算定方法をとらざるを得ないような場合もあるのではないかと思われる[24]。

本件に関連して、今後、MBOにおける取締役の行為義務の内容を明確化することが重要になると思われるが、そうした観点から、本事案に関連する損害賠償請求事件[25]やシャルレ事件[26]等は、注目に値する。

【発展課題】

1. 本件において、原決定と本決定で、同様の判断枠組が採用されていながら、裁判所が異なる結論を下したのは、なぜであろうか。
2. MBOの対価の形成過程が公正であるためには、公開買付けに際して、利益相反の回避または軽減措置として、具体的に、いかなる措置を講じておけばよいか。
3. MBOにおける取締役の行為義務の内容は、いかなるものであろうか。

---

[23] この点について、例えば、前掲注3）の拙稿及びそこで引用している文献を参照。
[24] この点について、例えば、前掲注3）の拙稿及びそこで引用している文献を参照。
[25] 東京地判平成23年2月18日（金判1363号48頁）。
[26] 東京高判平成23年12月21日（判タ1372号198頁）。

判例 No. 28[27] 【チェックポイント：新株の有利発行について取締役はどのような責任を負担するか】

【設問】

1. 補助参加人であるZ社は、毛髪製品の製造および販売等を目的とする株式会社であり、その定款をもって、株式を譲渡するには取締役会の承認を要する旨を定めていた。
2. Z社は、取締役会において、被告である代表取締役Y_1に対して自らの保有する自己株式3万3,217株を1株1,500円で売却する旨を決議した。その際、被告Y_1は、特別利害関係があるとして決議に加わらず、被告である取締役Y_2～Y_4が決議に賛成した。また、Z社は、さらに、取締役会において、新株の種類および数として普通株式4万株、発行価額を1株につき1,500円、割当先をY_1～Y_3を含む7名として、第三者割当の方法により新株発行を行う旨も決議した。その際、被告であるY_1～Y_4が決議に賛成した。これらの自己株式処分および新株発行に係る議案は、臨時株主総会において、出席株主の議決権の3分の2以上の賛成によって承認可決された。もっとも、臨時株主総会においては、自己株式処分および新株発行が、特に有利な価額によるものであることを前提とする説明は行われなかった。
3. 原告（X）はZ社の株主であるが、自己株式処分および新株発行は著しく不公正な価額により行われたものであり、取締役であるYらには「特に有利な価額」による発行に必要な手続を経ていない法令違反等があると主張して、Yらに対し、会社法212条1項1号（改正前商法280条の11（同法211条3項が準用している））に基づく通謀引受人の責任ないし会社法423条1項（改正前商法266条1項5号）に基づく損害賠償として、公正な価額であると主張する金額（1株3万2,254円）から実際の発行価額である金額（1株1,500円）を控除して算出した差額22億5,171万5,618円およびこれに対する遅延損害金を連帯して支払うよう求めて、株主代表訴訟を提起した。
4. ①本件新株発行が著しく不公正な価額で行われたことについて、取締役は、会社に対して損害賠償責任を負うのか、あるいは、株主に対して直接に第三者に対する責任を負うのか。②本件新株発行に係る議案は、臨時株主総会において、出席株主の議決権の3分の2以上の賛成によって承認可決されたものの、そこでは、本件新株発行が、特に有利な価額によるものであることを前提とする説明は行われていなかったが、この株主総会の決議をいかに評価すべきか。

---

27) 東京地判平成24年3月15日（判時2150号127頁）。

【論点の解説】

1. 法定の手続を経ずに、いわゆる有利発行が行われた場合に、取締役は、対会社責任を負うのか、あるいは、株主に対して直接に対第三者責任を負うのか（論点①）

> 主要論点1：本件新株発行が決議された臨時株主総会においては、本件新株発行が特に有利な発行価額によるものであることを前提とする説明は行われておらず、本件新株発行は、会社法199条2項、同3項（改正前商法280条の2第2項）所定の有利発行に関する株主総会の特別決議を経ないで行われたものであって、被告らは、発行価額に関して公認会計士等の専門家の意見を聴取することなく、取締役会において、全員一致の賛成によって本件新株発行を決議したというのである。そうすると、被告らには、会社法199条2項、同3項（改正前商法280条の2第2項）所定の手続を経ないで著しく不公正な価格で本件新株発行を行った点において、法令違反行為を行ったものであり、これについて過失があるといわざるを得ない。

　裁判所は、本件新株発行における公正な価額は、少なくとも1株当たり7,000円を下らないから、補助参加人は、本件新株発行が著しく不公正な価額で行われたことによって、2億2,000万円（公正な価額と発行価額との差額5,500円×4万株）の損害を被ったというべきである。したがって、被告らは、会社法423条1項（改正前商法266条1項5号）に基づき、補助参加人に対して連帯して2億2,000万円を支払う義務を負うというべきであると判示した。

　Xは、本件新株発行に関する請求の他に、本件自己株式処分に関する請求を行っている。本件において、裁判所は、本件自己株式処分が著しく不公正な価額によって行われたものであるということはできないと判示して、これを退ける一方、本件新株発行に関する請求については、これを認容している。そこで、以下では、特に、本件新株発行に関する請求について、述べることにしたい。

　本件において、裁判所は、大要、上述したように判示して、本件新株発行が著しく不公正な価額で行われたことについて、Yらに法令違反等があったかどうかをめぐり、株主の代表訴訟によって、取締役の会社に対する損害賠償責任が追及された事案において、その請求を認容している。

2. 本件臨時株主総会の決議の評価について（論点②）

> 主要論点2：第三者割当の方法による新株発行において、旧株式の持分価値よりも低い価額で発行が行われると、既存株主が有していた持分価値の一部が新株に移転し、既存株主の経済的利益が害されることから、株主以外の第三者に対して特に有利な発行価額で新株を発行するには、その理由を開示した上で株主総会の特別決議による承認を得なければならない（会社法199条2項、同3項（改正前商法280条の2第2項））。ところが、認定した事実によると、本件新株発行が決議された臨時株主総会においては、本件新株発行が特に有利な発行価額によるものであることを前提とする説明は行われておらず、本件新株発行は、会社法199条2項、同3項（改正前商法280条の2第2項）所定の有利発行に関する株主総会の特別決議を経ないで行われた。

　本件において、裁判所は、大要、上述したように判示して、本件臨時株主総会の決議について、法定の有利発行に関する株主総会の決議を経ないで行われたものと評価している。

【企業法務の視点】

　企業法務の視点からは、とりわけ、上述したように、法定の手続を経ずに、いわゆる有利発行が行われた場合に、取締役は、会社に対して損害賠償責任を負うのか、あるいは、株主に対して直接的に、第三者に対する責任を負うのか、ということが重要となる[28]。

　本件は、改正前商法下の事案である、いわゆるアートネイチャー事件である。本件における争点は多岐にわたっているが、上述のように、ここでは、本件新株発行に関する請求について、とりわけ、本件新株発行が著しく不公正な価額で行われたことについて、Yらに法令違反等があったかどうかという点を中心に、述べていくことにしたい。

　まず、法定の手続を経ずに、いわゆる有利発行が行われた場合に、取締役は、会社に対して損害賠償責任を負うのか、あるいは、株主に対して直接に第三者に

---

[28] この点について、例えば、「4　非上場会社における自己株式の処分価額と新株発行価額と取の責任」椿寿夫・奥田昌道・徳田和幸・櫻田嘉章・森本滋編『私法判例リマークス　47号』（日本評論社、2013）90頁（徳本穰担当）、田中亘「募集株式の有利発行と取締役の責任—会社の損害か株主の損害か—」新堂幸司・山下友信編『会社法と商事法務』143頁（商事法務、2008）等の文献を参照。

対する責任を負うのか、という点について、従来の裁判例には、株主が代表訴訟により会社に対する責任を追及した事例と、株主が取締役に対して直接第三者に対する責任を追及した事例とがあるが、一部の例外を除き、大要、いずれの請求についても認められてきたように思われる。

　これらの裁判例のうち、株主の代表訴訟による会社に対する責任追及を認容したものとして、例えば、①東京地判平成12年7月27日[29]があり、そこでは、違法な有利発行により、公正な発行価額の総額と実際の発行価額の総額との差額分の損害が会社に発生したとして、責任追及を認容している。他方、株主の第三者に対する責任追及を認容したものとして、例えば、②東京地判昭和56年6月12日[30]、③京都地判平成4年8月5日[31]、④東京地判平成4年9月1日[32]、⑤大阪高判平成11年6月17日[33]（③の事案の差戻し後の控訴審判決である）、⑥東京地判平成24年2月7日[34]等がある。これらの裁判例のうち、②と④の裁判例は、いずれも株主総会の特別決議を経ることなく有利発行が行われた事案であり、そこでは、取締役らの悪意・重過失による任務懈怠を認定し、責任追及を認容している。そして、その際、株主も、会社法429条1項（改正前商法266条ノ3第1項）にいわゆる第三者の範囲に含まれるとし、取締役の任務懈怠と相当因果関係のある損害であれば、いわゆる直接損害であると間接損害であるとを問わず、その賠償を取締役に請求できるとしており、最判昭和44年11月26日[35]を踏まえながら、株主の損害についていわゆる両損害包含説の立場から事案の処理を行っている。また、③と⑤の裁判例は、定款で株式の譲渡制限をしている会社において、株主が2派に分かれて対立している中で、取締役が第三者に対して行った新株発行に関して、株主が責任追及を行った、いわゆる明星自動車事件の事案である。この事件は、複雑な内容からなり、裁判自体も紆余曲折を辿った。そして、③と⑤では、それぞれ異なる内容の判旨を示したが、大要、③では、

---

29) 判タ1056号246頁。
30) 判時1023号116頁。
31) 判時1440号129頁。
32) 判時1463号154頁。
33) 判時1717号144頁。
34) 平成22年（ワ）第9044号、LEX/DB25491791。
35) 民集23巻11号2150頁。

特定の株主に対する加害意図について判示しながら、株主の損害を直接損害と捉えて、取締役の株主に対する責任を認容したのに対し、⑤では、結論として責任を認容したものの、特定の株主に対する加害意図や直接損害についての判示を示さなかった[36]。また、⑥の裁判例は、株主総会の特別決議を経ることなく有利発行が行われた事案であり、そこでは、株主の保有に係る株式の新株発行による価値減少に関して損害賠償責任を負うものと判示している。

このように、裁判例の理論的立場は必ずしも明確とはいえないが、株主の第三者に対する責任追及を認容するものも含め、違法な有利発行により会社に損害が生じることに理解を示すものが多いように思われる。

また、学説の状況であるが、学説では、従来、大きくは、違法な有利発行により会社は公正な払込金額と実際の払込金額の差額分の損害を被るとし、株主の損害は、会社に損害が発生したことによる反射的な効果であると解する間接損害説[37]と、有利発行により会社に損害は発生せず、株主の損害はもっぱら直接損害と見るべきであると解する直接損害説[38]とが、対立してきた（前者が伝統的な多数説であり、後者が有力説である）。そして、間接損害説の中にも、細かくは、株主が、代表訴訟ではなく、直接に損害を賠償するよう取締役に請求することもできるか否かについて、さらに見解が分かれており、これを否定する見解が少なくないが、一定の場合には、株主による直接請求をも認める見解がある[39]。

---

[36] この明星自動車事件の詳細については、例えば、拙稿「新株の発行と取締役の第三者に対する責任」琉大法学 67 号（伊志嶺恵徹教授退官記念号）193 頁を参照。
[37] 例えば、河本一郎「商法二六六条ノ三第一項の『第三者』と株主」服部榮三先生古稀記念『商法学における論争と省察』261 頁（商事法務研究会、1990）、鈴木竹雄・竹内昭夫『会社法（第 3 版）』425 頁（有斐閣、1994）等。
[38] 例えば、吉本健一「新株の有利発行と取締役の責任」判評 439 号（判時 1534 号）2 頁、杉田貴洋「新株の有利発行と既存株主の経済的利益の保護」法律学研究 26 号 51 頁等。
[39] こうした見解として、例えば、違法な有利発行であると同時に、いわゆる不公正発行（会社法 210 条 2 号）でもあるときは、会社に損害を与えると同時に株主に対しても直接に損害を与えていると解する同時侵害説（例えば、龍田節「批判（京都地判平成 4・8・5）」商 142 号 38 頁、福島洋尚「新株の有利発行と取締役の責任―会社支配争奪の局面を中心に―」南山法学 22 巻第 1 号 35 頁等）や、論者により広狭の差はあるものの、特に違法な有利発行の問題に限ることなく、間接損害一般について、株主による直接請求の余地を認める見解（例えば、江頭憲治郎『株式会社法（第 4 版）』470 頁注 3（有斐閣、2011）、竹内昭夫「取締役の責任と代表訴訟」『会社法の理論Ⅲ』288-290 頁（有斐閣、1990）、竹内昭夫著・弥永真生補訂『株式会社法講義』599-601 頁（有斐閣、2001）、弥永真生『リーガルマインド会社法（第 13 版）』225-226 頁（有斐閣、2012）等））等がある。なお、裁判例ではあるが、傍論として、閉鎖会社について、直接請求の可能性を認めるものとして、東京高判平成 17 年 1 月 18 日がある。

また、直接損害説の中にも、細かくは、取締役が支配権維持の目的のために募集株式の発行をした場合には、調達資金の額は重要ではなく発行株式数が重要であるとして、この場合には、「(公正な払込金額－現実の払込金額)×現実の発行株式数」の損害が会社に発生したと解し、株主の代表訴訟による責任追及を認める見解[40]がある。また、その他に、株主の損害を直接損害とみるか間接損害とみるかは、取締役が違法な募集株式の発行という任務懈怠に代えて、取締役としていかなる行為をすべきであったと評価するか(「なすべき行為」は何であったか)によって決まり、株主は、その選択により、取締役の責任を代表訴訟によって追及することも、また、直接請求によって追及することも認められるべきであると解する見解[41]もある。

本件において、裁判所は、結論において、株主の代表訴訟による会社に対する責任追及を認容したが、これは、上述のように、従来の裁判例の判断傾向に沿うもののように思われる。もっとも、本件において、裁判所は、単に、「本件新株発行における公正な価額は、少なくとも1株当たり7,000円を下らないから、補助参加人は、本件新株発行が著しく不公正な価額で行われたことによって、2億2,000万円(公正な価額と発行価額との差額5,500円×4万株)の損害を被ったというべきである」と判示するにとどまり、いかなる理論構成により、そのような結論を導いているのかについては、不分明である。この点について、上述のように、学説上、さまざまな見解がみられるところではあるが、かかる見解の少なくないものが、株主の代表訴訟による会社に対する責任追及の認容という本判決の結論自体は、これを支持する余地があるのではないかと思われる。

なお、主要論点2で述べたように、本件では、本件新株発行に係る議案は、臨時株主総会において、出席株主の議決権の3分の2以上の賛成によって承認可決されたものの(すなわち、株式譲渡制限のある株式会社において第三者割当増資をするのに必要な特別決議(会社法199条2項(改正前商法280条ノ5ノ2第1項但書))は行われたが)、そこでは、本件新株発行が、特に有利な価額によるものであることを前提とする説明が行われていなかったことから、この株主総会の

---

40) 例えば、藤田友敬「自己株式取得と会社法(上)」商事法務1615号15頁注45等。もっとも、藤田友敬「株式会社の企業金融(2)」法学教室265号79頁注17も参照。
41) 田中・前掲注2) 173頁以下。

特別決議をいかに評価すべきであるか、という問題がある。この点について、同様の事案において、実質的には決議を経たといえるとして、手続の違法性を否定した裁判例である大日本除蟲菊事件[42]もみられるが、本件において、裁判所は、所定の特別決議として行われたものではなかったと判示している。

この点について、裁判所が認定した事実によれば、本件新株発行が、特に有利な価額によるものであることを前提とする説明は、臨時株主総会において、行われていなかったことからすれば、有利発行であることを株主総会において株主が認識していたとはいえないように思われる。そこで、こうした点が、本判決と前述した裁判例との結論の差異に、影響を与えたのではないかと推測される。

この点について、本判決は、本件新株発行が特に有利な価額によるものであることを前提とする説明の内容について、そこでは具体的にどの程度の内容の説明が必要とされるのかについては、明らかにしてはいない。そこで、この点について、もし、有利発行であることが示され、それを株主が認識した上で、株主総会が行われることまで必要であると解すると、本判決が判断したように、法定の有利発行に関する株主総会の特別決議を経ないで行われたものと評価すべきことになるように思われる。そして、本件の控訴審判決[43]も、株主に対する救済の可能性の観点からの補足的な説示も加えながら、本判決を是認している。

【発展課題】
1. 取締役の会社に対する責任を認めるに当たっては、会社に生じた損害の立証が必要になるが、そうした会社の損害を立証するには、本件において、いかなるアプローチがとられているか。
2. 本件において、裁判所は、本件自己株式処分については、著しく不公正な価額によって行われたものであるということはできないとし、他方で、本件新株発行について、著しく不公正な発行価額によって行われたものであると判示しているが、このような判断は、妥当といえるか。

---

42) 大阪地判平成15年3月5日（判時1833号146頁）。もっとも、同裁判例の事案では、株主総会の開催前に、原告株主が会社の総務部長からファクシミリ文書を受領していたことから、裁判所は、原告株主が新株発行の議案の内容を認識していたものと推認することができると、認定している。
43) 東京高判平成25年1月30日（金判1414号8頁）。

3. 本件において、仮に、払込金額が示され、その金額での募集を必要とする理由が説明されてさえいれば足りるとし、それが特に有利な価額であることを示して説明する必要まではなく、株主が有利発行であることを認識している必要もないと解することが可能であれば、本件株主総会の特別決議について、これを本判決とは別異に解する余地がありうるであろうか。

第2節　意思決定機関としての株主総会

【はじめに】

　株主総会は、会社の構成員である株主が決議により会社の基本的意思決定を行うための機関であるとされており、業務執行やその監視は、取締役会や監査役（会）などの機関に委ね、その業務執行者や監視者の選任権限を通じてコントロールしているという形態である。この株主総会については、会社法が改正されたことを含め、株主の権利や保護が強調されるようになったことから、従前の株主総会実務がそのまま適用できない場面もあり、また最近のように、株主総会で積極的に発言をする株主が増えたり、株主提案が株主総会で行われる事例も目立ってきている状況下では、そのための準備が重要であり、特に議長である代表取締役社長がどのように総会運営を行うか、そこで想定される問題、特に法的に株主総会決議が後日取消されたり、無効とならないよう格別の注意をもって株主総会の運営を行うことが重要であるため、法的なチェック機能が強く求められている。もちろん、株主総会には、顧問弁護士が事前に想定問答のチェックをすることを含め、外部の専門家の協力を得ることは当然として、企業自身の内部の組織である企業法務担当部署の果たす役割は大きいといわざるを得ない。

　株主総会に関連して、企業法務部門が果たす役割は、企業の業種や規模によって異なっているようである。一般的には、株主総会事務のうち、法的問題に関しては、企業法務担当者が関与することが多く、株主総会が開催される前には、株主総会において想定されるさまざまな問題を想定問答として整理し、株主総会が円滑に行われるよう、事前準備の一部を担うことも多く、事後は上場企業であれば、株式市場への情報開示の問題なども適時に行うことが求められ、それが遺漏なく行われるよう関与したり、自ら事後管理を行うというところも多い。一方、

規模の大きな企業であれば、総務部が株主総会実務の実施や事後管理を行っているところが多く、そのよう場合には、法務の機能は、株主総会に関連した法的な問題に関する法的な調査や分析・対応などの業務に限定されていることが多いと思われる。

　株主総会において企業法務が関与する問題には、株主総会における議決権行使に関連する問題、また総会決議の効力問題や取消問題、さらには株主提案の取扱いや一般株主についての不利な扱いの問題など、さまざまな運営上の問題もあるが、本節においては、多くの企業の法務部門が特に関与することが多いと思われる株主総会における取締役の説明義務の問題と株主総会の決議の有効性の問題に関する判例を取り上げ、論点や実務上のポイントを整理した。

判例 No. 29[44)]　【チェックポイント：株主総会における取締役の説明義務違反により総会決議は無効となるか】

【設問】

1.　X（原告）は、各種鋼材、鉄鋼製品等の製造および販売等を目的とし、その株式を東京証券取引所市場第一部に上場している株式会社であるY（被告）の株式を保有する株主である。また原告Aは、Yの株式を保有する株主であり、Xの代表者である。
　　原告Aは、2011年5月27日付招集通知書の受領後、同年6月23日、Yに対し、岡山工場での不法投棄に関係したG監査役等のY役員の責任や廃棄物の処理費用が決算に与える影響、高松工場での不法投棄の内容や処理方針等について本件株主総会で回答を求める本件質問状を送付していたところ、YのB社長は、同年6月28日開催の本件株主総会の議長として各議案を上程し、その内容について説明した後、株主から質問等を受け付けた。
2.　原告Aは、G監査役が1971年頃から長年にわたって岡山工場で不法投棄を行っていたが、B社長はそのことを承知しているはずであるとした上で、不法投棄の事実が明らかになっているにもかかわらず、G監査役が現在も常勤監査役として監査を行っていることは誠に看過し難いものであり、Yがこの件について具体的に何らの対応もしていないのであれば、同人以外の役員の責任問題も生じるものと考えているとして、①G監査役に対する損害賠償責任の追及、②監査役としての地位への影響、③G監査役による不法投棄が発覚した後のY

---

44)　東京地判平成24年7月19日（判時2171号123頁）。

役員の責任、④企業としてのコンプライアンスについて、Yの考えを聞きたいと説明を求めたところ、B社長は、岡山工場の件は不法投棄に当たらないと考えており、原告Aの質問についてはその前提を欠くため、回答の要をみないなどと説明するとともに、併せて、行政の指導を仰ぐため、速やかに倉敷市に対して事実関係を報告するとともに、周辺環境への影響の有無を確認するため、同市との協議に基づき調査を行った結果、周辺環境への影響がないことを確認し、今後については、同市からの指導に基づき、定期的に水質調査を実施し適切に対処するつもりであると説明し、提案された各議案は賛成多数で決議された。
3. これに対して、Yの株主であるXらが、Yに対し、2011年6月28日開催の定時株主総会において可決された決議について、株主総会でのYの取締役の説明には説明義務違反があり、決議の方法が法令に違反しまたは著しく不公正であると主張して、同年9月23日にその取消しを求めた（会社法831条1項1号）。
4. ①株主総会における取締役等の説明義務はどこまで求められるのか、②総会までに質問状が出されているかどうかは、説明義務に影響するのか、③その説明義務の違反は、決議方法の違反として取消事由とされるのか、それとも、それにより決議方法が著しく不公正であると認められる場合にはじめて、決議取消事由とされるのか。

【論点の解説】
1. 取締役等の株主総会における説明義務とは（論点①）

> 主要論点1：平均的な株主としても、その時点で廃棄物の撤去は求められておらず、今後も定期的な調査が実施される予定であると理解できることから、議決権行使の前提として合理的な理解および判断を行いうる程度の説明があったと判断され、説明義務違反は認められない。

　本件において、Xらは、岡山工場における産業廃棄物の埋立ては不法投棄に当たり、これを否定するB社長の説明は虚偽であるから、原告Aの質問への回答を拒絶することに正当な理由はなく、仮に不法投棄に当たらないという被告の立場に立つとしても、原告Aの質問は本件各決議と深い関連性を有するのであり、B社長が行った説明では、平均的な株主において議決権行使の前提となる判断を行うことはできないから、Yの取締役の説明には説明義務違反があると主張したが、裁判所は、取締役等は、会社法314条に基づき、株主総会において、決議事項の内容、株主の質問事項と当該決議事項との関連性の程度、質問がされるまで

に行われた説明の内容および質問事項に対する説明の内容に加えて、質問株主が保有する資料等も総合的に考慮して、平均的な株主が議決権行使の前提として合理的な理解および判断を行いうる程度の説明をする義務を負うものと解するのが相当であるとした。

そして、B社長の説明は、不法投棄に当たらないことの根拠や廃棄物の投棄状況等の前提となる事実関係を明らかにしていない点で、いささか不十分ではあるものの、原告Aの質問が不法投棄であることを前提としたものであったことに照らすと、不法投棄であることを否定し、その余の質問に回答する必要がないとした上で、所管行政庁への報告・調査の事実や今後の対策を説明したことが不合理であったと認めることはできない。また、平均的な株主としても、B社長からの上記説明により、その時点で廃棄物の撤去は求められておらず、今後も倉敷市の指導に従って定期的な水質調査を実施するなどの対応をとる予定であると理解することが可能であり、剰余金処分や新たな役員（取締役、監査役）の選任、退任役員に対する退職慰労金支給といった本件各議案との関係においても、議決権行使の前提として合理的な理解および判断を行いうる程度の説明があったものと認めることができる、という判断であった。

2. 株主総会までに出された質問状の効果は（論点②）

> 主要論点2：株主総会前の質問状は、取締役等に事前に調査の機会を与え、株主総会で質問があれば応答できるように準備をさせるためのものであって、株主総会に出席して説明を求めなければ、取締役等がこれについて説明義務を負うものではない。

Xは、Yに対し、岡山工場での不法投棄に関係したG監査役等のY役員の責任や廃棄物の処理費用が決算に与える影響、高松工場での不法投棄の内容や処理方針等について本件株主総会で回答を求める本件質問状を送付していたところ、本件株主総会における各議案の内容について説明した後、株主質問の際に、原告Aは、長年にわたって岡山工場で不法投棄を行っていたが、B社長はそのことを承知しているはずであるとした上で、不法投棄の事実が明らかになっているにもかかわらず、G監査役が現在も常勤監査役として監査を行っていることは誠に看過し難いものであり、Yがこの件について具体的に何らの対応もしていないので

あれば、同人以外の役員の責任問題も生じるものと考えているとして、G監査役に対する損害賠償責任の追及や企業としてのコンプライアンスなどについて、Yの考えを聞きたいと説明を求めた。

これに対して、B社長は、岡山工場の件は不法投棄に当たらないと考えており、原告Aの株主総会における質問については、不法投棄をしたとの前提を欠くため、回答の要をみない、また、株主総会において質問がされた事項については、誠実に回答をしているなどと説明したことにつき、裁判所は、株主総会前の質問状は、取締役等に事前に調査の機会を与え、株主総会で質問があれば応答できるように準備をさせるためのものであって、株主総会に出席して説明を求めなければ、取締役等がこれについて説明義務を負うものではなく[45]、一連の事実経過を踏まえると、Yが、本件株主総会の開催の時点で、上記の専門的な調査や所管行政庁への相談報告に加えて、自ら廃棄物処理法に違反するか否かを調査し、これを説明すべき義務があったと認めることはできないとの判断であった。

3. 説明義務違反に伴う決議取消事由とは（論点③）

> 主要論点3：説明義務違反があった場合の効果について、説明義務違反それ自体は取消事由を構成せず、決議方法の法令等の違反として、株主総会決議の取消事由になる。

株主総会の決議における瑕疵のうち、決議取消事由とされる瑕疵については、決議の取消しの訴えという形成判決によることが必要であるとされており、議決権行使の妨害[46]、定足数不足[47]、賛否の認定の誤り[48]、招集通知に記載のない事項の決議[49]、監査役・会計監査人の監査を経ない計算書類の承認[50]、などと同様に、説明義務の違反[51]も決議方法の法令違反とされており、株主総会決議取消事由になるとしている（会社法831条1項1号）。

---

45) 最判昭和61年9月25日（金法1140号23頁）。
46) 東京高判平成4年11月16日（金法1368号尾76頁）。
47) 最判昭和35年3月15日（判時218号28頁）。
48) 東京地判平成19年12月6日（判タ1258号69頁）。
49) 最判平成10年11月26日（金判1066号18頁）。
50) 東京地判平成元年8月22日（金判844号16頁）。
51) 東京地判昭和63年1月28日（判時1263号3頁）。

なお、議長の議事運営方法が不公正であり適切さを欠いている場合にも決議取消事由に該当するかという点については、複数の株主が説明を求めて発言したのに、議長が質問の機会を与えないまま裁決の手続きをとった点について、株主総会の議長の議事整理権限の行使として不適切ないし不公正なものであるが、監査役候補者の適格性を判断するために必要な情報はすでに明らかとなり、平均的な株主が合理的な理解、および判断を行うために必要な説明はなされていたとして、決議の取消しを認めざるを得ないほど著しく不公正なものとまで認めることはできないとされた事例もある[52]。

【企業法務の視点】

株主総会において、株主から特定の事項（報告事項や決議事項等）について説明を求められたときは、取締役らがこれについて必要な説明をしなければならないこととされている（会社法第314条）。これは、株主総会の報告事項と決議事項につき株主が正確に理解し、議決権を行使するための合理的判断を下すことができるように配慮したものである。したがって、ここでいう説明義務の範囲と程度は、株主が決議事項の合理的な理解および判断をするために客観的に必要と認められる事項に限られることとなり（判断基準の客観性）、また、この場合の質問事項は「特定の事項」でなければならないので、抽象的な質問については、説明義務はないとされている。ちなみに、これまでの実務では、参考書類記載事項が説明義務の一応の基準となるとの見解が共通認識となっているようである[53]。

なお、会社法上、下記の①から⑥までの場合には、説明を拒絶できるものとされている。

① 株主総会の目的事項に関しないものである場合
② 説明をすることにより株主共同の利益を著しく害するものである場合
③ 説明するために調査をすることが必要である場合（ただし、株主が事前に質問事項を会社に通知していた場合やその事項について説明するのに必要な調査が著しく容易である場合を除く）

---

52) 東京地判平成16年5月13日（東京スタイル決議取消事件：金判1198号18頁）。
53) 鳥飼重和『株主総会の議長・答弁役員に必要なノウハウ』（商事法務、2005）。

④ 説明することにより会社その他の者の権利を侵害することとなる場合
⑤ 実質的に同一の事項について繰り返し説明を求める場合
⑥ その他正当な理由がある場合

以上からも、企業法務として留意すべきは、株主総会の運営が適法になされることが最小限の必要事項であることを認識して、株主に株主総会における発言の機会を与えること、ならびに、議案との関係で株主の質問に対し説明義務を尽くした回答をすることにより、株主に十分発言の機会を保障することである。

【発展課題】
1. 取締役等の説明義務に関して、もし質問株主が平均的株主よりも多くの資料を有している場合には、これを前提に説明義務の内容を判断することができるかどうか[54]。
2. 株主が事前に書面で質問事項を送付したが、総会当日議長がいわゆる一括回答において当該質問事項に個別的に回答しなかった場合には、取締役の説明義務違反があるといえるか[55]。
3. 株主総会における報告事項について、もし報告事項に関連する質問に対して説明義務違反があった場合、説明義務違反のない決議事項についての決議も取消すことができるか[56]。

判例 No. 30[57] 【チェックポイント：総会でなされた役員報酬の追認決議は有効か】

【設問】

1. 原告Xは、1995年9月14日に設立された食料品の販売および飲食店の経営等を業とするA株式会社（以下、「A会社」という）の株主として、13株（発行済株式総数100株）を保有している。被告 Y_1、Y_2、Y_3 および Y_4 は、A会社の設立時から現在に至るまで、A会社の取締役の地位にあり、被告 Y_5 は、A会

---

54) 東京地判平成16年5月13日（金判1198号18頁）。
55) 東京地判平成元年9月29日（金判882号27頁）。
56) 福岡地判平成3年5月14日（判時1392号126頁）。
57) 最判平成17年2月15日（判時1890号143頁、判タ1176号135頁）。

社の設立時から平成10年3月23日まで監査役の地位にあったが、同日以降は、A会社の取締役の地位にあった。なお、訴外Bは、平成10年3月23日からA会社の監査役の地位にあった。
2. A会社の定款上、取締役の報酬および監査役の報酬（以下、「役員報酬」という）は、それぞれ株主総会の決議をもって定めることとされていたが、A会社は、設立時から平成12年6月までの間、Y_1、Y_2、Y_3およびBに対し、取締役会の決議に基づき、取締役報酬または監査役報酬の名の下に、合計5,850万円（以下、「本件役員報酬」という）を支払ったところ、A会社においては、本件訴訟提起後の平成13年9月23日に株主総会が開催され、株主10名全員が出席し、7名（持株数合計74株）の賛成、3名（持株数合計13株）の反対により、A会社の設立時にさかのぼって効力が生ずる条件付決議として、取締役の報酬総額を年額3,000万円以内（使用人兼務取締役の使用人分の給与を含めない）として、その配分方法は取締役会に一任し、監査役の報酬総額を年額500万円以内とする旨の決議（以下、「本件決議」という）がされた。
3. 本件訴訟は、Xが、本件役員報酬が本件会社の定款および旧商法269条（平成14年法律第44号による改正前のもの。改正後は、会社法361条）、旧商法279条1項（同会社法387条1項）に違反して株主総会の決議に基づかずに支払われたものであり、YらはA会社の取締役または監査役としてA会社が被った本件役員報酬相当額の損害をA会社に賠償すべき義務を負っていると主張して、Yらに対し、連帯してA会社へ上記損害の賠償をするよう求めた株主代表訴訟である。
4. ①株主総会の決議を経ないで支払われた役員報酬について、事後的に株主総会の決議を得ることで適法有効なものとできるか、②株主代表訴訟が提起された後の事後的な株主総会の決議は、訴訟を勝訴に導くためのものであり、訴訟手続上の信義に著しく反することになるか、③株主総会の決議により事後的に認めることが取締役の会社に対する責任を免除する決議とならないか。

【論点の解説】
1. 事後的な株主総会決議による役員報酬の有効性（論点①）

主要論点①　株主総会の決議を経ないで支払われた役員報酬であっても、事後的に株主総会の決議を得ることにより、役員報酬を株主総会の決議によって定めるという法（旧商法269条）の趣旨目的は達せられるため、違法とはならない。

　株式会社の取締役および監査役の報酬については、法（旧商法269条、279条1項）は、いわゆるお手盛りの弊害を防止するという制約を課し、また監査役の

報酬については、監査役の独立性を保持するということから、定款にその額の定めがないときは、株主総会の決議によって定めると規定し、株主の自主的な判断に委ねるところにあるという通説・判例の考え方がある[58]。そして、本件では、第1審[59]から最高裁まで、これまでの通説・判例を踏襲し、最高裁では「そして、株主総会の決議を経ずに役員報酬が支払われた場合であっても、これについて後に株主総会の決議を経ることにより、事後的にせよ上記の規定の趣旨目的は達せられるものということができるから、当該決議の内容等に照らして上記規定の趣旨目的を没却するような特段の事情があると認められない限り、当該役員報酬の支払いは株主総会の決議に基づく適法有効なものになるというべきである。そして、上記特段の事情の存在することがうかがえない本件においては、本件決議がされたことにより、本件役員報酬の支払いは適法有効なものになったというべきである」と判断し、すでになされた役員報酬支払いは、事後に株主総会の決議を経ることにより、法による規制の趣旨は達せられるとして、適法有効なものとなるとした。

問題は、本件が株主代表訴訟提起後にこの役員報酬の支給を追認する株主総会決議をした点であるが、この点については、「適法な株主総会において本件各支出が決議承認（追認）されたものであり、過去に株主総会が存在しないとしても、その後の株主総会において、役員報酬の支出の承認をして完全な適法化を図ることは法的に可能である。けだし、…このように解してもお手盛りの弊害は防止することができるからである」と述べた先例もある[60]。

2. 訴訟提起後の株主総会決議は、訴訟上の信義に反して許されないか（論点②）

> 主要要点②　株主総会の決議によりすでに支払済みの本件役員報酬の支払いを適法有効なものとすることが許される以上、株主代表訴訟の提起後に行った株主総会の決議に本件訴訟を被告Yらの勝訴に導く意図が認められるとしても、それだけでは本件決議の存在を主張することが訴訟上の信義に反すると解することはできない。

---

58) 浜田道代『新版注釈会社法（6）』（有斐閣、1987）386頁、最判平成15年2月21日（判タ1172号96頁）。
59) 京都地判平成14年7月23日（金判1218号55頁）。
60) 最判平成14年1月22日（判タ1086号121頁）。

第1審では、本件訴訟提起後に開かれた株主総会において遡及的に役員報酬について上限を定め、配分方法を取締役会に一任するとの決議がなされたことによって、役員報酬として支出した金員は現時点では株主総会の決議に基づくものということができるとして、Xの請求を棄却したが、控訴審では、「株主である控訴人Xが、株主総会決議を経ずに支払われた役員報酬について取締役である被控訴人Yらに対し損害賠償を求めて提起した株主代表訴訟の控訴審で、本件訴訟提起後に開かれた株主総会でなされた、遡及的に取締役の報酬総額の上限を定め、配分方法を取締役会に一任する旨の決議は、商法269条、商法279条1項に違反するということはできず、無効ということもできないが、本件訴訟を被控訴人Yらの勝訴に導くためになされたものであって、訴訟上の信義に著しく反するものであり、被控訴人Yらが上記決議の存在を主張することは許されない」などとして、原判決を取り消し、控訴人Xの請求を認容したところ、上告されたものである。上告審では、「このように、本件会社の株主総会において、本件決議によりすでに支払済みの本件役員報酬の支払いを適法有効なものとすることが許される以上、本件決議に本件訴訟を上告人らの勝訴に導く意図が認められるとしても、それだけでは上告人らにおいて本件決議の存在を主張することが訴訟上の信義に反すると解することはできず、他に上告人らが本件決議の存在を主張することが訴訟上の信義に反すると認められるような事情はうかがわれない」とされ、原審である高裁の上記判断を破棄したものである。

3. 株主総会の決議により役員報酬を事後的に認めることが取締役の会社に対する責任を免除する決議とならないか（論点③）

> 主要要点③　本件役員報酬の支払いは、本件決議がされたことによって適法なものとなるのであるから、取締役の責任を免除する株主総会の決議の対象とはならない。

　取締役の会社に対する責任の免除には総株主の同意を要するとする規定（改正前商法266条5項、会社法424条）があるところ、株主総会の決議により事後的に役員報酬の支払いを認めることが矛盾するのではないかという問題が提起されたが、事後の総会決議により役員報酬の支払いが法令・定款に違反する行為で

はなくなるとみる以上は、取締役の法令・定款違反行為を対象とする上記の規定の決議の対象にはならないこととなる。

最高裁では、この点について、高裁の判断には判決に影響を及ぼすことが明らかな法令の違反があるとして破棄し、「本件決議がされたことによって適法なものとなるのであるから、取締役の責任を免除する株主総会の決議の対象とはならないし、本件会社が本件役員報酬相当額の損害を被っていることにもならない」と判断した。

【企業法務の視点】

本件は、どちらかというと株主が少数で限定されている会社における問題であり、大会社等においてはほとんど起きない問題ではあるが、役員報酬の規制は、会社法上、最も論議の多い問題である。

取締役にどれだけの報酬を支払うべきかの判断は、取締役候補者の能力・識見への評価と密接に関連する事柄であり、この面から考えれば、取締役の選任機関である株主総会が取締役の報酬を決めるのは当然の帰結であると考えるものもいるが[61]、取締役の報酬決定は、会社の経営機関に関する適正なコストの支出の判断として、本来は経営問題、つまり業務執行事項に属するという考えもあった。

しかし、取締役会がそれを自分たちで決めるのでは、いわゆるお手盛りの危険が生じることとなり、株主の利益を害しかねないとして、法律上、株主総会への権限移譲を定めたものであるという、旧商法269条についての通説的解釈がなされているようである[62]。この旧商法269条は、新会社法にも継承されている。

ちなみに、監査役の報酬に関しては、これを業務執行事項の一環として取締役会ないし代表取締役が監査役の報酬を決めたのでは、監査役の独立性が害され、中立的な監査を期待できないことから、株主総会の決議事項とされている（旧商法279条、会社法387条1項）。

なお、この取締役等役員の報酬に関する株主総会決議の問題は、コーポレー

---

61) 上柳克郎他『新版注釈会社法 (6)』（有斐閣、1987) 386頁など。
62) 北沢正啓『会社法［第六版］』（青林書院、2001) 374頁、竹内昭夫＝弥永真生『株式会社法講義』（有斐閣、2001) 605頁、前田庸『会社法入門［第10版］』（有斐閣、2005) 390頁など。

ト・ガバナンス上の意義も指摘されており、株主による経営監督効果の確保、ひいては少数株主も参加した総会において取締役の報酬額を決議させることにより、多数株主から取締役会への報酬額の決定の一任を認めないという効果がある。

【発展課題】
1. 取締役の退職慰労金に関して、株主総会において、その金額について、従来の基準に従い、相当額の範囲内とし、具体的金額等の決定は、取締役会に一任する旨の決議がなされ、取締役会では、この金額の決定を取締役会長等に一任する旨の決定がなされた場合、この株主総会の決議は会社法に違反するといえるか[63]。
2. 監査役の退職慰労金等の報酬に関して、慣例的に代表取締役が、その金額等を提示することがあるが、これは監査役の独立性に反しないか[64]。

第3節　コーポレート・ガバナンスの実現に向けた取締役会管理[65]

【はじめに】
　会社法（2005年7月26日法律第86号）の下では、取締役会は必要的設置機関ではなくなったが、取締役会を設置する会社（以下、「取締役会設置会社」という。同2条7号）において、取締役会は業務執行の決定等を行う重要な会社の機関であり、公開会社や監査役会設置会社[66]や委員会設置会社[67]等においてはその設置が義務づけられている[68]。取締役会設置会社においては、取締役は3名以上でなければならず（同331条4項）、取締役会はすべての取締役によって

---

63) 最判昭和58年2月22日（判時1076号140頁）。
64) 江頭憲治郎『株式会社法［第4版］』（有斐閣、2011）500頁など。
65) 参考文献：商事法務編『取締役・執行役ハンドブック』（商事法務、2008）。東京弁護士会会社法部編『新・取締役会ガイドライン』（商事法務、2011）。
66) 会社法の下では、原則として株式会社には監査役会を設置する必要はないが、大会社である公開会社は、委員会設置会社を除いて、監査役会を設置しなければならない（同328条1項）。
67) 委員会設置会社とは、取締役会の中に指名委員会、監査委員会及び報酬委員会を置く株式会社をいう（同2条12号）。
68) 委員会設置会社における取締役会と取締役は、職務内容や責任、任期等が異なる。本節では、取締役会設置会社における取締役会について解説する。

構成される（同362条1項）。そして、取締役会は、会社の業務執行の決定、取締役（代表取締役を含む）の職務執行の監督、それと代表取締役の選定・解職を行う（同362条2項）権限を有している[69]。

　取締役の招集権限は、通常、定款または取締役会規則で定められており、取締役会長または取締役社長に招集権限を認めるのが一般的である。そのような取決めがない場合には、各取締役に招集権があり（同366条1項）、取締役会を招集しようとする取締役は、取締役会が開催される少なくとも1週間前（ただし定款によって本期間の短縮が可能）までに全員の取締役及び監査役（監査役設置会社の場合）に対して、取締役会を開催する旨を通知する必要がある（同368条1項）。一方、実務面では定時取締役会[70]を含め、取締役会の招集手続は企業法務が一元管理しているのが一般的であり、その運営や管理は、企業法務の重要な役割の一つである。会社法のもとでは、株主総会の招集手続と異なり、取締役会の招集は必ずしも書面によることを要せず、また議題を示すことも求められていない。しかし、会社の業務執行を担い、代表取締役を含む他の取締役の業務執行状況を監督する機能を有する取締役会の管理・運営は、コーポレート・ガバナンス実現のための要であり、企業法務は、取締役会で決議・報告すべき事項に見落としはないか、取締役会で議論するために必要な資料は準備・配布されているか、決議は適切であるか（例えば利害関係取締役が議決に参加していないか）などを事前にチェックすると共に十分な通知・連絡を心がける必要がある。また、企業法務には、必要に応じて出席する取締役（特に社外取締役）に取締役会の開催に先立って議題の論点などを説明するなど、取締役会運営についての積極的な関与を通じて、取締役会が十全に機能するための支援が期待されている。さらに、会社法上は、取締役および監査役の全員の同意がある場合には、取締役会の招集の手続を省略して開催することが可能（同368条2項）であるが、そのような要求が取締役からあった場合であっても、企業法務は、やむを得ない事情が認められるか、また一部の取締役の恣意によってコーポレート・ガバナンス原則にもとる決議がなされる懸念はないかなどをチェックすることが必要であろう。

---

69) なお、取締役会設置会社の株主総会は、会社法に規定する事項及び定款で定めた事項のみを決議できる（同295条）。
70) 株式会社は最低3か月に1度は取締役会を開催しなければならない（同363条2項）。

判例 No. 31[71] 【チェックポイント：グループ再建計画策定における取締役の善管注意義務とは何か】

【設問】

1. ホテル事業を営む会社（A社）は、同社の関連会社で同じ事業を営むB社が業績不振に陥り、赤字経営を続けていたことから、B社に対して複数の関連会社の資金の一元管理を行う会社を経由して継続的に融資をし、その間にB社を含むグループ全体の再建計画に基づいてB社に対する債権放棄をするなどの金融支援を行ったが、この融資・債権放棄によってA社は多額の損害を被った。
2. 原告（X）はA社の株主であるが、次の理由から、A社が被った損害（約28億円）の支払いを求めて、株主代表訴訟を提起した。
   (1) A社代表取締役 Y_1 は、上記の融資を差し控えるか、仮に融資を実行するとしても担保を徴するなどの十分な債権保全措置を講ずべき善管注意義務および忠実義務があったのにこれを怠って融資を実行し、後に債権放棄を行った。
   (2) A社の取締役 Y_2 は、上記融資等を行うことを承認する取締役会決議に賛成したためこれを承認したものとみなされ、あるいは会社の業務が適正に行われるように Y_1 の業務執行を監視、監督すべき善管注意義務および忠実義務があったのにこれを怠った。
   (3) B社に対する融資について、Y_1 は、上記融資が重要な財産の処分に該当するにも拘わらず、取締役会の承認を得ずに実行した。
   (4) Y_1 は、A社の代表取締役として、自ら代表取締役を務めるB社に対して融資・債権放棄を実行しているが、これは利益相反取引に該当する。
3. ① Y_1・Y_2 についてXが主張する義務違反は認められるか。②関連会社に対する本件融資は会社法362条4項1号に規定する「重要な財産の処分」に該当するか。③ Y_1 はB社の代表取締役を兼任しているが、A社を代表し他社を経由してB社に融資したことは会社法356条1項2号に定める利益相反取引に該当するか。

---

71) 大阪地判平成14年1月30日（判タ1108号248頁）。

【論点の解説】
1. 取締役の善管注意義務違反の有無について（論点①）

> 主要論点1：経営判断原則に基づき、取締役の経営措置が善管注意義務に違反するとして、その責任を追及するためには、当該措置がとられた時点において、判断の前提となった事実の認識に重要かつ不注意な誤りがあったか、あるいはその意思決定の過程、内容が企業経営者として特に不合理、不適切なものであったことを要する。

　裁判所はまず上記の経営判断原則を確認している。なお、取締役の注意義務違反の有無を判断するに際して、経営判断原則を採用する裁判例は他にも多く見られる[72]。本件では、A社がグループ全体の再建計画を策定する前にB社に対して行った融資について、①同社が資本関係と役員関係の双方において密接な関係を有すること、②ホテル事業は設立当初は多額の投資負担により数年間赤字を計上することが通例であること、さらに③B社が倒産するようなことになれば、出資金・貸付金が回収不能になり、またA社グループの信用失墜を招く懸念があったこと等の事情を考慮して裁判所は融資の必要性を認めた。また、融資金の回収可能性については、B社が倒産しA社の融資金が回収不能となる具体的予見可能性は認められないと判断している。さらにA社がグループ全体の再建計画策定後にB社に対する債権放棄を行ったことについて、B社の有利子負債を縮減し、倒産を回避することによって、企業イメージ低下を防止することは、A社にとって過剰な負担とはいえず、またこれらの判断の決定過程が特に不合理、不適切であるとはいえないことから、Y_1・Y_2に善管注意義務違反を認めることはできないと判断している。

　経営判断の原則とは、株式会社の取締役など経営者の判断を事後的に裁判所が審査することについて一定の限界を設ける原則である。アメリカにおいては取締役の意思決定過程に不合理がないことを審査するが、判断内容の合理性には踏み込まない点がわが国の裁判実務と異なっている[73]。なお、最近では経営判断の過程は厳重に審査すべきであるが、内容は抑制的でなければならないとして、異

---

72) 東京高判平成8年2月8日【確定】（判夕924号271、金判1008号38頁）。
73) 江頭、前掲注64）、439頁。

なる審査基準を採用すべきとする考え方も示されている[74]。

2.「重要な財産の処分」に該当するか否かの判断基準（論点②）

> 主要論点2：「重要な財産の処分」に該当するかどうかは、当該財産の価額、その会社の総資産額に占める割合、当該財産の保有目的、処分行為の態様および会社における従来の取扱い等の事情を総合的に判断すべきである[75]。

　裁判所は、本件融資の金額は、A社の総資産額の0.2％弱にすぎず、これはB社の運転資金不足を補うための融資の一部として行われたこと、一部融資は債権放棄を前提に行われたが、債権放棄については取締役会の承認がすでに取得されていたこと、取締役会に対する付議はA社の取締役会規程に則り一貫した取扱いがなされていることなどから、会社法362条4項1号に規定する「重要な財産の処分」には該当しないと判断した。

3.「利益相反取引」の判断基準（論点③）

> 主要論点3：会社法423条2項の責任の成否を判断するに当たっては、会社と取締役または第三者との利益相反が実質的にもたらされるかを考慮することを排除するものではない。

　裁判所は商法265条1項（会社法356条1項2号）の文理を忠実に解釈して、A社が第三者を経由してB社に融資したことについて、商法の規定を回避する目的で第三者を介在させた等の特段の事情がない限り利益相反取引には該当しないと判断した。次に、裁判所はY₁がA社の代表取締役として、Y₁が代表取締役を兼任するB社に対する債権を放棄したことについて、形式的には商法265条1項前段に該当するとしても、実質的にみて、当該取引がA社の利益を図る目的でなされたものであり、かつ、当該取引の内容、効果等その客観的な性質に照らし会社と取締役または第三者との間に利益相反をもたらさないと評価される

---

74) 神崎克郎「経営判断の原則」、森本滋・川濱昇・前田雅弘編『企業の健全性確保と取締役の責任』（有斐閣、1997）217-219頁。
75) 最判平成6年1月20日（判タ842号127頁）。

場合にまで、損害賠償責任を負担させることを予定しているものではないと判断した。そして、本件については、A社が被るおそれのある損失を回避すると共に、A社の信用を維持する効果を有していたことから、A社とY1または第三者との間に利益相反は生じないと判断している。

【企業法務の視点】

　企業法務は、コーポレート法務を通じて、取締役が義務を忠実に遂行するための支援を行い、またより効率的にコーポレート・ガバナンスが機能するための取締役会の運営を管理している。取締役は会社に対して忠実義務を負担しているが、その義務違反が問われる株主代表訴訟においては、取締役会への付議の有無や取締役会における議論の態様が重要な判断材料になる場合も少なくない。また、取締役会は、経営に関する意思決定の機能と併せて業務執行の監督権限を有する。各取締役は代表取締役等の監視・監督義務も負っているため、各取締役は取締役会に上程された事項のみを監視するだけでは不十分である[76]点についても注意が必要である。

　論点①は、取締役の善管注意義務違反の問題である。取締役は、会社に対して表5に記載した義務を負担している。

表5　取締役の義務

責任の種類	内　容
代表取締役の業務執行に対する監督義務	取締役は、代表取締役の業務執行を全面的に監督する権限を有している。また、法令または定款違反行為が、取締役会決議に基づいてなされる場合には、議案に反対する意図を表明することと、議事録には、異議を唱えた旨を記載する必要がある。議事録に異議を唱えた旨を記載していない取締役は、決議に賛成したものと推定される（会社法369条5項）。
忠実義務	同355条は、「取締役は、法令および定款ならびに株主総会の決議を遵守し、株式会社のため忠実にその職務を行わなければならない」と規定している。取締役は自己または第三者の利益を優先させて会社の利益を犠牲にしてはならない。
競業避止義務	同356条1項は、「取締役は、次に掲げる場合には、株主総会において、当該取引につき重要な事実を開示し、その承認を受けなければならない」と規定しており、具体的には取締役が会社と競業取引を行う場合を挙げている（同356条1項1号）。

---

76) 最判昭和48年5月22日。

取締役の義務違反の有無は2段階の基準、すなわち①判断の前提になった事実の認識について不注意な誤りがなかったか、②事実認識に基づく意思決定の過程・内容が会社経営者として著しく不合理なものでなかったかにより判断される。企業法務は、上記の2つの基準で前提となる「事実認識」が正確に行われるように、取締役会通知の記載や配布される資料の内容を事前に確認するだけではなく、社外の専門家（弁護士や公認会計士等）の意見聴取の要否も検討する必要がある。

　論点②は「重要な財産の処分」に関する判断基準である。商法260条は、昭和56年商法改正により現行の規定になったが、改正の目的は、代表取締役等一部の取締役の不適切な業務執行のチェックのため、取締役会の形骸化を防止して、取締役会の権限の明確化、強化を図るという点にあった。取締役会の付議事項は、表6に示したとおり多岐に及ぶが、企業法務は上記改正の趣旨に照らして、より効果的なコーポレート・ガバナンスを実現するために、会社の規模や取引の種類（定性・定量）を多角的に検討して適切な基準を設定すると共に、定期的に見直しを実施すべきである。

　論点③は、利益相反取引（自己取引）の問題である。本件取引について、形式的には利益相反取引に該当するとしても、実質的に利益相反が生じないと裁判所は判断している。しかし、形式的に利益相反取引に該当する取引が取締役会に付議されなかった事実は、コーポレート法務が将来の紛争予防をその主たる目的の1つとする観点からは、問題があったと指摘せざるを得ない。形式要件に該当する会社取引については、適宜取締役会に付議するように企業法務が管理・指導すべき立場にある。

【発展課題】
1. 代表取締役による無謀な株式投資について、取締役会に出席していた取締役は、積極的に賛成はしなかったが結果としてこれを黙認した。当該投資は失敗して会社に莫大な損失が生じた。この場合、黙認した取締役について監督義務違反は認定されるか[77]。

---

77) 東京地判平成5年9月21日。

表6　取締役会付議事項例

分類	決議事項例
株主総会関連	株主総会の招集・日時および場所・議題・議案・書面投票採用などの決定 株主総会の招集権者および議長となるべき代表取締役などの順序 株主総会の決議により授権された事項の決定等
取締役・取締役会等	代表取締役・役付取締役の選任・解任 支配人その他の重要な使用人の選任・解任 取締役の競業取引の承認 取締役と会社の利益相反取引の承認 取締役等に対する責任の免除（定款の定めによる） 取締役会を招集する取締役の決定等
業務・組織・規則等	重要な財産の処分・譲受け 多額の借財 適正業務体制（第Ⅰ部第2章参照） 常務会等の設置・改廃 重要な組織の設置・変更・廃止 取締役会規則の制定・改正 重要な社内規程の制定・改廃等
株式関連	譲渡制限付株式の承認・譲渡の相手方の指定（定款の定めによる） 自己株式の取得・自己株式の消却（定款の定めによる） 株式の無償割当等
社債関連・その他	募集株式の募集関連事項 新株予約権の発行関連事項 社債の募集関連事項（定款の定めによる） 中間配当の実施 剰余金の配当（定款の定めによる） 計算書類・事業報告・附属明細書の承認等

2. マンションリース業を営む甲社は同業種を営む乙社の3分の2の株主であったが、同社を子会社化するために乙社の株式を額面金額で取得した。公認会計士による乙社の株式評価額が上記の額面金額より相当程度低い場合に、甲社による乙社の株式取得は甲社取締役の甲社に対する義務違反と認定されるか[78]。

3. 取締役会に付議すべき「重要な資産の処分」であるにもかかわらず、取締役会における承認が取得されていない取引は無効と判断されるか[79]。

4. 利益相反取引について取締役の責任を問題とする場面では、取引の安全を配

---
78) 最判平成22年7月15日（判時2091号90頁、判タ1332号50頁、金判1353号26頁）。
79) 最判昭40年9月22日（判時421号31頁、判タ181号114頁）。

慮する必要はなく、適用範囲を明確にする要請もないから、取締役自身が取引の相手方となり、または取締役が第三者を代理・代表するのと実質的に同等の利益衝突の危険がある行為は、旧商法265条（利益相反取引）が適用されるという立場がある[80]。この立場を採用した場合、設問3③はどのように判断されるか。

判例 No. 32[81] 【チェックポイント：取締役会の手続・決議の瑕疵とは何か】

【設問】

1. Y株式会社はB会社に土地を譲渡したが、当時Y社の代表取締役AはB社の代表取締役を兼務していた。また、両社の株主構成は近似しているが同一ではない。Y社においてはAが上記取引に関連して取締役会を開催し、自ら議長となって上記取引に関する承認の決議がなされた。
2. 本件売買契約は、売買代金額も第三者の鑑定に基づいて決定され、本件取引の結果、経常利益で解消することが不可能な状態にあったY社の欠損金を減少させた事実が認定された。
3. Y社の株主であるXは、後にAが議長として主宰した上記Y社の取締役会決議は無効であるとして確認訴訟を提起した。
4. Y社は、Xがささいな手続的瑕疵をことさら問題にしてY社にいたずらに負担をかけていることや、また再度取締役会を開催しても同様の決議が行われることは明白であることから、本件決議の無効確認請求は、権利の濫用といわざるを得ないと主張している。
5. ①Y社とB社は株主構成が近似しており、設立の経緯から判断して実質的に親子会社の関係にある場合に、AがY社とA社の代表取締役として本件土地の売買契約を締結することは、取締役の自己取引に該当するか、また②AがY社の取締役会を主宰してなされた本件売買に関する取締役会決議について瑕疵が認定され無効と判断されるか。

---

80) 前田政弘「取締役の自己取引」、森本・川濱・前田、前掲注74）、310頁以下。
81) 東京高判平成8年2月8日【確定】（判タ924号271、金判1008号38頁）。

【論点の解説】
1. 自己取引とは

> 主要論点：①株主構成が近似しており、また実質的に親子会社の関係にあるとしても、実質的に利益相反の可能性を否定できない場合には自己取引に該当する。②自己取引の承認決議を求める取締役は、当該議案について特別利害関係人に該当し、決議に参加できず、取締役会の定足数にも算入されない。したがって、取締役会の構成員から除外されるべき特別利害関係人が主宰した取締役会決議は無効となる。

裁判所は、論点①について、形式的に自己取引に該当する場合であっても、実質的に利益相反の余地がない場合には、自己取引には該当しないと述べつつ、本件については、株主構成が異なる以上は利益相反の可能性を否定できないとして、自己取引に該当すると判断した。

また、論点②について裁判所は、「本件取締役会決議には、議決権のない者が決議に参加した瑕疵のほかに、特別利害関係人として議決権を否定される者が議事を主宰した瑕疵があり、これらの瑕疵を帯びた本件決議は無効と解すべきである」と判断した。「特別利害関係人として議決権のない取締役は、当該決議から排除されるべき者であり、そのような者に議長として議事を主宰する権限を認めることができないことは、特別利害関係人を排除する趣旨からみて当然のこと」と裁判所は述べている。その理由として、「原則として、会議体の議長は当該会議体の構成員が努めるべきであるし、取締役会の議事を主宰してその進行に当たる議長の権限行使は、審議の過程全体に影響を及ぼしかねず、その態様いかんによっては、不公正な結論を導き出す可能性も否定できない」と断じた。

取締役は会社に対して忠実義務を負っており、その議決に利害関係を有している取締役が参加すると適切な判断がなされないおそれがある[82]ため、取締役会決議について特別の利害関係を有する取締役は、議決に加わることができない[83]ばかりか、仮にその取締役が議決権を行使しない前提であっても、利害関係者はその取締役会の議長になることは認められない[84]。

---

82) 当該取締役は、議決権を有しないばかりでなく、取締役会の定足数もその取締役を除外して計算される（会社法369条1項）。
83) 会社法369条2項。
84) 東京高判平成8年2月8日。

【企業法務の視点】

　取締役会は、取締役会設置会社において業務執行の決定等を行う合議体であり、その構成員である取締役がその法的義務を遂行する1つの「場」として重要な意義を有する。企業法務は取締役会の事務局として、法令・定款・社内規則（取締役会規程など）に準拠しつつ、より優れたコーポレート・ガバナンスの実現に向けてスケジュール管理、議題の設定、招集通知および関連資料の審査・発送、議事録の作成・保管などの任務を担っている。また、最近では社外取締役の増加に伴い、組織内で専属のスタッフを持たないことから情報が不足しがちな社外取締役に対して、企業法務が事前に案件の解説を行う例も多くなりつつある。企業法務は、取締役会の決議に瑕疵が生じないよう万全の注意を払うことは当然として、さらに取締役会が適正かつ効率的に運営されるよう心がけるべきである。

　本件は、取締役会決議の瑕疵に関する論点を含んでいるが、会社法は取締役会決議の瑕疵について、明文規定をおいていない。したがって、一般原則に基づいて、確認の利益が認められる限り、第三者から無効の主張を受ける可能性を排除できない。企業法務は、そうした無効主張の原因となりかねないすべての事由の排除に努めるべきである。

　なお、最高裁は、当該取締役が出席しても決議の結果に影響がないと認められるべき特段の事情があれば、取締役会決議は無効にならないと判断している[85]。しかし、この特段の事情は、会社が立証しなければならず、そうした事情があったとしても決議の結果に影響を与えなかったことを証明することは容易ではない点に留意しなければならない。

【発展課題】

1. 決議について特別利害関係を有する取締役も、取締役会の議長となることは差し支えないとする学説[86]に依拠して取締役会を運営した場合の実務上の問題は何か。

---

85) 最判昭和44年12月2日。
86) この論点について、落合誠一（編）『会社法コンメンタール(8)：機関(2)』（商事法務、2011）298頁参照。

2. 会社定款に重要な事項については取締役会の決議を要する旨が規定されている場合、この取締役会決議を経ずに行われた取引は有効か[87]。
3. 代表取締役を解職する取締役会決議に際して、解職の対象となる代表取締役は特別利害関係人に該当するか[88]。

---

87) 最判昭和40年9月22日（判時421号31頁、判タ181号114頁）。
88) 最判昭和44年3月28日（判時553号74頁、判タ234号130頁）。

第3章 人的資源管理

【はじめに】

　企業は経営目標を実現するために、外部からヒト、モノ、カネ、情報の資源を調達し、それらを内部で製品やサービスに変換し、外部に提供する。人的資源管理とは、企業の経営資源であるヒト・モノ・カネ・情報のうち、ヒト（労働力）に関する管理活動の総称である。経営資源のうち、モノ、カネ、情報はそれらを活用するヒトがいて初めて役に立つものであり、人的資源は、経営資源の中で最も根源的な重要性を有している。

　企業における人的資源管理は通常、人事部門の担当であるが、解雇、いじめ・嫌がらせ、労働条件の引下げ、退職勧奨など人的資源管理に関する問題が法的紛争に発展した場合、企業法務の関与が求められる。

　労働紛争は、労働者のやる気の低下や離職、企業の生産性低下や紛争解決のためのコストなどさまざまな不利益をもたらし、その対応を誤れば企業の社会的信用が低下することもある。したがって、人的資源管理に関する問題については、紛争発生後の事後対応が大切なのはもちろんのこと、問題が発生したときに適切に対応し紛争を予防すること、そして問題再発を防止するための対策を講じることが、企業にとって重要である。

　企業法務の担当者には、労働法の遵守を含むコンプライアンスの観点から、企業の人的資源管理に問題がないか検討し、経営者や人事部門に適切な助言を与えることが求められる。

　本章においては、「人的資源管理」の分野において、企業法務担当者に相談が寄せられることの多いテーマを取り上げる。

第1節　労働法の適用対象

判例 No. 33[1]　【チェックポイント：雇用契約以外の形態による労務提供に労働基準法は適用されるか】

【設問】

1. 亡甲とXとの間の子である乙は、1998年4月16日に医師国家試験に合格し、同年5月20日に厚生大臣の免許を受けた医師である。乙は、同年6月1日から、学校法人Yが開設しているD医科大学附属病院（本件病院）の耳鼻咽喉科において臨床研修を受けていたが、同年8月16日に死亡した。
2. 本件病院の耳鼻咽喉科における臨床研修のプログラムは、2年間の研修期間を2期に分け、第1期（1年間）は、外来診療において、病歴の聴取、症状の観察、検査および診断の実施ならびに処置および小手術の施行を経験し、技術の習得および能力の修得を目指すほか、入院患者の主治医を務めることを通じて、耳鼻咽喉科の診療の基本的な知識および技術を学ぶとともに、医師としての必要な態度を修得する、第2期（1年間）は、関連病院においてさらに高いレベルの研修を行う、というものであった。
3. Yは、乙の臨床研修期間中、乙に対して奨学金として月額6万円の金員および1回当たり1万円の副直手当（以下、「奨学金等」という）を支払っていた。Yは、これらの金員につき所得税法28条1項所定の給与等に当たるものとして源泉徴収を行っていた。
4. Xらは、乙は労働基準法所定の労働者であり、最低賃金法所定の労働者に該当するのに、Yは乙に対して奨学金等として最低賃金額に達しない金員しか支払っていなかったとして、Yに対し、最低賃金額とYが乙に対して支払っていた奨学金等との差額に相当する賃金の支払いを求めて訴えを提起した。
5. 医師法所定の臨床研修を行う医師（研修医）は、労働基準法所定の労働者に当たるか。

---

1) 最判平成17年6月3日（判時1900号168頁、判タ1183号231頁）。

【論点の解説】
1. 研修医の「労働者」性について

> 主要論点：臨床研修は医師の資質の向上を図ることを目的とするものであり、教育的な側面を有しているが、そのプログラムに従い、臨床研修指導医の指導の下に、研修医が医療行為等に従事することを予定している。そして、研修医が医療行為等に従事する場合には、これらの行為等は病院の開設者のための労務の遂行という側面を不可避的に有することとなるのであり、病院の開設者の指揮監督の下にこれを行ったと評価することができるかぎり、研修医は労働基準法9条所定の労働者に当たる。

（1）「労働者」性の判断枠組

　労働基準法は、その適用対象である「労働者」を「職業の種類を問わず、事業または事務所（以下、「事業」という。）に使用される者で、賃金を支払われる者」と規定している（9条）。

　労基法9条の定義によれば、労働者性の有無は、①「使用される」、すなわち「指揮監督下の労働」という労務提供の形態および②「賃金支払」という報酬の労務に対する対償性の2つの基準で判断される。

　しかし、現実には、指揮監督の程度および態様の多様性、報酬の性格の不明確さ等から、これらの基準によって労働者性の判断をすることが困難な場合がある。

　そこで、1985年に労働省の労働基準法研究会が、労働者性の具体的判断基準に関する報告を発表した[2]。この報告で示された次の判断基準は、現在でも、行政および裁判例で広く支持されている。

　第1に、「指揮監督下の労働」については、①仕事の依頼、業務従事の指示等に対する諾否の自由の有無、②業務遂行上の指揮監督の有無、③拘束性の有無、④代替性の有無を要素として判断する。

　第2に、報酬の労務対償性については、報酬の性格が使用者の指揮監督の下に一定時間労務を提供していることに対する対価と判断される場合には、労務対償性が強くなる。

---

[2] 労働基準法研究会報告「労働基準法の『労働者』の判断基準について」（1985年12月19日）。

第3に、限界的事例については、①事業者性の有無、②専属性の程度等の諸要素をも勘案して総合判断する必要がある。

　なお、労基法上の「労働者」概念は、労基法の適用だけにとどまらず、労基法を基礎とした労働関係諸法規の適用範囲を画する概念としても用いられている。例えば、最低賃金法や労働安全衛生法等では明文の規定によって、労基法の定義規定を引用している。また、労災保険法、男女雇用機会均等法のように労働者の定義を行っていない法律でも、解釈によって、労働者概念は労基法上のそれと同一の概念と解されている。

（２）　本件における裁判所の判断

　本件では、大学病院で臨床研修を行う研修医が、労基法・最低賃金法上の「労働者」に該当するかどうかが問題となった。

　病院側は、臨床研修は、研修医が患者の診察・治療という未体験の領域に入って、これを見聞し、これらを自分の医師としての将来のための知識・経験として蓄えることをもっぱらの目的として作成された教育研修であり、病院と研修医の関係は、教育者と被教育者の関係であって、研修医は労働基準法9条の「労働者」に該当しないと主張した。

　しかし、最高裁は次のように述べて、研修医は労基法・最低賃金法上の「労働者」に該当すると判断した。

　　　臨床研修は、医師の資質の向上を図ることを目的とするものであり、教育的な側面を有しているが、そのプログラムに従い、臨床研修指導医の指導の下に、研修医が医療行為等に従事することを予定している。そして、研修医がこのようにして医療行為等に従事する場合には、これらの行為等は病院の開設者のための労務の遂行という側面を不可避的に有することとなるのであり、病院の開設者の指揮監督の下にこれを行ったと評価することができる限り、上記研修医は労働基準法9条所定の労働者に当たるものというべきである。

　　　本件病院の耳鼻咽喉科における臨床研修のプログラムは、研修医が医療行為等に従事することを予定しており、乙は、本件病院の休診日等を除き、Yが定めた時間及び場所において、指導医の指示に従って、Yが本件病院

の患者に対して提供する医療行為等に従事していたというのであり、これに加えて、Yは、乙に対して奨学金等として金員を支払い、これらの金員につき給与等に当たるものとして源泉徴収まで行っていたというのである。

そうすると、乙は、Yの指揮監督の下で労務の提供をしたものとして労働基準法9条所定の労働者に当たり、最低賃金法2条所定の労働者に当たるというべきであるから、Yは、同法5条2項により、乙に対し、最低賃金と同額の賃金を支払うべき義務を負っていたものというべきである。

【企業法務の視点】

近年、グローバルな市場競争の激化や経済のサービス化・IT化の進展に伴い、企業経営者は雇用調整をする上で量的な柔軟性を確保する必要性に迫られ、雇用の調整弁として外部人材の活用を進めた。一方、少子化・高齢化や労働者の意識の変化から、労働者側の多様な働き方へのニーズが高まった。このような変化を受けて、多様な業種・職種で、業務委託契約や請負契約に基づいて就業する者（個人請負型就業者）が増加している。

労働者は、労働法による保護を受けるのに対し、個人請負型就業者は、基本的には各種労働法による保護を受けることができない。労働者に当たるかどうかは、契約の名称に拘わらず実態に即して実質的に判断される。企業が業務委託や請負といった形式を整えたとしても、働き方の実態から判断して労働者であると認められれば、労働法規の適用を免れない。

企業は、その企業内で必要とされる各業務の性質とそこで求められる能力を明確にし、労働者の多様なニーズにも応えうる適切な人材活用システムを設計して、内部人材と外部人材を柔軟に組み合わせていくことが重要である。企業法務の立場からは、人材の活用に際して、働き方の実態に合った適切な契約形態が選択され、現場でも契約に従った運用がなされるよう注意を払うべきである。

【発展課題】

1. 会社の執行役員であり、事業本部長の役職を兼務する者は、労災保険法上の労働者に該当するか[3]。

---

3) 東京地判平成23年5月19日（労判1034号62頁）。

2. 作業場を持たずに1人で工務店の大工仕事に従事する形態で稼働していた大工は、労働基準法および労災保険法上の労働者に該当するか[4]。
3. 会社と業務委託契約を締結しているカスタマーエンジニアは、労組法上の労働者に該当するか[5]。
4. いわゆる偽装請負の事例において、請負人による労働者に対する指揮命令がなく、注文者がその場屋内において労働者に直接具体的な指揮命令を行わせている場合、注文者と労働者との間において黙示の雇用契約関係が成立するか[6]。

第2節　雇用関係の展開

判例No. 34[7]　【チェックポイント：いかなる場合に配転命令権の行使が権利の濫用となるか】

【設問】

1. X_1およびX_2は、スイスに本拠を置く食品メーカーの日本法人Y社の姫路工場で採用され、長期間にわたり同工場に継続して勤務してきた従業員で、1999年から同工場ギフトボックス係に配属されていた。
2. Y社は、2003年5月9日、ギフトボックス係を廃止することを決定し、当時同係で勤務していた従業員61名のうち、定年退職予定の1名を除く60名に対し、同係を廃止する方針であること、それに伴い同年6月23日までに霞ヶ浦工場（茨城県）に転勤するか、または、転勤せずに退職金と特別退職金を受領して同月30日付で退職するかを選択すべきことを書面で通知した。
3. Xらは、家族の生活上の都合等により、配転命令に応じることはできないとして、姫路工場にとどまらせて欲しい旨記載した書面をY社に提出した。これに対し、Y社は、霞ヶ浦工場への異動を促す旨記載した回答書を送付した。
4. そこでXらは、2003年5月9日にY社がなした霞ヶ浦工場への配転命令（「本件配転命令」）が無効であると主張して、同工場に勤務する雇用契約上の義務がないことの確認および配転命令後である2003年8月分以降の賃金の支払いを求めて訴えを提起した。
5. 本件配転命令は権利の濫用として無効となるか。

---

4) 最判平成19年6月28日（労判940号11頁、判時1979号158頁）。
5) 最判平成23年4月12日（労判1026号27頁、判タ1350号165頁）。
6) 最判平成21年12月18日（労判993号5頁）。
7) 神戸地裁姫路支判平成17年5月9日（労判895号5頁、判タ1216号146頁）。

【論点の解説】
1. 配転命令権の濫用について

> 主要論点：使用者に配転命令権が認められる場合であっても、転勤は、特に転居を伴うものにあっては、一般に、労働者の生活関係に少なからぬ影響を与えずにはおかないものであるから、使用者の配転命令権は、無制約に行使できるものではなく、これを濫用することは許されるものでない。その配転命令について、業務上の必要性がない場合、または、業務上の必要性がある場合であっても、その配転命令が他の不当な動機・目的をもってなされたものであるとき、もしくは、労働者に対し、通常甘受すべき程度を著しく超える不利益を負わせるものであるとき等の特段の事情のある場合には権利の濫用となり、当該配転命令は無効となるというべきである。

（1） 配転命令権と権利の濫用

「配転」とは、従業員の配置の変更であって、職務内容または勤務内容が相当の長期間にわたって変更されるものをいう。このうち、同一勤務地内の所属部署の変更が「配置転換」と称され、勤務地の変更が「転勤」と称される[8]。

使用者の配転命令について、最高裁は1986年の東亜ペイント事件判決[9]において、次のような判断枠組みを定立した。

第1に、使用者が有効に配転を命じるためには、配転命令権が労働協約や就業規則の定めなどによって労働契約上、根拠づけられていることが必要とされる。

第2に、使用者に配転命令権が認められる場合であっても、その行使が権利濫用と評価される場合、配転命令は無効となる。

ただし、配転命令が権利濫用となるのは、①業務上の必要性がない場合、または、業務上の必要性がある場合であっても、②その配転命令が他の不当な動機・目的をもってなされたものであるとき、もしくは、③労働者に対し通常甘受すべき程度を著しく超える不利益を負わせるものであるときなど、特段の事情のある場合に限られる。

---

8) 菅野和夫『労働法［第10版］』（弘文堂、2012）512頁。
9) 最判昭和61年7月14日（労判447号6頁、判時1198号149頁、判タ606号30頁）。

（2） 育児介護休業法上の配慮義務と権利濫用の評価

東亜ペイント事件判決によって示された配転命令の有効性に関する判断枠組のうち、「通常甘受すべき程度を著しく超える不利益」については、配転を無効とするほどの不利益があると認められることは少なかった[10]。

しかし、近年、労働と私生活の調和（ワーク・ライフ・バランス）を図ることの重要性が強く認識され、2001年の育児介護休業法改正により、転勤の際に労働者の育児や介護の状況に配慮しなければならない旨が定められ（26条）、2007年に制定された労働契約法では、労働契約の原則として、労働契約は、労働者および使用者が仕事と生活の調和にも配慮しつつ締結し、または変更すべきことが定められた（3条3項）。

このような立法の動きを受けて、裁判例でも、配転命令権の行使が権利濫用に該当するか否かの判断に当たり、労働者の育児や介護の状況への配慮を考慮する裁判例が現れている。

本件でも、育児介護休業法26条によって使用者に求められる「配慮の有無程度は、配転命令を受けた労働者の不利益が、通常甘受すべき程度を著しく超えるか否か、配転命令権の行使が権利の濫用となるかどうかの判断に影響を与える」と判示されている。

（3） 配転による労働者の不利益が通常甘受すべき程度を超えるか否かの判断要素

本件は、「労働者が配転によって受ける不利益が通常甘受すべき程度を超えるか否かについては、その配転の必要性の程度、配転を避ける可能性の程度、労働者が受ける不利益の程度、使用者がなした配慮及びその程度等の諸事情を総合的に検討して判断することになる」としている。

---

10) 例えば、最判平成11年9月17日（労判694号29頁）［共働き夫婦が別居、単身赴任を強いられる等の不利益につき、社会通念上甘受すべき程度を著しく超えるものではないとした事例］、最判平成12年1月28日（労判774号7頁）［共働きで育児も分担している夫婦の妻に対する、通勤に片道1時間45分を要する転勤命令により、妻が負うことになる不利益は通常甘受すべき程度を著しく超えるとまではいえないとした事例］。

（4）本件における裁判所の判断

本件で、裁判所は配転の必要性は肯定したが、本件配転を避ける可能性があったこと、X_1 については、その妻が非定型精神病に罹患しており、介護を必要とするまでには至っていないものの、家事を行うことが困難で、単身で生活することが困難な状態であり、その治療や生活のために肉体的精神的な援助が必要であり、X_1 が本件配転命令に従うことによって、妻のための治療の援助が困難となったり、その症状が悪化する可能性があったこと、X_2 については、X_2 の母が要介護状態にあり、X_2 は、その妻と共に、介護を担当しなければならず、X_2 が本件配転命令に従うことによって、介護が困難になったり、母の症状が悪化する可能性があったにもかかわらず、Y 社がその点の配慮を十分に行ったとはいい難いことから、X_1 および X_2 に対し、通常甘受すべき程度を著しく超える不利益を負わせるという特段の事情が認められるとして、本件配転命令は権利の濫用に当たると判断した。

【企業法務の視点】

長期雇用システムを採用する日本企業において、従業員の長期的な育成・活用および労働編成上の柔軟性の確保の目的から、配転は頻繁に行われている。しかし、配転（特に転勤）は労働者の私生活に大きな影響を及ぼすものであるため、企業の運営上の利益と労働者の生活上の利益のバランスが問題となる。

日本的雇用システムでは、正社員について、雇用の継続性を保障する代わりに使用者に広範な人事権が認められており、裁判例でも配転が権利の濫用とされるのは例外的な場合にすぎず、企業の運営上の利益に重きが置かれてきた。

しかし、日本社会は人口減少時代を迎え、労働力の減少が本格化するとともに、内外の競争環境が激しさを増す中で、多様な人材の能力発揮や一人ひとりの生産性の高い働き方が求められている。そのためには、ワーク・ライフ・バランスの推進が不可欠である。

企業としても、多様な人材を生かして競争力を強化するためには、個人のさまざまなニーズに対応し、心身の健康が維持できる就業環境を提供するとともに、意欲や満足度を高めることで優秀な人材を確保し定着させることが求められており、ワーク・ライフ・バランスの推進がきわめて重要となる。

本件では、労働者の育児・介護の状況に十分に配慮することなく企業が実施した配転命令が、権利濫用として無効とされた。企業としては、ワーク・ライフ・バランスの推進の観点から、事前に個人面談を通じて従業員の家庭環境および生活状況を把握するなどの適切な手続を経て、配転の適否を判断すべきだろう。

【発展課題】

1. 勤務地や職種を限定する合意がある場合、使用者は、就業規則等の配転命令条項に基づき、勤務地や職種の変更を一方的に命じることができるか[11]。
2. 賃金の大幅な低下を伴う配転命令の有効性は、どのように判断されるべきか[12]。
3. 使用者が労働者に対し、その個別的同意なしに出向を命ずることができるのは、どのような場合か[13]。
4. 使用者は、労働者の同意なしに転籍を命じることができるか[14]。

判例 No. 35[15] 【チェックポイント：会社分割の手続の瑕疵により労働契約の承継を拒否できるか】

【設問】

1. Xらは、Y社の従業員であり、ハードディスク事業（「HDD事業」）に主として従事していた。
2. Y社は、新設分割の方法により、そのHDD事業部門につき会社分割（「本件会社分割」）をし、新たに設立するC社に承継させることとした。
3. Y社は、2002年9月3日、イントラネット上で、HDD事業部門に関連する従業員向けに本件会社分割の内容および雇用関係等に係る情報提供を開始するとともに、質問受付窓口を開設し、主な質問とそれに対する回答を掲載するなどした。また、Y社は、会社分割に伴う労働契約の承継等に関する法律（「承継法」）7条に定める労働者の理解と協力を得るよう努める措置（「7条措置」）を行うため、9月27日以降、各事業場の従業員代表者に対して、本件会社分割の

---

[11] 福岡高判平成8年7月30日（労判757号21頁）。
[12] 仙台地決平成14年11月14日（労判842号56頁）。
[13] 労働契約法14条。参考判例：最判平成15年4月18日（労判847号14頁、判時1826号158頁）。
[14] 東京地決平成4年1月31日（判時1416号130頁）。
[15] 最判平成22年7月12日（労判1010号5頁）。

第 3 章 人的資源管理 257

背景と目的等について説明し、C 社の債務の履行の見込みに係る質問への回答も行った。さらに、Y 社は、C 社の中核となることが予定される D 事業所の従業員代表者との間で、個別的にも協議を行い、同年 11 月中旬までに、同代表者から 3 回にわたり出された要望書に対し、回答書を送付するなどした。
4. Y 社は、2002 年 10 月 1 日、HDD 事業部門のライン専門職に対し、商法等の一部を改正する法律(「商法等改正法」)附則 5 条 1 項に定める労働契約の承継に関する労働者との協議(「5 条協議」)のための資料として、C 社の就業規則案や上記従業員代表者への説明時に使用した説明資料を送付した。その上で、Y 社は、ライン専門職に対し、同月 4 日、5 条協議として、同月 30 日までにライン従業員にこれらの資料を示すなどして説明した上で労働契約の承継に関する意向を確認すること、承継に納得しない従業員に対しては最低 3 回の協議を行うこと、各従業員の状況を Y 社に報告することを指示した。ライン専門職は、この指示に従って説明会を開き、多くの従業員は承継に同意した。
5. 他方、X らは、その所属する労働組合の支部(「支部」)を代理人として 5 条協議をすることとし、その結果支部と Y 社との間で 7 回にわたり協議がなされるとともに、3 回にわたる書面のやりとりがなされた。X らは、同年 11 月 11 日、Y 社から十分な説明がされず、協議も不誠実であるなどとして、Y 社に対し、X らに係る労働契約の承継につき異議を申し立てる旨の書面を提出した。
6. Y 社は、2002 年 11 月 27 日、本件会社分割に係る分割計画書を本店に備え置いた。これに添付された書面には、X らの雇用契約も承継される旨記載されていた。そして、同年 12 月 25 日に会社分割の登記がされ、C 社が設立された。
7. X らは、本件会社分割は、その承継手続に瑕疵があるので、雇用契約は C 社に承継されず、本件会社分割は X らに対する不法行為に当たるなどと主張して、Y 社に対し、労働契約上の地位確認および損害賠償を求めて訴えを提起した。
8. 使用者に 5 条協議または承継法 7 条の義務の違反があった場合、労働者は労働契約承継の効力を争うことができるか。

【論点の解説】
1. 会社分割手続の瑕疵と労働契約承継の有効性

主要論点:労働契約承継法 3 条に基づき、労働契約の承継に係る分割会社の決定に対して異議を申し出ることができない立場にある特定の労働者との関係において 5 条協議が全く行われなかったときには、当該労働者は承継法 3 条の定める労働契約承継の効力を争うことができるものと解するのが相当である。
　また、5 条協議が行われた場合であっても、その際の分割会社からの説明や協

> 議の内容が著しく不十分であるため、法が5条協議を求めた趣旨に反することが明らかな場合には、分割会社に5条協議義務の違反があったと評価してよく、当該労働者は承継法3条の定める労働契約承継の効力を争うことができるというべきである。

（1） 会社分割と労働契約の承継

　企業組織再編のための法整備の総仕上げとして、2000年の商法・有限会社法改正により、会社の営業の全部または一部を分割して他の会社に承継させる制度として、会社分割制度が創設された。その後、会社法では、「事業に関して有する権利義務の全部又は一部」が分割の対象とされた（会社法2条29号・30号）。

　会社分割の場合、分割計画または分割契約（分割契約等）に記載された権利義務が設立会社（新設分割の場合）または承継会社（吸収分割の場合）（承継会社等）に当然かつ包括的に承継されるのが原則である。

　しかし、この原則を労働契約にそのまま適用すると、労働者がそれまで主として従事してきた事業から、その意思にかかわりなく切り離される可能性があるなど、労働者保護の観点から問題が生じる。そこで、会社分割制度の導入に当たって、労働者保護と労働契約承継のルールの明確化を図るため、会社分割に伴う労働契約の承継等に関する法律（承継法）が成立した。

　承継法では、労働者がそれまで主として従事してきた職務を継続できるようにするという基本的な考え方に基づき、会社分割の原則を一部修正して、労働者の保護を図っている。

　まず、承継される事業に主として従事する労働者が、分割契約等に記載され承継対象とされている場合、原則どおり、承継会社等に承継される（承継法3条）。

　次に、承継される事業に主として従事する労働者が、分割契約等に承継対象として記載されていない場合には、一定期間内に異議を申し出れば、労働契約が承継されることとされている（承継法4条）。

　最後に、承継される事業に主として従事していない労働者が分割契約等に記載され承継対象とされている場合、異議を申し出れば、承継の効果を免れることができる（承継法5条）。

（2） 5条協議

2000年商法等改正法附則5条は、会社分割に伴う労働契約の承継に関しては、会社分割をする会社は労働者と協議しなければならない旨を定めている。当該協議は、個別労働者の保護のための手続であり、承継される事業に従事している労働者と、会社分割に伴う労働契約の承継に関して行われるものとされている。

5条協議が要請される趣旨は、「労働契約の承継のいかんが労働者の地位に重大な変更をもたらしうるものであることから、分割会社が分割計画書を作成して、個々の労働者の労働契約の承継について決定するに先立ち、承継される営業に従事する個々の労働者との間で協議を行わせ、当該労働者の希望等をも踏まえつつ分割会社に承継の判断をさせることによって、労働者の保護を図ろうとする」ことにあるとされている。

（3） 7条措置

承継法7条は、「分割会社は、当該分割に当たり、厚生労働大臣の定めるところにより、その雇用する労働者の理解と協力を得るよう努めるものとする」と規定している。同条で規定される労働者の理解と協力を得る努力は、会社分割に際し分割会社に勤務する労働者全体の理解と協力を得るためのものである。7条措置の方法としては、過半数組合や過半数代表との協議やそれに準ずる方法によって行われる（承継法施行規則4条）。

本件は、7条措置の趣旨を次のように説明している。

> 分割会社は、7条措置として、会社の分割に当たり、その雇用する労働者の理解と協力を得るよう努めるものとされているが（承継法7条）、これは分割会社に対して努力義務を課したものと解され、これに違反したこと自体は労働契約承継の効力を左右する事由になるものではない。7条措置において十分な情報提供等がされなかったがために5条協議がその実質を欠くことになったといった特段の事情がある場合に、5条協議義務違反の有無を判断する一事情として7条措置のいかんが問題になるにとどまるものというべきである。

(4) 本件における裁判所の判断

裁判所は7条措置について以下のとおり判断した。

　　Y社は、7条措置として…本件会社分割の目的と背景及び承継される労働契約の判断基準等について従業員代表者に説明等を行い、情報共有のためのデータベース等をイントラネット上に設置したほか、C社の中核となることが予定されるD事業所の従業員代表者と別途協議を行い、その要望書に対して書面での回答もしたというのである。これは、7条措置の対象事項を前記のとおり挙げた指針の趣旨にもかなうものというべきであり、被上告人が行った7条措置が不十分であったとはいえない。

さらに、裁判所は5条協議について以下のとおり判断した。

　　次に5条協議についてみると、…Y社は、従業員代表者への上記説明に用いた資料等を使って、ライン専門職に各ライン従業員への説明や承継に納得しない従業員に対しての最低3回の協議を行わせ、多くの従業員が承継に同意する意向を示したのであり、また、Y社は、Xらに対する関係では、これを代理する支部との間で7回にわたり協議を持つとともに書面のやりとりも行うなどし、C社の概要やXらの労働契約が承継されるとの判別結果を伝え、在籍出向等の要求には応じられないと回答したというのである。
　　そこでは、…分割後に勤務するC社の概要やXらが承継対象営業に主として従事する者に該当することが説明されているが、これは5条協議における説明事項を前記のとおり定めた指針の趣旨にかなうものというべきであり、他にY社の説明が不十分であったがためにXらが適切に意向等を述べることができなかったような事情もうかがわれない。
　　なお、Y社は、C社の経営見通しなどにつきXらが求めた形での回答には応じず、Xらを在籍出向等にしてほしいという要求にも応じていないが、Y社が上記回答に応じなかったのはC社の将来の経営判断に係る事情等であるからであり、また、在籍出向等の要求に応じなかったことについ

ては、本件会社分割の目的が合弁事業実施の一環として新設分割を行うことにあり、分割計画がこれを前提に従業員の労働契約をC社に承継させるというものであったことや、前記の本件会社分割に係るその他の諸事情にも照らすと、相応の理由があったというべきである。そうすると、本件における5条協議に際してのY社からの説明や協議の内容が著しく不十分であるため、法が5条協議を求めた趣旨に反することが明らかであるとはいえない。

　以上によれば、Y社の5条協議が不十分であるとはいえず、XらのC社への労働契約承継の効力が生じないということはできない。

【企業法務の視点】

　社会・経済環境が激しく変化する中、企業組織再編を円滑に進めることは、企業にとって競争力の維持・強化のため不可欠である。一方、企業組織再編は、労働者の雇用や労働条件に重大な影響を及ぼす場合がある。したがって、企業と労働者双方の利益を調整する必要がある。

　本件では、会社分割において、5条協議が全く行われなかった場合または当該協議における会社からの説明や協議の内容が著しく不十分である場合には、当該労働者は労働契約承継の効力を争うことができるとされた。

　なお、7条措置および5条協議において分割会社が説明等をすべき内容等については、「分割会社及び承継会社等が講ずべき当該分割会社が締結している労働契約及び労働協約の承継に関する措置の適切な実施を図るための指針」(2000年労働省告示第127号)(「承継法指針」)が定めている。

　企業としては、会社分割を行うに当たって、承継法指針に沿って、7条措置および5条協議を適切に実施すべきである。

　企業法務には、企業組織再編に際して、経営者や社内関係者に対して、あらかじめ必要となる労働者保護の手続について正確な情報を提供するとともに、適切な手続がとられるように支援することが求められる。

【発展課題】

1. 承継される事業に主として従事する労働者の労働契約が、分割契約等に記載されず、承継法2条による通知もされなかった場合、当該労働者は後に労働契約の承継を主張することができるか[16]。
2. 事業譲渡契約において、譲渡人と譲受人の間に、雇用契約関係を承継しない旨の合意があった場合、譲渡人の労働者は、譲受人との間で雇用契約関係の存在を主張することができるか[17]。
3. 事業譲渡契約において、労働条件の切下げに同意した労働者だけを引き継ぐ旨を合意した場合、同意を拒否して承継されなかった労働者は、譲受会社との間で労働関係の存在を主張することができるか[18]。

判例 No. 36[19] 【チェックポイント：周知手続を経ない就業規則に基づいてなされる懲戒処分は有効か】

【設問】

1. A社は、1986年8月1日、労働者代表の同意を得た上で、同日から実施する就業規則（「旧就業規則」）を作成し、労働基準監督署長に届け出た。旧就業規則は、懲戒解雇事由を定め、所定の事由があった場合に懲戒解雇をすることができる旨を定めていた。
2. A社は、1994年4月1日から旧就業規則を変更した就業規則（「新就業規則」）を実施することとし、同年6月2日、労働者代表の同意を得た上で、同月8日、労働基準監督署長に届け出た。新就業規則は、懲戒解雇事由を定め、所定の事由があった場合に懲戒解雇をすることができる旨を定めている。
3. A社は、同月15日、新就業規則の懲戒解雇に関する規定を適用して、本社とは別の場所にあるエンジニアリングセンター（「センター」）で設計業務に従事していたXを懲戒解雇（「本件懲戒解雇」）した。その理由は、Xが、1993年9月から1994年5月30日までの間、得意先の担当者らの要望に十分応じず、トラブルを発生させたり、上司の指示に対して反抗的態度をとり、上司に対して暴言を吐くなどして職場の秩序を乱したりしたなどというものであった。

---

16) 札幌地決平成18年7月20日（労旬1647号66頁）。
17) 東京高判平成17年7月13日（労判899号19頁）。
18) 横浜地判平成15年12月16日（労判871号108頁）。
19) 最判平成15年10月10日（労判861号5頁、判時1840号144頁）。

4. Xは、本件懲戒解雇以前に、センター長 Y_2 に対し、センターに勤務する労働者に適用される就業規則について質問したが、その際には、旧就業規則はセンターに備え付けられていなかった。
5. Xは、A社の代表取締役である Y_1 および取締役である Y_2・Y_3 に対し、違法な懲戒解雇の決定に関与したとして、損害賠償を請求した。
6. 従業員に対する周知手続をしていない就業規則に定められた懲戒事由に基づいてなされた懲戒処分は有効か。

【論点の解説】
1. 懲戒の有効要件

> 主要論点：使用者が労働者を懲戒するには、あらかじめ就業規則において懲戒の種別および事由を定めておくことを要する。そして、就業規則が法的規範としての性質を有するものとして、拘束力を生ずるためには、その内容を適用を受ける事業場の労働者に周知させる手続がとられていることを要するものというべきである。

（1）懲戒とは

懲戒（懲戒処分）とは、労働者の企業秩序違反行為に対して、使用者が課す一種の制裁罰である。企業では、就業規則に、けん責・戒告、降格、減給、出勤停止、諭旨解雇、懲戒解雇などが懲戒の種別として記載されていることが一般的である。

懲戒は、使用者にとっては企業秩序を定立し維持するために不可欠な制度であるが、労働者にとっては労働関係上の重大な不利益を受ける制度であるため、両者の利益を調整する必要がある。

（2）懲戒権の法的規制

懲戒権の法的根拠について、判例は、使用者は企業の存立・運営に不可欠な企業秩序を定立し維持する権限を本来的に有し、労働者は労働契約の性質・内容上当然に企業秩序遵守義務を負うという立場を取っている[20]。

---

20) 最判昭和52年12月13日（判時873号12頁）。

しかし、懲戒権の行使は無制約に認められるわけではなく、次のような枠組みで懲戒の有効性が判断される。

第1に、本件で示されたとおり、使用者が労働者を懲戒するには、①あらかじめ就業規則において懲戒の種別および事由を定めておくこと、そして、②就業規則の内容を労働者に周知させる手続がとられていることを要する。

第2に、労働者の問題の行為が就業規則上の懲戒事由に該当すると認められなければならない。裁判所は、使用者が制定した就業規則の懲戒規定について合理的な限定解釈を行うことで懲戒事由該当性を厳格に解釈している。

第3に、使用者が労働者を懲戒することができる場合であっても、当該懲戒が、当該懲戒に係る労働者の行為の性質および態様その他の事情に照らして、客観的に合理的な理由を欠き、社会通念上相当であると認められない場合は、その権利を濫用したものとして、当該懲戒は無効となる（労働契約法 15 条）。

このほか、懲戒が、国籍・信条・社会的身分、組合加入・組合活動、性別、公益通報など法律上禁止された事由を考慮して行われた場合には、これらの法律に違反し無効とされる[21]。

（3） 本件における裁判所の判断

本件では、懲戒の根拠となった就業規則（旧就業規則）が法的規範としての効力を有するか否かが争点となった。

原審は、A 社が、労働者代表の同意を得て旧就業規則を制定し、これを労働基準監督署長に届け出た事実を確定したのみで、その内容をセンター勤務の労働者に周知させる手続がとられていることを認定しないまま、旧就業規則に法的規範としての効力を肯定し、本件懲戒解雇が有効であると判断した。

しかし、最高裁は、就業規則の内容を労働者に周知させる手続がとられていたことを認定しないまま、旧就業規則の効力を肯定した原審の判断には違法があり、その違法が判決に影響を及ぼすことは明らかであるとして、原判決を破棄し、本件を原審に差し戻した。

---

21) 労働基準法 3 条、労働組合法 7 条、男女雇用機会均等法 6 条、公益通報者保護法 3 条・5 条。

【企業法務の視点】

懲戒は、労働者の企業秩序違反行為に対して、使用者が課す一種の制裁罰であるから、国家による刑罰と類似の機能を果たすとはいえ、懲戒権の行使には、刑事手続に類する罪刑法定主義の思想と適正な手続が要求される。

本件は、懲戒権の行使には、あらかじめ就業規則において懲戒の種別および事由を定めておくこと、就業規則の内容をその適用を受ける労働者に周知させる手続がとられていることが必要であるとした。罪刑法定主義類似の要請から、懲戒の有効要件として、懲戒の種別・事由の就業規則への明記と就業規則の周知を求めたものと理解できるだろう。

懲戒は、労働者に対する一方的な不利益措置であり、労働者に多大な不利益をもたらしうるものであるから、その適法性を巡って紛争が生じることが多い。

企業法務の立場からは、企業が懲戒処分を行うに際して、懲戒事由該当性や懲戒権の行使が権利濫用とならないかといった判断において、経営者や人事部門に適切な助言を与えるべきである。

【発展課題】

1. 懲戒処分の効力が争われる訴訟において、懲戒処分後に新たに判明した非違行為を、使用者が懲戒事由として主張することが認められるか[22]。
2. 私生活上の非行を理由として行われた懲戒処分は、どのような場合に有効と認められるか[23]。
3. 精神的な不調を原因とした従業員の欠勤が、就業規則所定の懲戒事由である正当な理由のない無断欠勤に当たるとしてなされた諭旨退職は有効か[24]。
4. 労働者が数年前に行った非違行為を理由として行われた懲戒処分は有効か[25]。

---

22) 最判平成8年9月26日（労判708号31頁、判時1582号131頁）。
23) 最判昭和45年7月28日（判時603号95頁）、東京高判平成15年12月11日（労判867号5頁、判時1853号145頁）。
24) 最判平成24年4月27日（労判1055号5頁）。
25) 最判平成18年10月6日（労判925号11頁、判時1954号151頁）。

第3節　労働者の人権の保障

判例 No. 37[26]　【チェックポイント：会社はセクシュアル・ハラスメント防止のためにいかなる措置をとるべきか】

【設問】

1. Xは、1994年11月、Y社に雇用され、山口営業所において一般事務を担当していた。同営業所所属の女性従業員はXのみであり、他に数人の男性従業員が在籍していた。
2. 2000年9月ころ、北九州市所在の労働関係機関の担当者から、匿名で、Y社総務部長Cに対し、支店や営業所等でセクシュアル・ハラスメントがあるようなので注意されたい旨の電話があった。Cは、これを機に、セクシュアル・ハラスメントの防止について啓発活動を行うべく、広報資料等を準備し、同年10月7日開催の幹部職員を対象とした社内会議の際に、出席者に対し、労働関係機関から匿名の注意があったことを告げ、広報資料等を用いて従業員の啓発を行うように指示した。
3. Xの上司Aは、2000年10月21日、Xが誰とでも肉体関係を持つような、ふしだらな性癖を持つ女である旨を中傷した。
4. Xの上司Bは、2000年10月下旬ころから、X宛てに著しく卑猥なメールを十数回にわたって送信した上、たびたび、Xに性交渉を求めるような言動に出た。Bは、同年11月2日午前、自身との性交渉に応じるように求め、やむなく了承したXとの間で性交渉を持った。
5. Cは、2000年12月15日、大分労働局雇用均等室の担当者から電話連絡を受け、Y社の従業員からセクシュアル・ハラスメントに関する相談があったとして、至急対策を講じるように勧告され、同日、セクシュアル・ハラスメントの防止に関する社内規定を作成し、相談窓口を総務部業務課所属の女性担当者と定めた上、こうした事項を記載した広報文書を社内に回覧した。
6. Cは、2001年5月7日、Xから被害申告の電話を受け、同月11日、Xから被害内容について聴取調査を行うとともに、ことの詳細を記した書面2通を受領した。
7. 社内調査を行った結果、AおよびBが事実経緯を認めたため、Y社は、Bについて降格・減給12か月、Aについて譴責・減給1か月の懲戒処分を下した。

---

26) 広島高判平成16年9月2日（労判881号29頁）。

8. Xは、その後、AおよびBに対する懲戒処分の内容や、自身に対する処遇、Y社の対応等を不満として、2001年7月31日付でY社を退職した。
9. Xは、A、BおよびYに対して、不法行為に基づく損害賠償の支払い等を求めて訴えを提起した。
10. セクシュアル・ハラスメントについて、どのような措置をとれば、使用者は法的責任を免れるか。

【論点の解説】
1. セクシュアル・ハラスメントと使用者の法的責任

> 主要論点：使用者は、従業員に対し、良好な職場環境を整備すべき法的義務を負うと解すべきであって、セクシュアル・ハラスメントの防止に関しても、職場における禁止事項を明確にし、これを周知徹底するための啓発活動を行うなど、適切な措置を講じることが要請される。したがって、使用者がこれらの義務を怠った結果、従業員に対するセクシュアル・ハラスメントという事態を招いた場合、使用者は従業員に対する不法行為責任を免れないと解すべきである。

（1）セクシュアル・ハラスメントとは

セクシュアル・ハラスメントとは、一般に「相手方の意に反する不快な性的な言動」を指すと解されているが、実定法上定義された概念ではなく、セクシュアル・ハラスメントの法的責任は、不法行為等の一般的枠組で判断される。

職場におけるセクシュアル・ハラスメントの類型には、職務上の地位を利用して性的な関係を強要し、それを拒否した人に対し減給、降格などの不利益を負わせる「対価型」と、性的な関係は要求しないものの、職場内での性的な言動により、働く人たちを不快にさせ、職場環境を損なう「環境型」がある。

（2）セクシュアル・ハラスメントと使用者の法的責任

加害者は、セクシュアル・ハラスメントによって、被害者の性的自己決定権などの人格的利益や、働きやすい職場環境の中で働く利益等を侵害したものとして、不法行為責任を負う。

加害者の使用者については、セクシュアル・ハラスメントについて、次の2種類の法的責任が問題となる。

第1は、加害者の不法行為に対する使用者責任（民法715条）である。

第2は、使用者自身の不法行為責任または債務不履行責任である。すなわち、使用者は不法行為上の注意義務または労働契約上の付随義務として、働きやすい環境を保つよう配慮する注意義務（職場環境配慮義務）を負い、その義務に違反した場合、不法行為責任または債務不履行責任を負う。

（3）　男女雇用機会均等法のセクシュアル・ハラスメント対策規定

男女雇用機会均等法（均等法）は、1997年改正において、職場における女性に対するセクシュアル・ハラスメント対策として、雇用管理上必要な配慮をすることを事業者に義務づけた。その後、2006年改正によって、職場におけるセクシュアル・ハラスメント防止のため、雇用管理上必要な措置を講じる義務が事業者に課され、その対象を男性労働者にも拡大している（11条）。

均等法11条2項に基づいて厚生労働大臣が定めた指針[27]（「SH指針」）では、事業主が雇用管理上講ずべき措置として、①事業主の方針を明確化し、管理・監督者を含む労働者に対してその方針を周知・啓発すること、②相談、苦情に応じ、適切に対応するために必要な体制を整備すること、③相談があった場合、事実関係を迅速かつ正確に確認し、適正に対処すること、④相談者や行為者等のプライバシーを保護し、相談したことや事実関係の確認に協力したこと等を理由として不利益な取扱いを行ってはならない旨を定め、労働者に周知・啓発することなどを定めている。

均等法11条およびSH指針自体は私法上の効力をもつものではないと解釈されているが、これに沿って十分な措置をとっていることは、セクシュアル・ハラスメントについて使用者が法的責任を負うかどうかの判断に影響を与える。

（4）　本件における裁判所の判断

本件では、使用者が十分なセクシュアル・ハラスメント対策を講じていたかどうかが争点となった。使用者は、労働関係機関から指摘を受けたことを契機として、幹部職員を対象とした社内会議の際に、出席者に対し、セクシュアル・ハラ

---

[27]「事業主が職場における性的な言動に起因する問題に関して雇用管理上講ずべき措置についての指針」（2006年10月11日厚生労働省告示第615号）。

スメントについて注意を喚起し、ポスター、ビデオテープなどを準備して従業員の啓発を行うように指示したことをもって、職場環境配慮義務を果たしたと主張した。しかし、裁判所は、次のように述べて、使用者の不法行為責任を認めた。

> Ｙとしては、社内におけるセクシュアル・ハラスメントの事実について公的機関から具体的な指摘を受けた以上、事態を深刻に受け止め、直ちに、被害者が安心して被害を申告できるような窓口を社内に設置し、セクシュアル・ハラスメントを行った者に対しては懲戒処分もあることを告示するなど、セクシュアル・ハラスメントを実際に防止するより強力な措置を講じる必要があったというべきである。ところが、証拠によれば、Ｙがこれらの措置を講じたのは、本件セクシュアル・ハラスメントが発生した後である2000年12月15日のことであって、Ｙがもっと早い時期に（遅くとも、公的機関からセクシュアル・ハラスメントの事実を指摘された2000年9月の時点において直ちに）これらの適切な措置を講じていれば、セクシュアル・ハラスメントは許されないことであるという社内意識が涵養され、上記のような事態にはならなかったであろうことが推認される。
>
> そうすると、本件セクシュアル・ハラスメントを、Ｙが主張するようなＡ及びＢの個人的問題に帰することは相当でなく、Ｙの、良好な職場環境を整備すべき義務違反の不作為が本件セクシュアル・ハラスメントの一因になったと認められるから、ＹはＸに対する不法行為責任を負うというべきである。

【企業法務の視点】

職場におけるセクシュアル・ハラスメントは、働く人の個人としての尊厳を不当に傷つける社会的に許されない行為であるとともに、働く人が能力を十分発揮することの妨げにもなる。また、いったん発生すると、被害者に加え行為者も退職に至る場合があるなど双方にとって取返しのつかない損失となることが少なくない。企業にとっても、職場秩序の乱れや業務への支障につながり、社会的評価に悪影響を与えかねない問題である。

企業としては、職場におけるセクシュアル・ハラスメントを防止するために、

雇用管理上講ずべき措置として、SH 指針により定められている 9 項目を着実に実施すべきである。

　企業におけるセクシュアル・ハラスメント対策は人事部門が主導して行う場合が多いと思われるが、企業法務としても、均等法や SH 指針の観点から適切な助言を行い、対策が不十分であると思われる点があれば、人事部門と連携して改善を働きかけることが期待される。

【発展課題】
1. 使用者が、SH 指針に従ったセクシュアル・ハラスメント対策を十分にしていれば、使用者責任の免責を認めるべきであるという学説[28]が主張されているが、どう考えるか。
2. 職場において特定の従業員に対するいじめが発生している場合に、使用者はどのような措置をとることが法的に要請されているか[29]。
3. 退職勧奨が不法行為となり、会社が法的責任を負うのはどのような場合か[30]。
4. 使用者による労働者の電子メールの監視行為は、どのような場合にプライバシー権の侵害となるか[31]。

第 4 節　雇用関係の終了

判例 No. 38[32]　**【チェックポイント：勤務成績等の不良を理由とした解雇は権利の濫用となるか】**

【設問】
1. X らは、いずれも大学卒業後間もなく Y 社に正規従業員として入社し、20 年以上にわたり勤務成績や勤務態度に特段の問題なく就労していた。
2. Y 社は、リストラ目的で、短期間で大幅な人員削減と組み合わせて全社での

---
28) 菅野和夫『労働法［第十版］』（弘文堂、2012）194 頁。
29) 津地判平成 21 年 2 月 19 日（労判 982 号 66 頁）。
30) 東京地判平成 23 年 10 月 31 日（労判 1041 号 20 頁）、広島高判昭和 52 年 1 月 24 日（労判 345 号 22 頁）。
31) 東京地判平成 13 年 12 月 3 日（労判 826 号 76 頁）。
32) 東京地決平成 13 年 8 月 10 日（労判 820 号 74 頁、判時 1808 号 129 頁、判タ 1116 号 148 頁）。

社内公募を行い、これに応募した一部の者を優先して配置し、その他の者については個別事情を全く聴取せずに一方的に配転した。その際、地方支店の営業職の経験のないXらは、地方支店の営業に配置された。その9か月後、Y社は、Xらに自主退職することを勧告し、以降2週間毎の自宅待機命令を13回繰り返した後、Xらの配転後の勤務成績・勤務態度の不良が就業規則上の普通解雇事由である「労働能率が著しく低く、会社の事務能率上支障があると認められるとき」に該当するとして、解雇の意思表示をした（本件解雇）。
3. Xらは、Xらには解雇事由がなく、本件解雇は解雇権の濫用に該当するから無効であるとして、地位保全および賃金仮払いを求めてY社を提訴した。
4. 本件解雇は権利の濫用として無効となるか。

【論点の解説】
1. 解雇権濫用について

主要論点：就業規則上の普通解雇事由がある場合でも、使用者は常に解雇しうるものではなく、当該具体的な事情の下において、解雇に処することが著しく不合理であり、社会通念上相当として是認できない場合は、当該解雇の意思表示は権利の濫用として無効となる。特に、長期雇用システム下で定年まで勤務を続けていくことを前提として長期にわたり勤続してきた正規従業員を勤務成績・勤務態度の不良を理由として解雇する場合は、労働者に不利益が大きいこと、それまで長期間勤務を継続してきたという実績に照らして、それが単なる成績不良ではなく、企業経営や運営に現に支障・損害を生じまたは重大な損害を生じるおそれがあり、企業から排除しなければならない程度に至っていることを要し、かつ、その他、是正のため注意し反省を促したにもかかわらず、改善されないなど今後の改善の見込みもないこと、使用者の不当な人事により労働者の反発を招いたなどの労働者に宥恕すべき事情がないこと、配転や降格ができない企業事情があることなども考慮して濫用の有無を判断すべきである。

（1） 解雇権濫用法理とは

解雇とは、使用者の一方的意思表示による労働契約の解約である。

民法上の原則は、雇用契約に期間の定めがないときは、2週間の予告期間を置けば、使用者は、いつでも雇用契約を解約できるというものである（民法627条1項）。

このように契約当事者間の対等を建前とする民法上の原則は「解雇の自由」で

あるが、実際には使用者と労働者は対等な契約当事者ではなく、解雇は労働者の生活に重大な打撃をもたらすことも多いため、労働法規はさまざまな形で解雇に制限を加えている[33]。

なかでも重要なのは、最高裁が1975年の日本食塩製造事件判決[34]において、「使用者の解雇権の行使も、それが客観的に合理的な理由を欠き社会通念上相当として是認することができない場合には、権利の濫用として無効になる」と判示し、判例法理として確立した解雇権濫用法理である。この法理は、2003年労基法改正によって労基法18条の2として法律上明文化され、さらに2007年労働契約法の制定により同法16条に移行されて現在に至っている。

（2） 解雇権濫用法理の要件

解雇権濫用法理では、解雇に、客観的合理的理由と社会的相当性という2つの要件が課されている。

まず、解雇の客観的合理的理由は、以下の4つに大別できるとされている[35]。

① 労働者の労務提供の不能や労働能力・適格性の欠如・喪失
② 労働者の規律違反行為
③ 経営上の必要性
④ ユニオン・ショップ協定に基づく組合の解雇要求

解雇につき、以上のいずれかに属するような客観的合理的理由が認められなければ、当該解雇は解雇権の濫用として無効となる。

なお、上記③のうち、企業が経営不振など経営上の理由により人員削減のために行う解雇は整理解雇と呼ばれ、解雇権濫用法理の適用において、人員削減の必要性、解雇回避努力、人選の合理性、手続の妥当性という4つの項目に着目して、より厳しく判断されている[36]。

解雇の客観的合理的理由が存在したとしても、さらに解雇は社会通念上相当なものとして認められなければならない。

---

33) 解雇手続の規制としては労基法19条・20条、解雇理由の制限としては労基法3条、労組法7条、均等法6条・9条など。
34) 最判昭和50年4月25日（判時774号3頁、判タ321号54頁）。
35) 菅野・前掲注28) 557・558頁。
36) 例えば、最判昭和58年10月27日（労判427号63頁）。

（3） 雇用システムのタイプと解雇権濫用法理の適用

　解雇権濫用法理の適用に当たって、企業が、長期的に労働者を育成・活用する長期雇用システムを採用しているか、それとも労働力の調達・調整を外部労働市場（転職市場）の利用により行っているかが考慮されている。

　長期雇用システムとは、新規学卒者を正社員として一括で採用し、重大な規律違反行為や深刻な経営難がない限り、解雇することなく、定年まで内部労働市場で長期にわたり育成活用する慣行のことをいい、日本的雇用システムの最も重要な特徴であるとされる。

　本件にみられるように、長期雇用システム下にあって長期間勤務を継続してきた正社員には、解雇権濫用法理により、手厚い雇用保障が提供されている。

　他方で、外部労働市場を利用して労働力の調達を行っている企業に、管理職や高度専門職など、特定の職務のために即戦力として中途採用された従業員が、その地位・職種に期待される技術・能力を有していなかった場合には、比較的容易に、能力・適性不足による解雇が認められている[37]。

（4） 本件における裁判所の判断

　本件は、雇用調整のために、企業が成績不良とみた正規従業員を普通解雇しようとした事案であり、解雇権濫用が主要な争点となった。

　本件で、裁判所は、長期雇用システム下の正規従業員の勤務成績・勤務態度の不良を理由とした解雇については、単なる成績不良ではなく、企業経営に支障が生ずるなどして企業から排除しなければならない程度に至っていることを要し、かつ、今後の改善の見込みがないこと、労働者に宥恕すべき事情がないこと、配転や降格ができない企業事情があることなども考慮して濫用の有無を判断すべきであるとして、解雇を厳しく制限する態度を示した。

　本件では、企業が一方的な合理化策により労働者を不適切な部署に配置したこと、人格攻撃や脅迫により退職を強要したこと、研修や適切な指導を行わなかっ

---

37) 例えば、東京地判平成12年4月26日（労判789号21頁）［経営コンサルティング会社にスペシャリストとして採用された従業員の職務遂行能力不足を理由とする解雇につき、解雇有効とした事例］、福井地判平成21年4月22日（労判985号23頁）［患者とのトラブルなど医師としての資質・能力を問題とした解雇を有効とした事例］。

たこと、早い段階から組織から排除することを意図して、任意に退職しなければ解雇するとして退職を迫りつつ長期間自宅待機を命じたことなどから、本件解雇は解雇権の濫用として無効であると判断された。

【企業法務の視点】

　解雇は労働者の生活に重大な影響をもたらすため、企業と労働者との間で紛争が生じやすい。解雇を巡って紛争が発生すると、労使双方に不利益が生じる。労働者側にとっては、解雇された労働者はいうまでもなく、それ以外の労働者のやる気の低下や不安・不満の増大につながる。企業側にとっても、紛争解決のために多くの時間と費用がかかり、裁判になると社会的信用が低下する可能性もある。また、労働者のやる気の低下や離職は、企業の生産性の低下やコスト増にもつながる。

　このような紛争から生じる不利益を考慮すると、企業としては、紛争に発展することを未然に防止、または紛争を早期に解決することが重要である。そのためには、企業内での自主的な紛争解決システムを構築・運用すること、企業内での解決が難しい場合には、個別労働関係紛争の解決の促進に関する法律に基づく都道府県労働局による解決援助サービスなどを利用することが有効であろう。

【発展課題】

1. 即時解雇をなしうる事由が存在しないのに、解雇予告をせず予告手当も支払わないでなされた解雇は有効か[38]。
2. Xは、Yの経営する学校で在職中に、うつ病を発症して、職務の遂行に支障があるなどの理由で解雇された。Yは、Xの退職の当否を検討するに当たり、主治医から、治療経過や回復可能性などについて意見を聴取していない。Yによる解雇は有効か[39]。
3. 整理解雇の4要件（要素）について、主張立証責任はどのように分配されるべきか[40]。

---

38) 最判昭和35年3月11日（判時218号6頁）。
39) 東京地判平成22年3月24日（労判1008号35頁、判タ1333号153頁）。
40) 東京地決平成18年1月13日（判時1935号168頁）。

4. 労働者は、解雇された場合、退職時または解雇予告期間中に、使用者に対して解雇理由証明書を請求することができる（労基法22条）。解雇理由証明書は、解雇訴訟においてどのような意味をもつと考えられるか。
5. 解雇された労働者が、解雇の無効を主張することなく、解雇が不法行為に該当するとして損害賠償請求を起こした場合、賃金相当額が逸失利益として認められるか[41]。

判例 No. 39[42] 【チェックポイント：有期労働契約の雇止めは権利の濫用として無効になるか】

【設問】

1. Xは、学校法人Yが運営するA短大総務課において、2001年6月29日から派遣労働者として就労した後、2004年6月1日から1年の雇用期間の定めのある嘱託雇用契約を締結することにより嘱託職員として被告に直接雇用され、その後同様の雇用契約を締結して就労していた。
2. 2006年4月19日、学校法人Yは、嘱託職員に対する嘱託説明会を開催し、B事務局長が、嘱託雇用について、「1年契約で最大3年とし、更新の必要のない場合には3年で雇用終了とします。但し、学院が継続雇用を希望する場合には、3年間で雇用終了としないで4年目以降も更新することもあります。その場合、勤務形態を変更（労働時間短縮等）することになります」と記載したメモを読み上げた。もっとも、上記説明会に参加した嘱託職員から、3年で嘱託雇用が終了することについて質問がされることはなかった。
3. Xは、学校法人Yとの間で、2006年6月1日、雇用期間を同日から2007年5月31日までとする嘱託雇用契約（本件雇用契約）を締結した。その嘱託雇用契約書には、契約の更新に関し、「更新の条件」として「契約満了の際に更新の可否を判断する」と、「更新の判断基準」として「業績評価の結果、契約期間満了時の業務量および人事配置状況により判断する」と記載されていた。
4. 学校法人Yは、Xに対し、2007年2月13日、本件雇用契約を更新しない旨を通知し、Xとの間の嘱託雇用契約が2007年5月31日をもって終了したものと取り扱い（本件雇止め）、同年6月1日以後、Xの就労を拒絶した。

---
41) 大阪地判平成12年6月30日（労判793号49頁）、名古屋高判平成17年2月23日（労判909号67頁）。
42) 東京地判平成20年12月25日（労判981号63頁）。

5. Xは、学校法人Yに対し、本件雇止めが客観的に合理的な理由のない雇止めであり、解雇権濫用法理の類推適用により無効であると主張し、雇用契約上の権利を有する地位の確認などを求めて訴えを提起した。
6. 本件雇止めは権利の濫用として無効となるか。

【論点の解説】
1. 雇止めへの解雇権濫用法理の類推適用の当否（論点①）

> 主要論点1：有期労働契約が反復して更新されたことにより、雇止めが解雇と社会通念上同視できると認められる場合、または労働者が有期労働契約が更新されるものと期待することについて合理的な理由が認められる場合、解雇権濫用法理の類推適用がある。

（1） 有期労働契約の雇止め法理

期間の定めのある労働契約（有期労働契約）は、契約期間の満了により当然に終了するのが原則である。ただし、契約期間が満了した後労働者が引き続きその労働に従事する場合において、使用者がこれを知りながら異議を述べないときは、従前の雇用と同一の条件で黙示に更新されたものと推定される（民法629条1項）。

これに対し、使用者が契約期間の満了に際して、満了後は契約を更新しない旨（雇止め）の意思表示をした場合には、民法上の原則では、労働契約は当然に終了する。しかし、この原則を貫いた場合、雇用の実態にかかわらず、使用者がいかなる契約形式をとるかによって、労働者の法的地位が不安定なものになるおそれがある。

そのため、労働者保護の観点から、表7に記載した一定の場合には雇止めを無効とする判例法理（雇止め法理）が確立している。

（2） 本件における裁判所の判断

本件では、Xと学校法人Yとの間の嘱託雇用契約は実質無期契約タイプには該当しないが、業務の客観的内容、契約更新に関する学校法人Yの説明、雇用契約の更新に関する条項の内容などから、Xには本件雇用契約が継続されること

表7　雇止め法理

対象となる有期労働契約	①実質無期契約タイプ 有期労働契約が期間の満了毎に当然更新を重ねてあたかも期間の定めのない契約と実質的に異ならない状態で存在していたもの[43]。
	②期待保護タイプ 労働者において、有期労働契約の契約期間の満了時に当該有期労働契約が更新されるものと期待することについて合理的な理由があると認められるもの[44]。
要件と効果	上記の①、②のいずれかに該当する場合に、使用者が雇止めをすることが、「客観的に合理的な理由を欠き、社会通念上相当であると認められないとき」は、雇止めが認められない。従前と同一の労働条件で、有期労働契約が更新される。

に対する合理的な期待利益があると判断され、解雇権濫用法理の類推適用が認められた。

なお、学校法人Yは、嘱託雇用の雇用継続期間の上限を3年とする方針が就業規則で定められており、Xがその事実を本件雇用契約の締結前に理解していたことなどから、雇用継続への合理的期待は認められない旨を主張した。しかし、裁判所は、雇用継続期間の上限に関する説明が不十分だったこと、本件雇用契約の更新に関する条項にも雇用継続期間の上限について記載がなかったことから、すでに生じていた雇用継続への合理的期待が説明などにより消滅したものとは認められないと判断した。

2. 解雇権濫用の有無（論点②）

> 主要論点2：雇止めは、客観的に合理的な理由がなく、社会通念上相当であると認められない場合、無効である。

（1）解雇権濫用法理の類推適用

雇止めに解雇権濫用法理が類推適用される場合、客観的に合理的な理由を欠き、社会通念上相当であると認められないときは、雇止めが無効となり、その結果、従前と同一の労働条件で有期労働契約が更新される（労働契約法19条）。

---

43) 最判昭和49年7月22日（判時752号27頁、判タ312号151頁）。
44) 最判昭和61年12月4日（労判486号6頁、判時1221号134頁、判タ629号117頁）。

（２）本件における裁判所の判断

本件における裁判所の判断は以下の通りである。

　　学校法人Ｙは、Ｘの就業状況には何ら問題がなかったものの、①本件雇用契約の満了時にＸと嘱託雇用契約を締結してから３年となり、…雇用継続期間の上限に当たることになること、②Ｘが担当していた業務を経理課の本務職員であったＣに担当させることとすると、短大総務課でＸが担当すべき業務がなくなることから、Ｘを雇止め（本件雇止め）としたものである。

　　しかしながら、まず①の理由についてみると、嘱託職員の雇用継続期間の上限を３年とするという方針を理由として当該嘱託職員を雇止めとするためには、当該方針があることを前提として学校法人Ｙとの嘱託雇用関係に入った嘱託職員等に対しては格別、当該方針が採用された時点ですでにこれを超える継続雇用に対する合理的な期待利益を有していた嘱託職員に対しては、当該方針を的確に認識させ、その納得を得る必要があるといわなければならない。ところが、Ｘは、当該方針が採用され、その説明を受けた時点ですでにこれを超える継続雇用に対する合理的な期待利益を有していたところ、当該方針の内容を的確に理解せず、ましてや納得などしていなかったことは、前記のとおりである。このようなＸに対し、当該方針を形式的に適用して一方的に雇止めとすることは、Ｘの継続雇用に対する期待利益をいたずらに侵害するものであって、許されない。したがって、本件雇止めの①の理由は客観的に合理的なものではないというべきである。

　　次に、②の理由についてみると、Ｘが担当していた業務を経理課の本務職員であったＣに担当させるとすること自体は、学校法人Ｙの適切な裁量に委ねられるべき人事に関する判断であるが、その結果としてＸを雇止めとすることまでが当然に許されることとはならない。人事配置の変更の結果としてＸを雇止めとするためには、当該雇止めを正当化することができるに足る、学校法人Ｙ全体または短大総務課の業務を適切かつ円滑に遂行するという観点からの人事配置の変更の必要性が求められるというべきである。しかるに、本件雇止め当時、学校法人Ｙ全体または短大総務課の業

務の適切かつ円滑な遂行上、Xを雇止めとしてまでその担当業務をCに担当させなければならない必要があったと認めるに足りる証拠はない。また、仮にXが担当していた業務を本務職員が担当すべき必要があるというのであれば、Xに対し、短大総務課内での担当業務の変更を命じたり、あるいは、本務職員となる意思があるか否かの確認等の手続が予めされるべきであって…、さらに、Xが担当していた業務をCに担当させるべき必要があるというのであれば、短大総務課内での担当業務の変更のほか、例えば、Xに対し、経理課の業務を担当する内容の嘱託雇用契約の締結を打診する等の手続が予めされるべきであり、これらの手続を経ないまま漫然とXを雇止めとすることが社会通念上相当であるということもできない。

そうすると、本件雇止めは、客観的に合理的な理由がなく、社会通念上相当であると認められないから、無効である。

【企業法務の視点】

本件では、使用者は、有期労働契約の更新年数に上限を設ける方針を決定したが、有期契約労働者に対して、当該方針について十分な説明を行うことなく、有期労働契約の締結に際し、更新年数の上限が書面で明示されることもなかった。そのため、以前から雇用されていた労働者にすでに生じていた雇用継続への合理的期待は消滅していないと判断され、雇止めは無効とされた。本件は、有期労働契約の更新に関する使用者の説明不足が、更新に関する労使間の認識ギャップに結びつき、紛争が生じた事案といえるだろう。

使用者としては、有期契約労働者の募集・採用に際して、契約の更新について、労働者に十分な説明を行い、労働者が更新条件を的確に認識し、納得して労働契約を締結するような手続を踏むことが重要である。また、労働者に雇用継続への合理的期待が生じていたにもかかわらず、契約期間の満了前に更新年数や更新回数の上限などを一方的に宣言したとしても、そのことのみをもって直ちに雇用継続への合理的期待が消滅するものではないことに留意する必要がある。

企業法務の立場からは、企業内で有期労働契約に関する法的ルールが遵守されるように人事部門などに対して支援を行うこと、個別具体的な有期労働契約の雇止めを、どのように取り扱うことが適当であるか、適切に判断できるように助言

【発展課題】

1. 有期労働契約がどのような要素を満たしている場合、期間満了のみを理由とした雇止めが有効と認められるか[45]。
2. 期間1年の有期労働契約の締結時に「雇用期間は5年を上限とする」旨の説明がなされていた場合、労働者が5年を超えての雇用継続を主張することはできないと考えるべきか[46]。
3. 有期労働契約の締結に当たって、当該契約は期間の満了をもって終了とし、契約更新はしない旨の条項（不更新条項）を含む契約書を締結した場合、不更新条項に基づく雇止めに解雇権濫用法理が類推適用されるか[47]。
4. 派遣先会社による労働者派遣契約の解除がなされた場合、派遣元会社による登録型派遣労働者に対する期間途中での解雇は有効か[48]。

判例 No. 40[49] 【チェックポイント：退職した従業員の競業行為は元雇用者に対する不法行為となるか】

【設問】

1. X社は、産業用ロボットや金属工作機械部分品の製造などを業とする従業員10名程度の株式会社であり、Y_1は主に営業を担当し、Y_2は主に製作などの現場作業を担当していた。なお、X社とY_1らとの間で退職後の競業避止義務に関する特約などは定められていない。
2. Y_1らは、2006年4月ごろ、X社を退職して共同で工作機械部品製作などに係るX社と同種の事業を営むことを計画し、資金の準備などを整えて、Y_2が同年5月31日に、Y_1が同年6月1日にX社を退職した。Y_1らは、いわゆる休眠会社であったY_3社を事業の主体とし、Y_1が同月5日付でY_3社の代表取締役に就任したが、その登記などの手続は同年12月から翌年1月にかけてされている。

---

45) 2000年9月11日厚生労働省「有期労働契約の反復更新に関する調査研究会」報告書。
46) 京都地判平成18年4月13日（労判917号59頁）。
47) 東京地判平成24年2月17日（労経速2140号3頁）、東京地決平成22年7月30日（労判1014号83頁）。
48) 宇都宮地栃木支決平成21年4月28日（労判982号5頁）。
49) 最判平成22年3月25日（労判1005号5頁）。

3. Y_1は、X社勤務時に営業を担当していたAほか3社（以下、「本件取引先」という）に退職のあいさつをし、Aほか1社に対して、退職後にX社と同種の事業を営むので受注を希望する旨を伝えた。そして、Y_3社は、Aから、2006年6月以降、仕事を受注するようになり、また、同年10月ころからは、本件取引先のうち他の3社からも継続的に仕事を受注するようになった（以下、本件取引先から受注したことを「本件競業行為」という）。

本件取引先に対する売上高は、Y_3社の8割ないし9割程度を占めている。

4. X社はもともと積極的な営業活動を展開しておらず、特にAの工場のうち遠方のものからの受注には消極的な面があった。そして、Y_1らが退職した後は、それまでに本件取引先以外の取引先から受注した仕事をこなすのに忙しく、従前のように本件取引先に営業に出向くことはできなくなり、受注額は減少した。本件取引先に対する売上高は、従前、X社の売上高の3割程度を占めていたが、Y_1らの退職後、従前の5分の1程度に減少した。
5. Y_1らは、本件競業行為をしていることをX社代表者に告げておらず、同代表者は、2007年1月になって、これを知るに至った。
6. X社は、Y_1らに対し、本件競業行為により損害を被ったとして、不法行為または雇用契約に付随する信義則上の競業避止義務違反に基づく損害賠償を求めて訴えを提起した。
7. 本件競業行為は、X社に対する不法行為に当たるか。

【論点の解説】
1. 元従業員の退職後の競業避止義務について

主要論点：元従業員等の競業行為が、社会通念上自由競争の範囲を逸脱した違法な態様で元雇用者の顧客を奪取したとみられるような場合には、その行為は元雇用者に対する不法行為に当たるというべきである。

(1) 労働者の競業避止義務

労働者および使用者は、労働契約を遵守するとともに、信義に従い誠実に、権利を行使し、および義務を履行しなければならない（労働契約法3条4項）。この規定は、民法1条2項に規定された「信義誠実の原則」（信義則）を労働契約において確認したものである。

労働者側の信義則上の誠実義務の1つに、使用者と競合する企業に就職したり、自ら開業したりしない義務（競業避止義務）がある。したがって、労働契約

の存続中に、労働者が競業避止義務に違反した場合、就業規則の規定に従った懲戒処分や損害賠償請求がなされることがある。

一方、労働契約の終了後については、労働者に職業選択の自由があるので、労働契約存続中のように一般的に競業避止義務を認めることはできないと解釈されている[50]。そのため、労働者の退職後の競業避止義務については、特約がある場合に限り認められる。

しかし、退職後の競業避止義務に関する特約がない場合であっても、労働者による競業行為が元雇用者に対する不法行為として損害賠償責任が生じるかどうかが問題となりうる。

この点について、本件は、元従業員などの競業行為が、社会通念上自由競争の範囲を逸脱した違法な態様で元雇用者の顧客を奪取したとみられるような場合には、その行為は元雇用者に対する不法行為に当たるという判断基準を示した。

（２）本件における裁判所の判断

本件における裁判所の判断は以下の通りである。

> Y_1 は、退職のあいさつの際などに本件取引先の一部に対して独立後の受注希望を伝える程度のことはしているものの、本件取引先の営業担当であったことに基づく人的関係等を利用することを超えて、X社の営業秘密に係る情報を用いたり、X社の信用をおとしめたりするなどの不当な方法で営業活動を行ったことは認められない。また、本件取引先のうち３社との取引は退職から５か月ほど経過した後に始まったものであるし、退職直後から取引が始まったAについては、前記のとおりX社が営業に消極的な面もあったものであり、X社と本件取引先との自由な取引が本件競業行為によって阻害されたという事情はうかがわれず、Yらにおいて、Y_1 らの退職直後にX社の営業が弱体化した状況をことさら利用したともいい難い。
>
> 以上の諸事情を総合すれば、本件競業行為は、社会通念上自由競争の範囲を逸脱した違法なものということはできず、X社に対する不法行為に当

---

50) 菅野・前掲注28）94・95頁。

たらないというべきである。なお、前記事実関係等の下では、Yらに信義則上の競業避止義務違反があるともいえない。

【企業法務の視点】

会社が付加価値の高い製品・サービスを供給し、競争力を維持するためには、競争力の源泉となる技術、ノウハウ、顧客情報などの知的財産、とりわけ営業秘密を適切に管理することが重要であるが、近年、企業による人員整理の実施や雇用の流動化などにより、退職者による営業秘密の侵害が問題となることが増えてきている。

企業としては、誰がどのような営業秘密を扱っているかを把握した上で、誰にどのような義務を負わせるかを明確にするとともに、自社における営業秘密の取扱いに関するルールなどを周知徹底させるために、日常的に教育・研修を行うことが重要である[51]。

退職者については、退職時に秘密保持契約を締結することが考えられる。秘密保持契約において、退職者が負う義務の範囲を明確化しておくことで、企業にとっては営業秘密の適切な管理につながり、退職者にとっても退職後の活動における自由度を高めることになる。

さらに、退職者に対して競業避止義務を課すことも考えられる。この場合、競業避止契約を締結することが必要である。本件で示されたように、競業避止契約が存在しない場合、退職者による競業行為について不法行為責任が認められる事案は限定される。

なお、退職者との間で競業避止契約を締結した場合であっても、競業の制限が合理的範囲を超え、退職者の職業選択の自由等を不当に拘束する場合には、その制限は公序良俗に反し無効となる（民法90条）。

【発展課題】

1. 退職後の競業避止義務を定めた契約の有効性は、どのような要素を考慮して判断されるべきか[52]。

---

51) 経済産業省「営業秘密管理指針」（2011年12月1日改訂）49頁。
52) 奈良地判昭和45年10月23日（判時624号78頁）。

2. 競業避止義務に違反した場合に、退職金を減額または不支給とするという社内規程に基づく減額・不支給措置は有効か[53]。
3. 退職後の秘密保持義務を定める特約は有効か[54]。
4. 退職後に、元の会社の従業員を引き抜く行為は適法か[55]。

---

[53] 最判昭和52年8月9日（労経速958号25頁）、名古屋高判平成2年8月31日（労民41巻4号656頁）。
[54] 東京地判平成14年8月30日（労判838号32頁）。
[55] 東京地判平成3年2月25日（労判588号74頁、判時1399号69頁）。

第4章 IT・知的財産管理

第1節　IT・情報管理 [1]

【はじめに】

　ITとは、Information Technology（情報技術）の短縮形であり、コンピュータ・通信技術を総称する用語として使われている。一方、情報管理とは、情報を有効に利用するために効率的・統合的に運用すること、および情報が漏洩しないように管理することの2つの意味があるが、近時、情報の漏洩が頻発していることから、後者の意味を重視してとらえている。このように、IT・情報管理とは、ITを使った情報の管理方法・体制を意味する。

　IT・情報管理に関する法令としては、不正アクセス防止法、個人情報保護法、プロバイダ責任制限法、電子署名法などがあるが、このほかにも情報システム安全対策基準、コンピュータウイルス対策基準、情報セキュリティ管理基準などさまざまなガイドラインがある [2]。

　企業は、これらの法令およびガイドラインを基に、情報セキュリティに対する対策をとり、自社にあった情報管理体制を構築しなければならない。例えば、外部からの不正アクセスを防止するために、ファイア・ウォール [3] の導入や、パスワード管理、アンチウイルス・ソフトのインストールなどを行う必要がある。

　近時、海外からのサイバー攻撃の被害が相次いでいる。サイバー攻撃とは、コンピュータシステムやインターネットなどを利用して、標的のコンピュータやネットワークに不正に侵入してデータの詐取、破壊や改ざんなどを行い、標的の

---

1) 山下洋史『情報管理の基礎』（東京経済情報出版、2007）。川村洋次『情報管理入門－方法と実践』（中央経済社、2006）。
2) 経済産業省HP（http://www.meti.go.jp/policy/netsecurity/law_guidelines.htm）（確認日2013年10月）。情報処理推進機構（IPA）HP（https://www.ipa.go.jp/）（確認日2013年10月）。
3) コンピュータとその外部との通信を制御し、内部のコンピュータ・ネットワークの安全を維持することを目的としたシステム。

システムを機能不全に陥らせることをいうが、政治的な示威行為として行われるものは「サイバーテロ」と呼ばれる。犯罪の様態としては、電子計算機損壊等業務妨害罪や威力業務妨害罪などがある。

現代社会は、コンピュータ・通信技術により情報の蓄積および流通が容易になった反面、情報の流出という脅威にさらされているので、経済産業省や情報処理推進機構（IPA）などのガイドラインに従い、適切な情報管理体制を構築すべきである。

本節では、これら情報管理体制の構築にかかわる事件を取り上げることにより、企業内において情報管理体制の構築のために留意すべき主要なポイントを解説している。

判例 No. 41[4]　【チェックポイント：ファイル交換共有ソフトによる送信は特定電気通信に該当するか】

【設問】

1. X（原告）は、音楽の実演家等との契約により楽曲を制作し、CD等として販売しているレコード会社であり、送信可能権（著作権法96条の2）を有する。Y（被告）は、一般利用者に対するプロバイダ（ISP）[5]である。
2. 訴外A（ユーザ名）（氏名不詳）は、Yのサーバから楽曲を自己のパソコンにダウンロードしたが、Aのパソコンにはファイル交換共有ソフトWinMX[6]がインストールされていた。
3. 訴外Bも、WinMXを自己のパソコンにインストールしていたが、WinMXを起動し、インターネットを通じてAのパソコンの楽曲を自己のパソコンにダウンロードした。
4. この事実をXが知るところとなり、XはYに対し、Aの氏名、住所等の発信情報の開示を書面において求めたところ、Yは、本人が開示に合意した場合、または裁判所の発する令状その他裁判所の判断に従い開示が認められた場合、もしくは犯罪捜査など法律手続きの中で開示を要請された場合にのみ発信者情報の開示をしていること等を理由として開示を拒絶した。なお、YはAの氏名および住所に関する情報を有していた。

---

4) 東京地判平成17年6月24日（裁判所HP）。
5) 特定電気通信事業者（インターネット・サービス・プロバイダ）。特定電気通信設備（Webサーバなど）を用いて他人の通信を媒介し、また特定電気通信設備を他人の通信の用に供する事業者。
6) ファイル交換共有ソフト。このソフトをインストールしたパソコンは、P2Pでファイル交換ができる。

5. XはYに対し、Xが制作した楽曲がAによって複製され、またWinMXを使用して送信（WinMX送信）され、Xの送信可能化権を侵害されたとして、Aが利用していたサーバの提供者であるYに対し、プロバイダ責任制限法[7]4条1項に基づき、Aの氏名および住所の開示を求め提訴した。
6. ① WinMX送信による電気通信が、特定電気通信に該当するか。また② WinMX送信によりXの送信可能化権が侵害されたか。

【論点の解説】

1. WinMXによる複製・送信が、プロバイダ責任制限法4条1項および同法2条1号の「特定電気通信」に該当するか否か（論点①）

主要論点1：プロバイダ責任制限法4条1項は、開示関係役務提供者[8]に対する発信者情報開示請求権を規定しており、プロバイダを通じて行われるWinMXを利用したファイル送信は、同法の定める「特定電気通信」に該当する。

　プロバイダ責任制限法2条1号は、「特定電気通信」を、「不特定の者によって受信されることを目的とする電気通信の送信」と定めており、本件では、WinMX送信がこれに該当するか否かが争点となった。

　WinMX送信は、物理的現象のみを見た場合、送信側ユーザと受信側ユーザとの間で行われる1対1の通信（P2P）である。しかしながら、WinMXユーザ間においては、送信側ユーザが当該電子ファイルを自己のパソコン内の共有フォルダ内に蔵置した時点で、当該電子ファイルを不特定の者によって受信されうる状態においたとみるべきであり、電子ファイルの共有フォルダ内への蔵置と、これに引き続いてなされる受信側ユーザへの送信は、一連の情報流通過程として一体的に把握すべきである。したがって、WinMX送信は、送信側ユーザを基準として判断した場合、「不特定の者によって受信されることを目的とする電気通信の送信」に該当する。

　また、「特定電気通信」に該当するか否かは、送信者からプロバイダを経て受信者に至るまでの通信全体を1個のものとして包括的に評価すべきであり、その評価は送信の目的が不特定の者によって受信されることにあるか否かによって決

---
7) 特定電気通信役務提供者の損害賠償責任の制限および発信者情報の開示に関する法律。
8) 特定電気通信の用に供される特定電気通信設備を用いる特定電気通信役務提供者。

すべきである。よって、プロバイダ自体の送信行為の態様やその目的のいかんにかかわらず、送信者の送信目的が同法2条1号に該当するものである以上、送信者から受信者に至るまでの通信全体が「特定電気通信」に該当することになる。

また、WinMX送信は「特定電気通信」に該当し、その送信がプロバイダの電気通信設備を経由して受信者に到達する以上、当該電気通信設備は特定電気通信の用に供されているのであり、これを用いて他人の通信を媒介するプロバイダは「開示関係役務提供者」に該当する。

2. Xの送信可能化権が侵害されたか（論点②）

> 主要論点2：Aが他のWinMX利用者からの求めに応じて楽曲を送信可能な状態にすることにより、Xの送信可能化権を侵害した。

送信可能化権に関しては、著作権法は、「著作者は、その著作物について、公衆送信（自動公衆送信の場合にあっては、送信可能化を含む）を行う権利を専有する」と規定している（23条1項）。すなわち、送信可能化権とは、インターネットなどで著作物を自動的に公衆に送信しうる状態に置く（2条1項9号の4）権利であり、Aはインターネット回線を通じて、楽曲を自動的に送信しうる状態においたことが認められるから、これによって楽曲に対するXの送信可能化権が侵害されたといえる。

【企業法務の視点】

本件は、プロバイダ責任制限法に関する事案である。同法は、インターネットでプライバシーや著作権の侵害があったときに、プロバイダが負う損害賠償責任の範囲や、情報発信者の情報の開示を請求する権利を定めた法律である。

本件では、WinMXというファイル交換共有ソフトを使用して公開され、原告の送信可能化権が侵害されたとして、氏名不詳者が利用していたプロバイダに、氏名不詳者の氏名および住所の開示を求めたことで、WinMXにおけるプロバイダの電気通信が「特定電気通信」に該当するか否かが主な争点となった。この判決により、WinMXでファイル転送されたものであっても、プロバイダの電気通信が「特定電気通信」に該当することが明らかになった。

企業として注意しなければならないのが、WinMX のようなファイル交換共通ソフトの使用である。WinMX は、P2P 型ソフトの一種である。P2P 型ソフトとは、パソコン同士を対等な立場で直接接続するネットワークの接続状態であり、WinMX の利用者が、他の利用者との間で、プロバイダが提供するサーバへのデータの蓄積および同サーバへのアクセスを経ることなく、直接自己のコンピュータ内に保有する情報を送受信するソフトである。

　WinMX の改良版として Winny[9] などがあるが、WinMX も Winny も匿名性が高く、この匿名性は、著作権法、わいせつ物頒布罪、児童ポルノ規制法、個人情報保護法などに抵触する違法なファイル交換を行う場合に便利であったため、利用者数は急速に拡大していった。そのため Winny で流通するファイルに Antinny[10] などのコンピュータウイルスが仕組まれるようになり、それによってファイルをダウンロードした者の個人情報が Winny を媒体としてばらまかれるという問題を引き起こした。このように、ファイル交換共有ソフトを業務で使うことはリスクが大きく、企業としては全面的な使用禁止が必要とされるであろう。

【発展問題】
1. プロバイダ責任制限法は、プロバイダの責任をどのように制限しているか。
2. 著作権法は送信可能化権のほかに、どのような権利規定を設けているか。
3. ファイル交換共通ソフトを作成すること、および共有ファイルに置くこと自体、著作権法違反を惹起することにはならないか。

判例 No. 42[11] 【チェックポイント：ネット販売における受注確認メールは売買契約の承諾とみなされるか】

【設問】

1. 訴外 A が開設するインターネット上のコンピュータ・ショッピングのサイトにおいて、Y（被告）がパソコンを 1 台当たり 2,787 円で売り出している表示がされていたことから、X（原告）は、パソコン 3 台を注文するメールを送信し、X

---

9) P2P ファイル交換共有ソフト。WinMX の次という意味で Winny と名づけられた。開発者は著作権侵害行為幇助の疑いで逮捕されたが、無罪が確定した。
10) MS Windows 上でワーム活動を行うコンピュータウイルス。
11) 東京地判平成 17 年 9 月 2 日（控訴棄却）。

はAからの受注確認メールを受信した。
2. Yは商品の価額の表示が誤っていることを把握したが、Yは本件サイトに自ら表示をすることができないため、YはAの担当者に連絡をとり、Aに表示の削除を依頼した。また、YはXに対し、表示が誤っていたため注文に応じかねるとのメールを発信し、Xはこれを翌日受信した。
3. Xは、Aからの受注確認メールを受信したことにより売買契約が成立したとして、Yに対し訴訟を提起した。また、Xは、パソコンの売買契約に係る紛争がAの表示ミスによるものとしても、YにはAに対する注意義務があるなどと主張し、Yに対して債務不履行ないし不法行為に基づき、パソコン3台の代金相当額の支払いを求めた。
4. ① 受注確認メールは、契約の承諾と解してよいか。また② パソコンの価額を誤って表示したのはAであり、Yにその注意義務違反はないか。

【論点の解説】
1. 受注確認メールは、契約の承諾通知と解してよいか（論点①）

> 主要論点1：受注確認メールは、買手となる注文者の申込みが正確なものとして発信サイト開設者が注文者に確認するものであり、申込みに対する承諾通知ではない。

　Xの主張する受信メールはAから送信されたものであり、YはXの申込みに対して承諾をしないとの意思表示をしているので、XとYとの間で本件契約が成立していると認めることはできない。
　インターネット上での取引は、パソコンの操作によって行われるが、その操作の誤りが介在する可能性が少なくなく、相対する当事者間の取引に比べ、より慎重な過程を経る必要がある。注文確認メールは、買手となる注文者の申込みが正確なものとして発信されたかをサイト開設者が注文者に確認するものであり、注文者の申込みの意思表示の正確性を担保するものにほかならない。
　よって、受注確認メールは、Yの承諾通知と認めることはできないから、これをもって契約が成立したと見ることはできない。

2. パソコンの価額を誤って表示したのはAであるが、依頼したYにその注意義務違反はあるか（論点②）

> 主要論点2：パソコンの価額を誤って表示したのはAであるが、一定の条件下では、依頼したYにその注意義務違反はない。

　Xが受注確認メールを受信した翌日に、XはYから、本件サイトに誤った表示がなされた旨のメールを受信した。また、Yは商品の表示が誤っていたことを把握し、Aの担当者に連絡をとってAに表示の削除を依頼し、事故拡大防止につとめた。

　このように、Yが本件サイト上に自ら表示をすることはできず、削除することもできないと認められること、および商品の誤った表示がされたことに対し、直ちにAにその表示を削除させたのであって、誤表示を放置したとも認められないことから、Yの商品の誤表示についての注意義務違反を認めることはできない。

【企業法務の視点】

　本件は、受注確認メールが申込みに対する承諾か否かを問われた事案である。ネット販売の場合、ウェブサイトから商品購入の申込みを行うが、通常、その直後に自動的にネット業者のシステムから受注確認メールが申込者に送付される。申込者はこれを申込みの承諾と解することがあるが、これは単なる受注の確認であり承諾の意思表示ではない。それを明確にするため、ネット販売を行う企業は、これは受注の確認のメールであり、申込みの承諾ではない旨、受注確認メールに記載すべきである。一方、受注確認メールが申込みの承諾を意味する場合には、受注確認メールにその旨明記すべきである。

　本件のように、あまりにも安価な金額がネット上に呈示されていると、申込者は、ネット業者が間違えて金額を表示したのではないかと疑うのが普通であるが、昨今、マーケティング戦略から破格の金額での商品の販売が行われることもあり、申込者が、ネット業者が間違えて金額を表示したのか否かの判断がつかないことがある。ネット業者も、いつも正しい金額を表示するとは限らない。したがって、ネット業者は金額の表示に十分気を付けるとともに、もし間違えて表示

したときには、すみやかに申込者に対してその旨を通知する必要がある。

　本件は、金額を間違えて表示したのはAであり、Yはその金額の訂正を自らできなかったが、もしY自ら金額の表示を間違えていた場合はどうであろうか。また、受注確認メールに承諾の意思表示をしていた場合はどうであろうか。さらに、Yが金額の誤記に気づかずにその訂正を放置していた場合はどうであろうか。このような場合は、ネット業者の過失が問われることになる。特に、承諾メールが申込者に届いた場合には、ネット業者は錯誤（民法95条）により無効を主張することになろうが、法的には契約は成立しており、逆に申込者はネット事業者の重過失を主張することになろう。このように、金額の呈示の間違いは企業にとって許されるべきものではなく、十分に気を付けなければならない。

【発展問題】

1. 電子消費者契約および電子承諾通知に関する民法の特例に関する法律（電子消費者契約法）2条の意義は何か。
2. 電子消費者契約法3条の意義は何か。
3. ネット業者のウェブサイトの価額の誤記は、民法95条（錯誤）の重過失に当たるか。

判例 No. 43[12]　【チェックポイント：プロバイダは加入者による情報漏洩について責任を負担するか】

【設問】

1. X（原告）は、インターネット接続等の総合電気通信サービスである「○○○」の会員である。Y（被告）は、「○○○」の名称を用いてインターネット・サービスを提供するプロバイダであり、顧客との契約締結の際に、顧客の住所・氏名等の個人情報を取得し、その情報を保有・管理していた。
2. 訴外Aは、Yの業務委託先から派遣され、顧客データベースのメンテナンスや、Yのサーバ群の管理を行う業務に従事していたが、退職後、本件アカウント等を使用して、インターネットカフェのパソコンから本件顧客データベースにアクセスし、顧客情報（約450万件）を外部に転送し、当該顧客情報を訴外

---

12) 大阪地判平成18年5月19日（判タ1230号227頁）。大阪高判平成19年6月21日。最判平成19年12月14日。

Bに渡した。その後、Bは当該顧客情報を基にYを恐喝した。
3. Yは、Aの退職後もユーザ名、パスワードを変更することなくこれを放置していた。
4. Xは、顧客情報として保有管理していたXの氏名・情報等の個人情報が外部に漏洩したことについて、Yが個人情報の適切な管理を怠った過失等により、自己の情報をコントロールする権利を侵害されたとして、Yに対して不法行為に基づく損害賠償として慰謝料等の支払いを求めた。
5. Xの個人情報が外部に流出したことにつき、Yに、① 個人情報の管理、および② 不正アクセス、に対する注意義務があるか。

【論点の解説】
1. 個人情報の管理に関する一般的な注意義務はあるか（論点①）

主要論点1：顧客の個人情報を保有・管理する電気通信事業者として、当該情報への不正なアクセスや当該情報の漏洩の防止、その他の個人情報の適切な管理のために必要な措置を講ずべき注意義務がある。

　総務省による電気通信事業における個人情報保護に関するガイドラインは、「電気通信事業者が個人情報を管理するに当たっては、当該情報への不正なアクセスまたは当該情報の紛失、破壊、改ざん、漏洩の防止その他の個人情報の適切な管理のために必要な措置を講ずるものとする」と規定している（5条4項）[13]。また、顧客の個人情報をデータベースとして5,000件以上保有・管理している事業者は、個人情報保護に関する法律（個人情報保護法）にいう個人情報取扱事業者に該当し、同法は、「個人情報取扱事業者は、その取扱う個人データの漏洩、滅失または毀損の防止その他の個人データの安全管理のために必要かつ適切な措置を講じなければならない」と規定している（20条）。
　したがって、顧客の個人情報を保有・管理する電気通信事業者として、当該情報への不正なアクセスや当該情報の漏洩の防止、その他の個人情報の適切な管理のために必要な措置を講ずべき注意義務がある。

---
13) http://www.soumu.go.jp/main_content/000076222.pdf（確認日 2013年10月）。

2. リモートアクセスに関しての注意義務はあるか（論点②）

> 主要論点2：プロバイダは、リモートアクセスの不正アクセス防止のためのアクセス制限を設ける注意義務がある。

リモートアクセスは、IPアドレス[14]を特定して、登録されたユーザ名・パスワードを入力すれば、リモートパソコンでログオンすることが可能となっている。電気通信事業者は、リモートアクセスに対するアクセス管理の方法として、ユーザ名とパスワードによる認証を行うほかに、特定のコンピュータからはリモートアクセスができないようにする措置をとることが必要である。例えば、コールバック機能を使用することによって、特定のコンピュータからのアクセスしか認めないようなアクセス規制を設けるべきである。

また、従業員退職後は、直ちに、登録されているユーザ名およびパスワードを消去または変更する措置をとり、元従業員が不正にアクセスできないようにすることも必要である。

【企業法務の視点】

本件は、インターネットを通じての個人情報の流出に関して、企業に損害賠償請求を求めて認容された最初のリーディングケースである。

個人情報保護法は、2003年に成立し、本件不正取得が行われた当時は、まだ施行されていなかったが、同法が成立する以前より、個人情報保護に関する各種ガイドラインが定められており、プロバイダは、これらに基づき、社内の情報漏洩を防止する適切な措置を講じる義務があった。

原審の大阪地裁はYの過失を認め、大阪高裁でもYが敗訴したことで、Yは最高裁に上告した。しかしながら、最高裁はYの上告を退ける決定を下し、大阪高裁の判決が確定した。本件の後も、個人情報の流出事故が相次ぎ、多くの裁判所は、企業に対し損害賠償を求める判決を下している。このように企業にとって顧客の個人情報の十分な管理は、必要不可欠なものである。

本件のリモートアクセスの管理体制は、ユーザ名とパスワードによる認証以外

---

[14] Internet Protocol Address. コンピュータや通信機器に割り当てられた識別番号。

に外部からのアクセスを規制する措置がとられておらず、肝心のユーザ名およびパスワードの管理がきわめて不十分だったことが挙げられる。特に、退職者が管理・登録していたリモートアクセスのユーザ名およびパスワードを、退職後も長く放置していたことは、杜撰な管理を露呈するものであった。また、リモートアクセスのサーバのIPアドレスを知りうる立場にある者による不正アクセスについても、これを防止するための相当な措置を講じていなかった。

各企業においては、個人情報保護の対策が講じられ、その管理体制は徐々に強化されているものの、コンピュータ・ネットワーク技術の進展により新たなウイルスも検出され、また海外からの不正アクセスも後を絶たない状況である。企業は情報の管理体制を強化するとともに、最新のウイルスチェッカーやファイア・ウォールを導入し、適切な情報管理体制を構築することが求められる[15]。

【発展問題】
1. 海外からの不正アクセスにはどのようなものがあるか。
2. 個人情報保護法に規定する個人情報の定義とは何か。
3. 不正アクセス防止法では、どのような態様を不正アクセスと定義しているか。

第2節　知的財産管理[16]

【はじめに】

知的財産管理に関して、企業法務が果たす役割は、企業の業種や規模によって異なる。製造業を営む企業、とりわけ規模の大きな企業であれば、法務部とは別に知的財産部を設置し、特許権、商標権、意匠権、著作権等の知的財産権の管理

---

[15] 情報セキュリティに関する政策等については、経済産業省情報セキュリティポータルがある（http://www.meti.go.jp/policy/netsecurity/）（確認日2013年10月）。
　　また、情報セキュリティ全般については、情報処理推進機構（IPA）のウェブサイトに詳しい（http://www.ipa.go.jp）（確認日2013年10月）。
[16] 中山信弘『著作権法』（有斐閣、2007）。中山信弘『特許法』（弘文堂、2010）。半田正夫＝松田政行『著作権法コンメンタール1～3』（勁草書房、2009）。増井和夫＝田村善之『特許判例ガイド[第4版]』（有斐閣、2012）。松村信夫＝三山峻司『著作権法要説』（世界思想社、2009）。『著作権判例百選[第4版]』（有斐閣、2009）。『特許判例百選[第4版]』（有斐閣、2012）。

を行っているところが多いと思われるが、輸入業、販売業、サービス業などを営む企業や規模の小さい企業であれば、法務部で知的財産権の管理を行っているところが少なくないと思われる。

　知的財産管理は、取得、権利化、活用、紛争、さらには人材育成や教育等のインフラの側面に及ぶ。法務部と知的財産権部が別組織として存在する企業であっても、法務部と知的財産権部が協力して進めていく必要がある領域は少なくない。例えば、取得の側面ということに関連して、共同開発契約や開発委託契約、あるいは技術導入に関する知的財産権の譲渡契約やライセンス契約などのドラフトや交渉においては、両者が協力して進める場合が少なくない。また、共同開発が合弁会社等の設立を伴う場合の設立手続や関連契約、さらには、M&Aの場合のデュー・ディリジェンスや関連する契約に関して、法務部が関与することが一般的であろう。

　権利化の側面においても、職務発明や職務著作に関連して、社内規定や契約の整備などに関して、知的財産部、法務部、人事部、さらには研究・開発部などの社内横断的な取組みが重要である。活用の側面においても、知的財産権の売却、ライセンス、証券化等に関連する契約に法務部が関連する場合が多いであろう。さらに、紛争の側面においても、交渉や和解、さらには訴訟などについて法務部が関与する場合は少なくないと思われる。

　このように、企業の知的財産管理を適切に実施するためには、企業の業種や規模に拘わらず、法務部が重大な役割を果たすべき領域が少なくない。そのためには、企業の製品やサービスに関する理解、知的財産権についての理解はもとより、会社組織や取引に関する法知識、さらには、社内の関連部署や社外の専門家との連携を円滑に進める対人能力が必要不可欠となる。

　本節においては、業種を問わず、多くの企業の法務部が業務範囲にしているであろうと考えられる著作権、さらに知的財産権のライセンスや人事上の問題と関連する職務発明や職務著作に関する判例を中心に取り上げ、論点や実務上のポイントを整理した。

【著作権】

判例 No. 44[17]　【チェックポイント：データベースの無断複製についてどのような対応が可能か】

【設問】

1. コンピュータソフトウェアの開発等の事業を営むX社（原告）は、1986年に自動車整備業用システムである「スーパーフロントマン」を開発した。この原告システムは、自動車整備業者において、見積書、作業指示書、納品書等の作成が容易にできるほか、顧客や車両等に関する入力データをデータベース化し、顧客管理やダイレクトメールの発送等に活用できるように構成されたものであるが、日本国内において実在する四輪自動車に関する一定の情報を収録したデータベースである「諸元マスター」を構成要素としていた。原告は、1993年ころ、諸元マスターの平成6年度版（以下、「本件データベース」という）を作成し、同年6月ころ、その販売を開始した。
2. Y社（被告）は、1986年3月ころから、自動車整備業用システムである「トムキャット」を製造販売している。この被告システムは、自動車整備業者において、見積書、作業指示書等の作成が容易にできるほか、顧客や車両に関する入力データをデータベース化し、顧客管理等に活用できるように構成されたものであり、実在の自動車に関する一定の情報を収録したデータベース（以下、「被告データベース」という）がその構成要素となっている。
3. 原告は、被告による本件データベースの複製が本件データベースの著作権を侵害するかまたは不法行為を構成すると主張して、被告システムの製造等の差止めおよび損害賠償を求めて提訴した。
4. ①本件データベースに著作物性は認められるか、②本件データベースないしその車両データを複製したかどうか、③本件データベースの車両データを複製したことが不法行為を構成するか。

【論点の解説】

1. 本件データベースに著作物性は認められるか（論点①）

主要論点1：データベースとは、論文、数値、図形その他の情報の集合体であって、それらの情報を電子計算機を用いて検索することができるように体系的に構成したものをいう（著作権法2条1項10号の3）。データベースに著作物性が認められるためには、必ずしもその情報自体が著作物である必要はないが、「情報

---

17) 東京地判平成13年5月25日中間判決（判時1774号132頁、判タ1081号267頁）。

> の選択」または「体系的な構成」によって創作性を有することが必要である。（著作権法12条の2）。

　一般に著作物性が認められるためには、思想または感情を創作的に表現したものであることが必要とされるが（著作権法2条1項1号）、データベースにおいて、この創作性は、「情報の選択」または「体系的な構成」のいずれかに認められる必要がある（著作権法12条の2）。本件でも、裁判所は、この2つについて①対象となる自動車の選択、②自動車に関するデータ項目の選択、③体系的構成という側面から創作性を検討している。

　まず、対象となる自動車の選択については、「実在の自動車を選択した点については、国内の自動車整備業者向けに製造販売される自動車のデータベースにおいて、通常されるべき選択であって、本件データベースに特有のものとは認められないから、情報の選択に創作性があるとは認められない」としている。また、他業者による無断複製を検知するためのダミーデータや各型式指定番号に属する自動車の代表データを収録している点についても、「原告Xが作出した架空のデータを収録したということにすぎないから、そのことが情報の選択の創作性を基礎付けることはない」としている。

　次に、自動車に関するデータ項目の選択については、「本件データベースで収録している情報項目は、自動車検査証に記載する必要のある項目と自動車の車種であるが、自動車整備業者用のシステムに用いられる自動車車検証の作成を支援するデータベースにおいて、これらのデータ項目は通常選択されるべき項目であると認められ、実際に、他業者のデータベースにおいてもこれらのデータ項目が選択されていることからすると、本件データベースが、データ項目の選択につき創作性を有するとは認められない」とし、メーカーや車種に独自の名称を用いていることをもって創作性があるとする原告の主張を退けている。

　最後に、体系的構成については、「本件データベースは、型式指定－類別区分番号の古い自動車から順に、自動車のデータ項目を別紙『データ項目の分類およびその属性等』のとおりの順序で並べたものであって、それ以上に何らの分類もされていないこと、他の業者の車両データベースにおいても、型式指定－類別区分番号の古い順に並べた構成を採用していることが認められるから、本件データベースの体系的な構成に創作性があるとは認められない」としている。

2. 本件データベースないしその車両データを複製したかどうか（論点②）

> 主要論点2：本件データベースの複製によって、本件データベースの著作権を侵害するかまたは不法行為を構成するという原告Xの主張の前提として、被告Yが本件データベースを複製したことが必要である。

　この点について裁判所は、「被告YがA自動車やB自動車に販売した被告データベースについては、本件データベースの車両データのうち、約6万件が一致し、被告YがCモータースに販売した被告Yデータベースは、本件データベースの車両データのうち、10万件以上が一致すること、被告YがA自動車、B自動車、Cモータースに納入したいずれの被告Yデータベースにおいても、本件データベースに収録されたダミーデータが、それぞれの収録範囲においてすべて含まれており、また、これらのデータベースには、本件データベースにおける誤入力や、本件データベースが独自に使用している車名や車種の名称がそのまま用いられていること、被告Yが、本件訴訟係属後にこれらの被告Yデータベースをいずれも無料で更新したこと、原告Xは、この3社以外の被告Yシステムのデータベースにおいても、本件データベースのダミーデータ等を発見していること、以上の各事実が認められ、これらの事実からすると、被告Yが、本件データベースのデータを上記件数分複製して、これを被告Yデータベースに組み込み、顧客に販売していたことは明らかである」としている。

3. 本件データベースの車両データを複製したことが不法行為にあたるか（論点③）

> 主要論点3：著作権法によって創作性が認められない場合、著作権法上の保護は受けられないとしても、これは、その法的保護を一切認めない趣旨ではなく、著作権法以外の法律で保護される場合もある。

　この点、裁判所は、「民法709条にいう不法行為の成立要件としての権利侵害は、必ずしも厳密な法律上の具体的権利の侵害であることを要せず、法的保護に値する利益の侵害をもって足りるというべきである。そして、人が費用や労力をかけて情報を収集、整理することで、データベースを作成し、そのデータベースを製造販売することで営業活動を行っている場合において、そのデータベースの

データを複製して作成したデータベースを、その者の販売地域と競合する地域において販売する行為は、公正かつ自由な競争原理によって成り立つ取引社会において、著しく不公正な手段を用いて他人の法的保護に値する営業活動上の利益を侵害するものとして、不法行為を構成する場合があるというべきである」とした。

その上で、裁判所は、本件データベースのためのデータの収集や管理に多大な費用を要していること、原告Xと被告Yが競合関係にあり、実際に顧客が原告Xシステムから被告Yシステムに変更した例があること、また、本件データベースの相当多数のデータをそのまま複製していたことから、「被告Yが本件データベースのデータを被告Yデータベースに組み込んだ上、販売した行為は、取引における公正かつ自由な競争として許される範囲を甚だしく逸脱し、法的保護に値する原告Xの営業活動を侵害するものとして不法行為を構成するというべきである」とし、原告Xが被った損害の賠償を被告Yに命じている。

【企業法務の視点】

データベースの構築は、膨大な情報の収集、入力作業、デジタル化などに多大な労力と資本が必要となるが、これらの側面は模倣に対してきわめて脆弱な上、著作物としての保護の対象が情報の選択あるいは体系的構成によって創作性が認められる部分にあることを考えると、企業がデータベースに関して最も保護を望む部分に関して著作物としての保護を受けることができない可能性がある[18]。本件のデータベースもそのようなデータベースである。

企業としては、データベースを構築する際には、可能な限り著作権法による保護を受けることができるように情報の選択や体系的構成に個性を持たせて、著作物としての保護が受けられるように配慮する必要があろうが、現実には容易ではないだろう。

このように著作権法による保護が受けられない知的な成果をどのように保護するかについては、本件のデータベースの場合のように、不法行為による損害賠償請求が考えられる。データベース以外では、応用美術で美術の著作物としての保護を受けられないものについても不法行為による損害賠償請求が認められた

---

18) 中山・前掲『著作権法』注16) 121-123頁。

ケースがある[19]。なお、データベース以外で、著作権法による保護が難しいものの中には、他の知的財産権（特許、意匠、営業秘密等）による保護が可能な場合もありうるであろう。

【発展課題】
1. 独自の職業分類体系による職業別電話番号帳のデータベースは、データベースの著作物として保護されるだろうか[20]。
2. 目、鼻、口、眉、頭髪等の各部分の画像を組み合わせて特定の人物に近い似顔絵を作るための画像ファイルは、データベースの著作物として保護されるだろうか[21]。
3. タイプフェイスが美術の著作物として保護されない場合、不法行為による損害賠償請求が認められる可能性はあるだろうか[22]。

判例 No. 45[23] 【チェックポイント：どのような場合に職務著作が成立するか】

【設問】

1. 中国（香港）国籍を有するデザイナー X は、1993 年 7 月 15 日に観光ビザで来日して以降、数回に渡り来日し、アニメーション等の企画、撮影等を業とする Y 社の下において、デザイン画作成等の業務に従事し、本件図画を作成した。これらの本件図画は、70 ミリ・シージー・ステイション・シミュレーション・ライド・フィルム「RGB アドベンチャー」に使用されることとなった。「RGB アドベンチャー」は、テーマパークにおけるアトラクションとして上映されるなどしたが、X の氏名は同作品において、本件図画の著作者として表示されていない。
2. X は、1994 年 5 月 15 日の第 3 回目来日以降は、就労ビザで来日していたが、第 1 回目の来日および第 2 回目の来日（1993 年 10 月 31 日）は、観光ビザでの来日であった。

---

19) 京都地判平成元年 6 月 15 日（判時 1327 号 123 頁）、東京高判平成 3 年 12 月 17 日（判時 1418 号 120 頁）。
20) 東京地判平成 12 年 3 月 17 日（判時 1714 号 128 頁）。
21) 東京地判平成 16 年 1 月 28 日（判時 1847 号 60 頁）。
22) 大阪地判平成元年 3 月 8 日（判タ 700 号 229 頁）。
23) 最判平成 15 年 4 月 11 日（判時 1822 号 133 頁、判タ 1123 号 94 頁、労判 849 号 23 頁）。

3. Xは、本件図画に関する著作権および著作者人格権に基づき、Y社に対して、本件図画を使用したアニメーション作品の頒布等の差止めおよび損害賠償の支払いを求めて提訴した。

第1審[24]は、合意の内容、金額の多寡、作業場所・道具の提供やデザイン作成についての指示等の事情を総合的に考慮して、最初に観光ビザで来日した時点で雇用契約が締結されたと解することができるとして、本件図画について職務著作の成立を認め、Xの請求を棄却した。

これに対して、原審[25]は、第3回目以降の来日中については、雇用契約の締結を認め、この間に作成された本件図画について職務著作の成立を認めたものの、第1回目および第2回目の来日中に作成された本件図画については、被上告人がいわゆる就労ビザを取得していなかったこと、上告人が被上告人に対し就業規則を示して勤務条件を説明したと認められないこと、雇用契約書の存在等の雇用契約の成立を示す明確な客観的証拠がないこと、雇用保険料、所得税等が控除されていなかったこと、タイムカード等による勤務管理がされていなかったことから、雇用契約の存在を否定し、この間の本件図画について職務著作の成立を認めなかった。

4. Xは、「法人等の業務に従事する者」に該当し、本件図画について職務著作が成立するか。

【論点の解説】

1. 職務著作とは

> 主要論点：雇用関係の存否が争われた場合には、同項の「法人等の業務に従事する者」に当たるか否かは、法人等と著作物を作成した者との関係を実質的にみたときに、法人等の指揮監督下において労務を提供するという実態にあり、法人等がその者に対して支払う金銭が労務提供の対価であると評価できるかどうかを、業務態様、指揮監督の有無、対価の額および支払方法等に関する具体的事情を総合的に考慮して、判断する。

著作権法は、著作物を創作する者を著作者とし（法2条1項2号）、著作者には、著作者人格権および著作権を原始的に帰属することとしている（法17条1項）。この創作者主義の原則に対する重要な例外の1つが職務著作である（法15条2項がプログラムの著作物に関する規定、1項がそれ以外の著作物に関する規

---

[24] 東京地判平成11年7月12日（労判849号32頁）。
[25] 東京高判平成12年11月9日（判時1746号135頁）。

定）。プログラムの著作物以外の著作物について職務著作が成立するためには、①法人その他の使用者（以下、「法人等」という）の発意に基づき、②その法人等の業務に従事する者が、③職務上作成する著作物で、④その法人等が自己の著作の名義の下に公表するものであり、⑤その作成の時における契約、就業規則その他に別段の定めがないことが必要である。

　本件裁判では、Xが観光ビザで来日した期間に作成された本件図画について職務著作が成立するかどうかが、上記②の要件との兼ね合いで争われた。裁判所は、まず、15条１項の規定により「法人等が著作者とされるためには、著作物を作成した者が『法人等の業務に従事する者』であることを要する」とし、雇用関係がこれに当たることは明らかであるとした。そして、「雇用関係の存否が争われた場合には、同項の『法人等の業務に従事する者』に当たるか否かは、法人等と著作物を作成した者との関係を実質的にみたときに、法人等の指揮監督下において労務を提供するという実態にあり、法人等がその者に対して支払う金銭が労務提供の対価であると評価できるかどうかを、業務態様、指揮監督の有無、対価の額および支払方法等に関する具体的事情を総合的に考慮して、判断すべきものと解するのが相当である」とした。

　その上で、本件については、Xが「１回目の来日の直後から、上告人の従業員宅に居住し、上告人のオフィスで作業を行い、上告人から毎月基本給名目で一定額の金銭の支払を受け、給料支払明細書も受領していたのであり、しかも、被上告人は、上告人の企画したアニメーション作品等に使用するものとして本件図画を作成した」ことから、XがYの指揮監督下で労務を提供し、その対価として金銭の支払いを受けていたことをうかがわせるものとみるべきとし、さらにこの点についての審理を尽くさせるべく、原審に差し戻した。

　「法人等の業務に従事する者」の解釈に関しては、これを法人等と雇用関係がある者に限るとする見解（限定説）と、法人等の実質的な指揮監督の下にその業務に従事する者を広く含むとする見解（非限定説）とに大別される。後者の非限定説は、さらに具体的にどのような基準でどこまで雇用関係以外のものを含むかについて、さまざまな見解に分かれる。これらの見解では、派遣労働者（雇用関係は派遣元との間に存在し、派遣先との間には指揮命令関係のみが存在する）が派遣先の法人等のために創作を行う場合や、雇用関係にない者が業務委託や請

負の形態で法人等のために創作を行う場合は理論的には、結論が異なることになる。前者については、職務著作の成立を認めうるとする考えが主流と思われるが、後者については、職務著作の成立を認めないとする考え方が主流と思われる。一方、雇用関係にある者については、いずれの見解によっても、「法人等の業務に従事する者」として捉えられることになる。

　本件の射程をどのように理解するかについては、議論がありうるところであるが、下級審を通じて雇用関係の存否が問題になってきたことや、「雇用関係の存否が争われた場合には」として、「法人等の業務に従事する者」の解釈を論じていることからすると、雇用契約にない者について、「法人等の業務に従事する者」に該当する可能性があるか否かや、その判断基準は何かについてまでは、判断を示していないと考えるのが自然であろう。

　職務発明の要件をめぐっては、ほかにも、「法人等の発意」や「職務上作成する著作物」に該当するか否かなどでも、法人等と従業員等との間で争いが生じやすいところである。この点については、例えば、宇宙開発事業団の元職員が海外留学研修中に作成したプログラムや同事業団の認可がないままで作成したプログラムについての職務著作の成否が問題となった宇宙開発事業団プログラム事件[26]では、「法人等の発意」について、「法人等が著作物の作成を企画、構想し、業務に従事する者に具体的に作成を命じる場合、あるいは、業務に従事する者が法人等の承諾を得て著作物を作成する場合には、法人等の発意があるとすることに異論はないところであるが、さらに、法人等と業務に従事する者との間に雇用関係があり、法人等の業務計画に従って、業務に従事する者が所定の職務を遂行している場合には、法人等の具体的な指示あるいは承諾がなくとも、業務に従事する者の職務の遂行上、当該著作物の作成が予定または予期される限り、『法人等の発意』の要件を満たすと解するのが相当である」とし、また、「職務上作成する著作物」について、「業務に従事する者に直接命令されたもののほかに、業務に従事する者の職務上、プログラムを作成することが予定または予期される行為も含まれるものと解すべきである」として、当該プログラムについて職務著作の成立を認めている。

---

[26] 知財高判平成18年12月26日（判時2019号92頁）。

【企業法務の視点】

　職務著作の問題は、後述する職務発明の問題と並び、業務上の成果物として知的財産権の扱いに関する問題であり、企業の知的財産管理において重要な問題である。職務発明の場合は、発明を行った従業員等が原始的に特許を受ける権利を取得するというスタンスであるのに対して、職務著作の場合は、法人等に原始的に著作権および著作者人格権が帰属するというスタンスをとっている。

　仮に、職務著作が成立しない場合であっても、著作権については、企業が著作権を有する著作者から譲渡を受けることが可能であるが（法61条）、著作者人格権については、一身専属権であることから企業が著作者から譲渡を受けることができない（法59条）。著作者人格権には、公表権（法18条）、氏名表示権（19条）、同一性保持権（20条）が含まれるので、企業が著作権の譲渡を受けた場合であっても、その活用においては、これらの権利との兼ね合いで著作者から同意を取り付ける必要が生じる。企業が自ら有する知的財産である著作権を自由に活用するためには、可能な限り職務著作が成立する余地を広げる必要がある。

　まず、この点に関して、社外への著作物の制作を委託する場合（例えば、コンピュータプログラムの制作委託、キャラクターデザインの制作委託等）で、職務著作が適用されない場面において、委託企業が納入された著作物についての改変等を含む自由な活用が望まれる場合には、著作権の譲渡と合わせ（法27条、28条に規定する権利の特掲の問題については後述）、著作者人格権について著作者の同意を求めなくてもよいように、著作者人格権の放棄を検討する必要がある。実務的には、著作者人格権の放棄という表現よりも、著作者人格権の不行使として、「○○は、△△に対して本著作物に関する著作者人格権を行使しないものとする」などの文言を契約書に記載することが少なくない。この著作者人格権の放棄については、その有効性について議論のあるところではあるが、こういった文言が契約書に記載されていれば、名誉や声望を害するような態様での著作者人格権についての放棄でない限りは、効力が認められる可能性が高いと思われる[27]。

　また、場合によっては、委託企業と委託先との間で、制作担当者を委託企業に一時的に出向する形を取り、出向する制作担当者に、委託企業の従業員として、委託会社の指揮・監督下で、委託企業の業務として、著作物の制作を行わせる場

---

27) 中山・前掲『著作権法』注16) 362-367頁。

合もある。この方法によると、職務著作の要件を満たしうるので、委託企業に著作権と著作者人格権を帰属させることが可能となる。この場合、企業法務としては、当該出向契約に出向者の作成した著作物の著作権・著作者人格権の扱いや、当該出向期間中の出向者と両当事者の関係、両当事者の権利・義務関係等を明確に規定することが大切となる。

なお、近年、労働法との関係で問題が指摘されている偽装請負については、労働法上の問題に加え、職務著作との兼ね合いでも、その成立を否定されるリスクが高くなるので、企業法務としては、この点からも、偽装請負がなされることがないよう、関連部署を指導する必要がある。

【発展課題】
1. 組織の内部文書として従業員が作成し、公表の予定がない著作物について、「その法人等が自己の著作の名義の下に公表するもの」として、職務著作は成立するか[28]。
2. 資格認定を行う機関から資格更新のための講習の講師派遣の依頼を受けた企業が従業員を講師として派遣した場合、当該講師が作成した講習資料の著作者は誰か[29]。
3. 新聞社の従業員である記者が執筆し、同新聞社の新聞に署名記事として掲載された記事の著作者は誰か。

判例 No. 46[30] 【チェックポイント：翻案権の譲渡を受ける場合の注意点は何か】

【設問】

1. X社（控訴人）は、通信機器、電子計測機器、電子計算機等の製造販売等を行う会社であり、電子・電気・通信機械器具等の製造販売等を行うY社（被控訴人）から委託を受けて、振動制御器に組み込むためのソフトウェアのプログラム開発を行っていた。Y社は、これによって開発されたプログラムを組み込

[28) 東京高判昭和60年12月4日（判時1190号143頁）。ただし、現在は、プログラムの著作物については、1985年の法改正により新設された15条2項によって、他の著作物と異なり、公表名義要件が不要とされている点に注意。
29) 知財高判平成18年10月19日。
30) 知財高判平成18年8月31日（判時2022号144頁）。

んだ振動制御器を販売していた。
2. これらの一連の開発委託について共通に適用されるべき基本的な事項を定める契約として、1992年および1994年に基本契約（以下、「92年基本契約」「94年基本契約」という）が両社間で締結され、個別の製品に開発に当たって具体的な事項を定める個別契約が締結された場合には、当該個別契約と前記の両基本契約が適用されることとされた。
3. その後、1997年に、両社は、制御機器・計測システムで開発コードネームを「F3」とする製品の開発作業に参加する旨の契約（以下、「F3契約」という）を締結し、振動制御器F3の開発が行われた。1999年11月30日までにX社からY社に納入されたプログラム（以下、「本件プログラム」という）について、Y社は合計1億8,967万6,300円を支払った。
4. その後、開発が中断し、X社は、Y社の債務不履行に基づき、92年基本契約、94年基本契約およびF3契約を含むすべての契約を2002年に解除した。
5. Y社は、2004年から、振動制御システムK2およびK2/Sprintを販売したが、X社は、その行為が本件プログラムについてX社が有する翻案権を侵害するとして、K2およびK2/Sprintの頒布等の差止めと、損害賠償を求めて訴えを提起した。
6. 原審[31]では、X社の請求が棄却されたため、X社は控訴した。
7. なお、92年基本契約、94年基本契約およびF3契約のいずれも開発された著作物の著作権がY社に帰属する旨の記載があった。
8. ①本件プログラムの翻案権の帰属はどうか、②本件プログラムの翻案権の留保の有無はどうか、③本件解除による本件プログラムの翻案権の復帰はどうか。

【論点の解説】
1. 本件プログラムの翻案権の帰属（論点①）

> 主要論点1：契約書に受託者が開発した著作物の著作権が委託者に帰属する旨の記載がある場合であっても、契約締結に至る交渉経過等に鑑みて、これを受託者から委託者に譲渡する趣旨のものであると解すべき場合もある。

まず、裁判所は、本件プログラムが、Y社からの委託を受けて、X社の発意に基づき、X社の従業員が職務上作成に当たってこれを完成されたものであることから、本件プログラムについて、職務著作（法15条2項）が成立し、X社に著作権が認められるとした。次に、92年基本契約および94年基本契約に「本契

---
31) 東京地判平成17年3月23日（判時1894号134頁）。

約に基づき開発されたソフトウェアの著作権は甲に帰属する」、また、F3 契約に「当該製品開発過程で生ずる著作権の対象となりうるものは、甲に帰属するものとする」と Y 社への著作権の帰属を規定した条項の解釈として、契約締結に至る交渉経過等を斟酌して、X 社に認められる著作権を Y 社へと譲渡する趣旨であるとし、本件プログラムの翻案権を含む著作権は Y 社に帰属しているとした。

2. 本件プログラムの翻案権の留保の有無（論点②）

> 主要論点 2：法 61 条 2 項により、27 条または 28 条に規定する権利が譲渡の目的として特掲されていないときは、これらの権利は、譲渡した者に留保されるものと推定されるが、この推定を覆す事実が認められる場合は、この限りではない。

　92 年基本契約、94 年基本契約および F3 契約のいずれも翻案権を譲渡の目的として特掲していないことから、裁判所は、この点からは、翻案権が本件プログラムの著作権を譲渡した X 社に留保されたものと推定されるとし、その上で、Y 社の反証を検討している。

　まず、裁判所は、X 社と Y 社の交渉経過から、「F3 契約においては、控訴人と被控訴人間においては、F3 に係る本件プログラムについても、将来、改良がされることがあること、控訴人はその改良に積極的に協力するが、改良につき、主体として責任をもって行うのは、被控訴人であることが当然の前提となっていたことが認められる。すなわち、当事者間では、被控訴人が本件プログラムの翻案をすることが当然の前提となっていたと認められる」として、Y 社が「本件プログラムの翻案権を有することが当然の前提として合意されていたものと認めるのが相当である」とした。

　次に、裁判所は、F3 契約の条項に着目し、X 社が「製造完成後においても市場および部品供給上や製品製造上の事情の変化に追随して、当該製品の市場競争力を維持するために必要な貢献」を行う旨規定されていることが、本件プログラムが翻案される可能性を前提としており、また、その翻案の主体が Y 社であることが、X 社による「貢献」という文言に表れているとし、この点でも、Y 社が「本件プログラムの翻案権を有していることを前提としているものと認められる」とした。

そして、以上から、裁判所は、法61条2項の推定に拘わらず、本件プログラムの翻案権を控訴人から被控訴人に譲渡する旨の控訴人と被控訴人間の合意を認めることができるものであり、この合意に基づき、本件プログラムの翻案権は、被控訴人が有するものというべきであるとした。

3. 本件解除による本件プログラムの翻案権の復帰（論点③）

> 主要論点3：継続的取引関係が解消された場合、通常は、将来に向かってのみ効力を有すると考えられる。

裁判所は、解除が有効であると仮定した場合、当該解除に遡及効があるか否かを検討している。そして、「本件プログラムをめぐる契約関係において、基本的には、控訴人による本件プログラムの開発期間中は、控訴人は、合意されたところに基づき、順次、プログラムを開発して、これを被控訴人に納入する義務を負うのに対し、被控訴人は、開発に応じて、合意された開発費の支払義務を負い、順次、納入されるプログラムの著作権等の権利を取得するという継続的な関係が存在し、プログラムの納入後は、控訴人には、製品の競争力維持のために特別な協力を行う義務が存在し、被控訴人には、「歩合開発費」の支払義務が存在するという継続的な関係があることが認められる。上記継続的な関係においては、被控訴人が、順次、納入されたプログラムの権利を取得するものであるところ、その権利を基礎として、新たな法律関係が発生するものであるし、開発の受託者である控訴人も、委託者である被控訴人から指示されて被控訴人のために開発を行い、被控訴人に納入したプログラムについて、控訴人と被控訴人間の契約関係解消の場合、その開発作業の対価として受け取った金員の返還を想定しているとは考えられず、契約の性質および当事者の合理的意思からも、本件における継続的な関係の解消は将来に向かってのみ効力を有すると解するのが相当である」として、本件解除による本件プログラムの翻案権の復帰を認めなかった。

【企業法務の視点】

判例No.45［どのような場合に職務著作が成立するか］でも触れたように、社外への著作物の制作を委託する場合（例えば、コンピュータプログラムの制作委

託、キャラクターデザインの制作委託等)、職務著作は通常適用されず、完成した著作物についての著作権や著作者人格権は、これらの受託企業に帰属することになる。この場合、委託企業が当該著作物を利用するためには、一般的には、当該著作物について、著作権の利用許諾（法63条）を得るか、あるいは著作権の譲渡（法61条）を受ける必要がある。

著作権の譲渡を受ける際に留意すべき点として、法27条に規定する翻案権等の権利や28条に規定する二次的著作物の利用に関する原著作者の権利については、これを特掲しないと、譲渡した者に留保されたものと推定される（法61条2項）ことである。企業として、納入された著作物についての翻案等を含む自由な活用が必要となる場合（例えば、プログラムの改変や機能追加等）には、これらの権利についても譲渡を受けることが重要であり、契約書作成実務の場面においても、法27条、28条に規定する権利を特掲した上で、譲渡に関する条項を作成することが重要となる。この点、単に「すべての著作権」というような記載では特掲に当たらず[32]、具体的な条項例としては、例えば、以下のようなものが挙げられる。

> 成果物に関する著作権（著作権法27条および28条の権利を含む）は、完成と同時に受託者から委託者に移転する。

上記は、成果物の完成と同時に委託者に著作権が移転することとされているが、受託者の立場からは、著作権の移転時期を委託料が完済のタイミングにするなどの工夫が必要である。

法61条2項の規定は、あくまでも推定規定なので、特掲がない場合であっても、上記の判決のように、反証によって、翻案権等の権利が譲渡されたものと認められる場合もあるが、合意内容について当事者間で争いが生じることを避けるためには、翻案権等の権利を譲り受けたいと考える場合は、特掲をすべきである。なお、著作権の譲渡を受ける場合、同時に著作者人格権についての配慮も必要となることについては、前述の判例No.45を参照されたい。

また、受託者の立場からは、仮に著作権を受託者から委託者に譲渡することとした場合でも、例えば、今回の受託以前から保持している著作物がある場合や、

---

32) 東京地判平成18年12月27日（判時2034号101頁、判タ1275号265頁）。

プログラムに汎用性の高いルーチンやモジュールが含まれている場合には、譲渡の対象からこれらについての著作権を除外し、これらの著作権が受託者に留保されるように契約上明記することが重要となる。

譲渡については、全部譲渡のみならず、一部譲渡も認められているので（法61条1項）、利用態様（例えば特定の支分権、あるいはそれよりもさらに限定した利用態様）、地域を限定して譲渡することも可能であり、また、期限を限定した譲渡も可能である。また、利用許諾についても、「許諾を得た者は、その許諾に係る利用方法および条件の範囲内において、その許諾に係る著作物を利用することができる」（法63条2項）こととされているので、利用形態や地域を限定して利用許諾することも可能であるし、期限を限定して利用許諾するのが一般的である。また、独占的利用許諾や非独占的利用許諾のいずれであるのかについても明記するのが一般的である。このように、譲渡契約や利用許諾契約の作成に当たって、企業法務は、自らの企業の知財戦略や事業戦略を踏まえた上で、それらの戦略を円滑に推進するために必要十分な内容の契約を作成するよう努めることが求められる。

なお、映画の著作物に関しては、「制作、監督、演出、撮影、美術等を担当してその映画の著作物の全体的形成に創作的に寄与した者」を著作者とし（法16条）、「映画の著作物の著作権は、その著作者が映画製作者に対して当該映画の著作物の製作に参加することを約束しているときは、当該映画製作者に帰属する」（29条1項）こととしている。ここでいう映画製作者は、「映画の著作物の製作に発意と責任を有する者」（法2条1項10号）であるが、映画の著作物の制作を委託した委託企業が、この映画製作者に当たる場合は、委託企業が当該映画の著作物についての著作権を原始的に取得する可能性がある。

【発展課題】

1. 契約書に「一切の著作権（著作権法第27条および28条の権利を含む）を譲渡する」との文言がある場合、当該契約締結時には存在していなかった支分権が、将来設けられた場合、この支分権は譲渡の対象になっているといえるか[33]。

---

33) 東京地判平成19年1月19日（判時2003号111頁）、東京地判平成19年4月27日、東京高判平成15年8月7日。

2. 原稿についての対価を一括して支払ういわゆる「原稿買取り」契約は、著作権譲渡契約に当たるか[34]。
3. CM原版の企画から制作には、通常、広告主、広告会社、制作会社が関与するが、このうち、映画製作者として、当該CM原版についての著作権を取得するのは誰か[35]。

【特許法】

判例 No. 47[36] 【チェックポイント：職務発明として特許を受ける権利が承継されるのはどのような場合か】

【設問】

> 1. Y社（被告）は、蛍光体や電子工業製品の部品・素材の製造販売および研究開発等を目的とする株式会社であり、X（原告）は、Y社の元従業員であり、在職中は半導体発光素子等の研究・開発に従事した。
> 2. Xは、在職中に窒素化合物半導体結晶膜の成長方法に関する発明（以下、「本件発明」という。）を行い、Y社は、Xを発明者、Y社を出願人とする特許出願を行い、設定登録を受けた。
> 3. Xは、本件発明の特許を受ける権利は、発明者であるXに原始的に帰属し、Y社に承継されていないと主張して、主体的に、本件特許の一部（共有持分）の移転登録等を求め、予備的に、職務発明の相当対価を求めた。
> 4. ①本件発明は、職務発明に該当するか、②職務発明に該当するとすれば、特許を受ける権利はY社に承継されたか。

【論点の解説】

1. 本件発明は、職務発明に該当するか（論点①）

> 主要論点1：従業者等がなした発明がその性質上、使用者等の業務範囲に属し、発明をするに至った行為がその使用者等における従業者等の現在または過去の職務に属する発明である場合、当該発明は職務発明に該当する。

---

34) 東京地判昭和50年2月24日（判タ324号317頁）。
35) 知財高判平成24年10月25日（ジュリスト1450号6頁）。
36) 東京地判平成14年9月19日中間判決（判時1802号30頁、判タ1109号94頁、労判834号14頁）。

発明が職務発明に該当するためには、従業者等がなした発明がその性質上、使用者等の業務範囲に属し、発明をするに至った行為がその使用者等における従業者等の現在または過去の職務に属する発明である必要がある（法35条1項）。この点について、原告Xは、被告Yの社長が原告Xに対して、青色発光ダイオードの研究を中止し光電子移動度トランジスタの研究をするようにとの業務命令を受けていたにもかかわらず、この業務命令を無視して研究を継続したものであるので、本件発明は被告Y会社の業務範囲外であり原告Xの職務外のものであるから、職務発明には該当しないと主張した。しかし、裁判所は、「原告Xは、原告Xの被告Y会社における勤務時間中に、被告Y会社の施設内において、被告Y会社の設備を用い、また、被告Y会社従業員である補助者の労力等をも用いて、本件発明を発明したのであるから、原告X主張のような事情が存在するとしても、本件発明を職務発明に該当するものと認定する妨げとなるものではない」として、職務発明の成立を認め、「原告X主張の事情は、特許法35条3項、4項所定の相当対価の額の算定の際に、被告Y会社の貢献度の認定に当たって考慮されるべき事情にすぎない」とした。

　これまでも、使用者等から具体的な指示がない場合については、職務発明の成立を認めた判例が存在したが[37]、本件は、使用者等の具体的な指示があったにも拘わらず、それに反して行った発明についても職務発明の成立を認めた点に特徴がある。

2. 職務発明に該当するとすれば、特許を受ける権利はY社に承継されたか（論点②）

> 主要論点2：職務発明について、特許を受ける権利は、発明者である従業者等に帰属するが、契約、勤務規定その他の定めにより、職務発明について使用者等に特許を受ける権利もしくは特許権を承継させることができ、この場合、従業者等は、相当の対価の支払いを受ける権利を有する。

　裁判所は、以下の3つの点から本件発明についての特許を受ける権利のY社への承継を認めた。

　まず、法35条3項に規定する「『契約、就業規則その他の定』は、必ずしも

37）例えば、最判昭和43年12月13日。

労働契約や就業規則に限定されるものではなく、使用者が定める職務発明規程等もこれに含まれるものであり、そのような社内規程等は従業員の同意を得ないまま使用者等において定めたものであっても、従業員がこれを知り得るような合理的な方法で明示されていれば、足りる」とした上で、Y 社の 1985 年改正社規 17 号がこれに当たり、この規定によって、本件発明についての特許を受ける権利が Y 社に承継されたとした。

次に、Y 社においては、1985 年以前から、従業員による発明・考案については、Y 社名義で出願・登録がされており、1985 年改正社規第 17 号が施行され、「従業員においても同社規の内容を認識している状況の下において、従前と同様に被告会社名義での出願・登録がされる状況が継続されており、従業員の間からそのような取扱いに対して異議が述べられることもなかった」ことから、従業員と Y 社との間で、「職務発明については特許を受ける権利が被告会社に承継される旨の黙示の合意（停止条件付き譲渡契約）が成立していたと認めるのが相当である」として、特許を受ける権利の Y 社への承継を認めた。

さらに、出願依頼書の「譲渡証書」に X が署名していることから、X と Y 社との間で、本件発明の特許を受ける権利を Y 社に譲渡する旨の個別の契約が成立したとして、特許を受ける権利の Y 社への承継を認めた。

なお、X は、債務不履行による契約解除、心裡留保、錯誤などを主張したが、裁判所はいずれをも退けている。

なお、裁判所は、特許法 35 条の立法趣旨から、3 項および 4 項（2004 年改正前のもの）は強行法規と解すべきであり、これらの条項にいう「相当の対価」については、最終的には、裁判所が個別の事案ごとに総合考慮して定めるべきであるとし[38]、契約や勤務規則等の定めに金額についての条項が設けられたとしても、この規定による額に拘束されることなく、「相当の対価」を請求できるとし、この点についての審理がさらに行われ、その後の終局判決[39]で「相当の対価」の額が示された。

---

38) 最判平成 15 年 4 月 22 日（判時 1822 号 39 頁、判タ 1121 号 104 頁）参照。
39) 東京地判平成 16 年 1 月 30 日（判時 1852 号 36 頁）。

【企業法務の視点】

　企業、とりわけ製造業者にとって、特許の取得は、競争力を保つ上で、重要な問題であり、企業の従業員等が職務の一環として行う発明について、特許を受ける権利を承継することが重要となる。著作権についての職務著作は、前述のとおり原始的に創作者の使用者である企業等に帰属する制度になっているのに対して、職務発明の場合は、権利（特許を受ける権利）が従業者である発明者に原始的に帰属する制度になっている。そして、この職務発明に関しては、まず、使用者である企業等は、通常実施権を取得する（法35条1項）。さらに、企業等は、特許を受ける権利または特許権の使用者への譲渡や仮専用実施権・専用実施権の設定を受けることができ、その場合、従業者等は相当の対価を受けることとされている（法35条2項、3項）。

　このように職務発明に関する権利が従業者に帰属するとした上で、これを使用者に譲渡するなどした場合について、補償や報酬に関する規定を設けている国は、日本以外にはドイツや韓国があるといわれている。アメリカも、職務発明に関する権利が従業者に帰属する点では日本と同様であるが、日本の場合と違って補償や報酬に関する規定は存在しない。これに対して、イギリス、フランス、ロシア、中国などでは、職務発明に関する権利を使用者に帰属させる制度を取っている。

　上記の判例では、職務発明の該当性や特許を受ける権利の承継の点については、具体的な指示に反した場合でも職務発明の成立が否定されないとし、また、承継についても黙示の合意を認めるなどの点では、企業にとって有利な内容になっている。小規模な企業や創業間もない企業で、内規や契約の整備が進んでいない企業にとっても、無理のない内容といえるだろう。しかし、一方で、契約や勤務規則等の定めに金額についての条項が設けられたとしても、この規定による額に拘束されることなく、裁判所が「相当の対価」を定めうるとする点については、企業に不利な内容といえる。

　さらに、この中間判決の後に出された第1審終局判決では、相当の対価を604.3億円と算定して、Xの請求200億円を容認した。後の控訴審で、Y社がXに対して約6億円を支払うことで和解が成立したものの、日本企業に大きな衝撃を与えることとなった。前後して、他の同種の事件でも高額の対価額が認定さ

れることとなり、使用者等の側から相当の対価についての予見が困難であるなどの理由で改正の機運が起こり、また、従業員等の側から見たときも、自己の発明に対する使用者等の評価についての納得感が低いなどの問題が指摘された。

そこで、2004年に新たな4項が追記され、旧来の4項も修正を施した上で、5項として位置づけされた[40]。この現行法制度の下では、以下の点がポイントになり、企業法務としては、このポイントに従い、対価が支払われる社内制度の創設において、リーダーシップを取ることが求められる。

> ・使用者等と従業者等の間で協議を通じて対価算定の基準を策定
> ・基準を従業者等に開示
> ・具体的な発明に対する対価の算定に際しては、従業者等の意見を聴取
> ・この取決めによって対価を支払うことが不合理な場合は、裁判所が相当な対価を算定
> ・不合理性については、とりわけ手続き面を重視して判断

この際、企業としては、単に対価額の抑制を目的とした基準作りではなく、研究・開発部門の従業者が積極的に発明を行う意欲を高めることを意識した基準作りでなければ、企業としての成長力や競争力を損なう結果になってしまうことに留意する必要がある。その上で、社内における研究・開発部門と他部署との間の公平感、研究・開発部署内部での発明者と補助者等との間の公平感、グローバル企業の場合は日本国内の研究・開発部門と海外の研究・開発部門との間の公平感、さらには、効率的な資源配分等の観点から総合的に判断する必要がある。

【発展課題】

1. 退職前にできていた発明の基本的な構想を元に、新たに就職した会社でその業務として、発明を完成させた場合、どちらの会社の職務発明になるか[41]。
2. 特許を受ける権利の承継を受け、企業が特許出願を行ったものの、拒絶審査が確定した発明について、相当の対価についての請求権は発生するか[42]。
3. 策定された対価算定基準で、対価を特許登録時に発明の実施を独占すること

---

40) 2008年には、さらに仮専用実施権の新設等に伴う改正がなされている。
41) 名古屋地判平成8年9月2日（判時1609号137頁）。
42) 大阪地判平成22年7月15日。

による期待利益に基づく対価を支払うこととしている場合で、企業が実際に得た利益が当該期待利益を上回った場合、法35条4項との関係において、その対価算定基準で定めたところにより対価を支払うことは不合理と判断されるか[43]。

判例 No. 48[44] 【チェックポイント：ライセンス契約の制限に違反した場合にどうなるか】

【設問】

1. 育苗ポットの製造・販売も行っているX社は、発明の名称を「育苗ポットの分離治具および分離方法」とする特許権を有しており、本件発明の実施品であるポットカッター（以下、「本件ポットカッター」という）を有償で貸与する旨の契約（以下、「本件貸与契約」という）を花卉・野菜苗の生産販売等を業とするY社と締結し、これをY社に引き渡した。
2. 本件貸与契約には、X社が本件ポットカッターをX社以外の連結育苗ポット等の切り離し、育苗トレーへの供給等に流用することを禁止するなどの禁止条項が含まれていた。
3. その後、Y社は、X社以外が製造する連結育苗ポットを購入し、これに本件ポットカッターを使用したことから、Y社の当該行為が特許権の侵害に当たるとして、X社は損害賠償を求めて提訴した。
4. 原審[45]は、本件貸与契約が通常実施権許諾契約であるとした上で、本件禁止条項は、本来的行使に当たらないとして、X社の請求を棄却したため、X社は控訴し、予備的に、本件ポットカッターをX社以外の他社連結育苗ポットに使用することが、本件貸与契約上の債務不履行に当たるとして、債務不履行に基づく損害賠償を請求した。
5. Y社が本件禁止条項に違反して、本件ポットカッターを他社製連結育苗ポットの分離に使用することは、本件特許権の侵害となるのか、あるいは、本件貸与契約上の債務不履行となるにとどまるのか。

---

43) 参考：特許庁「新職務発明制度における手続事例集」21頁。
44) 大阪高判平成15年5月27日。
45) 大阪地判平成14年12月26日。

【論点の解説】
1. 通常実施権の設定範囲等

> 主要論点：通常実施権設定契約の条項には、「設定行為で定めた範囲」にかかわる合意で、その違反が特許権侵害になるものと、「設定行為で定めた範囲」にかかわらない付随的な合意で、その違反が契約上の債務不履行になるにとどまるものがある。

　特許法78条2項は、「通常実施権者は、この法律の規定によりまたは設定行為で定めた範囲内において、業として特許発明の実施をする権利を有する」と規定しており、この「設定行為で定めた範囲」を逸脱した行為は、特許権者または専用実施権者の専有する特許発明の実施権を侵害することになる。そこで、この「設定行為で定めた範囲」をどのようにとらえるかが重要となる。

　裁判所は、許諾による通常実施権が特許権の全範囲のみならず、その一部に制限しても設定でき、この制限には、時間的制限、場所的制限、内容的制限があるが、この制限を超えて特許発明を業として実施するときは特許権の侵害になるとした。一方、「現実の通常実施権設定契約において、原材料の購入先、製品規格、販路、標識の使用等について種々の約定がなされることがあるとしても、これらは、特許発明の実施行為とは直接関わりがなく、いわば、それに付随した条件を付しているにすぎず、その違反は、単なる契約上の債務不履行となるにとどまる」とした。そして、本件禁止事項が、本件ポットカッターを他社製連結育苗ポットの分離等に用いてはならない旨の合意であり、「本件ポットカッターをそのような連結育苗ポットに用いるものである限り、さらにその育苗ポットの供給先がどこであるかというような点は、本件発明の実施行為と直接関係がなく、本来は、本件特許権とは無関係に、被控訴人において決定すべき事柄であることにかんがみると、本件禁止条項は、通常実施権の範囲を制限するものではなく、これとは別異の約定であるというべきである」として、契約上の債務不履行となりうるとしても、特許権の侵害にはならないとした。

　その上で、契約上の債務不履行としての損害賠償請求の当否を判断するためには、本件禁止条項が独占禁止法2条9項に定める不公正な取引方法に該当し、公序良俗違反により無効であるか否かを審理する必要があり、無効でないと判断された場合には、さらにXはYの債務不履行によってXに生じた損害の有無および

額について改めて立証する必要あることから、請求の変更は、著しく訴訟手続を遅延させるものであるとして、これを認めなかった（民事訴訟法143条1項但し書参照）。

【企業法務の視点】

　特許法は、許諾による実施権（ライセンス）として専用実施権と通常実施権を設けている（特許法77条、78条）。専用実施権者は、設定行為で定めた範囲内において、業としてその特許発明の実施をする権利を専有し、自己の名で侵害者に対して、差止請求（特許法100条）や損害賠償請求を行うことができる。これに対しては、通常実施権者は、制度上、独占性や排他性が保障されているものではない。しかし、ライセンシーを限定する場合であっても、実務においては、両当事者が親子関係にあるような場合を除き、専用実施権が設定されることはまれである。むしろ、実施権者を限定する場合は、特許法上は非独占的である通常実施権に、他に通常実施権を許諾しないという特約を設けたり（独占的通常実施権）、さらに特許権者自らも特許を実施しないという特約（完全独占的通常実施権）を設けたりすることが多い[46]。

　企業法務は、これらの実施権の設定に関するライセンス契約の作成、交渉、締結やその後の管理に関与することは多いと思われ、ライセンス契約における制限条項が特許権との兼ね合いでどのような意義を持つか、その違反があった場合どのような効果を持つかということを理解することが重要となる。もっとも、どのような制限が「設定行為で定めた範囲」にかかわる制限であるかについては、見解の分かれうるところでもある。

　例えば、裁判所が述べるように、時間的制限や内容的制限のうちで、特許法が定める実施形態（法2条3項）の一部の実施のみの許諾、複数の請求項の中の一部の許諾、複数の分野の製品に利用できる特許の一部の分野での許諾などが「設定行為で定めた範囲」にかかわる制限に当たることについては、異論は少ないものと思われる。一方、「設定行為で定めた範囲」にかかわらない制限としては、裁判所が指摘するもの以外でも、価格制限、競争品の取扱い制限などが挙げられることについては、異論は少ないであろう。これに対して、特許製品の製造・販

---

46) 中山・前掲『特許法』注16）417-428頁。

売数量の制限（とりわけ最高数量制限）などは、「設定行為で定めた範囲」にかかわる制限であるかについては争いがあるところである。

なお、上記のライセンス契約の制限条項違反の効果の問題は、特許権に固有の問題ではなく、著作権、商標権等の他の知的財産権においても議論のあるところであり、それぞれの権利の性質に応じた検討が必要である。

知的財産権のライセンス契約条項については、さらに独占禁止法との兼ね合いでも検討が必要である。独占禁止法21条は、「この法律の規定は、著作権法、特許法、実用新案法、意匠法または商標法による権利の行使と認められる行為はこれを適用しない」と定めており、ライセンス契約の制限条項がこれらの「権利の行使」と認められない場合は、独占禁止法が適用されることになる。公正取引委員会は、同条に関連して、「知的財産の利用に関する独占禁止法上の指針」[47]を公表しており、企業法務担当者は、この指針の内容を理解して、ライセンス契約に関する業務に従事する必要がある。

【発展課題】

1. 通常実施権者が実施料の支払義務を怠った場合、当該違反は特許権侵害に当たるか。
2. 特許のライセンス契約に記載されている商標使用義務に反した場合、当該違反は特許権侵害に当たるか。
3. 特定の第三者にのみ再許諾することとされていたプログラムのライセンス契約において、その制限に反して、当該第三者以外の者にプログラムを再許諾した場合、当該違反は、著作権侵害に当たるか[48]。
4. 独占的通常実施権者は、特許権者が侵害者に対する差止請求を行わない場合、自ら侵害者に対する差止請求を行うことができるか。非独占的通常実施権者についてはどうか[49]。

---

47) 2007年9月28日制定、2010年1月1日改正。
48) 東京地判平成16年6月18日（判時1881号101頁、判タ1179号320頁）。
49) 東京地判昭和40年8月31日（判タ185号209頁）、大阪地判昭和59年12月20日（判時1138号137頁）。

第 3 節　不正競争防止 [50]

【はじめに】

　市場経済が正常に機能するためには、市場における競争が公正に行われる必要がある。もし、競争相手に関する風評を流したり、商品の形態を真似したり、競争相手の技術を不法に取得したり、虚偽表示を行ったりするなどの不正な行為や不法行為が行われると、市場の公正な競争が期待できない。このような不正な競争行為が蔓延すると、経済の健全な発展が望めなくなることから、市場における競争が公正に行われるようにすることを目的としたのが不正競争防止法である。

　わが国の不正競争防止法は、パリ条約[51]に加盟する目的で必要最小限度の義務を履行するために制定された。パリ条約には不正競争行為の禁止規定があり（同条約 10 条の 2）、不正競争行為を防止するための法律上の措置を加盟国に求めている（同条約 10 条の 3）。その後、わが国の不正競争防止法は、TRIPs 協定への対応等、数度の改正を経て現在に至っている。

　特許法等の知的財産法は、特定の客体（特許法 2 条 1 項等）に設権行為を経た後、一定の権利を付与し（同法 68 条等）、保護することで産業の発展を図っている。これに対し、不正競争防止法は、一定の行為を不正競争として規制することにより（同法 2 条 1 項各号等）、公正な競争秩序の促進を図り、国民経済の発展を図ることを目的としている（同法 1 条）。不正競争防止法は、設権行為を経ずに一定の行為を規制する行為規制法的性格を有する点で、産業財産法と大きく異なる。

　代表的な不正競争行為には、周知表示混同惹起行為（同法 2 条 1 項 1 号）、著名表示冒用行為（同法 2 条 1 項 2 号）、商品形態模倣行為（同法 2 条 1 項 3 号）、営業秘密に関する不正競争行為（同法 2 条 1 項 4 号ないし 9 号）などがある。

　不正競争の行為者は、民事上・刑事上の制裁の対象となる。民事的措置として

---

50) 経済産業省知的財産政策室編『逐条解説　不正競争防止法　平成 23・24 年版』（有斐閣、2012）。田村善之『不正競争法概説（第 2 版）』（有斐閣、2003）。小野昌延編著『新・注解　不正競争防止法（第 3 版）』（青林書院、2012）。
51) 特許庁 HP（http://www.jpo.go.jp/shiryou/s_sonota/fips/paris/pc/chap1.htm）（確認日 2013 年 10 月）。

は、差止請求(同法3条1項)、損害賠償(同法4条)がある。また、不正競争防止法事件では損害額の立証が困難であることから、特許法(102条)のように損害額の推定規定(同法5条)や書類提出命令(同法6条)等の規定が用意されており、さらに信用回復措置請求の規定がある(同法7条)。なお、特許法等(特許法103条等)と異なり、不正競争については過失が推定されないので、損害賠償請求権を行使する場合には、原告が不正競争の行為者の故意・過失を主張・立証する必要がある。

本節では、営業秘密など企業にとっての不正競争防止法上の新しい問題を取り上げている。

判例 No. 49[52] 【チェックポイント：不正競争防止法に定める「模倣」の要件とは何か】

【設問】

1. X(原告・控訴人)はX商品(レース付き衣服)を販売・製造し、Y(被告・被控訴人)もY商品(レース付き衣服)を販売・製造していたが、XはYに対して、Y商品AないしD(先行商品)はX商品1ないし4(被疑模倣品)の形態を模倣したものであり、それらを製造・輸入・販売することは不正競争防止法2条1項3号に定める不正競争行為に当たると主張した。
2. 原審は、Y商品AないしBについて、以下のような判断を下した。
   (1) Y商品AおよびCについて
      X商品1および3は、これまでの他の商品にみられるありふれたものでなく、創造的なデザインであり、X商品1とY商品AおよびX商品3とY商品Cの形態が実質的に同一であることや、YがX商品に接する機会があったとして、YはX商品1および3に依拠してY商品AおよびCをデザインして、これを製造販売した。
   (2) Y商品Bについて
      X商品2とY商品Bの実質的同一性は肯定しうるが、Yは商品2に依拠してY商品Bを製造販売したのではなく、X商品2の展示会出品の1年以上前に製造販売していたY先行商品に依拠してY商品Bをデザインした。

---

52) 知財高判平成20年1月17日、東京地判平成19年7月17日(LEX/DB 速報判例解説(知的財産法 No.6) 255-258頁)。

(3) Y商品Dについて
　　　X商品4とY商品Dの全体的な印象ないし美観が実質的に異なるものになっており、特徴的形態において実質的な相違点を有しており、Y商品DはX商品4と実質的に同一であるとは認めることはできない。
3. Xは原審を不服とし、Y商品BおよびDについて知財高裁に控訴し、YもY商品AおよびCについて附帯控訴したが、知財高裁も原審の判断を維持した。
4. ①不正競争防止法2条1項3号に定める「模倣」の要件とはいかなるものか。②「実質的同一性」を判断する考慮要素はいかなるものか。また③「依拠性」はどのように判断されるか。

【論点の解説】
1. 不正競争防止法2条1項3号に定める「模倣」の要件とはいかなるものか（論点①）

主要論点1：不正競争防止法2条1項3号に定める「模倣」の要件には、「実質的同一性」（客観的要件）と「依拠性」（主観的要件）とがある。

　不正競争防止法2条1項3号は、「他人の商品の形態（当該商品の機能を確保するために不可欠な形態を除く。）を模倣した商品を譲渡し、貸渡し、譲渡もしくは貸渡しのために展示し、輸出し、または輸入する行為」を不正競争行為としている。「模倣する」について、同法2条5項は、「他人の商品の形態に依拠して、これと実質的に同一の商品を作り出すことをいう」と定義しており、①作り出された商品の形態が「実質的に同一性」（客観的要件）と、②他人の商品への「依拠」（主観的要件）とが、「模倣」の要件となる。
　本件の主たる争点は、①X各商品とY各商品の形態は実質的に同一か、②Y各商品がX各商品に依拠して作成されたか、である。しかしながら、何をもって「実質的に同一」といえるのか、また何をもって「依拠した」といえるのかは、事案ごとに検討を加える必要があり、本件ではこれらを詳細に検討している。

2. 「模倣」の要件の「実質的同一性」を判断する考慮要素はいかなるものか（論点②）

> 主要論点2：「模倣」の要件の「実質的同一性」を判断する考慮要素は、商品ごとの共通点と相違点を区別し、共通する部分の特徴につき「ありふれたものではなく、創作的である」という観点から軽重をつけ、総合的に判断される。

「実質的同一性」の判断基準としては明確に確立されたものはなく、事案ごとに総合的に判断されるが、本件では、実質的同一性の判断時における共通点と相違点という考慮要素の軽重を明確にするため、X商品の特徴のうちY商品と共通する特徴につき、「ありふれたものではなく、創作的なデザイン」という認定を行った。

先行商品と模倣商品の共通点につき、「ありふれた形態か否か」を決定したのに続けて、相違点が些細かどうかを判断した後、最終的に両者の実質的同一性を判断している。本来、不正競争防止法2条1項3号の保護範囲はデッドコピー、すなわち先行商品と模倣商品が同一であることが原則であるが、中には先行商品を若干改変した模倣商品も出回るおそれもあり、脱法的な模倣を禁ずるため、その範囲を「実質的同一」にまで広げ、その拡大の範囲を合理的に確定している。

「通常有すべき形態」には「機能を確保するための形態」と「ありふれた形態」があると考えられる。同法2条1項3号は、対象となる「商品の形態」から「当該商品の機能を確保するために不可欠な形態」を除外している。この理由は、このような形態は市場参加に不可欠であり、特定の者による独占的利用を認めるべきではないという政策的判断に基づいている。

しかし、同法2条1項3号かっこ書では「ありふれた形態」を除外していない。この理由は、その判断基準が「機能を確保するための形態」の判断に比してあいまいであることと、独占の回避という政策的判断から、同法2条1項3条かっこ書の適用除外の範囲を狭くとらえ、「ありふれた形態」の判断に関しては、裁判所に個々の事案から判断することを求めたものと思われる。

よって、本判決は、「これまで他の商品にみられるありふれたものではなく、創造的なデザイン」と指摘し、同法2条1項3号の対象から除外すべき形態か否かを判断したものである。

3. 「模倣」の要件の「依拠性」はどのように判断されるか（論点③）

> 主要論点3：「依拠性」は、先行商品へのアクセスの可能性、先行商品に基づいて被疑模倣品が作成されたと推測する合理的な事情によって判断される。

「模倣」の有無を判断するためのポイントである「依拠」を直接立証することは困難であるため、実際には先行商品へのアクセスの可能性に加え、先行商品に基づいて被疑模倣品が作成されたと推測する合理的な事情（具体的には、両者の形態が偶然の範囲を超えて似ている、または先行商品が売れ始めた直後に被疑模倣商品の販売が開始された等）によって判断される。

この判断のためには精緻な調査が必要であり、先行商品に、誰がいつ、いかにアクセスしたか、またそれに基づいてどのように被疑模倣商品を製造・販売したかが問われることになるが、Xにとってその立証はかなり困難である。本件では、X商品とY商品の形態が実質的に同一で、YがX商品に接する機会があり、かつ先行商品から被疑模倣商品を容易に開発することができたという理由で「依拠性」を推論している。この理由は「業界全体で流行を創出して似通ったファッションが一時的に大量に流通する女性ファッション界」という特殊な事情も考慮に入れ、裁判所は柔軟な判断をしたと考えられる。

【企業法務の視点】

「模倣」とは、他人の商品の形態に依拠して、これと実質的に同一の形態を作り出すことであるが、本件は、模倣の要件である「実質的同一性」と「依拠」の意義について詳細に検討した事案である。

不正競争防止法2条1項3号の趣旨は、本来はデッドコピー（何らの改変も加えない完全な模倣）を禁止するものであるが、裁判所は「実質的同一性」について、その範囲を広げている。このことは、模倣を行う者にとって、簡単な改変では実質的に同一であると認められてしまう可能性があり、厳しい内容のものである。また、「依拠性」についても、裁判所は、「実質的同一性」が認められ、「ありふれたもの」ではなく、被告が原告の商品に接する機会があったという事実に基づき「依拠性」を推論している。これも模倣する側にとっては厳しい内容である。

先行商品の側にとって、その情報の管理を厳にすることは当然のことながら、発表後の模倣商品の販売に対しても十分な注意を払う必要がある。一方、被疑模倣者は、独自に開発した商品であっても、先行商品の側から「模倣」であると訴えられることを覚悟しておかなければならない。このためには、商品の開発過程における記録をとっておく必要がある。もし「模倣」だと訴えられたとしても、これらを証拠書類として提示することにより、たとえ開発商品が先行商品に「実質的に同一」だとしても、もう1つの要件である「依拠性」が否定される可能性が高くなるであろう。

しかしながら、本件のように、同じようなファッションが一時的にブームとなるような女性ファッション界では、模倣商品の販売が相乗効果を生み、先行商品がよく売れるケースもある。商品開発コストや市場に対する投資効果も考慮に入れた判断が必要であろうが、少なくとも、模倣ではないという抗弁のためには、商品開発過程の具体的な記録が不可欠であろう。

【発展問題】

1. 「ありふれていない」とは、「一定の創作的価値」を含んでいると解釈されるのか、それとも含んでいないと解釈されるのか。
2. 背負いリュック事件[53]では、「実質的同一性」をどう判断しているか。
3. 「不正競争防止法の見直しの方向について」[54]では、「通常有すべき形態」について、どのように議論がなされているか。

---

53) 大阪地判平成18年11月16日（判時1979号141頁）。
54) 産業構造審議会知的財産権政策部会不正競争防止委員会の報告書（2005年）
　　（http://www.meti.go.jp/policy/economy/chizai/chiteki/pdf/04fukyohoshoui-1.pdf）（確認日2013年10月）。

判例 No. 50[55] 【チェックポイント：OEM[56] 商品の納入行為としての引渡しと損害額の算定は】

【設問】

1. X_1、X_2 および X_3（原告。以下、「X」と総称する。）は、X_1 を親会社とするグループ企業である。X_1 および X_2 は、化粧品の製造・販売等を目的とする株式会社であり、X_3 は、化粧品の販売等を目的とする株式会社である。X_2 は、マスカラ（まつ毛化粧品）（X 商品）を製造し、X_1 に販売している。X_3 は、X 商品を X_1 から仕入れ、卸売販売店および小売店に販売している。
2. Y（被告）は、化粧品の製造・販売等を目的とする株式会社であり、X 商品の容器（X 容器）の特徴と同等の特徴を有する容器にマスカラを充填した商品（Y 商品）を製造している。
3. Y 容器および Y 包装のための資材は、訴外 A から Y に提供されたものであり、Y は Y 容器にマスカラを充填し、Y 包装による包装をして Y 商品を A に納入している。
4. X 商品の小売価格は 1,575 円（税込）であるのに対し、Y 商品の小売価格は 980 円（税込）である。
5. Y 容器および Y 包装は、X の周知な商品等表示である X 容器および X 包装と類似するものであり、Y が Y 商品を製造し、譲渡または引渡す行為は、不正競争防止法 1 条 1 項 1 号または 2 号に該当するものであるとして、X は Y に対して、これらの行為の差止めおよび損害賠償を請求した。
6. ①Y は A から提供された Y 容器にマスカラを充填し、Y 包装による包装をしたが、この行為は「Y 商品を製造完成させる行為」としての商品等表示の「使用」に当たるか。また、②損害額の算定はどのように行うか。

---

55) 大阪地判平成 20 年 10 月 14 日（判時 2048 号 91 頁、判タ 1317 号 253 頁）。
56) Original Equipment Manufacturing の短縮形で、他社ブランドの製品を製造することをいう。

【論点の解説】

1. 他から提供を受けたＹ容器に内容物を充填し包装をした行為は、商品等表示の「使用」にあたるか（論点①）

> 主要論点1： ＹはＡから提供されたＹ容器にマスカラを充填し、Ｙ包装による包装をしたが、この行為は「Ｙ商品を製造完成させる行為」としての商品等表示の「使用」に当たる。

　不正競争防止法2条1項1号は、問題の商品等表示を使用した商品を譲渡する行為のみならず、これを引き渡す行為をも不正競争としている。ここでいう「引渡し」とは、物についての事実上の支配が移転すること全般を指すものである。よって、所有権の移転を問題にすることなく、占有の移転により新たに混同が生ずるようなあらゆる行為類型を同号によって規制することが可能である。

　ＹがＹ商品をＡに納入した行為は、Ｙ商品についての占有を移転させる行為にほかならないから、所有権の移転の有無に拘わらず、当該行為は形式的には「引渡し」を構成することになる。しかし、この行為が、商品等表示を「使用」した商品の「引渡し」であると評価できるか否かが問題となる。

　同法2条1項1号にいう商品等表示の「使用」は、表示の付された商品についての出所表示機能を果たす態様で用いられていることを要するとされ、同号の目的は需要者の混同を防止して、商品等表示が市場において正しく機能することを確保することである。

　したがって、Ｙによるマスカラの充填自体をもって、「Ｙ商品を製造完成させる行為」として商品等表示の「使用」に当たると判断してよいかが問題となる。なぜなら、商品等表示の「使用」の本質が表示の出所表示機能を発揮させることにあるとするならば、商品の製造完成自体は、同機能を発揮させる行為とはいえない。すなわち、Ｙ商品の出所であると評価されるべき者はＡであってＹではないということになる。

　しかしながら、商品等表示の「使用」の成否は常に需要者を基準として判断されるべきものであり、問題となる商品の需要者との取引において問題の表示が識別機能を発揮するのであるならば、当該商品は、当該表示を「使用した商品」と評価すべきである。なぜなら、同法2条1項1号は需要者の混同防止を目的とす

るものであり、この趣旨によれば、同法2条1項1号における使用要件は、需要者に混同が生ずる前提ともいうべき状況があるか否かについてチェックする機能をも有していると評価すべきであり、使用要件の判断主体と混同要件の判断主体とは同じであると考えるべきであるからである。

このような判断基準に立てば、特定の取引において問題の表示が識別機能を発揮していない場合であっても、それより後の商品の流通過程において当該表示が需要者との関係において識別機能を発揮し、混同を惹起するおそれがあるのであれば、周知表示主体は、そのような取引において商品の譲渡等を差し止めることが可能になると考えられる。

2. 損害額の算定はどのように行うか（論点②）

> 主要論点2：本件ではXの利益について算定し、これにYの譲渡数量として認定された全数量を乗じたものをXの損害額としたが、これは妥当なものである。

不正競争防止法5条1項は、「営業上の利益を侵害された者（被侵害者）が故意または過失により自己の営業上の利益を侵害した者に対しその侵害により自己が受けた損害の賠償を請求する場合において、その者がその侵害の行為を組成した物を譲渡したときは、その譲渡した物の数量（譲渡数量）に、被侵害者がその侵害の行為がなければ販売することができた物の単位数量当たりの利益の額を乗じて得た額を、被侵害者の当該物に係る販売その他の行為を行う能力に応じた額を超えない限度において、被侵害者が受けた損害の額とすることができる。ただし、譲渡数量の全部または一部に相当する数量を被侵害者が販売することができないとする事情があるときは、当該事情に相当する数量に応じた額を控除するものとする」と規定している。

損害額の算定の場面において、小売価格の相違については、原告と被告とが対消費者の関係で競争関係にあることが必要である。本件の小売価格は約2対1の関係であるが、消費者が「一般消費者たる女性」であることを鑑みれば、原告と被告は競争関係にあると見ることができる。

しかしながら、Xの最終的な販売先は一般消費者ではなく卸売代理店等であるから、これら卸売代理店等へのX商品の販売が本件の不正競争によりどのよう

な影響を受けたのか、または受けなかったのかということを被告が主張・立証すべきである。すなわち、本件不正競争がないとした場合に、A が X 商品をどの程度購入していたのか、または卸売代理店等へ X_3 がどれだけ X 商品を販売できていたか等を主張・立証する必要があり、5 条 1 項ただし書による推定覆滅を目指すべきである。

【企業法務の視点】

　本件は、周知性のある特徴的な容器・包装で有名なマスカラの類似品の製造・販売にかかわる者の行為の不正競争該当性について争われたものである。本件で特徴的なのは、被告は訴外 A から供給された容器にマスカラを充填して A に納入していた者で、問題となる類似品の製造を企画してこれを市場に送り込んだ主体は A であり被告ではないということである。

　裁判所は、商品等表示の「使用」の成否は常に需要者を基準として判断すべきであるとし、被告が、A から提供された Y 容器・Y 包装を周知性のある X 容器・X 包装とのチェックを怠ったとして不正競争防止法 2 条 1 項 1 号を認定した。この判決は、事業者はたとえ他者から提供された容器・包装といえども自社の商品として市場に出す場合には、需要者による混同惹起について十分注意を払う必要があることを示唆している。

　損害賠償額の算定について、本件では 5 条 1 項ただし書の適用はなかった。その理由は、被告が同法 5 条 1 項ただし書による推定覆滅の主張・立証を怠ったからにほかならない。もともと被告は同法 5 条 1 項の適用自体を否定することを目指していたようだが、もし仮にそうであったとしても、同法 5 条 1 項の主張は主位的主張とし、同法 5 条 1 項ただし書による推定覆滅の主張を予備的主張とすべきであったと思われる。企業法務としては、主位的主張を裁判所が認めなかった場合の防御として、できるかぎりの予備的主張を準備しておく必要がある。特に、損害額算定に関する学説には、「限界利益説」と「純利益説」があるが、裁判所がどちらを採用するか不明な場合には、両面からの主張・立証をすべきであろう。

【発展問題】

1. 不正競争防止法2条1項1号にいう商品等表示の「使用」については、どのような解釈がなされているか[57]。
2. 不正競争防止法5条1項に相当する規定として商標法にはどのような規定があるか。
3. 商品等表示行為に関連して商標権の侵害があるが、商標の使用には当たらないとした東京地判平成15年1月21日（14（ワ）4835）と、商標権侵害が肯定された東京高判平成16年8月31日（15（ネ）899）とでは、具体的にどのような相違があるか。

判例 No. 51[58]　【チェックポイント：リバースエンジニアリング[59]で入手可能な情報は営業秘密に該当するか】

【設問】

1. 訴外Aはシャッター等を製造・販売等を目的とする会社であり「光通風雨戸」という名称のアルミニウム製の雨戸（X商品）を製造・販売していた。2006年6月、Aは訴外Bに、X商品の製造販売事業のすべてを譲渡した。なおAの代表者はX（原告・被控訴人）の代表者であり、Bの代表者はXの妻である。
2. Y_1（被告・控訴人）は、設備工事等を目的とする会社であり、同年7月、A、BおよびY_1はX商品の製造委託契約を締結し、Y_1にX商品の製造を委託し、営業上の秘密につき守秘義務契約を締結した。その後、同年9月、本契約は解除された。
3. Y_1は、その後もX商品とその形状および部品構成においてほぼ同一であるY商品を販売した。なお、Y商品を製造したのはY_2（被告・被控訴人）であり、Y_2の代表者はY_1の代表者と同一人物である。
4. Xは、シャッター等の製造・販売等を目的とする会社であり、2008年、XはBと事業譲渡契約を締結し、BからX商品の製造販売事業のすべてを譲り受け、XはX商品を製造・販売した。
5. Xは、Y_1およびY_2（以下、「Y」と総称する）がX商品の製造に係る営業秘密を不正に取得した上で使用し（不正競争防止法2条1項4号）、または開示を

---

[57] 東京地判平成12年6月29日（判時1728号101頁）。
[58] 知財高判平成23年7月21日（判時2132号118頁、判タ1383号366頁）。
[59] 市場で入手した製品を解析する行為。製品を分解あるいは解析し、その仕組みや仕様、目的、構成部品、要素技術などを明らかにすること。
[60] 東京地判平成23年2月3日。

受けた当該営業秘密を不正の利益を得る目的で使用している（同項7号）として、Yに対して、不正競争防止法3条1項に基づき、Y商品およびその構成部品の製造・販売の差止めならびに損害賠償を請求する訴訟を提起した。
6. 原審[60]では、本件情報は不正競争防止法2条6項の営業秘密に該当し、リバースエンジニアリングに関しては、時間と費用を要し、X商品の形状を正確に把握し図面に起こすことは容易ではないとして非公知性を否認し、同法2条1項7号の不正競争に該当するとした。Yはそれを不服とし控訴した。
7. リバースエンジニアリングで入手が可能な情報は、営業秘密に該当するか。

【論点の解説】

1. リバースエンジニアリングで入手が可能な情報は営業秘密に該当するか

主要論点：リバースエンジニアリングにより入手が容易な情報は、不正競争防止法2条6項にいう「営業秘密」には該当しない。しかし、入手が困難な情報は「営業秘密」に該当する。

　他人の製品を解析して検証することは、技術の進歩のために必要なことであるので、基本的には許容されるべきことであり、このことは産業財産法の分野において、共通の理解である。このようにリバースエンジニアリング自体は適法行為であるが、そのような適法行為により入手した、あるいは入手可能な情報が、不正競争防止法2条6項の非公知性要件を満たすか否かが問題となる。
　情報が秘密義務を負っている者にしか知られていなくても、そのような義務を負っていない一般の者に知られうる状態にあるのであれば、非公知性は否定される。すなわち、公知の状態にあるといえる。しかしながら、リバースエンジニアリングが困難であれば、非公知性はいまだ失われていないとする説も多数となっている。裁判例も、リバースエンジニアリングによって、容易に問題の情報が取得困難である場合には非公知性を認めるものの、容易である場合には非公知性を否定するものもあり、リバースエンジニアリングが可能だからといって非公知性を一概に否定することはできない。逆にこれを認めてしまうと、市場に流通している製品に関する情報の大半が、非公知性を満たさないため営業秘密にならないことになる。したがって、リバースエンジニアリングに相当なコスト、労力および時間がかかる場合には、非公知性を充足していると考える方が妥当である。

本件は、原審とで判決が異なった事案である。原審は、X商品からスラッド等アルミ部材の形状を正確に把握し、図面を起こすことは決して容易ではなく、製品自体を分解して把握するには時間と費用を要する上、各部品の図面は0.1ミリ単位の精密さで作られていることからリバースエンジニアリングから正確に情報を入手し図面に起こすことは決して容易ではないとした。しかし、本控訴審では、一般的な技術的手段を用いればX製品自体から再製することが容易であるとして、非公知性を否定した。

原審と本控訴審で判断が異なったのは容易性の判断手法についての差異である。例えば市販のツールを使用すれば特殊な技能を有さない者でも入手可能な情報であれば、いかに精緻な情報であろうとリバースエンジニアリングは容易であると評価できる。本判決は、「ノギスその他の一般的な技術的手段を用いればX製品自体から再製することは容易なもの」と認定しており、リバースエンジニアリングの容易性について、使用する道具（ツール）に着目している。

【企業法務の視点】

本判決は、リバースエンジニアリングにより入手可能な情報が不正競争防止法2条6項にいう「営業秘密」に当たるか否かが問われた事案であるが、結論からいえば、リバースエンジニアリングが容易であれば非公知性は否認され、逆にリバースエンジニアリングが困難であれば非公知性が認められることになる。ただし、リバースエンジニアリングの容易性は、入手する情報の精緻性は関係なく、リバースエンジニアリングに使用する道具（ツール）によるとしたところに本判決の意義がある。

独自の製品の製造・販売等をしている多くの製造業者にとって、類似製品が市場に出回ることをおそれるのが一般的である。特に海外の安価な製品の市場における氾濫は、わが国経済を脅かす事態である。そのため、製造業者にとってリバースエンジニアリングには注意が必要である。

本件では、リバースエンジニアリングの困難さの考慮要素に、リバースエンジニアリングに使用するツールを挙げ、具体的に「ノギス」の使用ならばリバースエンジニアリングが容易であり非公知性は失われているとするが、はたしてツールだけに着目した判断でよいか疑問が残る。また、製品によっては、その特徴・

機能からリバースエンジニアリングが容易なものと困難なものがあり、製品によって差異が生じることになる。

現在は、パソコン、センサー等の機器を使うことは一般の素人にも可能であり、これらの機器の価格も安価になっている。ということは、現時点では非公知性が保たれているが、時間の経過とともに非公知性は失われていくと考えるべきである。このように非公知性は絶対的なものではないことを認識すべきであろう。

なお、リバースエンジニアリグは、基本的には適法であるが、プログラムのリバースエンジニアリングは著作権法上の複製に該当することになる。著作権法にはこれを侵害としないための権利制限規定は存在しない。したがって、通常、ソフトウェアの使用許諾契約には、リバースエンジニアリングの禁止規定を置くことにより、ソフトウェアの模倣からの保護を図ろうとしている。

【発展問題】
1. 非公知性の判断基準時は、損害賠償請求との関係では対象となる行為の時点、差止請求との関係では口頭弁論終結時と解されているが[61]、なぜこのような差異があるのか。
2. 基本的に、リバースエンジニアリングが適法であるという理由は何か。
3. 著作権法にはリバースエンジニアリングに関する規定はないが、特許法では、リバースエンジニアリングをどのように規定しているか（特許法69条1項）。
4. ベーシックインタプリタ解説書事件[62]では、リバースエンジニアリングを違法と判断しているが、その根拠は何か。

---

61) 経済産業省知的財産政策室編著・前掲注50) 43頁。
62) 東京地判昭和62年1月30日（判時1219号48頁）。

判例 No. 52[63] 【チェックポイント：ソフトウェアのソースコードは営業秘密に該当するか】

【設問】

1. X（原告）および（Y_1）被告は、ともに主にソフトウェア開発業務を行う会社であり、Y_2（被告）は、原告会社から被告会社に転職した。
2. Xは、販売管理・生産管理等の機能を持つ企業業務のシステム化を目的とするソフトウェア（以下、「原告ソフトウェア」という）を開発・販売していたが、Y_2は、X在籍当時、自宅のパソコンに開発環境をインストールし、原告ソフトウェアを開発していた。
3. Y_2は、Yに就職した後、他の従業員数名とともにYの製造業・流通販売向けのパッケージソフトであるソフトウェア（以下、「被告ソフトウェア」という）の開発に着手した。
4. 原告ソフトウェアのソースコード（以下、「本件ソースコード」という）は、Xの開発用サーバに保管され、従業員ごとにID、パスワードが設定されており、就業規則には、従業員個人所有のパソコンへのデータコピー禁止等が記載されていたが、その周知徹底がなされておらず、開発担当の従業員が、自宅で仕事をするために、各自が使用するパソコンに保存することが常態となっていた。また、Y_2が退職後も本件ソースコードはY_2のパソコンに保存されていた。
5. 被告ソフトウェアの画面表示は原告ソフトウェアの画面表示と類似しており、被告ソフトウェアの仕様書（本件仕様書）では、機能処理項目や項目名に関し、原告ソフトウェアの内容と一致する部分が多い。特に、原告ソフトウェアの実行画面を参照しただけでは具体的処理を推知できないこと、原告ソフトウェアで実際には使用されていない項目が本件仕様書に存在した。
6. Xは、同社の元従業員であるY_2が、Xの営業秘密である本件ソースコードを、不正の利益を得る目的で、被告Yに対し開示し、Yが、Yの製造販売する被告ソフトウェアの開発に当たり本件ソースコードを使用したと主張して、Yに対し、不正競争防止法3条1項、2項に基づき被告ソフトウェアの製造等の差止め・廃棄等を求めるとともに、同法4条、民法719条に基づき、損害賠償を求めた。
7. ①ソフトウェアのソースコードは営業秘密に該当するか。②ソフトウェアのソースコードの使用とはいかなるものか。

---

63) 大阪地判平成25年7月16日（裁判所HP）。

【論点の解説】

1. ソフトウェアのソースコードは営業秘密に該当するか（論点①）

> 主要論点1：ソフトウェアのソースコードは営業秘密に該当する。

（1） 本件ソースコードの秘密管理性

　商用ソフトウェアにおいては、コンパイルした実行形式を配布したり、ソースコードを顧客の稼動環境に納品しても、これを開示しない措置をとることが多く、Xも、少なくとも原告ソフトウェアについて、このような措置をとっていたものと認められる。そして、このような販売形態をとっているソフトウェアの開発においては、通常、開発者にとって、ソースコードは営業秘密に該当すると認識されていると考えられる。

　本件ソースコードの管理は必ずしも厳密であったとはいえないが、このようなソフトウェア開発に携わる者の一般的な理解として、本件ソースコードを正当な理由なく第3者に開示してはならないことは当然に認識していたものと考えられるから、本件ソースコードについて、その秘密管理性を一応肯定することができる。

（2） 本件ソースコードの非公知性

　被告ソフトウェアは、製造業、販売業等における管理業務を処理するコンピュータシステムであり、個々のデータ項目、そのレイアウト、処理手順等の設計事項は、その対象とする企業の業務フローや、公知の会計上の準則等に依拠して決定されるものであるから、機能や処理手順に、製品ごとの顕著な差が生ずるとは考えられない。そして、機能や仕様が共通する以上、実装についても、そのソフトウェアでしか実現できない特殊な機能ないし特徴的な処理であれば格別、そうでない一般的な実装の形態は当事者にとって周知であるものが多く、表現の幅にも限りがあるとされるから、おのずと似通うものとならざるを得ないと考えられる。そうすると、本件ソースコードが秘密管理性を有するとしても、その非公知性が肯定され、営業秘密として保護される対象となるのは、現実のソースコードそのものに限られる。したがって、本件ソースコードは、上記趣旨および

限度において、営業秘密該当性を肯定すべきものである。

2．ソフトウェアのソースコードの使用とはいかなるものか（論点②）

> 主要論点2：ソフトウェアのソースコードの使用とは、ソースコードそのものの使用を指し、ソフトウェアの内部構造のロジックまでは及ばない。

　本件において営業秘密として保護されるのは、本件ソースコードそれ自体であり、例えば、これをそのまま複製した場合や、異なる環境に移植する場合に逐一翻訳したような場合などが「使用」に該当する。Xが主張する使用とは、ソースコードの記述そのものと異なる抽象化、一般化された情報の使用をいうにすぎず、不正競争防止法2条1項7号にいう「使用」には該当しない。

　企業の販売、生産等を管理する業務用ソフトウェアにおいて、機能や処理手順において共通する面は多いと考えられ、原告ソフトウェアの前提となるシステムや原告ソフトウェアの実行環境における操作画面は公にされている。また、Y_2は、長年原告ソフトウェアの開発に従事しており、その過程で得られた企業の販売等を管理するソフトウェアの内部構造に関する知識や経験自体を、被告ソフトウェアの開発に利用することが禁じられていると解すべき理由は、本件では認められない。

　以上より、本件仕様書と本件ソースコードの内容に一致点、類似点が存在するとしても、Y_2が本件ソースコードを参照して本件仕様書を作成し、これに基づいて被告プログラムを開発したと推認することはできず、Y_2が、原告ソフトウェアを原告退職後も所持していたとの事実を考慮しても、上記判断は左右されない。

【企業法務の視点】

　本件は、元従業員が競合他社に再就職をし、元の会社（原告）から入手したソフトウェアのソースコードを使って再就職先の会社（被告）のソフトウェアを開発したとして、不正競争防止法に基づいて争われた事件である。本件で争われた主な争点が、①ソースコードは営業秘密に該当するか、②ソースコードを使用するとはいかなるものか、である。本件は、ソフトウェアのソースコードが営業秘密に該当するとし、また、商用ソフトウェアの場合、その内部構造であるロジッ

クを使用することは、不正競争防止法2条1項7号にいう「使用」に該当せず、あくまでもソースコードの使用であるとした点で注目に値する判例である。

営業秘密であるためには、①秘密管理性、②非公知性、③有用性、の3要件が必要であるが、特に、①の秘密管理性、②の非公知性が主な争点となる。

ソースコードは、ソフトウェア開発業者にとっては、例外的な場合を除き他者に開示することはないが、ソフトウェア開発の場合、開発担当者が自宅のパソコンに開発環境をインストールし、自宅においてソフトウェアを開発することはまれではない。そのため、開発中といえども、その秘密管理体制は厳格なものであるとはいいがたい。本件もそのような状況下で、しかも開発担当者が競合他社に転職し、類似のソフトウェアを開発したことを発端に裁判となった例である。

裁判所は、ソースコードの秘密管理が十分でないとはしながらも、ソフトウェア開発に携わる者の一般的理解として、秘密管理性を肯定した。これは、事業者における厳格な秘密管理体制よりも、利用者の認識を重んじた判断によるものと思われる。ソフトウェア開発業界においては、まさに常識ともいえるソースコードの認識を、裁判所も肯定した点で意義あるものである。

一方、ソフトウェアの使用については、裁判所は、ソースコードそのものの使用が不正競争防止法2条1項7号にいう「使用」に当たり、ソースコードが実現している内部構造のロジックの使用については「使用」を否定した。これは、一般に利用されている販売管理・生産管理等の機能を有する商用ソフトウェアは、よほど画期的な技術が活用されていない限り、どれも似たようなものとなり、画面構成やロジックが似ているからといって、それが「使用」とまではいえないことを明確にしたものである。

一方、数値解析・処理を行うアルゴリズム[64]を実装したプログラムまで、同様のことがいえるかというとそうではない。独自技術によるアルゴリズムは独創性・創作性が保たれており、アルゴリズム自体に営業秘密該当性があると考えるべきであろう[65]。

---

[64] アルゴリズム（Algorithm）とは、数学、数値解析・処理の手順を定型化したもの。算法とも呼ばれ、業務用の商用ソフトウェアの内部構造のロジックとは本質的に異なる。
[65] アルゴリズムの不正取得・使用が争われた裁判例として、東京地判平成23年12月14日（裁判所HP）、知財高判平成24年10月17日（裁判所HP）などがある。

【発展問題】

1. 不正競争防止法では、営業秘密に係る不正行為を、2条1項4号から9号まで類型ごとに規定しているが、本件はどれに該当するか。
2. 秘密管理性が認められるためには、その情報を客観的に秘密としていると認識できる状態にあることが必要であるが、その要件を2つ挙げよ[66]。
3. 営業秘密侵害罪とはどのようなものか。また営業秘密侵害罪に該当する7つの類型を挙げよ[67]。

---

66) 営業秘密管理指針2章1 (1)。
67) 不正競争防止法21条1項。

第5章　法令遵守（コンプライアンス）

第1節　環境保護[1]

【はじめに】

　日本では、1950年後半以降高度成長期に入り産業が活発化するのに伴い、大気汚染や水質汚濁などの深刻な公害問題が発生し、いわゆる四大公害事件をきっかけに、1967年に「公害対策基本法」が制定された。この公害対策基本法においては、公害を大気汚染、水質汚濁、騒音、振動、地盤沈下、悪臭の6つの典型公害として定義し、事業者、国、地方公共団体、住民の責務を明らかにするとともに、人の健康を保護し、生活環境を保全する上で維持されることが望ましい基準として環境基準を導入した。

　1970年代の半ば頃から1980年代にかけては、オイルショックを契機として経済成長が鈍化する中で、日本の環境政策も停滞し、環境法も大きな進展はなかった。一方で、四大公害のような深刻な公害問題は減少したものの、それに代わって、自動車・道路による公害、公共事業による自然破壊、廃棄物・リサイクル問題、土壌汚染、ダイオキシン類やPCBなどの化学物質による健康・環境への被害など、新たなタイプの環境問題が発生し、深刻化してきた。さらに、1990年代に入ると、フロンガスによるオゾン層の破壊や炭酸ガスなどの温暖化ガスによる地球温暖化といった、いわゆる地球環境問題も現れてきた。

　このような状況の中、1993年に、従来の公害対策基本法を中心とする法体系と自然環境保全法を中心とする法体系の2つに分かれていた従来の公害・環境法を統合し、さらには廃棄物問題や地球規模での環境問題を含んだ総合的な法律として、「環境基本法」が制定された。この環境基本法では、公害を従来の公害対

---

[1] 吉村良一・水野武夫・藤原猛爾『環境法入門』（法律文化社、2013）、深津功二『土壌汚染の法務』（民事法研究会、2010）、淡路剛久・大塚直・北村喜宣編「環境判例百選」[第2版]（別冊ジュリスト　2011）。

策基本法で定める 6 つの典型公害に土壌汚染を加えた 7 つの典型公害と定義し、公害対策基本法で定められた環境基準および公害防止計画などを継承するとともに、環境の保全に関する総合的かつ長期的な施策の大綱を定める環境基本計画などを導入した。これを受けて、1997 年に、環境保全のために不可欠の制度と考えられる環境影響評価（環境アセスメント）制度として、「環境影響評価法」が制定された。

また、廃棄物・リサイクル問題については、2000 年に、「循環型社会形成推進基本法」や「食品循環資源の再生利用等の促進に関する法律」（食品リサイクル法）などが制定されるとともに、「再生資源の利用の促進に関する法律」（後に「資源の有効な利用の促進に関する法律」に法律名を変更）および「廃棄物の処理及び清掃に関する法律」（廃掃法）が改正された。土壌汚染については、2002 年に、「土壌汚染対策法」が制定された。化学物質による健康・環境への被害については、1997 年に、「ダイオキシン類対策特別措置法」および「特定化学物質の環境への排出量の把握及び管理の改善に関する法律」（PRTR 法）が制定され、対策がとられることになった。地球環境問題については、1998 年に「エネルギーの使用の合理化に関する法律」（省エネ法）および「地球温暖化対策の推進に関する法律」（温暖化対策法）が改正されるとともに、2001 年には、「特定製品に関わるフロン類の回収及び破壊の実施の確保等に関する法律」（後に「フロン類の使用の合理化及び管理の適正化に関する法律」に法律名を変更）が制定された。

判例 No. 53[2)] 【チェックポイント：土地売買契約締結後に規制対象とされた有害物質が土壌に含まれていた場合に売主は瑕疵担保責任を負うか】

【設問】

1. X（原告・控訴人・被上告人）は、A 区の土地開発公社であり、Y（被告・被控訴人・上告人）は、ふっ素機能商品の製造販売を業とする株式会社である。
2. X は、1991 年 3 月 15 日、Y から、Y が工業用ふっ素を製造するための工場用地として利用していた土地（以下、「本件土地」という）を買い受けた（この契約を以下、「本件売買契約」という）。本件土地の土壌には、本件売買契約締結当時からふっ素が含まれていたが、その当時、土壌に含まれるふっ素につい

---

2) 最判平成 22 年 6 月 1 日（判タ 1326 号 106 頁）。

ては、法令に基づく規制の対象になっていなかったし、取引観念上も、ふっ素が土壌に含まれることに起因して人の健康に係る被害を生ずるおそれがあるとは認識されておらず、Xの担当者もそのような認識を有していなかった。
3. 2001年3月28日、環境基本法16条1項に基づいて定められた環境省告示第46号（土壌の汚染に係る環境基準について）の改正により、土壌に含まれるふっ素についての環境基準が告示され、2003年2月15日に施行された土壌汚染対策法においてふっ素が同法の規制対象となる特定有害物質の1つに指定された。そして、土壌汚染対策法の施行に伴い、都民の健康と安全を確保する環境に関する条例（以下、「本件都条例」という）が改正され、土壌汚染対策法と同一のふっ素の基準値（土壌に水を加えた場合に溶出する量に関する溶出量基準値と土壌に含まれる量に関する含有量基準値）が定められた。
4. 2005年7月にXが本件土地について土壌汚染調査を行った結果、本件都条例に定められた基準値を超えるふっ素が含まれていることが判明したため、XはYに対し、瑕疵担保責任に基づく損害賠償請求訴訟を提起した。
5. 以上の事実関係において、XのYに対する瑕疵担保責任に基づく損害賠償請求は認められるか。

【論点の解説】
1. 瑕疵担保責任に基づく損害賠償の対象となる民法570条にいう瑕疵の意義について

> 主要論点：民法570条にいう瑕疵とは、契約当事者の合意、契約の趣旨に照らし、通常または特別に予定されていた品質・性能を欠く場合をいう。

　本件は、XがYから本件土地を買い受けてから相当期間（10年以上）を経た後に法令の改正によりふっ素が土壌汚染対策法に規定する有害物質に指定され、Xにおいて土壌調査を行った結果、本件土地に本件都条例に定められた基準値を超えるふっ素が含まれていることが判明したため、Yに対し瑕疵担保責任に基づく損害賠償を求めた事案である。
　第1審は、本件都条例に基づく土地の改変者としての義務を履行しなければ本件土地を利用できないという制限が瑕疵に当たるというXの主張に対し、本件における土壌汚染も売買契約の目的物として通常有すべき品質や性能を欠くものであるため、民法570条にいう瑕疵に当たるが、瑕疵は、売買契約締結時に存在し

なければならず、その後に生じた場合には同条の適用はないとして、Xの請求を棄却した。

しかし、控訴審は、売買契約締結後に土壌汚染が規制されたとしても、土地の土壌に人の健康を損なう危険のある有害物質が上記の危険がないと認められる限度を超えて含まれていたことは瑕疵に当たるとして、Xの請求をほぼ全部認容した。その理由は、民法570条に基づく売主の瑕疵担保責任は、売買契約の当事者間の公平と取引の信用を保護するために特に法定されたものであり、売主に過失その他の帰責事由があることを理由として発生するものではなく、売買契約の当事者双方が予期しなかったような売買の目的物の性能、品質に欠ける点があるという事態が生じたときに、その負担を売主に負わせることとする制度であるという点に存する。

本件は、「売買契約の当事者間において目的物がどのような品質・性能を有することが予定されていたかについては、売買契約締結当時の取引観念を斟酌して判断すべきところ、本件売買契約締結当時、取引観念上、ふっ素が土壌に含まれることに起因して人の健康に係る被害を生ずるおそれがあることは認識されておらず、本件売買契約の当事者間において、本件土地が備えるべき属性として、その土壌にフッ素が含まれていないことや、本件売買契約締結当時に有害性が認識されていたか否かにかかわらず、人の健康に係る被害を生ずるおそれのある一切の物質が含まれていないことが特に予定されていたとみるべき事情もうかがわれない。そうすると、本件売買契約締結当時の取引観念上、それが土壌に含まれることに起因して人の健康に係る被害を生ずるおそれがあることは認識されていなかったふっ素について、本件売買契約の当事者間において、それが人の健康を損なう限度を超えて本件土地の土壌に含まれていないことが予定されていたものとみることはできず、本件土地の土壌に溶出量基準値および含有量基準値のいずれを超えるふっ素が含まれていたとしても、そのことは、民法570条にいう瑕疵には当たらないというべきである」と判示して、Xの請求を棄却した。

民法570条は「売買の目的物に隠れた瑕疵があったときは、第566条の規定を準用する」と規定し、同法566条1項は「買主は契約の目的を達することができない場合は契約の解除、その他の場合は損害賠償の請求のみをなすことができる」と規定している。この民法570条にいう瑕疵とは物質的な欠陥であるが、そ

の基準については、①売買の目的物が通常備えるべき品質・性能を有しているか否かを基準とする客観説と、②当該契約において当事者がどのような品質・性能を予定していたかという契約の解釈を問題とする主観説とがある。

第1審は、客観説に立ちつつ、Xの主張する本件土地の瑕疵が売買契約締結後に生じたもの（本件都条例に定める改変者としての義務に基づく本件土地の利用制限）であるとしてXの請求を棄却したものである。

控訴審は、客観説に立ち、瑕疵担保責任が売主の無過失責任であることを理由にXの請求を認容したものであり、これを支持する評釈もあるが、多くの評釈は、その結論の妥当性を疑問視する。例えば、「契約締結時に科学的知見がない場合にも後から契約当時に瑕疵があったとされてしまい、売主に全く回避不能な損害を与えることになる」[3]といった意見や「売買契約締結後に時の経過や科学の発達により目的物の品質・性能に対する評価に変更が生じ、契約当事者において予定されていなかったような事態に至った場合も瑕疵に当たりうることになり、法的安全性を著しく害することにもなって、相当ではない」[4]といった意見である。

本件は、最高裁として主観説に立つことを明らかにした初めての判決であるが、その背景には、主観説が大審院の判例であり、かつ、瑕疵担保責任の法的性質論（法定責任説と債務不履行責任説の対立）とは関係のない通説的見解であるという事情が挙げられる。

【企業法務の視点】

本件の要旨によれば、売買契約締結当時に法令で有害物質として規制されている物質が土地に含まれていた場合は、取引観念上、人の健康に係る被害を生ずるおそれがあることは認識されていたとして、瑕疵に当たると判断されることになる。また、仮に特定の物質が売買契約締結当時の法令で有害物質として規制されていなくとも、売買契約の当事者間で、売買対象土地に当該特定の物質が含まれていないことや、人の健康に係る被害を生ずるおそれのある一切の物質が含まれ

---

3) 大塚直「土壌汚染に関する不法行為及び汚染地の瑕疵について」（ジュリスト1407号76頁）。
4) 前掲注2）判タ1326号106頁。

ていないことが予定されていれば、瑕疵に当たると判断されることになる。

　現行の土壌汚染対策法では、鉛、砒素、カドミウムなどの25種類の物質が人の健康に係る被害を生ずるおそれがある特定有害物質として指定されているが、アスベストなど、有害性は認識されているが、土壌汚染対策法上の特定有害物質として指定されていない物質については、どのように判断されるのか明らかでない。したがって、企業法務においては、工場跡地などの土壌汚染が懸念される土地を取得する契約を締結する際は、当該土地の利用目的を明記するとともに、当該土地に特定の物質が含まれていないことや人の健康に係る被害を生ずるおそれのある一切の物質が含まれていないことを瑕疵担保責任の特約として規定しておく必要がある。

　最近は、企業がM&A（合併と買収）を行ったり、不動産を購入したりする際に環境デューデリジェンス（事前調査）を行うケースが増えてきている。環境デューデリジェンスとは、対象となる企業や不動産の排水や排気、土壌、地下水、騒音などの環境影響、汚染状況を入念に調査し、その価値やリスクを明らかにして適正に評価することをいう。

　特に対象となる企業や不動産に工場跡地などの土壌汚染が懸念される土地が含まれている場合は、当該土地が土壌汚染対策法に定める要措置区域（都道府県知事が特定有害物質によって汚染されており、当該汚染による人の健康に係る被害を防止するため、汚染の除去などの措置を講ずることが必要な区域として指定する区域）に指定されていないかどうかを調査するとともに、汚染状況の調査（土地の履歴調査およびこれに基づく汚染の可能性に応じた土壌ガス調査や表層土壌調査、深層土壌調査などの調査）を実施することが求められる。

【発展課題】

1. マンション建設用地として購入した土地の比較的浅い部分に多量のオイル類が存在していた場合、当該オイル類が土壌汚染対策法などの法令の規制対象外であっても、売主は瑕疵担保責任を負うか[5]。
2. 民法570条の瑕疵担保責任の消滅時効はいつから進行するか[6]。本件の控訴

---

5) 東京地判平成14年9月27日（LEX/DB 28080755号）。
6) 民法166条1項、最判平成13年11月27日（判時1768号70頁、判タ1079号179頁）。

審ではこの点についてどのように判断しているか[7]。
3. 土壌汚染対策法では、汚染土地の所有者が都道府県知事の命令により汚染の除去等の措置を行った場合、汚染の行為をした者（汚染原因者）に当該命令に係る汚染の除去などに要した費用を請求できる（土壌汚染対策法8条）。本件において、Yの瑕疵担保責任が認められなかった場合でも、Xは上記の土壌汚染対策法の規定に基づき汚染の除去などに要した費用をYに請求できるか。

判例 No. 54[8]　【チェックポイント：再生利用を目的として処分を委託された木くずは産業廃棄物に該当するか】

【設問】

1. A社（被告人）は、家屋の解体工事の請負などを業とする株式会社であり、B（被告人）はA社の代表取締役である。
2. A社は、解体現場で生じた木くずを選別し、2001年1月10日から同年7月13日までの間、前後39回にわたり、産業廃棄物である木くず合計221m^3（以下、「本件木材」という）を、C社が茨城県内に設置した無許可処分場であるD工場に搬入し、茨城県知事から産業廃棄物の処分の許可を受けていないC社に無償で処分することを委託した。
3. A社の上記行為は、廃棄物の処理及び清掃に関する法律（以下、「廃棄物処理法」という）12条3項（産業廃棄物の処分を他人に委託する場合は、都道府県知事の許可を受けた産業廃棄物処分業者に委託しなければならない）に違反するとして、A社およびBが略式起訴され、同命令は確定した。
4. 一方、C社と同社の代表取締役らは、無許可で産業廃棄物の処分を業として行ったとして起訴はされたものの、水戸地判平成16年1月26日は、本件木材は産業廃棄物である「木くず」に当たらないと判断して、C社と同社の代表取締役らを無罪とした。
5. この判決を受けて、A社およびBは再審の請求を行い、本件木材は再生利用が予定された有価物であり、産業廃棄物に該当しないとして無罪を主張したが、再審の第1審である水戸地判平成19年10月4日は、本件木材は産業廃棄物に該当するとして、A社およびBの主張を退けた。そこで、A社およびBが控訴したのが、本判決である。
6. 本件木材は廃棄物処理法2条4項にいう「産業廃棄物」に該当するか。

---

[7] 東京高判平成20年9月25日（金判1305号36頁）。
[8] 東京高判平成20年4月24日（判タ1294号307頁①事件）。

【論点の解説】
1. 再生利用を目的とする物件の産業廃棄物該当性について

> 主要論点：当該物件の再生利用が製造事業として確立し、当該物件が不法に投棄などがされる危険性がないといった客観的要素の裏づけがなければ、産業廃棄物該当性を否定する事情として、考慮されない。

　廃棄物処理法では、「廃棄物」を、ごみ、粗大ごみ、燃え殻、汚泥、ふん尿、廃油、廃酸、廃アルカリ、動物の死体、その他の汚物または不要物であって、固形状または液状のものと定義し（同法2条1項）、「産業廃棄物」を、事業活動に伴って生じた廃棄物のうち、燃え殻、汚泥、廃油、廃酸、廃アルカリ、廃プラスチック類その他政令で定めるものと定義している（同法2条4項1号）。そして、政令（廃棄物処理法施行令）では、産業廃棄物について、19種類の廃棄物を定めているが、その1つとして「木くず」を掲げている。

　最判平成11年3月10日（判タ999号301頁）は、「おから」が産業廃棄物に該当するか否かが争われた事件において、廃棄物処理法施行令2条4号にいう「不要物」について、自ら利用しまたは他人に有償で譲渡することができないために事業者にとって不要になった物をいい、これに該当するか否かは、その物の性状、排出の状況、通常の取扱い形態、取引価値の有無および事業者の意思などを総合的に勘案して決するのが相当であると述べて、「おから」は不要物であり、産業廃棄物に該当すると判示した。

　本件は、廃棄物該当性の判断について、上記の最高裁判例の考え方（総合判断説）を踏襲しつつ、「廃棄物処理法が廃棄物の処理業を許可制にしているのは、廃棄物が不要であるが故にぞんざいに扱われるおそれがあるため、一連の過程を行政の監督の下に置くことによってその不法な投棄などを防止するためであり、有償譲渡されずこの意味での取引価値のない物については不法投棄などがされる危険性が高くなるので、廃棄物該当性の判断に当たっても取引価値は重要なメルクマークであるが、このような取引価値のないものであっても、循環的な資源の有効利用という観点からは、当該物件の再生利用に関連する一連の経済活動の中で、各事業者にとって一定の価値があるかどうかという点を取引価値の判断の一要素として加えることは許されるべきである。しかし、そのためには、その再

生利用が製造事業として確立したものであり継続して行われていて、当該物件がもはやぞんざいに扱われて不法に投棄などがされる危険がなく、廃棄物処理法の規制を及ぼす必要がないというような場合でなければならない。そして、そのような場合には、再生利用目的があることは廃棄物該当性の否定する事情として考慮することができると解すべきである」（要旨）と述べた上で、本件については、本件当時、家屋解体などにより生じた木くずについてチップ原料としての市場は成立しておらず、解体業者などは有料で産業廃棄物処理業者に処理を委託するのが通常であったなどの事実関係をもとに、本件当時、本件木材の再生利用は製造事業として確立し継続したものとなっている状況にはなかったとして、本件木材は産業廃棄物に該当すると判示した。

　水戸地判平成16年1月26日は、本件木材は選別などの作業により搬入時にはチップ原料として価値あるもの、すなわち有用物になったと認められるとして、産業廃棄物該当性を否定したが、本件は、単に受入業者により再生利用が行われているというだけではなく、その再生利用が製造事業として確立し継続したものとなっており、不法投棄などの危険性がないことを産業廃棄物該当性判断の一要素とし、この判断要素に基づき、本件木材の産業廃棄物該当性を認めたものである。本件は、A社らが上告を申し立てているので、最高裁の判断が注目される。

【企業法務の視点】
　工場などから排出される物が産業廃棄物に該当する場合は、廃棄物処理法が適用される。すなわち、排出事業者は、産業廃棄物の収集・運搬および処分を他人に委託する場合は、都道府県知事の許可を得た収集・運搬業者および処分業者に委託すること、収集・運搬業者および処分業者との間でそれぞれ廃棄物処理法に定める必要事項を記載した委託契約書を締結すること、収集運搬業者および処分業者に所定の事項を記載したマニュフェスト（産業廃棄物管理票）を交付し、処理完了後、当該収集運搬業者または処分業者よりマニュフェストを回収して保存することなどが義務づけられている。また、産業廃棄物の収集・運搬および処分を業として行う者は、それぞれ都道府県知事の許可を得なければならない。

　しかし、工場などから排出される物が「有価物」である場合は、廃棄物処理法

は適用されないので、上記のような義務は発生しない。そのため、本来産業廃棄物であるものを有価物と称し、法の規制を免れようとする事案が後を絶たない。

このような状況を踏まえ、環境省では以前から行政通達（課長通知や事務連絡など）により産業廃棄物該当性の判断基準を示してきたが、2013年3月に出された課長通知[9]では、上記最高裁判例の総合判断説に従い、①物の性状、②排出の状況、③通常の取扱い形態、④取引価値の有無、⑤占有者の意思の5つの判断要素を挙げ、その中で実務的に最も重要視されることが多い「取引価値の有無」については、「占有者と取引の相手方の間で有償譲渡がなされており、なおかつ客観的に見て当該取引に経済的合理性があること。実際の判断に当たっては、名目を問わず処理料金に相当する金品の受領がないこと、当該譲渡価格が競合する製品や運送費等の諸経費を勘案しても双方にとって営利活動として合理的な額であること、当該有償譲渡の相手方以外の者に対する有償譲渡の実績があることなどの確認が必要であること」としている。また、2013年6月に出された事務連絡[10]では、取引価値を有すると判断するための基準として、上記「行政処分の指針」においては、客観的に見て当該取引に経済的合理性があることとしているが、販売価格より運送費が上回ることのみをもってただちに経済的合理性がないと判断するものではなく、上記「行政処分の指針」に定める「取引価値の有無」の判断基準に従い判断する必要があるとしている。

企業法務においては、本件および上記の環境省の産業廃棄物該当性の判断基準を踏まえ、自社から排出される物が産業廃棄物あるいは有価物のいずれに該当するのかを判断し、産業廃棄物に該当する場合は、廃棄物処理法上の義務の遵守を徹底すること、また、有価物に該当する場合でも、その物が有価物として有効利用されており、不法投棄などの不正な処理がされていないことを確認することが求められる。

---

9)「行政処分の指針について」（平成25年3月29日環廃産発第1303299号環境省大臣官房廃棄物・リサイクル対策部産業廃棄物課長通知）。
10)「『規制改革実施計画』（平成25年6月14日閣議決定）において平成25年上期に講ずることとされた措置（廃棄物の該当性判断における取引価値の解釈の明確化）について」（平成25年6月28日環境省大臣官房廃棄物・リサイクル対策部産業廃棄物課事務連絡）。

【発展課題】

1. 排出事業者が産業廃棄物の収集・運搬または処分を委託した業者が許可業者でない場合、排出事業者はどのような責任を負うか。
2. 産業廃棄物の運搬や処分を委託した業者が産業廃棄物を不法投棄した場合において、排出事業者が原状回復責任を負うのはどのような場合か[11]。

判例 No. 55[12] 【チェックポイント：景観権ないし景観利益の侵害による妨害排除請求は認められるか】

【設問】

1. Xら（1審原告・被控訴人＝控訴人・上告人）は、近隣に学校を設置する法人ならびに同校に通う教職員、生徒および近隣の地権者住民、国立市民など（50名）である。Y_1（1審被告・控訴人＝被控訴人・被上告人）は不動産販売会社であり、Y_2（同）は建築請負会社であり、Y_3（同）は下記2のマンション区分所有者（220名）である。
2. Y_1は、東京都国立市の「大学通り」の南端に位置する土地（以下、「本件土地」という）を購入し、高さ約44m、最上階14階地下1階建のマンション（以下、「本件マンション」という）の建築・分譲を計画し、2000年1月5日、建築確認を得て、同日、建築工事に着手した。
3. 一方国立市は、同年1月24日、都市計画法に基づき本件土地を含む地域につき「国立都市計画中3丁目地区計画」を決定・告示した上に、建築基準法68条の2に基づき当該地区につき建築物の高さを20m以下に制限する「建築物の制限に関する条例の一部を改正する条例」（以下、「本件改正条例」という）を制定し、同年2月1日に公布施行した。
4. 本件改正条例が施行された同年2月1日当時、本件マンションはいわゆる根切り工事をしている段階にあった。その後、本件マンションの建築が進み、Y_1は、2001年12月20日、本件マンションについて東京都から検査済証の交付を受け、2002年2月9日から分譲を開始した。
5. Xらは、大学通り周辺の景観について景観権ないし景観利益を有しているところ、本件マンションの建築により受忍限度を超える被害を受け、景観権ないし景観利益を違法に侵害されているなどと主張し、①Y_1およびY_3に対し、本件

---

11) 廃棄物処理法19条の5および19条の6。豊島産業廃棄物公害事件（公害紛争処理白書平成13年版19頁）、青森・岩手県境不法投棄事件。
12) 最判平成18年3月30日（判時1931号3頁、判タ1209号87頁）。

マンションのうち高さ20mを超える部分の撤去を、②Y_1、Y_2およびY_3に対し、慰謝料および弁護士費用相当額の支払いをそれぞれ求める訴訟を提起した。
6. Xらの景観権ないし景観利益の侵害に基づく本件マンションの一部撤去および慰謝料等の支払いの請求は認められるか。

【論点の解説】
1. 景観権ないし景観利益の侵害による妨害排除請求の可否について

主要論点：①景観利益は、民法709条に規定される「法律上保護される利益」に当たる。ただし、景観利益を超えて「景観権」という権利性を有するものは認められない。②その利益に対する違法な侵害といえるためには、侵害行為の態様や程度の面において社会的に容認された行為として相当性を欠くことが求められる。

第1審は、Xらのうち大学通り沿いの少なくとも20mの範囲に土地を所有する3名について景観利益を認め、本件マンションの東棟（大学通りに面した棟）のうち高さ20mを超える部分の撤去および慰謝料の請求を認めたが、控訴審は、景観認識と評価の主観性と多様性、景観権はいまだ成熟していないなどの理由で、原判決を取り消し、Xらの請求をすべて棄却した。

本件では、良好な景観に近接する地域内に居住する者が有するその景観の恵沢を享受する利益は、法律上の保護に値するものと解するのが相当であるとして景観利益を認めたが、景観権については、現時点においては、私法上の権利といいうるような明確な実体を有するものとは認められず、景観利益を超えて「景観権」という権利性を有するものを認めることができないとして、その権利性を否定した。また、建物の建築が第三者に対する関係において景観利益の違法な侵害となるかどうかは、被侵害利益である景観利益の性質と内容、当該景観の所在地の地域環境、侵害行為の態様、程度、侵害の経過などを総合的に考察して判断すべきであるとした上、ある行為が景観利益に対する違法な侵害に当たるといえるためには、少なくとも、その侵害行為が刑法法規や行政法規の規制するものであったり、公序良俗違反や権利の濫用に該当するものであるなど、侵害行為の態様や程度の面において社会的に容認された行為として相当性を欠くことが求められると解するのが相当であると判示した。

そして、本件については、①本件改正条例が公布・施行された当時、本件マン

ションの建築工事はすでに着工されているので、本件改正条例は適用されないこと、②本件マンションは、日影などによる高さ制限に係る行政法規や東京都条例などには違反しておらず、違法な建築物であるとはいえないことなどを理由に、本件マンションの建築はＸらの景観利益を違法に侵害する行為に当たるとはいうことができないとして、Ｘらの請求を棄却した。

【企業法務の視点】

　日本では、都市化の進展に伴い、日照や通風、景観、眺望、圧迫感、騒音、振動、交通集中など、さまざまな都市環境問題が発生してきた。

　まず昭和40年代に日照権に基づく所有権や人格権侵害などを争う訴訟が多数提起され、判例を通じて権利として確立され、受忍限度の基準が形成された。その後、裁判所における判断基準を踏まえて、1976年に建築基準法に日影規制条項が導入され、導入後は、日影規制に適合した建築物は受忍限度を超えていないとする判例が多くなった。

　近年では新たな都市環境問題の１つとして「景観」を巡る紛争が増えてきた。本件の事案もそのうちの１つである。景観利益が私法上の権利または法律上保護される利益であるのかどうかについては、これまで議論があった。権利性または法律上の利益性を認める立場としては、環境権を根拠とするもの、人格的利益を根拠とするもの、本件の第１審が採用した土地所有権から派生した利益であるとするものなどさまざまな見解があり、一方で、景観権や景観利益については消極的な見解もある。また、下級審の裁判例においても、景観利益が法律上保護される利益であるのかどうかについては、これを積極的に認める判例と、消極的または必ずしも積極的ではない見解を示している判例とに分かれていた。

　本件は、景観利益は法律上の保護に値するものと解するのが相当であるとした上で、景観利益が保護されるために必要な条件についても判示し、上記の議論について一定の方向性を示した。

　都市環境を巡る裁判では、都市計画規制や景観規制、騒音・振動規制などの公法上の規制と、民事上の受忍限度の関係が常に問題となる。したがって、企業法務においては、都市において建物を建築するような場合は、都市環境問題に関する公法上の規制内容を確認し、これを遵守するとともに、判例により形成された

民事上の受忍限度の基準を配慮することが求められる。

【発展課題】
1. 本件では、当該地区における建築物の高さを 20 m 以下に制限する条例が施行される前に本件マンションの建築工事が着工されているため、この条例が適用されないことを理由の 1 つとして、景観利益の侵害を認めなかったが、本件マンションの建築工事の着工がこの条例の施行後であった場合はどうであったろうか。
2. 景観利益と眺望利益の違いは何か。眺望利益は私法上の権利または法律上保護される利益として認められているか[13]。
3. 小田急線高架事業認可取消訴訟[14]（小田急線の一部区間の連続立体交差化に係る都市計画事業などの認可の取消しを付近住民が求めた事件）では、最高裁は付近住民の原告適格をどのような範囲で認めたか。また、都市計画事業などの認可の取消しを認めたか。

第 2 節　贈答・接待・政治献金等[15]

【はじめに】

　本節では、企業活動に関連して行われる贈答・接待や政治献金等の規制の遵守について検討する。ロッキード社の航空機売込みに関連して企業から当時の総理大臣に対する賄賂疑惑が問題とされたロッキード事件や、大手建設会社から自治体の長などに対する贈賄が問題とされたゼネコン汚職事件など、わが国では主として国内の公務員に対する贈賄が糾弾されてきた。贈収賄罪は公務員の職務の公正に対する犯罪である。一方、1998 年に改正された不正競争防止法により、外国公務員に対する贈賄等も処罰対象になった。この処罰規定は国際商取引におけ

---

[13] 京都地判昭和 48 年 9 月 19 日（判時 720 号 81 頁、判タ 299 号 190 頁）、東京高決昭和 51 年 11 月 11 日（判時 840 号 60 頁）、横浜横須賀支部昭和 54 年 2 月 26 日（判時 917 号 23 頁、判タ 377 号 61 頁）等。
[14] 最判平成 18 年 11 月 2 日（判時 1953 号 3 頁、判タ 1227 号 103 頁）。
[15] 山口 厚 編著『経済刑法』（商事法務、2012）、北島 純『解説 外国公務員贈賄罪―立法の経緯から実務対応まで』（中央経済社、2011）など。

る公正な競争を確保することを目的としている。さらに、一般私企業の役職員に対する贈答や接待も無制限に許容されるものではない。わが国では商業賄賂（commercial bribery）に関する直接的処罰規定は見当たらないが、特別背任罪（会社法960条、961条）により処罰対象となる場合がある。つまり、会社の役員等の会社経営に重要な関わりを有する者が、自己もしくは第三者の利益を図り、または会社に損害を加える目的で、その任務に背く行為をなし、当該会社に財産上の損害を加えたときは同罪に問われる可能性があり、その未遂も処罰対象となる（同962条）。したがって、贈答・接待等の管理については、その対象先を公務員に限定することなく広範にコンプライアンスを徹底する必要があろう。

　企業による贈賄が発覚した場合の法的・社会的制裁を考慮すると、それらのリスクを回避するためには、贈答・接待等を一切禁止すれば完全なコンプライアンスが実現されるかもしれない。しかし、企業活動は「人」で構成される社会活動の一環であり、企業経営の視点からは、過度な管理によって適正な営業活動までも萎縮してしまっては、経営の羅針盤であるべき企業法務に対する経営者の不信を招く懸念がある。贈答・接待のコンプライアンスが困難な要因は、どの金額までなら適法であるのか、またどのような状況の下なら許容されるのかといった具体的な基準を設定できないことにある。現在では多くの企業が社内の贈答・接待等の社内管理規定を有していると思われるが、そうした規定の下でも、企業法務には、さまざまな事情を総合的に判断しつつ最終的な判断を求められるであろう。本節においては、どのような支出が、いかなる状況の下で違法と判定されたのか判例の検討を行い、違法な贈答・接待との境界を判断する際の参考としたい。

判例 No. 56[16] 【チェックポイント：社交儀礼の範囲内であっても公務員への贈答は賄賂か】

【設問】

1. 被告人Aは、青森県道路公社（以下、「本公社」という）の職員であり、1994年4月から2000年3月までの間、本公社総務部業務課主幹として、有料道路等の業務運営ならびに入札の執行および契約に関する事務等を掌理する職務に従事し、そして2000年4月から2002年3月までの間は、本公社業務経理課課長補佐として、本公社の発注する工事の請負および委託の契約ならびに有料道路の業務運営等の事務を整理する職務に従事するとともに、本公社のD中央大橋有料道路およびD空港有料道路（以下、「D有料道路」と総称する）の管理事務所長を兼務し、各種委託業務の管理事務等を掌理する職務に従事していた。被告人Bは、有料道路の維持および料金徴収業務の受託等を業とするE株式会社の代表取締役として、同会社の業務全般を統括していた。被告人Cは、事務機器、オフィス家具および事務用品の販売等を業とする有限会社Fの専務取締役として同社の営業に従事していた。
2. 被告人Bは、被告人Aに、本公社の発注に係るD有料道路の料金徴収業務委託の指名競争入札および同業務委託の指導監督等に有利便宜な取り計らいを受けたい等の趣旨から、1998年に開設された有限会社F代表取締役G名義の普通預金口座に約11万円を振込送金した。
3. 被告人Bは、被告人Aに、上記指名競争入札等に有利便宜な取り計らいを受けたことに対する謝礼として、そして1999年度においても同様の有利便宜な取り計らいを受けたい等の趣旨も含めて、1999年に前記口座に約16万円を振込送金した。
4. 被告人Bは、被告人Aに上記とほぼ同趣旨で、2001年には計29万円を上記口座に振込送金したほか、ジャンパー1着およびポロシャツ3着（合計約6万円相当）を供与し、さらに2002年にも約20万円を振込送金したほか、ゴルフクラブセット（時価18万円相当）を供与した。
5. 被告人Cは、被告人Aから、有限会社FからE株式会社宛てに架空の請求書を発行し、同社から同請求書に従って上記の普通預金口座に入金された金員を管理することなどを依頼され、それが上記の趣旨に基づく振込みであることを知りながら、これを実行しB被告に協力した。
6. 被告人Aは、本公社発注の業務に依存する業者に対し、自己の優越する地位を濫用して賄賂を要求し、長期間に多数回にわたってこれを収受し続け、賄賂

---

16) 青森地判平成15年3月14日（裁判所ウェブサイト掲載判例）。

の見返りとして被告人Bに対し、本来秘匿すべき業務委託価格を内密に伝えたほか、同被告人の経営する会社が継続的に公社の受託業務を受注できるように他社の参入を阻むための方策を講ずるなどの便宜を図った。
7. A、BおよびCの上記行為について、それぞれどのような犯罪に該当するか。

【論点の解説】
1. 贈収賄罪の成立要件と本件における量刑（論点①）

> 主要論点1：刑法の収賄罪は、「公務員」がその「職務に関し」「賄賂」を「収受・要求・約束」することにより成立する（刑法197条）。公務員が、請託を受けて（職務に関する作為・不作為の依頼を承諾して）、その「職務に関し」「賄賂」を「収受・要求・約束」したときは受託収賄罪を構成する（同197条第1項後段）。贈賄罪は、「賄賂」を「供与・申込み・約束」することで成立し（同198条）、その実行行為を容易にする行為（幇助）を行った者は、従犯（幇助犯）とされる（同62条1項）。なお、「賄賂」とは、職務行為に対する対価としての不正の報酬であり、金銭や物品等の財産的利益に限定されず、人間の需要や欲求を満たす一切の利益を含む。
> 　贈収賄罪は、公務員を通して行われる国や地方自治体の公正な作用といった国家的法益に対する犯罪であり、請託を受けず、ただ単に賄賂をもらうだけの単純収賄罪と比較して、受託収賄罪はより重い法定刑が定められている。

　本件は、被告人Aが、本公社の発注する有料道路の維持および料金徴収業務の委託等の競争入札等を巡り、被告人Bに要求して、同被告人から、3年度間に、複数回にわたり、合計約84万円の金員およびゴルフクラブ1セットほか6点の物品（価格合計約28万円相当）を賄賂として収受し、また従前から本公社に文房具等を納入し、被告人Aと親密に交際していた被告人Cが、被告人Bの経営する会社に、架空の請求書を送付し、被告人Aのために設けた被告人Cの勤務先会社名義の銀行口座に現金を振り込ませるなどして、被告人Aの賄賂の収受を容易にした事案であり、これらの行為は刑法の贈収賄罪に該当する。
　被告人Aについて、裁判所は、被告人Aは、被告人Bと付き合い始めた当初から、賄賂をもらいたいという気持ちを抱いており、被告人Bは、被告人Aから「課長はいるが、借りものだから。自分が切り盛りする立場にあり、力を持っているんだから、わさ任せておけば悪いようにしないから」とか、「会社は、公

社からの委託料で、随分儲けているんだべ。なんぼか、面倒みてくれないか」などといわれて賄賂を要求されていたと認定した。また、本件賄賂の収受に際し、被告人Ａと癒着していた業者である被告人Ｃを介在させたのは、被告人Ａの指示によるものであること、被告人Ａも、当公判廷において、自己の言動が賄賂を要求しているように見えかねないものであった旨自認していることに照らすと、本件賄賂は被告人Ａからの要求により授受されるようになったものと認めるのが相当であると判断している。そして裁判所は、「被告人Ａは、公正かつ廉直さが求められるみなし公務員の立場にありながら、実際にも、賄賂の見返りとして、被告人Ｂに対し、本来秘匿すべき業務委託価格を内報したり、同被告人の経営する会社が継続的に公社の受託業務を受注できるよう、他社の参入を阻むための方策を講ずるなど多大な便宜を図っており、公社職務の適正な運営を歪めたこと甚だしい。また、その賄賂収受の態様も、既に癒着関係にあった他の公社出入りの業者を介在させ、巧妙に犯行を隠蔽していたもので、甚だ悪質である」と述べて被告人Ａに懲役１年６か月（執行猶予３年）に処した。

　被告人Ｂは、上記事情に照らせば、Ｅ社の経営上やむを得ず賄賂を渡した事情もうかがえる。しかし、裁判所は、被告人Ｂについて、「その経営する会社の業務が公社の発注する業務に依存しているとはいえ、青森県が出資している公社から継続的かつ独占的に、しかも有利な条件で業務を受託して不当に利益を貪ろうと、本来なすべき企業努力の代わりに公社職員に賄賂を贈り、その対価として、業務委託価格の内報を受け、委託料を増額してもらい、他社の参入を阻んでもらうなど多大な便宜を受けたものであり、企業人としての規範意識が欠如していると言わざるを得ない」として懲役１年（執行猶予３年）に処した。

　そして被告人Ｃについて、裁判所は、「自らの営業成績を上げ、マージンを得られることなどから進んで本件贈収賄に加担したもので、その動機に酌むべき余地はない。被告人Ｃの本件贈収賄に関する役割は、従属的なものに過ぎないが、被告人Ｃは、本件犯行に関与するよう被告人Ａから依頼されても何ら逡巡することなく、かえって、将来において、被告人Ａから不正な利益の見返りを受けられるのではないかと期待して本件犯行を幇助したものであり、犯情悪質と言わなければならない」として懲役10か月（執行猶予３年）を言い渡した。

2.「みなし公務員」について（論点②）

> 主要論点2：「みなし公務員」とは、公務員ではないが、公団や公庫などの団体や日本銀行などの役職員など、職務の内容が公務に準ずる公益性および公共性を有している者や、公務員の職務を代行するものとして、刑法の適用について公務員としての扱いを受ける者をいう。

　贈賄の客体としての公務員は、国および地方自治体等の事務を執行する人であり、国家公務員や地方公務員がこれに該当するが、民間人であっても特別法によりみなし公務員である旨の規定がある場合には、その職務の公共性に鑑みて刑法の適用対象となり、仮にそれらがみなし公務員であることを知らずに賄賂を贈った場合でも贈賄罪が成立するので注意が必要である。本件において被告人Aは、特別法の下でみなし公務員の立場にあった。その他、自動車販売修理会社の代表取締役であった者が、国土交通省関東運輸局長から指定自動車整備事業の指定を受けた自動車整備会社の代表取締役である自動車検査員に対し、内容虚偽の保安基準適合証の作成等の報酬として小切手を供与した事案につき、自動車検査員や指定自動車整備事業者の役員がみなし公務員であることを知らなかったとしても、贈賄罪の故意を欠くものではないとされた事例がある[17]。

3.「賄賂」と「社会的儀礼」の峻別の基準（論点③）

> 主要論点3：公務員（みなし公務員を含む）の職務に関連して金品等が授受された贈与は、仮にそれが主観的には社交的儀礼として行われたときであっても（または社交上の慣習儀礼として認められる程度のものであっても）、賄賂罪が成立する可能性がある。

　公務員の職務に関連して贈与がなされた場合は、たとえ中元や歳暮などの社交的儀礼として行われたときにも賄賂罪が成立するかについては議論があり、判例の立場も必ずしも統一的ではなかった。最高裁判例には、社交的儀礼の範囲を逸脱しない限り賄賂罪が成立しないことを前提とする判例[18]もあるが、下級審判例には、社交上の慣習儀礼と認められる程度の贈物であっても、公務員の職務に

---

17) 東京地判平成14年12月16日（判時1841号158頁）。
18) 最決昭和30年6月22日。

関連して授受された以上、賄賂罪が成立するとする判例[19]もある。中でも注目される事例は、国立大学教育学部附属中学校教諭の学習指導等の職務に関し、生徒の父兄から贈答用小切手12通（合計12万円）の賄賂を収受した事案について、1審、控訴審はこれを社会儀礼の範囲内とはいえないとして賄賂と認定したが、最高裁は、原審には事実誤認があり、審理が不十分として原審に差し戻した。判断の基準となったのは、社会儀礼の限度を超えて、他の生徒以上の教育指導を期待して供与したと疑うに足りる特別の事情があるか否かであった[20]。つまり最高裁は、父兄の教師に対する贈与が職務から離れた私的学習指導に対する感謝の趣旨等から出た可能性があるのに、たやすく賄賂性を肯定したのは、審理を尽くさず、ひいては重大な事実を誤認した疑いがあると判断したのである。

　上記のように判例上は、公務員の職務に関して贈与がなされた場合であっても、刑法上の賄賂に該当するのか否かの判断基準は必ずしも明確とはいえない。しかし、本件のように公務員の職務に密接に関連して、しかも請託を受けて贈与された場合には、少額であっても賄賂と認定されるリスクが高い点に注意すべきである。本件について裁判所は、「本件賄賂の総額は、必ずしも、著しく多額であるとは言えない」ことを是認しつつ、「公共性の高い公社の職務の公正および廉潔性を損なうことこのうえない贈収賄を継続的に行っていたものであって、被告人らの犯行は、公社職員の職務の公正さを汚し、その職務に対する青森県民の信頼を害し、ひいては、公社の業務そのものに対する信頼を著しく失墜させるもの」であるとして、「いずれの被告人も厳しい非難を免れ得ず、厳正な処罰をもって臨む必要がある」と判断した。

【企業法務の視点】

　企業活動が社会における活動の一環である以上、適切な社交儀礼や慣習の範囲内で接待や贈答を完全に否定してしまうと、ビジネスの活性化を阻害する結果を招来する懸念がある。しかし、贈賄に該当するリスクを勘案すれば、それらを担当者の判断に放任することなく、企業法務が何らかの形で関与して客観的基準に基づいて管理することが望ましい。特に公共入札の前後にその関係先に行う接待

---

19) 福岡高判昭和41年6月7日など。
20) 最判昭和50年4月24日（判時774号119頁、判タ321号66頁）。

や贈答には注意を要する。

　また、内部統制の観点からは、上記のモニタリングは規定化した上で社内手続きに組み込まれるべきであり、贈答や接待について事前許可制度を設けることが望ましい。この許可申請の対象案件は、相手方が公務員またはみなし公務員（外国公務員を含む）である場合を基本として、さらに一定額以上の高額案件については、相手が民間企業であっても管理対象にすべきである。アメリカや中国のように商業賄賂が犯罪と規定される国もあることに加えて、仮に商業賄賂には該当しない場合であっても、過度な支出は企業倫理や社会的責任の観点から問題となりうるからである[21]。

【発展課題】
1. わが国の国会議員が、大手ゼネコンにより行われた談合について、その談合に関する刑事告発の権限を有する公正取引委員会に対して、刑事告発を行わないように働きかけることの依頼を受けて、その対価としてゼネコンから金銭を受け取った場合、このゼネコンおよび国会議員について贈収賄罪が成立するか[22]。
2. 防衛庁副本部長等の職にあった個人（A）が、B社の関連会社との製造請負契約について、在職中に過払い相当額の返還金額を過少にとの請託を受けて、本関係会社の利益を図った。その後Aは、防衛庁を退職し、実質的にB社が支配する会社の非常勤顧問として、2年半にわたり報酬を受けた（Aは実際に同社で勤務した）が、この場合にAについて事後収賄罪が成立するか[23]。

> 判例 No. 57[24]　【チェックポイント：外国公務員に対する金品等の贈与はわが国で罰せられるか】

【設問】

> 1. 被告会社は、東京都内に本店を置き、土木建築事業に関するマネジメントおよびコンサルティング業務等を目的とする株式会社である。被告人Aは、被告会社の部長として陸上交通事業部道路技術部または道路交通事業部所管の業務

---

21) 特別背任罪を構成する可能性もある。
22) 最決平成15年1月14日（判タ1113号132頁）。
23) 最決平成21年3月16日（判時2069号153頁、判タ1318号115頁）。
24) 東京地判平成21年1月29日（判時2046号159頁）［確定］。

を統括していた者であり、被告人Bは、被告会社のハノイ事務所所長としてベトナムにおける被告会社の営業活動等を統括していた者である。そして被告人Cは、香港に登記簿上の本店を置き、被告会社の実質的指揮監督下にある会社の登記簿上の代表者であった者である。
2. 被告人A、BおよびCは、ほか数名と共謀の上、2003年12月にベトナム国ホーチミン市にある東西ハイウェイ・水環境業務管理局事務所において、同S局長（サイゴン東西ハイウェイ建設事業に係る建設コンサルタントの選定、契約締結、契約代金支払い等の契約履行、契約内容の変更等に関する権限を有していた外国公務員）に対し、被告会社が同管理局発注に係るサイゴン東西ハイウェイ建設事業に関するコンサルティング第1期・第2期契約締結等の謝礼として現金60万ドルを供与した。これは、同ハイウェイ建設事業に関するコンサルティング第1期契約および第2期契約締結等の謝礼として各契約金額の一部に相当する金額の現金を提供するとのS局長との約束に基づくものであり、これにより前記各契約の履行を確保し、前記コンサルティング第1期契約の第1回追加変更契約を早期かつ有利な条件で締結するなど、今後被告会社に有利な取り計らいを受けたいとの意図の下で供与された。
3. 被告人Aおよび同Cは、被告会社の代表取締役専務・営業本部長として被告会社の業務全般を統括していた者ほか数名と共謀の上、被告会社の業務に関し、2006年8月に、前記管理局事務所において、S局長に現金22万ドルを供与した。これは、S局長との約束を実行して前記各契約の履行を確保するとともに、前記コンサルティング第1期契約の第3回追加変更契約を早期かつ有利な条件で締結するなど、今後被告会社に有利な取り計らいを受けたいとの意図の下で供与された。
4. わが国の刑法上の贈賄罪は、国内の公務員（みなし公務員を含む）に対する贈賄がその処罰対象となるが、被告人等による上記の行為はわが国のどのような法令に抵触するか。また被告会社は法的責任を問われるか。

【論点の解説】

1. 外国公務員に対する贈賄と行為者の処罰（論点①）

> 主要論点1：不正競争防止法18条1項は、「何人も、外国公務員等に対し、国際的な商取引に関して営業上の不正の利益を得るために、その外国公務員等に、その職務に関する行為をさせもしくはさせないこと、またはその地位を利用して他の外国公務員等にその職務に関する行為をさせもしくはさせないようにあっせんをさせることを目的として、金銭その他の利益を供与し、またはその申込みもしくは約束をしてはならない」と規定する。これはOECD（経済協力開発機構）が1997年に採択した「国際商取引における外国公務員に対する贈賄の防止に関する条約」に基づく義務を、わが国が国内で履行するための規定である。

上記不正競争防止法は、外国公務員等に対する不正の利益の供与等を禁止することによって国際商取引における企業の公正な競争を確保し、国際商取引の健全な発展を促進しようという国際的な取組みに協調する形で制定された規定である。本贈与禁止規定の違反の際の罰則として、同法21条2項は、違反行為者について5年以下の懲役もしくは500万円以下の罰金に処し、または併科すると規定している。本贈賄禁止規定のわが国における執行事例として、福岡市の電気工事会社によるフィリピンの公務員に対する贈賄事件を挙げることができるが、この事件では、同社社員2名に、それぞれ罰金50万円・20万円の略式命令が下された[25]。本件（判例No.57）は外国公務員に対する贈賄事件としては、わが国で初めて公判請求された事件である[26]。

2. 外国公務員への贈賄と法人罰（論点②）

> 主要論点2：不正競争防止法22条1項は、法人の代表者やその代理人、使用人その他の従業員が、当該法人の業務に関し、本贈与禁止規定に違反したときは、その行為者を罰するほか、当該法人に対して3億円以下の罰金刑を科すと規定している。

わが国において上記のような両罰規定の法的性質は、過失推定説に基づき理解されている[27]。したがって、「違反行為者が従業員である場合は、代表者等の法人の機関の監督義務違反が法人の過失として監督責任が認められ、それゆえ、無過失免責の可能性が認められるが、違反行為者が法人の代表者等の機関である場合には、機関の故意・過失責任がそのまま法人の行為責任となり、免責の余地はないとするものであろう」[28] と考えられる。

本件において、「被告会社においてコンサルティング契約の受注等に際して外国公務員に現金を供与することが常態化していた中で、被告会社幹部の了承の下、外国公務員との連絡・交渉役、現金の準備・運搬役、現金の渡し役、経理の偽装役等の役割を分担するなど、巧妙に、組織的かつ計画的に行われたものであ

---

25) 福岡簡裁命令平成19年3月16日（未掲載）。
26) 本贈賄禁止規定に関連して不正競争防止法21条6項（刑法3条に基づく属人主義）および同22条1項がはじめて適用された事例でもある。
27) 最判昭和40年3月26日（判タ175号150頁）。
28) 西田典之「両罰規定と法人の過失」（別冊ジュリストNo.166）8-9頁。

る」と判決に述べられているように、被告会社の幹部の関与が認められることから、被告会社が無過失免責を主張したとしても、それが裁判所に認められる余地はなかったであろう。結局、裁判所は、①被告会社が国際協力銀行から24か月の円借款事業に関する受注失格処分を受けていること、②被告会社が社会的信用を失い海外事業からの撤退を余儀なくされるなど相当の社会的制裁を受けていること、③被告会社は法的・社会的責任を果たした後に清算に向けた手続きに入る予定であること、および、④被告会社は、これまでアジア諸国の開発援助に長年の貢献をしてきたこと等の事情を総合的に勘案して、被告会社に7,000万円の罰金刑を言い渡した。

【企業法務の視点】

　国際会計事務所がグローバル企業を対象に、贈賄などの不正行為リスク対応について調査を実施した結果、新興国への投資や途上国での代理店など、不正リスクへの対応はいまだ不十分であることが判明している[29]。贈賄事件は一度発生すると巨大な損害を生じかねないことから、既存のコンプライアンス・プログラムを見直しグローバル・コンプライアンス・プログラムを再構築することが必要である。その際に、イギリスの2010年 Anti-Bribery Act の下では、外国公務員等に対する贈賄等の禁止行為に法人の代表者や従業員が違反した場合の法人罰規定であるが、本条に関連して法人が適切なコンプライアンス措置を講じていることを立証した場合は、法人による抗弁が可能であり、政府により公表されたガイダンスに従ってコンプライアンス体制を制定・実施することが推奨されている点や、アメリカの海外腐敗行為防止法（Foreign Corrupt Practices Act）に違反した場合の法人罰の減刑に関しては、連邦量刑ガイドラインが参照されるが、この基準を満たすコンプライアンス・倫理プログラムの遵守によって一定の減刑が可能となる点などにも留意すべきである。グローバルに企業活動を展開する企業は、こうした諸外国の反腐敗行為法制も念頭においた上で、グローバル・コンプライアンス・プログラムを構築すべきであろう。

---

29) 日経新聞（2013年4月22日）。

【発展課題】

1. 不正競争防止法21条6項は、「第二項第七号（第十八条第一項[30]に係る部分に限る）の罪は、刑法（明治四十年法律第四十五号）第三条の例に従う」と規定している。刑法第3条は属人主義に関する規定であるが、この規定に関連して企業法務として、コンプライアンスの観点から、注意すべきポイントは何か。

2. 一般にファシリテーション・ペイメントとは、通常の行政サービスに係る手続きの円滑化のみを目的とした少額の支払いであり、一部の発展途上国においてはこのような支払いが慣行化している。わが国の不正競争防止法における外国公務員への贈賄禁止規定に照らして、ファシリテーション・ペイメントは許容されるか。

判例 No. 58[31] 【チェックポイント：企業による政治献金はどのような場合に認められるか】

【設問】

1. 株式会社Zは、建設土木業等を目的とする資本金334億円余の株式会社である。
2. Zは、1996年から2000年までの間に、合計9,913万円の政治資金を自民党の政治団体である財団法人国民政治協会に寄付した。
3. Zは、1998年3月期には2,426億円、2001年3月期には5,771億円の特別損失を計上し、1998年3月期には488億円、2001年3月期には1,202億円の欠損が生じている。
4. 被告等は、上記の政治資金が寄附された当時の代表取締役社長および代表取締役副社長である。
5. Zの株主である原告Xは、①政治資金の寄附は公序良俗に違反する、②政治資金の寄附は会社の目的の範囲外の行為である、③政治資金の寄附は公職選挙法199条1項に違反する、④政治資金の寄附は政治資金規正法22条の4第1項に違反する、⑤政治資金の寄附は取締役の善管注意義務に違反すると主張して、株主代表訴訟を提起した。
6. 原告Xの上記主張は認められるか。

---

30) 第18条1項については、論点①参照のこと。
31) 名古屋高判平成18年1月11日（判時1937号143頁）。

【論点の解説】
1. 政治資金の寄附は公序良俗に反するか（論点①）

> 主要論点 1：政治資金の寄附は公序良俗に反するものであるとは認められないが、会社による政治資金の寄附は、憲法が国民に保障する選挙権等の参政権を実質的に侵害することがない範囲（程度および方法）に止められるべきものである。

　本件について、裁判所は、「会社が政治資金を寄附することが国民の政治意思の形成に作用することがあるとしても、会社による政治資金の寄附は、国民個々の選挙権その他の参政権の行使そのものに直接影響を及ぼすものとはいえず、国民主権、国民の選挙権ないし参政権を侵害するものとはいえないから、公序良俗に違反するものということはできないと考える」と述べた。さらに裁判所は、「憲法第3章に定める国民の権利および義務の各条項は、性質上可能な限り、内国の法人（以下、単に「法人」という。）にも適用される」[32]とした上で、「法人がどのような憲法上の権利をどの程度の範囲で享有することができるかは、その権利の性質および当該法人の目的などによることであり、上記各条項の本来的な適用対象である国民と同様の保障を当然に享有するものではない」が、「法人が政治資金の寄附を含む政治活動の自由を有するか否かに関し、憲法には、これを保障する旨の明文の規定はないものの、これを禁じる規定はないし、一般的にこれを禁じる法律もないから、少なくとも、法人が、公職選挙法および政治資金規正法等の法律の範囲で、政治資金の寄附を含む政治活動の自由を有することはこれを否定できないというべきである」と判断した。

　その一方で、「政治資金の寄附を含む政治活動の自由は、その性質上、選挙権および被選挙権等の参政権の行使と密接な関係を有することに照らし、法人に対し、主権者である国民と同様の憲法上の保障をしているものと解することはできず、憲法が主権者である国民に対して保障している参政権等の基本的な人権を侵害しない範囲においてであるというべきである」として裁判所は一定の制限があることを示した。さらに裁判所は、「会社による政治資金の寄附は、憲法が国民に保障する選挙権等の参政権を実質的に侵害することがない範囲（程度および方法）に止められるべきものであり、仮にも会社による政治資金の寄附が無制限と

---
32) 最判昭和 45 年 6 月 24 日。

され、あるいは制限があるものの、その額が著しく巨額であるため、政治と産業界との不正な癒着を恒常的なものとし、かつ、その是正の方途が講じられないまま放置されるなど等により、制度的に、憲法が国民に保障する選挙権等の参政権を実質的に侵害する状態の程度に至っている場合には、国民に対して選挙権等の参政権を保障した憲法の趣旨に反するものとして、違憲、違法な状態となることもあるというべきである」と述べて、政治資金の寄附を含む政治活動の限界を示している。

なお、裁判所は、上記の場合を除いて「会社による政治資金の寄附の程度および方法を具体的にどのような内容のものとするかは、国権の最高機関である国会の立法政策に委ねられている事項であるというべきである」と判断した。

2. 政治資金の寄附は定款の目的内の行為か (論点②)

> 主要論点2：会社における目的の範囲内の行為とは、定款に明示された目的自体に限定されるものではなく、その目的を遂行する上に直接または間接に必要な行為であればすべてこれに包含されるものであり、会社が政党または政党資金団体に政治資金を寄附することも、客観的、抽象的に観察して、会社の社会的役割を果たすためにされたものと認められる限りにおいては、会社の定款所定の目的の範囲内の行為というべきである。

裁判所は、「憲法の定める議会制民主主義は、政党の存在を抜きにしては到底その円滑な運用を期待することはできないから、同議会制民主主義の下で存在する会社が政党または政党資金団体に対してする政治資金の寄附は、これを客観的、抽象的に観察すれば、政党の健全な発展に協力する趣旨で行われるものと解されるのであり、政治資金規正法も会社による政治資金の寄附そのものを禁止することなく、一定の限度でこれを許容していることを考慮すると、特段の事情のない限りは、会社がその社会的役割を果たすためにしたものというべきである」と認定した上で、本件政治資金の寄附について、上記特段の事情を認めることはできず、かえって、本件政治資金の寄附は、Zの経済的ないし社会的信用を維持する効果を有する目的もあってされたと判断して、「政治資金の寄附が一般に会社の目的の範囲外の行為であるということはできないし、本件政治資金の寄附をもって、Zという会社の目的の範囲外の行為であるということもできない」と原

告 X の主張を退けた。

3. 政治資金の寄附と取締役の責任（論点③）

> 主要論点 3：取締役は、会社を代表して政治資金の寄附をなすに当たっては、その会社の規模、経営実績その他社会的経済的地位および寄附の相手方など諸般の事情を考慮して、合理的な範囲内において、その金額等を決すべきであり、この範囲を越えて不相応な寄附をした場合には取締役の会社に対する善管注意義務違反となる。

　本件について、裁判所は、認定事実をもとに、「本件政治資金の寄附がされた 1996 年ないし 2000 年当時、Z の資本の額は 820 億 8,500 万円であり、その売上高も、いわゆるバブル経済崩壊後の厳しい経済環境にありながら、約 8,000 億円ないし 1 兆円にも達し、建設業界の中でもその企業規模や経営実績は上位に位置するものであったといえるのに対し、本件政治資金の寄附額は 1 年間当たり約 1,200 万円ないし 2,800 万円程度と政治資金規正法 21 条の 3 第 2 項による制限額と比較してかなり低額にとどまっている」と認定している。さらに、「上記経済環境のもとで、Z の資産、経営等につき種々の改善の必要性があったとしても、同社による寄附額は年々減額されており、特に 1996 年時と 2000 年時を比較すれば、半額以下にまで減額されていること」も斟酌した上で、「Z は、建設業界の統一的な産業団体である日建連の法人会員であり、本件政治資金の寄附の中に日建連の要請を受けてなされたものがあるとしても、上記要請に応ずることが相当でないとはいえないこと、本件政治資金の寄附の相手方である国民政治協会は、もとより適法な組織団体であり、その寄附を受ける適格性に何ら問題はないこと等の事情に照らすと、本件政治資金の寄附は合理的な範囲内にあるというべきであり、不相応な寄附とまではいえない」と判断して 1 審被告らに取締役の善管注意義務違反があったということはできないと判示した。

【企業法務の視点】

　企業法務は、政治資金規正法による法規制、すなわち、①政党と政治資金団体以外への寄附の禁止、②会社の資本金または出資金額の区分に基づく寄附総額の上限制限、③国から補助金や資本金等を受けている会社等の政治献金の禁止、④ 3

事業年度以上継続して欠損を生じている会社の政治献金の禁止、⑤外国法人による政治寄附の禁止に注意すべきである。政治資金の寄附の具体的内容について、企業には広範な裁量が認められているが、それらが経営判断の範囲内であると主張する最低限の前提として、(a)法令違反がないこと、(b)会社の利益のための判断であること、(c)判断の前提となった事実に見落しや誤りがないこと、(d)判断内容・判断に至る過程に合理性が認められること等が要求される。

【発展問題】
1. 国または自治体と工事等の請負契約等を締結しているなど、特別の利益を伴う契約当事者である企業による政治献金は許容されるか。
2. 政治献金に認められる企業の裁量は、企業の一般的な業務運営に関連する経営判断よりも狭いと考えられているが、その理由は何か。

第3節　資本市場と投資家の保護[33]

【はじめに】

　本節においては、資本市場や投資家に対する企業の責任が問われる事例として、有価証券報告書等の虚偽記載の問題、架空取引やデリバティブによる損失の問題、およびインサイダー取引の管理体制の課題を取り上げる。投資家は企業の重要なステークホルダーであり、一般の投資家は、資本市場を通じて企業に投資するが、その投資判断に際して有価証券報告書の記載は重要な判断基準となるため、万一有価証券報告書に虚偽記載が生じた場合は、その記載内容を信頼して取引を行った投資家に対する民事責任のみならず金融商品取引法上の刑事・行政責任を生じる可能性がある。また、インサイダー取引は、資本市場の公正な機能や健全性を阻害する行為であり、厳しく罰せられるべきであるが、対象企業についてもインサイダー情報の管理や役職員によるインサイダー取引の管理体制の不備について法的責任を問われる場合がある。

---

33) 金融商品取引法関連の参考文献として、近藤　光男・吉原　和志・黒沼　悦郎『金融商品取引法入門〔第3版〕』（商事法務、2013）。内部統制に関連する参考文献として、中村直人『判例に見る会社法の内部統制の水準』（商事法務、2011）。

金融商品取引法違反事件の摘発は、金融庁に設置されている証券取引等監視委員会が大きな役割を担っている。同委員会には、臨検・捜索・差押えをする強制調査権が与えられており、企業法務は係る非常事態への対応も想定しおくべきであろう。

企業法務には、経営陣を支援しつつ内部統制の環境整備を通じて、資本市場や投資家に対する責任を果たすための管理体制構築について中心的役割を果たすことが期待されている。

判例 No. 59[34] 【チェックポイント：有価証券報告書の虚偽記載に関する取締役の責任は何か】

【設問】

1. 株式会社ライブドアは、1996年、コンピュータネットワークに関するコンサルティング等を目的とする会社として、Yを代表取締役として設立された（2004年に商号変更）。ライブドアの発行する株式は、2000年に東証マザーズ市場に上場された。
2. Yは、1996年のライブドアの設立以来、同社の代表取締役社長の地位にあり、最高経営責任者（CEO）の肩書きも有していた。
3. ライブドアは、2003年11月、携帯電話の販売等を業とするKコミュニケーションズ株式会社（以下、「K会社」という）との間で、K会社を完全子会社、株式交換日を2004年3月とする株式交換契約を締結した。また、ライブドアは、2003年12月、インターネットを利用した金融仲介サービス等を業とするWドットコム株式会社（以下、「W会社」という）との間で、W会社を完全子会社、株式交換日を2004年3月とする株式交換契約を締結した。
4. ライブドアのファイナンス子会社であるライブドアファイナンスを一般組合員とし、以前同社の代表取締役であったHがその後代表取締役を務めた株式会社HSインベストメントを業務執行組合員として組成された民法上の組合であるM&Aチャレンジャー1号投資事業組合（以下、「チャレンジャー1号」という）は、K会社およびW会社の各株主らが、株式交換により保有したライブドア株式を買い受けた。また、チャレンジャー1号は、2003年11月、Yらの保有に係るライブドア株式5,000株を借り受けた。
5. Yからの貸株の売却等：チャレンジャー1号は、2003年11月、一般組合員をチャレンジャー1号、業務執行組合員を株式会社Vリンク（以下、「VL」と

---

34) 東京地判平成21年7月9日（判タ1338号156頁）。

いう。）として組成された民法上の組合であるVLMA1号投資事業組合（以下、「VLMA1号」という）に、Yから借り受けたライブドア株式5,000株を現物出資した。Yからの上記貸株は、同年12月に順次売却され、その売却益の分配金は、VLMA1号からチャレンジャー1号を経由して、ライブドアファイナンスに送金された。

6. チャレンジャー1号は、2004年3月、業務執行組合員をVL、一般組合員をチャレンジャー1号として組成された民法上の組合であるVLMA2号投資事業組合（以下、「VLMA2号」という）に対し、K会社およびW会社の株主から買受けたライブドア株式を現物出資した。VLMA2号に現物出資された、K会社およびW会社との株式交換で発行されたライブドア株式は、2004年3月および同6月に順次売却された。上記売却益の分配金は、VLMA2号からチャレンジャー1号、業務執行組合員をライブドアファイナンス、一般組合員を被告ライブドアとして組成された民法上の組合であるEFC投資事業組合（以下、「EFC組合」という）を経由して、ライブドアファイナンスに送金された。

7. 本件ライブドア株式売却益の被告ライブドアによる連結売上計上：ライブドアファイナンスは、2004年9月期において、VLMA1号およびVLMA2号によるライブドア株式の売却益の分配金について、合計37億円の売上計上をし、当該売上げについては、2004年9月期のライブドアの連結損益計算書において、連結売上げとして計上された。

8. 本件ライブドア株式売却益37億円をライブドアの連結売上げに計上することは認められるか。また、それが認められないとすれば、すでに有価証券報告書に掲載した連結損益計算書において計上された連結売上げは、金融商品取引法の下での有価証券報告書の虚偽記載に該当するか。また、虚偽記載に該当する場合に、取締役はどのような責任を負うか。

【論点の解説】
1. 投資事業組合はライブドアの連結子会社に該当するか（論点①）

> 主要論点1：本件の各投資事業組合は、脱法目的・法の脱法・会計処理の潜脱目的をもって組成されたものであり、単にライブドアファイナンスが投資事業組合の名義を借りて行ったものにすぎず、実質的にはライブドアファイナンスがライブドア株式を売却したものと認めるべきであり、会計処理上、子会社であるライブドアファイナンスが親会社株式であるライブドア株式を売却した利益を、親会社である被告ライブドアの連結損益計算書の連結売上げに計上することは許されない。

本件において裁判所は、上記論点について次のように述べている。

> 各投資事業組合（チャレンジャー１号、VLMA1号、VLMA2号およびEFC組合。以下、一括して「本件各組合」ともいう。）は、（中略）いずれも、被告ライブドアがライブドア株式の売却によってK会社およびW会社の買収資金を調達し、更にその売却益を連結売上げに計上するに当たり、被告ライブドアの子会社であるライブドアファイナンスが直接ライブドア株式を取得、売却することについてのインサイダー取引規制、子会社による親会社株式の取得規制を回避し（脱法目的）、ライブドア株式売却益を被告ライブドアの連結決算で売上計上するという会計処理の潜脱目的を達成するために組成されたものである。また、本件各組合には、ライブドアファイナンスから独立した事業体としての実態もなかった。

このような脱法目的で組成された本件各組合を利用して行われたライブドア株式の売却は、裁判所によれば、「単にライブドアファイナンスが投資事業組合の名義を借りて行ったものにすぎず、実質的にはライブドアファイナンスがライブドア株式を売却したものと認めるべきであり、会計処理上、子会社であるライブドアファイナンスが親会社株式であるライブドア株式を売却した利益を、親会社である被告ライブドアの連結損益計算書の（連結）売上げに計上することは許されないというべきである」との結論が導かれることになる。

2. 有価証券報告書の虚偽記載と取締役の責任（論点②）

> 主要論点２：ライブドア株式会社が有価証券報告書に掲載した連結損益計算書に、連結経常損失が５億円余り発生しているにもかかわらず、売上計上が認められない株式売却益37億円余りを連結売上高に含め、連結経常利益を水増しして計上し、重要事項虚偽報告書を信頼して株式を購入した一般投資家が損害を被った場合、代表取締役および取締役らが、その重要な事項について虚偽記載がないように配慮すべき義務を怠ったとして、不法行為による損害賠償責任が認められる。

本件において裁判所は、代表取締役Ｙの責任とライブドアの責任とを区別し

て議論している。まず、Yの責任についてであるが、裁判所は、Yは「本件有価証券報告書が、連結売上計上の許されないライブドア株式売却益を売上げに計上（中略）している連結損益計算書を掲載した内容虚偽のものであることを当然認識、了承していたのであるから、本件有価証券報告書の提出について、ライブドア株式等を取得した原告らに対し、民法709条に基づき、不法行為責任を負う」と判断した。また、裁判所は、旧商法266条ノ3第2項は、有価証券報告書に虚偽記載がある場合にも適用されるべきであるから、被告Yは、本件有価証券報告書の虚偽記載について、ライブドア株式等を取得した原告らに対し、同項の責任を負うと判断している。上記の根拠となる事実について、裁判所は以下のとおり認定している。

　　被告Yは、K会社およびW会社との株式交換を利用したライブドア株式の売却は、投資事業組合名義でされているものの、実質的にはライブドアファイナンスが売却しているものと認識し、その売却益について連結売上げへの計上が許されないものであることを認識していた。そのことは、被告Yが、〈1〉2003年10月ころ、ライブドアファイナンスの定例会議で、K会社スキームについての説明を受けていたこと、〈2〉同年10月下旬ころ、Hから、ライブドアファイナンスでは直接ライブドア株式を売却せず、同社が組成する投資事業組合が売却するという変更後のK会社スキームの説明を受けて、ライブドア株式の売却益を2004年9月期の被告ライブドアの連結予算に載せるように指示したこと、〈3〉2003年11月、被告ライブドアの平成16年9月期の予算案について、K会社の株式交換スキームによる売上高約20億円および粗利益約12億円を見込んでいる旨の報告を担当者から電子メール（以下、単に「メール」という）で受けて了承したこと、〈4〉2003年12月ころ、W会社との株式交換をK会社スキームと同様のスキームで行うことの報告を受けて了承したこと、〈5〉2003年12月中旬ころ、Bにライブドア株式の売却状況を尋ね、Bが被告Y_2からの貸株分の売却額を約10億円と答えると、利益が出たことを喜んでいたこと、〈6〉2004年3月上旬ころ、Bから、「監査を通しやすくするためにチャレンジャー1号とライブドアファイナンスの間にもう一つファンドを介在させた方がよいと言われた」旨の報

告を受けて了承したこと、〈7〉そのころ、VLMA1号とは別の投資事業組合を組成してライブドア株式を売却する旨の報告を受けて了承していたこと等の事実から明らかである。

次にライブドアの責任であるが、裁判所は、同社が、本件有価証券報告書の提出について、ライブドア株式を取得した原告らに対し、旧証取法21条の2に基づく責任を負うとし、さらに本件有価証券報告書の提出について、同社は代表者であった被告Yの上記不法行為に基づき、ライブドア株式等を取得した原告らに対し、同一の責任を負う（会社法350条）ほか、それ自体、不法行為責任を負う（民法709条）と同社の責任を認めた。

【企業法務の視点】
　本件は、明白に違法行為とはいえないとしても、法の趣旨や目的に照らして問題が残る部分（いわゆるグレーゾーン）について、経営陣が強硬手段に出た場合に、企業法務がどのように臨むべきかについて重要な示唆を与えている（商事法務 No.1933、50頁、2011参照）。例えば、経営陣が掲げた、利益・売上目標を達成するために、グレーゾーンであれば、法の趣旨から逸脱することが明白であっても実行した場合に、どのような結果がもたらされるであろうか。
　立法の不備は常に存在するが、企業がそのような盲点をついて行動するについては、立法趣旨を真摯に解釈した上で、企業の長期的な利益と社会的責任とを考慮して判断すべきである。企業法務の側も、法的グレーゾーンであるといった曖昧な見解を経営陣に提示してしまうと、何としてでも目標を達成したい経営陣に対して、グレーゾーンであることがあたかも適法であるといった誤解を与えてしまうかもしれない。したがって、企業法務はリスクの高いグレーゾーンを見極め、それらについては外部弁護士の見解を取得する等を通じて、法的問題やリスクの所在を経営者に対して明確にすることによって、誤った解釈が一人歩きすることがないよう注意すべきであろう。

【発展課題】

1. 本件において、被告ライブドアの取締役に就任して財務責任者となり、最高財務責任者（CFO）の肩書きも有している者が、被告の連結経常利益予想値50億円を達成するため、架空売上げを計上して、その達成を社内に指示した。この場合、上記のCFOは、投資家が被った損失について損害賠償の責任を負担するか。また、この者は刑事責任を負担するか。
2. 本件において、ライブドアの監査役は弁護士の資格を有する者であったが、連結財務諸表について、会計不正の有無を確認するための何らの措置も講じなかった。また、監査法人は、粉飾決算の疑いを抱きながらも無限定適正意見を付した監査報告書を作成した。これら監査役および監査法人は損害を被った投資家に対して法的責任を負担するか。

判例 No. 60[35]　【チェックポイント：帳合商内のリスクは何か】

【設問】

1. 原告X社は、2006年頃から2007年にかけて、ネットワーク機器等の製造業者であるA社からネットワーク機器等（以下、「本商品」という）を継続的に購入し、被告Y社に34億余円で販売した。なお、X社は電子計算機ならびにその関連装置の研究、開発、製造、販売、工事および保守等を業とする株式会社であり、東証一部上場会社の子会社である。
2. 被告Y社は、コンピューターソフトウェアの開発、販売、賃貸およびリース等を業とする株式会社であり、コンピュータ、同周辺機器、情報通信機器および事務用機器の販売、賃貸、リースならびに保守サービス等を業とする東証二部上場のB社の100％子会社である。Y社の代表取締役（同時にB社の取締役を兼務していた）は、X社に対して、本商品はY社の顧客である全国の会計事務所がエンドユーザーであると偽って、X社との取引を行ったものであるが、実際にはY社はこれを別途A社に販売するいわゆる「循環取引」であった。また、Y社は本件取引の他にもA社を売却先とする大量の循環取引を行っていた。
3. Y社は2007年4月にX社に対して本商品の引渡しを催告したが、いずれの目的物も引き渡されなかったことから、同年6月に本件売買契約を解除する旨の意思表示を内容証明郵便で行った。
4. 他方、2007年5月にA社は破産手続開始を裁判所に申し立て、その翌月に

---

35) 東京地判平成23年11月30日（金判1385号50頁）。

第5章 法令遵守（コンプライアンス） *375*

は裁判所が破産手続開始を決定した。当時 Y 社は X 社に対して上記売買契約に基づく本商品代金債務（約 34 億余円）が未払いであった。
5. その後 X 社は Y 社に債務の履行（代金の支払い）を請求したが、Y 社がこれに応じなかったため、X 社は Y 社を相手取って本商品代金の支払請求訴訟を提起した。X 社の請求は裁判所によって認められるか。

【論点の解説】
1. 循環取引の認定（論点①）

> 主要論点 1：循環取引は、複数の企業・当事者が互いに通謀し（ただし循環取引であることを知らずに一部の企業が関与する事例も散見される）、商品の転売やサービスの受発注を繰り返すことで、一般的にはある当事者の資金繰りを助ける目的や、高い利ざやを稼ぐ目的、もしくは架空の売上高を計上するために活用されるが各当事者の思惑は必ずしも同一ではないことが多い。

　裁判所は、本件取引を詳細に調査の上、商品の最初の売主である A 社が同一商品の最後の買主であった事実から本件取引が循環取引であったことは明かであると判断した。ちなみに A 社は 2000 年頃から商品の実在しない伝票だけの取引を行っており、その取引のほとんどが商品の現実の受渡しのないものであった。X 社から Y 社に商品の現実の引渡しがされたことはなく、商品が流通した形跡が証拠上認められないことからすれば、本件取引はいずれも架空循環取引であったと認めるのが相当であると裁判所は認定している。

2. X 社および Y 社の認識について（論点②）

> 主要論点 2：通常の売買取引において、売主がその販売先の資力等につき調査を行い、もし多額の取引であれば、直接の販売先以降の商品の流通先や商品のエンドユーザーを確認して売掛債権の確保に努めるのが通例である。また、商品の受渡しについても、購入先による出荷確認や転売先の貨物受領確認など、その確認を行うのが通例であり、取引額が多額であるにもかかわらず、そのような確認を怠った場合は、架空循環取引であることを認識していたと推認される。

　本件において、Y 社は架空循環取引ではないと認識していた旨を主張したが、裁判所は、次のように述べて Y 社は架空循環取引であることを認識していたと

推認した。

　　Y社は2002年11月以降、2007年3月頃までの間、本件と同種の取引を間断なく繰り返している（最低でも約212億円、最高で約477億円程度の取引でありその半分程度は販売先がA社であった）。他方、2008年3月31日時点でのY社の資産が約3億円であり、Y社の2003年4月から2007年3月までの各事業年度の収入高からすれば、上記取引総額は、Y社の企業の規模に比して非常に多額であるといえる。そうすると、Y社にとっては、販売先から代金を回収できるかどうかが重要な問題であると解されるところ、A社の資力等につき具体的な調査を行ったことを認めるに足りず、上記のとおり非常に多額の取引を行う当事者の態度として不自然である。また、Y社は直接の販売先以降の商品の流通先や商品のエンドユーザーを確認していない。確かに法律上確認義務はないものの、A社以降の商品の流通は、Y社が代金を回収することができるかどうかに直接関わる問題であるから、Y社が販売先以降の取引につき全く認識しておらず、調査も一切しなかったことは不自然である。さらに、本件取引がX社からY社の販売先へと商品が直送される取引であると主張しながら、届け先をY社とする物品受領書（兼）検収通知書を発行していること、Y社が、その販売先であるはずのA社から商品を受領した旨の記載のある物品受領書の受領印欄に記名、押印していることに加え、Y社は、その販売先から代金を回収した後に、仕入先に代金を支払うこととしており、Y社が支払サイドのリスクを負わない仕組みとなっていること、および上記のとおり本件取引におけるY社の取引総額が会社の規模に比して非常に多額であることからすれば、Y社は、架空循環取引であることを認識していたと推認するのが相当である。

　他方、X社について、裁判所は、「本件取引がY社の顧客である会計事務所向けの取引であることを前提として、取引を行っていたものと認めるのが相当であり、本件取引が架空循環取引であることを認識していたとまで認めることはできない」と判断した。

3. Y社の売買代金支払義務（論点③）

> 主要論点3：架空循環取引であると認識していた当事者（Y社）は、架空循環取引であると認識せずに取引に介入してしまった当事者（X社）に対して、X社による商品の納入が先履行であると主張すること、商品の納入がないことを理由として債務不履行に基づく解除を主張すること、商品が実在しないとして原始的不能による無効を主張することは、いずれも信義則上許されない。また、Y社は本件取引が架空循環取引であることを認識し、他方X社がその認識があったとまで認めることができない以上、錯誤無効、詐欺による取消し、瑕疵担保責任の法理の適用ないし類推適用および権利濫用というY社の主張はいずれも採用することができない。

　裁判所は、上記のとおり、Y社は本件取引がいずれもA社が関与した架空循環取引であると認識していたと認定したため、Y社は、現実には商品が流通しないことを認識しながら、X社に対し、商品を注文したものであると断じた。その一方で、X社においては、本件取引が架空循環取引であることの認識があったと認めることはできないと裁判所は判断し、上記論点③に記載した理由から、Y社は、原告に対し本件売買契約の代金の支払義務を負うと判断した。

【企業法務の視点】

　典型的な商社取引ともいえる介入取引（帳合取引）は、商社金融の有用な手法の1つであり、また同取引は売主および転売先に対する信用賦与機能を果たすことから重要な取引形態の1つである。しかし、介入企業にとって、介入商内における商品の受渡しがあまり重要な意味を持たないことから、この盲点を悪用して、架空売上げを計上するために、または危急の資金需要に対応すべく架空商内が組成され、これが商社や卸売業者以外の業者も巻き込んで広く行われ、財務粉飾よりも精緻・巧妙化しているともいわれている。

　架空商内は、内部統制を充実させることにより一定の防止効果が期待され、さらにコンプライアンスの通報ルートを確保することによって早期発見の可能性が高まる。企業法務には、会社が循環取引に巻き込まれないための予防に努めると共に、万一循環取引に巻き込まれてしまった場合の債権回収の両面について対応が要求される。なお、予防築としては、論点②に記載された商取引の基本ともい

える、予信管理・債権確保・受渡確認などのチェックから外れるような異例な取引については、社内システム上何らかの歯止めのかかる社内体制を確立しておく必要があろう。

【発展問題】

1. 上場会社の代表取締役Xは、売上高の前倒し計上を行いつつ、上場後は、売上高の伸びが必要と考え、いわゆる循環取引による架空売上高を計上し、さらに実際に発生した原価をたな卸資産に付け替え、架空資産の計上の粉飾を行った。Xの上記行為に対して金融商品取引法上どのような罰則が適用されるか。
2. 架空の循環取引により売上げを架空計上していた会社の株式を購入した者は、誰に対して、またどの範囲で損害賠償を請求することが可能か[36]。

判例 No. 61[37] 【チェックポイント：「公正な会計慣行」は内部統制システムと関連するか】

【設問】

1. 銀行Xは、同行の関連ノンバンク等に対する貸出金の資産査定に関する決算処理について、資産査定通達等によって補充される改正後の決算経理基準によらず、従来の基準（いわゆる税法基準）により行った。
2. 同行は、1998年3月期に係る有価証券報告書の提出および配当に関する決算処理につき、これまで「公正ナル会計慣行」として行われていた上記の税法基準の考え方によって決算処理した。なお、従来の基準を排除して厳格に改正後の基準に従うべきことが通達上必ずしも明確でなかった。
3. 金融商品取引法は、「公正妥当な会計慣行」に基づいて決算処理を行うことを義務づけており、これに違反した場合は、虚偽記載有価証券報告書提出罪（金融商品取引法207条の罰金刑を定める）に問われる可能性があるが、上記のとおり、関連ノンバンク等に対する貸出金の資産査定が改正後の決算経理基準によらず、従来の基準（いわゆる税法基準）により行われた場合につき、当該貸出金の償却・引当てを行わない当該決算処理は「公正ナル会計慣行」に反する違法なものといえるか。

---

36) 東京地判平成23年6月2日（判タ1364号200頁）。
37) 最判平成20年7月18日（判時2019号10頁、判タ1280号126頁）。

【論点の解説】
1. 貸倒償却・引当て計上の基準

> 主要論点：2002年改正前の商法285条ノ4第1項および第2項（現会社計算規則5条1項・4項に相当する）は、株式会社の貸借対照表に計上される債権の額については、債権額を付することを原則としつつ、金銭債権について取立て不能のおそれのあるときは、取り立てることができない見込額を控除することを求めていたが、どのような場合に貸倒償却・引当てをするべきかは、商法や関係省令に定めはなく、同商法32条2項に定めるとおり、「公正ナル会計慣行ヲ斟酌」することになっていた。

　本判決は、2005年改正前の会計包括規定である商法32条2項の解釈について、最高裁判所が論じた最初の判決であり、現在の会社法431条の解釈にも適用されることになる。本判決は、被告等の刑事責任を問うものであるが、最高裁判所は、控訴審の判決を覆し、以下のとおり、新経理基準について、大枠の指針を示す定性的なもので、その具体的適用は必ずしも明確になっていなかったことから、事件当時、旧経理基準の考え方によって貸出金についての資産査定を行うことをもって直ちに違法であったということはできないと判断した。

　　資産査定通達等によって補充される改正後の決算経理基準は、特に関連ノンバンク等に対する貸出金についての資産査定に関しては、新たな基準として直ちに適用するには、明確性に乏しかったと認められる上、本件当時、関連ノンバンク等に対する貸出金についての資産査定に関し、従来のいわゆる税法基準の考え方による処理を排除して厳格に前記改正後の決算経理基準に従うべきことも必ずしも明確であったとはいえず、過渡的な状況にあったといえ、そのような状況のもとでは、これまで「公正ナル会計慣行」として行われていた税法基準の考え方によって関連ノンバンク等に対する貸出金についての資産査定を行うことをもって、これが資産査定通達等の示す方向性から逸脱するものであったとしても、直ちに違法であったということはできない。

　なお、本事件の補足意見においては、同行の貸付金の評価について旧基準に

よる場合には、同銀行の決算は、実態と大きく乖離し、企業会計の開示制度の観点から見れば、大きな問題があったことは明らかであるとの問題が指摘されている。

【企業法務の視点】

　本判決では、関連ノンバンクに対する不良貸付けが問題にされているが、同貸付けは広範囲に及んでいる。1998年3月末の時点で、日本リース（長銀ノンバンク）に5,278億円、イ・アイ・イに2,615億円、そごうには2,044億円であった。銀行のステークホルダーとの関係においては、返済と回収の見込みのない借入れ・貸付けを財務諸表に正しく反映することこそが実質的な論点であったことを考慮すると、本判決の結論については疑問が残る。ただし、本判決は、資産査定通達等によって補充された決算経理基準が唯一の基準であるという考え方を排除したにすぎず、また本件は刑事事件であることにも留意しなければならない。

　企業法務にとって重要なポイントは、内部統制システムの不備と公正な会計慣行についての違反問題との密接な関連性であり、内部統制システムの不備が公正な会計慣行違反を誘発する事例は決して少なくないことを念頭において、内部統制システムの構築に努めることの重要性を認識すべきである。

【発展問題】

1. 本件の銀行の貸倒引当金計上額は、改正前の決算経理基準に基づくものであり、改正された決算経理基準に満たないものであった。もし改正後の決算経理基準によれば当該決算期において期間損失が生じていた場合、この配当決議を行った取締役はどのような責任を負うか[38]。
2. 行政機関内の運用方針の示達にすぎない「通達」が会計包括規定を通じて実質的に法規範化する場合、どのような問題が議論されるべきか。

---

38) 東京高判平成18年11月29日。

判例 No. 62[39]　【チェックポイント：デリバティブ取引等のリスク管理体制はどのようにすべきか】

【設問】

1. 被告Y社は、乳酸菌飲料等の製造販売を主たる業とする会社である。余裕資金の効率的運用を図る目的でデリバティブ取引を行ったが、当該取引に際し担当取締役は内部規則に違反した取引を行っていた（想定元本の限度額規制に反した取引が存在した）。このデリバティブ取引の結果、Y社に533億円余の損失が発生した。ちなみに、個々のデリバティブ取引で負うリスクは、最大でも50億円を超えないものと評価されるが、同社の総資産額は2,000億円超であった。
2. Y社の株主のX等は、乳酸菌飲料等の製造販売を主たる業とする同社が、余裕資金の効率的運用を図る目的でデリバティブ取引を行ったことは、定款外の行為であり、また同社から課された想定元本の限度額規制に反してデリバティブ取引を行った取締役およびその他の取締役・監査役について、善管注意義務違反があるとして株主代表訴訟を提起した。
3. ①同社がデリバティブ取引を行うことは、定款外の行為であるか、②社内規定違反を含め、取締役の善管注意義務違反は認められるか、③同社のリスク管理体制の構築について、取締役の善管注意義務違反が認められるか。

【論点の解説】

1. 定款の目的との関係および重要な財産の処分などの該当性（論点①）

> 主要論点1：余裕資金の運用のためにデリバティブ取引を行うことは、定款の目的の範囲内の行為である。また重要な財産の処分にも当たらない。

　裁判所は、乳酸菌飲料等の製造販売を主たる業とする会社が、余裕資金の効率的運用を図る目的でデリバティブ取引を行ったことは、定款に定める「前各号に附帯関連する一切の事業」に該当するものであり、定款の目的の範囲内の行為であると判断した。また、個々のデリバティブ取引で負うリスクは、最大でも50億円を超えないものと評価され、同社の総資産額（2,000億円超）と比較すると、それをもって直ちに「重要」とか「多額」に当たるとはいえないことから、取締

---

[39] 東京高判平成20年5月21日（判タ1281号274頁）。なお、最高裁決定平成22年12月3日（資料版商事法務323号11頁）により上告は棄却された。

役のした個々のデリバティブ取引が、「重要ナル財産ノ処分」、「多額ノ借財」ないしは「重要ナル業務執行」（会社法第362条4項参照）に当たると解することはできないと判断した。

2. 社内規定違反の有無と取締役の善管注意義務（論点②）

> 主要論点2：想定元本の限度額規制に反して取引を行った取締役には善管注意義務違反が認められる。

　裁判所は、会社から課された想定元本の限度額規制に反してデリバティブ取引を行った取締役について善管注意義務違反があるとしてその責任を認定した。
　しかし、当該取締役以外の取締役ないしは監査役については、担当取締役の想定元本の限度額規制に反したデリバティブ取引を発見できなかったことをもって、善管注意義務違反があったとはいえないと判断した。そして、当該担当取締役に対して会社に対する67億円余りの損害賠償を命ずる限度で請求を一部認容した第1審判決を相当として、控訴を棄却した。

3. リスク管理体制の有無と善管注意義務（論点③）

> 主要論点3：デリバティブ取引当時における知見を前提とすると、相応のリスク管理体制の構築はされており、相定元本の限度額規制に違反した取締役を除くその他の取締役の責任は認められない。

　裁判所は、デリバティブ取引などの危険性の高い取引により多額の損失を被った場合であっても、当時のデリバティブ取引についての知見を前提にすると、会社のリスク管理体制に関して、著しく不合理でなければ、特に優れたものである必要はなく、他社に遅れをとらない程度のリスク管理体制が確立されていればよいとして、本件においても、相応のリスク管理体制が構築されていたとして、上記の規制に違反した取締役を除くその他の取締役等の善管注意義務違反はなかったと判断した。

【企業法務の視点】

　デリバティブとは、金融商品の1つであり、債券や証券、実物商品や諸権利などの取扱いを行う業者が、実物の将来にわたる価格変動を回避（ヘッジ）するために行う契約の一種である。デリバティブは、レバレッジ効果を有するため、たびたび投機的な運用資産として多額の損失を生じ、社会的な問題となっている。英国のベアリングス銀行のトレーダーによる大規模な株式先物投機の失敗や米国のカリフォルニア州オレンジ郡の資産運用の失敗による破産事件など、デリバティブの運用の失敗に関連する事件は後を絶たない。現在では、多くの会社でデリバティブへの投資に対して、リスクをモニタリングする仕組みが導入されており、銀行に対しては、BIS規制や金融検査マニュアル等で、そのデリバティブの運用に対する管理体制整備が求められている。

　本判決において裁判所は、デリバティブ取引など危険性の高い取引を行おうとする場合でも、そのリスク管理体制は、著しく不合理でなければ、特に優れたものである必要はなく、他社に遅れをとらない程度の体制が確立されていればよいという判断を示した。ここでは取締役に対する善管注意義務違反の責任を容易に認めないという裁判所の姿勢がうかがえる。他方で、企業法務が目指すべきリスク管理体制は、他社との比較で善し悪しが決められるものではなく、実際にリスクの発生を未然に防止できたかどうかが問題とされるので、その会社の規模や業態に適した実効性の高いリスク管理体制の構築に努めなければならない。

　本判決において裁判所は、「会社の業務執行を全般的に統括する責務を負う代表取締役や個別取引報告書を確認し事後チェックの任務を有する経理担当の取締役については、デリバティブ取引が会社の定めたリスク管理の方針、管理体制に沿って実施されているかどうか等を監視する責務を負うものであるが、本件会社ほどの規模の事業会社の役員は、広範な職掌事務を有しており、かつ、必ずしも金融取引の専門家でもないのであるから、自らが、個別取引の詳細を一から精査することまでは求められておらず、下部組織等（資金運用チーム・監査室）が適正に職務を遂行していることを前提とし、そこから挙がってくる報告に明らかに不備、不足があり、これに依拠することに躊躇を覚えるというような特段の事情のない限り、その報告等を基に調査、確認すれば、その注意義務を尽くしたものというべきである」と述べている。

これは取締役の最低限度の善管注意義務を示すものであるが、上述のとおり、企業法務が関係各部署の協力を得て構築すべきリスク管理体制は、リスクの顕在化を防止するために、必ずしも金融取引の専門家ではない役員であったとしても、組織内の専門部署が綿密にリスクを把握し、それが適宜担当役員に報告されることによって、取引限度額オーバー等のリスクが常時掌握されうる体制であることが求められる。

【発展問題】

1. 会社の業務執行を全般的に統括する責務を負う代表取締役や個別取引報告書を確認し事後チェックの任務を有する経理担当の取締役についての責任は、上記のとおりであるが、その他の取締役の責任の有無を検討するについて、それらが担当取締役の職務執行が適切であると信頼することは会社法上認められるか。
2. 本件において裁判所は、会社が内部統制システムを構築する責任があるとしながらも、その内容については経営判断原則に基づき広範な裁量が認められると判断しているが、もし裁判所が経営者の責任を厳格に解釈し、経営判断原則の適用範囲が狭められた場合は、社会に対してどのような弊害が予想されるか。

判例 No. 63[40] 【チェックポイント：会社はどの程度のインサイダー取引管理体制を構築すべきか】

【設問】

1. Ｎ社は、経済情報を中心とする新聞を発行する会社である。Ｎ社の従業員Ａは、2005年8月頃から約半年間、Ｎ社が管理するコンピュータ内の広告主の法定公告に関する情報を利用してインサイダー取引を行っていたが摘発され、その結果Ａの刑事責任が認定された[41]。
2. これに関連して、Ｎ社の株主である原告等が、2002年3月以降約4年間に在任したＮ社の取締役9名（代表取締役、社長室担当取締役または広告担当取締役）を被告として、被告等には、上記従業員によるインサイダー取引を防止す

---

40) 東京地判平成21年10月22日（判タ1318号199頁）。
41) Ａは、平成18年7月25日、証券取引法違反（インサイダー取引）の罪により逮捕され、同年12月25日、本件インサイダー取引のうち5件の犯罪事実について、懲役2年6か月、執行猶予4年、罰金600万円、追徴金1億1674万円余の有罪判決を受け、その後同判決は確定した。

ることを怠った任務懈怠(善管注意義務違反)があり、これによって、N社の社会的信用が失墜し、そのコーポレートブランド価値の少なくとも1%は毀損されたとして、N社が被った損害の賠償(民法所定の遅延損害金支払いを含む)を被告等に求める株主代表訴訟を提起した。
3. Aは、1999年4月にN社に入社し、2003年以降はN社東京本社広告局金融広告部(N社新聞などに掲載する金融関係の広告営業等を担当している部署)に勤務していたが、広告主の投資家向け広告などを担当するチームでID等を使用してアドバンス(広告の申込み、割付け、入稿、広告画像の送出処理、売上管理および請求処理などを一元管理するコンピュータシステム)を操作していた。このチームは、2002年に同局内の業務推進部に移管されたが、その際に、同チームのID等が変更されなかったため、引き続き、金融広告部の担当部員らは、ID等を使用してアドバンスを操作していたという事実が確認されている。
4. 上記2の通り、原告等は、N社がインサイダー取引を予防するための体制を構築すべきところ、それを怠ったとして株主代表訴訟を提起したが、原告等の主張は認められるか。なお、N社は、従業員によるインサイダー取引の一般的な予見可能性の範囲内での防止体制は構築していたものとする。

【論点の解説】

1. インサイダー取引とは何か(論点①)

> 主要論点1:インサイダー取引(内部者取引)とは、金融商品取引所に上場されている会社の関係者が、会社の重要事実(当該会社の株価の騰落を左右しうるなど、一般の投資家の投資判断に著しい影響を及ぼしうる情報で会社の意思決定に基づく情報か否かは問わない)を知った者により、その情報の公表前に行われる株式等の取引のことをいう。

インサイダー取引とは、会社の役員等が、会社の重要な内部情報を知り、それが公表される前に当該会社の株式等を売買することをいい、証券市場の公正・健全性の観点からインサイダー取引は、金融商品取引法(昭和23年法律第25号、以下、「金商法」という)により規制されている。金商法の下で、インサイダー取引は、その主体別に、会社関係者に関する規定(第163条以下)と、公開買付等関係者に関する規定(第167条)とに分類される。また、規制態様については、予防規定と禁止行為としての内部者取引に分類され、単に「インサイダー取引」という場合、後者の違反行為を指す。

つまり、上場会社等の内部情報(重要事実)を知りうる者(当該会社の役職

員、3%以上の議決権を有する株主、会計帳簿閲覧等請求権を有する株主、会社関係者でなくなってから1年以内の元会社関係者、その他会社関係者や元会社関係者などから内部情報を聞いた者等）が、公表前に、その職務等に関して内部情報（重要事実）を知りながら当該会社の株式等の売買等をすることはインサイダー取引に該当する。

　なお、「公表」とは、金融商品取引法施行令30条によれば、以下の3つの場合のいずれかである。

① 上場会社等の代表取締役が、2つ以上の報道機関に対して重要事実を公開したときから12時間が経過すること（12時間ルール）。

② 重要事実にかかる事項の記載がある有価証券報告書等が公衆の縦覧に供された場合。

③ 重要事実が証券取引所のホームページ上で公開された場合。

2. 会社はどの程度のインサイダー取引防止策を講じるべきか（論点②）

> 主要論点2：会社の取締役は、一般的に予見できる従業員によるインサイダー取引を防止しうる程度の管理体制を構築し、その職責や必要の限度において、従業員によるインサイダー取引を防止するために指導監督すべき善管注意義務を負う。

　本件においてN社は、経済情報を中心とする新聞を発行する会社であり、当該会社の取締役が、インサイダー取引を予防するために十分な管理体制を構築していたか否かが本件における主たる争点の1つであった。裁判所は、「株式会社の取締役は、会社の事業の規模や特性に応じて、従業員による不正行為などを含めて、リスクの状況を正確に把握し、適切にリスクを管理する体制を構築し、また、その職責や必要の限度において、個別リスクの発生を防止するために指導監督すべき善管注意義務を負う」との原則を示しつつ、本件において、裁判所は、「経済情報を中心とする新聞を発行する会社の取締役は、一般的に予見できる従業員によるインサイダー取引を防止しうる程度の管理体制を構築し、その職責や必要の限度において、従業員によるインサイダー取引を防止するために指導監督すべき善管注意義務を負う」と判断した。つまり、裁判所は、「従業員によるインサイダー取引の一般的な予見可能性を超えて、本件インサイダー取引のような

従業員による不正行為を予見してこれを防止するために具体的に何らかの指導監督をすべき職責や必要があったと認めることはできない」として、本件については、一般的な予見可能性の範囲内での防止体制は構築されていた事実を認めた上で、取締役の善管注意義務違反があるとは認められないとの判断を示した。

【企業法務の視点】

　証券取引等監視委員会は金融庁に属する組織であり、証券取引や金融先物取引等の公正を確保する目的で、1992年に創設された。同委員会は、金融商品取引法に基づき、内閣総理大臣および金融庁からの委任を受けて行われる検査（金融商品取引業者等に対する立入検査など）・取引審査、および内部者取引・有価証券報告書虚偽記載などの犯則事件の調査、ならびに証券取引等の公正を確保するための行政処分の勧告、必要な施策の建議、および犯則事件の告発などの権限を有している。同委員会による課徴金納付命令に関する勧告件数は、2005年度は9件であったが、2011年度は29件、2012年度は41件と増加傾向にある。

　本委員会の調査対象となった場合は、企業法務は直ちに違反行為者の事実関係の調査を実施する必要がある。この場合に必要となるのが役職員の対象となる銘柄の株式保有状況の調査であるが、さらに対象株式を保有していると回答のあった役職員からは、詳細な株式の取引履歴の提出を求める必要がある。

　その他、企業法務はインサイダー取引の再発防止策に取り組む必要がある。社内において株式取引を全面禁止する場合は、禁止措置を未公表の事実を入手しやすい部署に限定するか、または対象銘柄を限定するなどの方策が可能であろう。また、インサイダー取引の動機の発生を未然に防止するために、就業規則に基づく職務専念義務を社内に徹底して、就業時間中の株取引が発見された場合には、厳しい懲戒処分をとる方策も有効であろう。また、役職員の株式売買の事前承認制を採用することも考えられる。ただし、最も有効な方策は、情報管理体制を整備して、重要事実に関する情報が必要以上の関係者に開示されないよう徹底することである。

【発展問題】

1. 会社を退職した役職員が、会社関係者であった時点で職務に関して重要事項を知り、退職後にこの情報を活用して株式の売買を行った場合はインサイダー取引に該当するか。もし該当する場合は、これをどのように防止することができるか。
2. A社は、インサイダー取引防止の社内規程を制定した際に、労働組合等の意見聴取、所管労働基準監督局への届出、労働者への周知等は実施しなかった。その後、A社の従業員Bによってなされたインサイダー取引について、A社はBに対する懲戒処分を行う方針であるが、この場合にA社にとってどのような法的リスクが予想されるか。
3. 金証法の下で、インサイダー取引が行われた場合の行為者および法人に対する罰則はどのような内容か。また、インサイダー取引に適用される課徴金制度とはどのような制度か。

第4節　企業犯罪 [42]

【はじめに】

　近年、「企業犯罪」とか「企業の不祥事」という言葉を目にすることが多くなった。その種類はさまざまであるが、大別して、① 刑法や金融商品取引法、外為法等の重大な法令違反を犯したというもの、② 法令違反ではないが（あるいは軽微な法令違反を犯したものの）、重い社会的な制裁を受けたもの、の2種類に分けられる。企業が重大な法令違反の事件を起こしたことでその存続ができなくなったという事例は古くから存在する。一方、近年顕著なのは、法令違反ではないが、重い社会的制裁を受けたことで企業の存続が危ぶまれる事例が少なくないということである。すなわち、法令違反による責任は追及されないものの、社会的・道義的責任を問われる事案である。これらの事件では刑事罰や行政罰を受けないからといって油断をすることはできない。事後の対応いかんによっては、その対応の不備自体が非難の対象になり、企業の信頼を失い、また企業の存続自体にも影響を与えうるということである。反対に、重大不祥事を起こしたと

---

[42] 経営刑事法研究会編『企業活動と経済犯罪』（民事法研究会、1998）、後藤啓二『企業コンプライアンス』（文春新書、2006）。

しても、その後の損害回復行為や再発防止対策に力を入れることで、誠実な企業であるとして信頼回復につながることもある。そのため、多くの企業では、このような企業犯罪や企業の不祥事によるリスクマネジメントを推進するコンプライアンス・プログラムを作成し、それを実践する体制を構築している。

ここでは、企業犯罪とは、企業が経済活動を行うのに際して利潤の追求などのために違法な行為（すなわち犯罪行為）を行うことをいい、刑事罰の対象となるものをいう。犯罪に関与した役職員等が受ける法的制裁では、刑事罰だけにとどまらず、長年築いてきた社会的地位と名誉を失うだけでなく、所属する企業が被った損害の賠償など民事的責任を追及されることもある。また所属する企業が関与しているとみなされる場合には、企業自体も処罰の対象となる可能性があることから、組織犯罪の1つとされており、多種多様な形態がある。組織犯罪となると、個人の犯罪と異なり社会に与える影響は大きく、企業の信用の失墜は当然として、場合によっては、企業存続にも影響を与えることも少なくない。多くの企業犯罪や不祥事は、企業内の常識と社会一般の常識があまりにも乖離してしまったときに生じる可能性が高く、これまでの事例や最近の不祥事事例などのように、従来の慣行、制度の下で温存され見過ごされてきた行為も摘発の対象となることが予想される。

本節では、これら企業犯罪のうち裁判例となった事件だけでなく、社会的・道義的責任が問われた事件についても紹介していきたい。

判例 No. 64[43]　【チェックポイント：リコール隠しの責任とは何か】

【設問】

1. 自動車メーカー（A）で起きたいわゆるリコール隠し事件に関して、Aの親会社（B）の株主ら（X）が、Bの代表取締役（Y）に対して、Aの発行する優先株400億円を引き受けることは、Bの取締役としての善管注意義務に違反するとして、商法272条に基づき、優先株引受けの差止めを求める仮処分を申し立てた事件である。
2. Xは、Bが本件優先株を引き受けることを決めた今回の判断（以下、「本件支援決定」という）は、Aのクレーム隠し・隠蔽工作の事実関係についての十分

---

43) 東京地判平成16年6月23日（金判1213号61頁）。

な調査・検討を経ずになされたものであって、決定手続が拙速である上、本件支援決定を行った場合にBが被る可能性のある利害得失に関しても踏み込んだ調査・検討がなされていないから、本件支援決定には善管注意義務違反があると主張した。
3. これに対して、Bは、本件支援決定に当たっては十分な調査・検討がなされているし、Aへの市場の信頼が急速に失われている状況下では、早急に支援を決定し発表することが必要であるから、本件支援決定に善管注意義務違反はないと主張した。
4. ①Bの代表取締役として、経営不振に陥っているグループ企業への支援の適法性を判断するに際して、いわゆる経営判断の原則に基づき、意思決定が行われた当時の状況下において、当該判断をする前提となった事実認識につき不注意な誤りがあり合理性を欠いているかどうか。②リコール隠しにおける自動車メーカー等の社会的責任とはどのような責任なのか。

【論点の解説】
1. 経営判断の前提となる事実認識における合理性とは（論点①）

主要論点1：経営判断に際しては、その前提たる事実認識を不注意で誤ったか、あるいは判断の過程や内容が著しく不合理であった場合でなければ、裁量の範囲内である。

　経営判断の原則については、次のように説明される[44]。取締役は、業務執行の決定または業務執行の決定への関与に関して、一定の裁量を有していると考えられている。元来、経営に当たってはリスクを伴うのが常であり、結果的に会社が損害を負った場合に、事後的に経営者の判断を審査して取締役などの責任を問うことを無限定に認めるならば、取締役の経営判断が不合理に萎縮されるおそれがある。かかる法理は明文の規定があるわけではないが、近時は最高裁判所によるものを含む判例にもその考え方は用いられていると理解されている。具体的には、判断時の状況を前提とし、関連業界の通常の経営者を基準として、判断の前提たる事実認識を不注意で誤ったか、あるいは事実に基づく判断が著しく不合理であった場合でなければ、取締役の善管注意義務違反を認めない、という法理として一般化されている。

44) 長島・大野・常松法律事務所編「アドバンス新会社法第2版」（商事法務、2006）393頁。

本件では、BによるAへの本件支援決定の適法性が争点となっているところ、このような経営不振企業に対し支援を行うか否か、あるいは支援を行う場合の時期や支援の規模・内容をどうするかの判断に当たっては、支援企業と支援を受ける企業の関係、支援を必要とするに至った原因、支援を必要とする企業が置かれている状況、支援を受ける企業の再建策の合理性等の諸般の状況を踏まえた上で、企業の経営者としての専門的、予測的、政策的な総合判断を行うことが要求されるというべきである。そのような判断は、いわゆる経営判断にほかならないから、本件支援決定の適法性を判断するに当たっては、取締役の判断に許容された裁量の範囲を超えた善管注意義務違反があるか否か、すなわち、意思決定が行われた当時の状況下において、当該判断をする前提となった事実の認識の過程（情報収集とその分析・検討）に不注意な誤りがあり合理性を欠いているか否か、その事実認識に基づく判断の推論過程および内容が明らかに不合理なものであったか否かという観点から検討がなされるべきである。

　本件決定では、①AとBは、同一の企業グループを構成し、年間400億円規模の取引があることからすると、支援を行うこと自体は、Bの取締役の経営判断として合理性を肯定でき、②Aにつき、相次ぐリコール隠しの発覚により市場の信頼が急速に失われつつあることが認められるから、可能な限り早い時期に具体的な支援を行う決定をしたことが明らかに不合理な判断であるとはいえない。また、③Bの取締役は、本件支援をしない場合のデメリットとしては、支援をせずにAが破綻すると、グループ全体の社会的信用が失墜しかねないうえ、Bがすでに保有しているA株が無価値となり、さらにAとの年間400億円規模の取引が失われる可能性があるのに対し、本件支援をした場合のデメリットとしては、Aの破綻により本件優先株が無価値となる可能性が考えられるが、Aが策定した事業再生計画は妥当なものと評価されるから、同計画によってAは再生する可能性があると判断した。以上の両者のデメリットを比較衡量した上で、支援の規模と内容を決定したことが一応認められるから、その判断が明らかに不合理とはいえないとされた。

　そして、Bの取締役が本件支援決定を行った時点での客観的な情勢についての分析・検討に不注意な誤りがあり合理性を欠いていたとまでは認められないし、その結果に基づいて決定した本件支援の時期や規模・内容が明らかに不合理

であって善管注意義務に違反するということができず、Bの代表取締役であるYが取締役会の決定に従って本件優先株の引受けを行うことが違法であると認めることはできないとされた。

2. 自動車会社の責任と社会的要請（論点②）

> 主要論点2：タイヤ等が脱落するという危険な事故の発生を知ってその処理をするに当たり、自動車会社としての責任は、関連する法の遵守はもちろん、強度不足の疑いのある部品等について、リコールを含め、適切な対応が求められる。

リコール制度[45]とは、欠陥車による事故を未然に防止し、自動車ユーザー等を保護することを目的とするものである。自動車製作者等が製作または輸入した、同一の形式の一定範囲の自動車の構造、装置または性能が自動車の安全上、公害防止上の規定（道路運送車両法の保安基準）に適合しなくなるおそれのある状態、または適応していない状態で、原因が設計あるいは製作過程にある場合に、その旨を国土交通省に届け出て、自動車を回収し、無料で修理する制度である[46]。製造した自動車を販売した後も、メーカーは、販売した自動車に不具合が発生した場合には、「走る凶器」にもなりうる自動車が道路上のすべての人や物に対して危険を及ぼすことがないようにする法的義務を負っているのである。さらに、リコールのほかにも、改善対策[47]とサービスキャンペーンとがある。

なお、本件では、リコール隠しは安全性に関わるものであるからBの取締役には裁量はないと主張されたことに対し、Bの取締役としては、その再生計画が合理性を有するか否か、実行可能性を有するか否かについての調査確認義務はあるといえるが、再生計画の合理性・実行可能性と切り離して、別個独立にAの過去のリコール隠し等、Aが持つ体質・文化を解明しなければならない義務はないとされた。またリコール隠しの実態の解明を怠り、自動車の安全性の確保の問題を疎かにしてよいとの裁量がないことは当然としても、リコール隠しに関す

---

45) 道路運送車両法第63条の3。
46) 郷原信郎『コンプライアンス革命』（文芸社、2005）83頁。
47) 自動車等の構造、装置または性能は基準を満たしているが、安全上または公害防止上放置できない場合に実施される。自動車メーカーは国土交通省へ届出を行い、無償で改善対策が行われる。

る事実解明は本件支援後もAにおいて続けられるものであり、Bがこの時期に支援を行うことによってAがこれ以上の事実解明をしないことになるものではない、と判断して、リコール隠しに関して調査責任のある当事者を明らかにしている。

【企業法務の視点】
1. 事件の背景

本リコール事件とは、2000年7月と2004年6月に発覚した、トラック・バスによる一連のリコール隠し問題である。

その一例が、トラックのハブが走行中に輪切り破損したために前輪タイヤ等が脱落し、歩行者らに衝突して死傷させた事故に関する業務上過失致死罪事件である[48]。裁判所は、その中で、以前の類似事故事案を処理する時点で、ハブの強度不足のおそれが客観的に認められる状況にあり、そのおそれの強さや、予測される事故の重大性、多発性に加え、同トラックの製造会社が事故関係の情報を一手に把握していたなどの本件事実関係の下では、その時点で品質保証部門の部長またはグループ長の地位にあり品質保証業務を担当していた者には、同種ハブを装備した車両につきリコール等の改善措置の実施のために必要な措置をとり、強度不足に起因するハブの輪切り破損事故がさらに発生することを防止すべき業務上の注意義務があったとした。この義務を尽すことによって同事故の回避可能性を肯定しうる場合において、同事故がハブの強度不足に起因して生じたものと認められる事情の下においては、上記義務違反に基づく危険が現実化したものとして、同事故と上記義務違反との間に因果関係がある、として、リコール等の改善措置などを含めた業務上の注意義務を認めている。

これらリコール隠しを行う本事件の背景（原因）にはどのようなものがあったのであろうか。その問題点としては、次の4つが考えられる。

① 企業倫理観の欠如（物づくりに対する絶対的自信）
② 業績優先主義（顧客や安全を優先せず、企業を優先すること）
③ 縦割り組織（グループ御三家の意見が最優先とされたこと）
④ 倒産しないという危機感の欠如（バックにグループ御三家がいるという甘え）

---
48) 最高裁決定平成24年2月8日（判時2157号133頁、判タ1373号90頁）。

企業法務の視点からは、これらに対して、どのように対応するかが求められるが、事故等の発生の未然防止とともに、発生した場合の適切な対応を実行するために、法令の遵守は当然として、再発防止策の策定を含め、真摯に向き合うという心構え、企業理念や社会的要請に則り適切に対応するという、広義のコンプライアンスが求められることとなろう。

2. 再発防止策

再発防止策として、どのような方法が考えられるであろうか。次の4つの方法が考えられよう。
① コンプライアンス体制の構築
② 不具合発生時の対応マニュアル策定
③ 内部通報制度の構築
④ 社内倫理研修の実施

【発展課題】

1. 経営判断の前提たる事実認識を不注意で誤ったか、あるいは事実に基づく判断が著しく不合理であった場合に、取締役としての善管注意義務に違反があるとされるか。
2. パロマガス湯沸器事件(2006年)では、死亡事故の情報が担当部門に集められていたが、器具の欠陥ではなく不正改造が原因であるとの認識に長らく支配されていたため、トップに報告されなかった(2006年7月18日付読売新聞記事)。一連の事故について、実際にはすべての事故は発生直後より本社担当部門が把握し、経営トップにも報告がなされていた場合、事故の拡大を防止することも含め、コンプライアンスを徹底するためには、どうしたらよいであろうか。
3. 安全が守られて、業績も良い組織というのは、本業に対する思い、自分たちの仕事が本当に人のため、世のためになっているのだという意識を共有している組織であるといわれている。ではこのような意識を企業内で醸成するためには、どうしたらよいか。

判例 No. 65[49] 【チェックポイント：食のコンプライアンスとは何か】

【設問】

1. Y食品で起きたいわゆる牛肉偽装事件に関して、当時の役員らに対して提起された株主代表訴訟が本件である。
2. 本件は、国産牛に発生した狂牛病対策として、全頭検査前の国産牛肉を一定期間市場から隔離することを内容とするものであり、隔離保管した牛肉を元の事業者に買い戻させる市場流通を認める方針に基づき、対象国産牛肉として偽装して買上げの対象としようとする食肉業者がいるという噂により起きた偽装事件である。
3. Y食品においても輸入牛肉の滞留在庫（不良在庫）の増加およびその処分に苦慮しており、食肉業界内における噂を聞き、関西ミートセンターほかでも同様の偽装工作をしたいと考え、輸入牛肉を国産牛肉に偽装して、買上げ対象として申請するよう指示したものである。この事件をきっかけに、当時、食品企業最大手の1つであったYグループの有力企業であったY食品が、組織的に牛肉の産地偽装を行っていたことが発覚し、最終的には同社が廃業することにまでなった。
4. 事件の発覚は、Y食品の下請業者の内部告発によるものであったが、その下請業者は、仲間を裏切ったとして取引先からの取引停止を受けてしまい、その結果、廃業に追い込まれた。その後、全国から寄付金等の支援を受けて営業を再開したものである。
5. 判決は、当時の役員らには、牛肉偽装事件に具体的に関与したことはなく、監視義務違反等も認められないとして、原告の請求を棄却するものであった。本設問では、本件訴訟の原因となった食肉偽装事件そのものに関して検討する。
6. ①Y食品が廃業にまで追い込まれたのはどうしてか。同社をとりまく利害関係人は誰であったのか。利害関係人のY食品への期待はどのように変化したのか。②食品会社の企業責任とはいかなるものであるか。

【論点の解説】

1. 食品会社をとりまく利害関係人（論点①）

主要論点1：廃業にまで追い込まれたのは、会社ぐるみによる偽装であったこと、また偽装事件で裏切られた、「利害関係人」とは従業員をはじめとして、消費者および食肉製品全体を指す。

---

49) 東京地判平成17年2月10日（判時1887号135頁）。

企業の利害関係人とは誰のことなのであろうか。一般的には、株主、取引先、債権者、顧客（消費者）、そして従業員であると考えられており、これらは、総称してステークホルダーといわれている。本件食肉偽装事件では、Y食品の商品を購入した消費者の信頼、そして同社の製品のみならず食肉製品全体の信頼を傷つけたといえる。また、Y食品が廃業したことでおよそ2,000名もの従業員が解雇され、その家族も含めると多くの人々の生活に影響したことであろう。

ちなみに、本件に先立つY乳業「集団食中毒」事件（2000年）では、2000年6月から7月にかけて、近畿地方を中心にY乳業の低脂肪乳による集団食中毒事件が発生した。同社の大阪工場で製造された低脂肪乳による食中毒の疑いを生じたものの迅速に対応せず、最終的には約30万個の製品の回収をしたが、被害の申告者が爆発的に増え、関西地区を中心に多くの被害者が出た。その後、大阪工場での製品の原料となる脱脂粉乳を生産していた北海道の大樹工場での汚染が原因であることも判明した。Yグループ各社の全生産工場の操業が全面的に停止し、小売店からYグループの商品が全面的に撤去された。その後、2001年から2002年にかけて発生した本件BSE問題による牛肉偽装事件がグループ会社のY食品で発覚し、Yブランドのイメージダウンは決定的になり、グループの解体・再編を余儀なくされることとなった。

また、同じく牛肉偽装事件としてミートホープ「牛肉偽装」事件（2007年）があるが、本件とは異なり、内臓など安い肉を配合し品質の良いものに偽装するという手口であった。2007年6月に発覚した牛肉ミンチの品質表示偽装事件により事業の継続が不可能となり、同年7月18日には、自己破産を申請、破産手続開始決定となったものである。なお、社長は不正競争防止法違反（虚偽表示）と詐欺の罪で懲役4年の実刑判決を受けた。

2. 食品会社の企業責任（論点②）

> 主要論点2：食品は、私たちの口から直接体内に入るものであり、毒物が体内に入れば健康を害するし、最悪のケースでは命にまでかかわるという性質のものであるから、食品を製造、販売する会社には食の安全を十分に確保することが強く期待されている。

「食品会社の企業責任」のことを、「食のコンプライアンス」と表現すること

もある。「食品会社の企業責任」「食のコンプライアンス」とはいかなることなのであろうか。例えば、20年前は、米の10kg入の袋には、「こしひかり」「ササニシキ」等の銘柄米の表示がありながら、中身は他の種類の米が入っていたり、またはブレンド米が入っていたりすることがよくある時代であった。にせ牛缶事件[50]や主婦連ジュース事件[51]のような事件は、昔からあった。それが、近年、大いに問題とされてきており、2013年には、一流ホテルのレストランでの「メニュー誤表示」問題が重大な企業不祥事としてクローズアップされた。それは、なぜなのか。

食品は、私たちの口から直接体内に入るものであり、毒物が体内に入れば健康を害するし、最悪のケースでは命にまで関わるという性質のものである。また、食品の原材料や原産地、製造日、衛生状態は、一見して人間の目では判別がきわめて難しいため、ごまかしやすいということもあろう。さらに、近年の食品の不祥事に共通していることは、ブランドイメージの強い、いわゆる一流の会社が組織ぐるみで食品偽装を行っていたという点である。

かかる近年の状況下においては、食品を製造、販売する会社には食の安全を十分に確保することが強く期待されており、食品安全基本法、食品衛生法、JAS法[52]等により、品質管理に関する企業責任が厳しく定められている。また、同時に消費者にとって、その表示が不当（虚偽・誇大）だったり、景品類が過大だったりすると、公正な競争が阻害され、消費者の適正な商品・サービスの選択に悪影響を及ぼすとして、不当景品類及び不当表示防止法が制定されており、厳格な運用が求められるようになってきている。

【企業法務の視点】

食品会社や食品を取り扱う企業にとって、食品偽装事件の再発防止のための対策として、どのようなことが考えられるであろうか。

---

50) 1960年に東京の主婦が、牛肉大和煮の缶詰にハエが入っていたとして、保健所に持ち込み都衛生局が調査したところ、ラベルは牛肉であったものの中身は鯨肉や馬肉であったという事件。2年後、不当景品類および不当表示防止法が制定された。
51) 最判昭和53年3月14日：1971年に公取委が認定した、果実飲料等の表示に関する公正競争規約について、景表法に基づき不服申立てをした事件。
52) 農林物質の規格化及び品質表示の適正化に関する法律（最終改正：平成25年6月28日法律第70号）。

いわゆるリスクマネジメントの手法として、原因の分析を徹底し、原因に関する対策を実施し、モニタリングにより対策の効果を検証して、効果が出ていなければ再度、対策を再考するというようなプロセスをとることがある[53]。そこで、食品偽装事件の再発防止のための対策を考えるに当たり、まずは原因の分析から行い、その上で対策を講じることになる。

1. 原因の分析

一般的に、食品偽装事件の原因として、①業界の土壌、②企業内の風土、③個人の意識の3つのレベルで考えてみよう。

(1) 業界の土壌：食肉偽装事件が発生した当時、食肉業界では産地偽装等の不正が日常化しており、業界全体での意識は低いものであった。このように業界全体のことであればたとえ不正行為であっても批判せずに自社に受け入れてしまうこともある。

(2) 企業内の風土：意識の低い業界の土壌において、企業間競争を勝ち抜くためには不正行為を働いても仕方がないという風土が企業内全体に浸透していることがある。

(3) 個人の意識：自部門の業績が低迷している場合、過大なノルマや業績数値目標が焦りを生じさせ業績のためなら手段を選ばないという利益至上主義的な意識を生じさせることがある。

2. 対策の立案

(1) 業界における対応：国による安全基準、業界内での自主ガイドライン等の制定により、業界全体での取組みを行うことが考えられる。

(2) 企業内の取組み：コンプライアンス規程の制定、内部通報制度の活用等により、企業内の風土や意識改革を行うことが考えられる。

---

53) 経済産業省経済産業政策局産業資金課編「先進企業から学ぶ事業リスクマネジメント実践テキスト」(経済産業調査会、2005)。

【発展問題】

1. 内部告発した下請業者のとった行為は、はたして適切だったのか。内部告発者が不利益を被らないようにする手段として、何が考えられるか。
2. Y食品の親会社であったY乳業として、事件の再発防止としてどのような施策が効果的なのであろうか。
3. 食品会社が食の安全に関する不祥事を起こしたと仮定した場合、再発防止策として、どのような施策を講じることが有効であろうか。赤福事件（2007年；店頭売れ残り品を再包装し、新たな消費期限を表示した、消費期限等偽装事件）などを参考にしつつ考えなさい。
4. 不二家「消費期限切れシュークリーム」事件（2006年）において、同社による社外コンサルタントのコントロール不足と、マスコミ対応の失敗も、同社の経営危機を招いた要因とされる。社外コンサルタントのコントロール、マスコミ対応につき、企業内ではどのような体制や方針で臨むべきなのであろうか。

判例 No. 66[54] 【チェックポイント：請負と労働者派遣の法的な違いは何か】

【設問】

1. Yは、大手電機メーカーであり、PDPパネルの製造等を行っており、訴外A社と、PDPパネルの製造に関して業務請負契約を締結していた。
2. X（原告）は、A社の従業員として2004年1月よりYの本社工場において働いていたが、その勤務実態は、いわゆる偽装請負が疑われる状況にあった。
3. XおよびX加入の労働組合は、2005年4月頃から、Yに対してXの直接雇用を行うよう数回交渉を行うとともに、大阪労働局に対して、本件工場における勤務実態につき是正申告を行った。これに対して大阪労働局が調査・指導を行い、Yは、デバイス部門においてA社との請負契約を同年7月20日限りで解消し、派遣契約に切り替えることとした。
4. A社は、Xに対して、他部門に移ることを打診したが、Xはこれを断り、A社を退社した。同年8月19日に、XはYの提示した、従前とは異なるリペア作業を業務内容とし、契約期間を2006年1月31日までとする、期間工としての雇用契約書に、業務内容および契約期間について異議をとどめたうえで、署名押印した。Yは2006年1月31日をもって雇用契約が終了することを2005年12月28日にXに対して通知し、以後のXの就労を拒絶した。

---

54) 大阪高判平成20年4月25日（判時2010号141頁、判タ1268号94頁）。

5. Xは、XとYとの間の、本件契約書の作成前からの黙示の労働契約の成立、労働者派遣法40条の4に基づく雇用契約の成立などを主張し、本件雇用契約終了の通知は解雇であるとして、①解雇の無効による雇用契約上の確認、②2006年3月以降の賃金等の支払い、③リペア作業に就労する義務のないことの確認、④慰謝料等の支払いを求めて提訴した。
6. 第1審は、YはXを直接指揮命令しており偽装請負の疑いが強いが、YA間は実質的に一体とは認められず、XY間に黙示の雇用契約が成立したとはいえないとしたが、控訴審の大阪高裁は以下のような判断を下した。
①YA間の業務委託契約は脱法的な労働者供給契約であり、違法・無効である。
②当初からXとYとの間では黙示の合意による労働契約が成立していた。
7. ①業務請負契約と労働者派遣契約との主な違いは、どこにあるのか。本件の業務請負契約が違法とされたのはなぜか。② 違法な請負契約、すなわち「偽装請負」がコンプライアンスの観点から問題とされるのはなぜか。

【論点の解説】
1. 業務請負契約と労働者派遣契約との主な違いと問題点（論点①）

> 主要論点1：労働者派遣契約においては、派遣先は労働者への指揮命令をすることができるが、業務請負契約の場合は、発注者は労働者に対する直接の指揮命令権を有していない。もし、労働者に対し直接指揮命令をするにも拘わらず、契約を請負契約としている場合には、偽装請負とみなされることとなる。

業務請負契約では、労働者の雇用主は業務を請け負った会社であり、雇用主である請負会社の指揮命令下に置かれ、業務の発注者は労働者に対し、直接指揮命令することができない。これに対して労働者派遣形態の場合は、従業員の雇用主は派遣会社であるが、労働者派遣法により、派遣先が派遣労働者に指揮命令できることとされている。しかしながら、業務請負契約を締結しながら、派遣契約上認められている派遣労働者に対する指揮命令権を業務の発注者が行使すると偽装請負となる。また、本件では、製造業務に対する派遣を禁止している労働者派遣法等の違反となるとされた。

本件控訴審判決では、XとYとの間で、直接雇用契約の存在を認め、原告側の訴えを認める判決が出されたが、2009年の最高裁判決[55]では、原審判決を破

---

55) 最判平成21年12月18日（労働経済判例速報2060号3頁、判時2067号152頁、判タ1316号121頁）。

棄し、原告側逆転敗訴の判決が言い渡された。最高裁判決では、偽装請負であったとしてもYは給与や採用に関わっておらず、原告との間で雇用契約の成立があったとは認められないとした。一方、雇止めは原告の告発に対する報復であったとし、賠償命令で慰謝料90万円をYが支払うこととされた。

では、なぜ偽装請負が発生するのであろうか。その原因はいくつか考えられるが、その1つに、企業が正規雇用を嫌う傾向が強くなったことが挙げられる。すなわち、正規雇用契約を結ぶと、企業は社会保険、有給休暇、福利厚生といった負担を強いられる。また、企業業績が悪化した場合であっても、余剰人員の整理解雇を自由に行うことができない。したがって、必要な都度、派遣により人員を確保するという方式を採用するものの、実際には、請負契約を締結することによって、これらの問題を回避しようとするか、直接指揮命令をしようとするわけである。

2. 偽装請負がコンプライアンス違反とされるのはなぜか（論点②）

> 主要論点2：適法な請負契約の労働者の労務管理とは、どのようなものであろうか。

本件においては、電機メーカーの製造ラインにおいて請負契約では、発注者は請負労働者に直接指揮命令できない。製造ラインにおいて、例えば製造工程等に関する指示を出したいのであれば、雇用主の請負会社に指示内容を伝達し、請負会社から請負労働者に対して指示を出してもらわなければならない。このように、請負契約では、請負労働者と正社員を同じ工程に混在させないようにするとともに、工程の管理責任者を請負会社で用意することになる。一般的に、請負労働者を受け入れている企業においては、偽装請負とならないように、以下のような労働者管理をしている。

① 直接指揮命令を行わない。指示を出す場合には、請負会社の管理者を通じて行う。
② 請負労働者と正社員とを同じ作業場所で作業させない。作業場所を請負会社に提供する場合、有償の賃貸借契約を締結することもある。
③ 業務の処理に必要な資材調達を別個に行う。労働管理、すなわち勤怠管理、

業績管理、交通費支給、給与支払いについては、請負会社にて行う。制服や作業服を別にする。
④　請負労働者の所持する名刺には、発注会社の名前を書かない。

【企業法務の視点】

　業務請負および業務委託の場合には、本来はメーカーなどの顧客から仕事の発注のみが行われ、請負会社側は作業責任者を置き、作業指示を行うのは請負会社側となる。実際に偽装請負となるのは請負会社側が人の派遣のみを行って責任者をおいていないか、あるいは責任者が実質的に機能しておらず、注文主である顧客側の社員が作業指示を行っている状態を指すとされている。
　偽装請負が生まれた主な理由としては、①26種のポジティブリストに含まれていない製造業への派遣が行えず、やむなく請負または業務委託という形をとっていたこと、②専門分野26種については3年、その他一般業務については1年という期間に対する法的制限の回避が行われていたこと、③派遣先という立場よりも請負注文者という地位が求められていたという3つの事情が考えられる。
　また、請負労働者の場合、労働基準法が適用されないため、派遣労働者と比べて顧客が作業員の身分に注意する必要はなく、生産効率の低い作業員を容易に交代させられるため、顧客は派遣契約をしたがらない傾向が強い。また、派遣を業として行う場合には、派遣業法の許認可を得ることが必要となるため、派遣形態をとることを避ける傾向がある。
　なお、業務請負契約の形態を採用した場合、契約締結時点では適正な状態であったとしても、労働管理をしている担当者が代わり、適切な引継ぎがなされていないと違法な状態が後から生じる可能性もある。それでは、社内の体制をどのようにすべきなのであろうか。
　一般的には、人事部門、法務部門、内部監査部門が連携して、請負社員がいる場合のガイドラインを制定し、定期的に運用の監査をすることが望ましい。また、長期的に人材確保のビジョンを人事部門が策定する必要があろう。さらに、派遣契約で労働者を確保する場合には、派遣期間の制限に十分注意する必要がある。

【発展課題】
1. 実質的に雇用関係にある場合であっても「請負」の形式を「偽装」することで、労働法令の規制の潜脱を企図する、というのが偽装請負の出発点であるとされているが、法令の適用上、特定の契約が雇用契約なのか請負契約なのかをどのように判断したらよいか。
2. 労働者を提供し、これを他人の指揮命令を受けて労働に従事させる者は、たとえその契約の形式が請負契約であっても、一定の要件を具備しないものは、労働者供給事業を行う者、すなわち派遣を行っている者とみなされるが（職業安定法施行規則第4条）、その要件とはどのようなものか。
3. 偽装請負の状態で、労働災害が発生した場合、労働者を受け入れた者も責任を負うことになるか。また、偽装請負が法的責任を回避するためだとされ、コンプライアンス上の問題となるのではないか。

第5節　反社会的勢力への対応[56]

【はじめに】

　反社会的勢力とは、暴力団を中心にして、暴力団がさまざまな隠れ蓑を着て正体を隠しながら社会に潜り込んで活動している全体像を指す。反社会的勢力としては、暴力団の他にも総会屋（株主としての地位を悪用して企業に金品を要求する者）、社会運動標榜ゴロ、政治活動標榜ゴロ等の勢力が挙げられる。1992年3月に施行された「暴力団員による不当な行為の防止等に関する法律」（以下、「暴力団対策法」という。）を契機に、同法の網をかいくぐるために、その正体を隠して市民活動や経済活動に紛れ込もうという傾向が強くなった。そこで、各方面において、反社会的勢力排除のための動きが加速してきている。

　民間における反社会的勢力排除の動きは、金融業界において積極的であり、銀行業界においては、2009年9月、一般社団法人全国銀行協会（全銀協）加盟銀行に対して、不当な資金源獲得活動の温床を根絶するために、普通預金口座からの暴力団排除の方針を打ち出した。証券業界においては、証券市場における

---
[56] 東京弁護士会民事介入暴力対策特別委員会編『民事介入暴力対策マニュアル』（ぎょうせい、2009）。

反社会的勢力排除の推進および関係機関との連携を図るため、証券保安連絡会を組織し、2009年には、日本証券業協会（日証協）が不当要求情報管理機関として国家公安委員会に登録された。さらには、取引約款への暴排条項の導入、自主規制ルールの確立などの施策を推進している。建設業界では、社団法人全国建設業協会および社団法人日本建設業団体連合会（日建連）が、暴排条項の導入を会員に要請している。その他、不動産業界、自動車販売業界、生命保険業界、旅館業界・旅行業界、テレビ局、芸能界等においても、それぞれの取組みを行っている。

国においても、暴力団対策法施行後、同法の改正を行い、さらに「企業が反社会的勢力による被害を防止するための指針について（企業指針）」[57]を示した。これを受けて行政分野においても、生活保護、公営住宅、公共工事から反社会的勢力を排除する取組みがなされている。なお、暴力団排除条例（暴排条例）は、全国47都道府県で成立し2011年10月までに施行された。この暴排条例は、上記2007年の企業指針とは異なり、法令として制定されているため、規制対象となる市民、企業（事業者）は法的に拘束される。

一方、司法判断においては、本節で取り上げる代表判例のほか、次の反社会的勢力との間の契約を無効とする裁判例が参考になる。

「当事者が暴力団かどうかは、ホテル側にとって、挙式の契約をするかどうかを判断する上で重要な事項であり、これを知らなかったとすれば、単なる動機の錯誤に止まらず、要素の錯誤に該当する。そうすると、本件契約におけるホテル側の意思表示が無効となるから、本件契約も無効となる」[58]として不当解約を理由とした損害賠償請求を棄却した。

判例 No. 67[59] 【チェックポイント：反社会的勢力との取引のリスクは何か】

【設問】

1. 不動産売買等の業務を営むA社の代表取締役である被告人Yが、B社の代表取締役である共犯者Cらと共謀の上、弁護士資格等を有しないのに、報酬を得る目的で、業として、不動産売買業等を営むD社から、D社が所有するビルに

---

57) 平成19年6月19日法務省「犯罪対策閣僚会議幹事会申合せ」
 (http://www.moj.go.jp/keiji1/keiji_keiji42.html)（確認日2013年10月）。
58) 広島地判平成22年4月13日（判時2145号58頁）。
59) 東京地判平成20年10月22日（判タ1298号311頁）。

ついて、各室を賃借していた74名の賃借人との間で賃貸借契約の合意解除を内容とする契約締結交渉を行った。
2. 当該合意解除の内容は、賃貸借契約を合意解除して賃貸人が立退き料支払い義務を負い、賃借人が一定期日までに部屋を明け渡す義務を負うこと等であった。
3. Cらの行為は、一般の法律事件に関して法律事務を取り扱うことを業としたいわゆる非弁護士による法律事務の取扱い（非弁行為）であった。
4. 裁判所は、外形的に弁護士法72条に違反する非弁行為に該当し、被告人が認識していた事実に照らせば故意が認められると判示した。
5. 裁判所は、非弁行為によって得た利益（立退き料等に充当されて実際に費消された約22億6,000万円を除いた約17億9,000万円であり、Yが取得したのはこのうち犯罪収益として1億2,500万円）を追徴すると判示した。
6. 同社は、再発防止のための取組み等を発表し、信頼回復のために努力するが、反社会的勢力との取引関係が報道されたことで資金調達に窮し、東京地裁に2003年6月、民事再生手続きを申請し、東京証券取引所は同社の上場廃止を決定した。
7. 反社会的勢力と取引関係を結ぶことが、企業経営にとってどれほどの危険をはらむのであろうか。

【論点の解説】
1. 反社会的勢力との取引

主要論点：反社会的勢力と取引することに対しては、暴力団排除条例等の違反を問われることを含め、反社会的勢力との関係遮断が強く求められているので、コンプライアンス上も社会的責任が問われることとなる。

　企業が反社会的勢力と取引した場合、たとえその企業自身が何ら違法行為をしなくても、反社会的勢力と関係を結んで何らかの利益を供したとされれば、コンプライアンス上の社会的責任を問われることになり、場合によっては、内部統制システムの構築や適正な運用を行わなかったことを理由として、取締役等に対する株主代表訴訟の対象にもなりうる問題となる。ちなみに、最近の金融機関による暴力団関係者への貸付け事例などのように、反社会的勢力と関係を結ぶことがこれほど社会から非難される背景には、近年の反社会的勢力排除に向けての社会的要請の高まりがある。
　この社会的要請の内容は、政府指針（企業が反社会的勢力による被害を防止す

るための指針)[60] において、次のように紹介されている。

　近年、暴力団は、組織実態を隠ぺいする動きを強めるとともに、活動形態においても、企業活動を装ったり、政治活動や社会運動を標ぼうしたりするなど、更なる不透明化を進展させており、また、証券取引や不動産取引等の経済活動を通じて、資金獲得活動を巧妙化させている。（略）暴力団排除意識の高い企業であったとしても、暴力団関係企業等と知らずに結果的に経済取引を行ってしまう可能性があることから、反社会的勢力との関係遮断のための取組みをより一層推進する必要がある。反社会的勢力を社会から排除していくことは、暴力団の資金源に打撃を与え、治安対策上、極めて重要な課題であるが、企業にとっても、社会的責任の観点から必要かつ重要なことである。反社会的勢力は、企業で働く従業員を標的として不当要求を行ったり、企業そのものを乗っ取ろうとしたりするなど、最終的には、従業員や株主を含めた企業自身に多大な被害を生じさせるものであることから、反社会的勢力との関係遮断は、企業防衛の観点からも必要不可欠な要請である。

【企業法務の視点】

　反社会的勢力との関係遮断に関連して、企業法務が求められているものは、非常に広範囲で多岐にわたっているが、大きくは、会社として反社会的勢力による被害を防止するための体制作りやルール作りのほか、反社会的勢力の排除に関連する問題に対応することである。そのため企業では、反社会的勢力との関係遮断を、内部統制システムの法令等遵守・リスク管理事項として明記するとともに、社内規則等の服務規程の中にも規定することが必要とされる。

1. 反社会的勢力による被害を防止するための基本原則

　この基本原則は、「企業が反社会的勢力による被害を防止するための指針」（前述）に次の5項目が記載されている。①組織としての対応、②外部専門機関との連携、③取引を含めた一切の関係遮断、④有事における民事と刑事の法的対応、⑤裏取引や資金提供の禁止。

　この指針は、あらゆる企業を対象として、反社会的勢力による被害を防止する

---

60) 法務省・前掲注57)。

ための基本的な理念や具体的な対応を定めたものであり、法的拘束力はない。したがって、本指針の内容を完全に実施しなかったからといって、直ちに、罰則等の何らかの不利益が、与えられるものではない。法的拘束力はないが、本指針策定後、例えば、取締役の善管注意義務の判断に際して、民事訴訟等の場において、本指針が参考にされることなどは十分ありうるであろう（例えば、東証一部上場のミシン等製造販売会社の取締役に対する損害賠償請求訴訟における最高裁判決[61]が参考となる）。

なお、この指針に関しては、「企業が反社会的勢力による被害を防止するための指針に関する解説」[62]と題する参考資料があるので、以下を参照願いたい。

(1) 反社会的勢力による被害を防止するための基本的な考え方
　反社会的勢力による不当要求は、人の心に不安感や恐怖感を与えるものであり、何らかの行動基準等を設けないままに担当者や担当部署だけで対応した場合、要求に応じざるを得ない状況に陥ることもあり得るため、企業の倫理規程、行動規範、社内規則等に明文の根拠を設け、担当者や担当部署だけに任せずに、代表取締役等の経営トップ以下、組織全体として対応する。（略）
(2) 平素からの対応
　代表取締役等の経営トップは、(1)の内容を基本方針として社内外に宣言し、その宣言を実現するための社内体制の整備、従業員の安全確保、外部専門機関との連携等の一連の取組みを行い、その結果を取締役会等に報告する。反社会的勢力による不当要求が発生した場合の対応を統括する部署（以下、「反社会的勢力対応部署」という。）を整備する。反社会的勢力対応部署は、反社会的勢力に関する情報を一元的に管理・蓄積し、反社会的勢力との関係を遮断するための取組みを支援するとともに、社内体制の整備、研修活動の実施、対応マニュアルの整備、外部専門機関との連携等を行う。（略）
(3) 有事の対応（不当要求への対応）
　反社会的勢力による不当要求がなされた場合には、当該情報を、速やかに反社会的勢力対応部署へ報告・相談し、さらに、速やかに当該部署から担当取締役等に報告する。反社会的勢力から不当要求がなされた場合には、積極的に、外部専門機関に相談するとともに、その対応に当たっては、暴力追放運動推進センター等が示している不当要求対応要領等に従って対応する。要求が正当なものであるときは、法律に照らして相当な範囲で責任を負う。（略）

---

61) 最判平成18年4月10日（判時1936号27頁、判タ1214号82頁、金法1808号48頁）。
62) 平成19年6月19日法務省「犯罪対策閣僚会議幹事会申合せ」。

2. 反社会的勢力による不当要求とは

反社会的勢力による不当要求の手口として、「接近型」と「攻撃型」の2種類があり、それぞれにおける対策は、次のとおりである。

① 接近型（反社会的勢力が、機関誌の購読要求、物品の購入要求、寄付金や賛助金の要求、下請契約の要求を行うなど、「一方的なお願い」あるいは「勧誘」という形で近づいてくるもの）→契約自由の原則に基づき、「当社としてはお断り申し上げます」「申し訳ありませんが、お断り申し上げます」等と理由を付けずに断ることが重要である。理由をつけることは、相手側に攻撃の口実を与えるきっかけとなりうる。

② 攻撃型（反社会的勢力が、企業のミスや役員のスキャンダルを攻撃材料として公開質問状を出したり、街宣車による街宣活動をしたりして金銭を要求する場合や、商品の欠陥や従業員の対応の悪さを材料としてクレームをつけ、金銭を要求する場合）→反社会的勢力対応部署の要請を受けて、不祥事案を担当する部署が速やかに事実関係を調査する。仮に、反社会的勢力の指摘が虚偽であると判明した場合には、その旨を理由として不当要求を拒絶する。また、仮に真実であると判明した場合でも、不当要求自体は拒絶し、不祥事案の問題については、別途、当該事実関係の適切な開示や再発防止策の徹底等により対応する。

3. 契約書および取引約款における暴力団排除条項の意義

暴力団を始めとする反社会的勢力が、その正体を隠して経済的取引の形で企業に接近し、取引関係に入った後で、不当要求やクレームの形で金品等を要求する手口がみられる。また、相手方が不当要求等を行わないとしても、暴力団の構成員または暴力団と何らかのつながりのある者と契約関係を持つことは、暴力団との密接な交際や暴力団への利益供与の危険を伴うものである。こうした事態を回避するためには、企業が社内の標準として使用する契約書や取引約款に暴力団排除条項を盛り込むことが望ましい。

暴力団対策法は、基本的には暴力団の行為を規制するものではあるが、暴力団対策のための総合的な法律ではない。すなわち、例えばトラブル解決のために事業者が暴力団を利用する行為までを規制の対象にしているわけではなく、社会と

暴力団との関係は依然として規制しにくい状況であった。そこで、社会と暴力団との関係を根絶するために全国の自治体で制定が進められてきたのが、暴力団排除条例（暴排条例）である。

　暴排条項とは、契約書や取引約款において、取引の相手方が反社会的勢力に該当しないことを示した上で、万一取引開始後に反社会的勢力との関わりが発覚した場合には、契約を解除するか、または損害賠償請求することができる趣旨の契約条項のことである。2007年の政府指針以降、各企業では反社会的勢力を取引関係から排除するために、取引基本契約書等に暴排条項を挿入して締結を相手方に求める動きが強まっている。ここでは、暴排条項の一般的な雛形を紹介しておく。

第○○条（反社会的勢力の排除）
1. 甲および乙は、相手方が次の各号のいずれかに該当したときは、催告その他の手続きを要しないで、本契約および個別契約の全部または一部を解除することができる。
① 暴力団、暴力団員、暴力団関係者、その他の反社会的勢力（以下、「反社会的勢力」という。）である場合
② 代表者、責任者、実質的に経営権を有する者が反社会的勢力である場合
③ 反社会的勢力への資金提供を行う、便宜を供与する、あるいは反社会的勢力であることを知りながら取引を行う等、反社会的勢力と密接な関わりのある場合
④ 自らまたは第三者を利用して、相手方に対して、自身が反社会的勢力である旨を伝え、または関係者が反社会的勢力である旨を伝えた場合
⑤ 自らまたは第三者を利用して、相手方に対して、詐術、暴力的行為、または脅迫的言辞を用いた場合
⑥ 自らまたは第三者を利用して、相手方の名誉や信用等を毀損し、または、毀損するおそれのある行為をした場合
⑦ 自らまたは第三者を利用して相手方の業務を妨害した場合、もしくは妨害するおそれのある行為をした場合
2. 甲または乙が前項の規定により本契約および個別契約の全部または一部を解除した場合において、相手方に損害が生じても、当該解除権を行使した当事者はこれを賠償する義務を一切負わない。

4. 反社会的勢力のチェック方法

　予防措置または排除措置を講じる前提として、まずは、反社会的勢力の範囲を確定しておくことが必要である。この点、前述の2007年の政府指針を参考にすることができる。政府指針では、「暴力、威力と詐欺的手法を駆使して経済的利益を追求する集団または個人である『反社会的勢力』をとらえるに際しては、暴力団、暴力団関係企業、総会屋、社会運動標榜ゴロ、政治活動標ぼうゴロ、特殊知能暴力集団等といった属性要件に着目するとともに、暴力的な要求行為、法的な責任を超えた不当な要求といった行為要件にも着目することが重要である」としている。一方、政府指針よりも広く反社会的勢力をとらえる考えもある。すなわち、詐欺、悪質なハードクレーマーまでも含める考えである。反社会的勢力の範囲は、企業が個別の状況に応じて自ら判断することになる。そして、反社会的勢力の範囲を定めた後は、次のような点を判断のポイントとして調査することになろう。①違法行為者が個人か組織か、役員か従業員か、②法令違反等の事案の程度、③違反時期、④再発可能性、④違法行為者の処分状況、⑤刑事処分の状況、⑥自社との取引との関わり等である。

【発展問題】

1. 企業が反社会的勢力と関わりを持たないようにするためには、どのような仕組みを作っておくべきか。「企業が反社会的勢力による被害を防止するための指針」「企業が反社会的勢力による被害を防止するための指針に関する解説」を参考にして考えよ。
2. 取引先に反社会的勢力との関わりがあると判明した場合、企業としてはどのような対処が必要となるか。
3. 反社会的勢力との関わりについて、企業は従業員に対してどのような教育をしておくことが望ましいか。

判例 No. 68[63]　【チェックポイント：内部統制システム構築における取締役の注意義務違反は何か】

【設問】

1. ①K製鋼所の取締役らが株主総会を仕切ってもらうことの謝礼として、総会屋に総額1億9,400万円の利益供与を行っていた。②同社のベネズエラでの事業への便宜を得るための資金として、同国大統領選挙の候補者に1億6,000万円の資金を献金した。③同社加古川製鉄所において裏金が捻出され、その一部が利益供与に用いられた。
2. 以上の事実に対して2000年1月に同社の取締役らに合計3億5,400万円の返還を求め株主代表訴訟が提起された。
3. 本件は、裁判所からの強い和解要望にて、原告株主が次の条件で和解に応じ解決した。
  ①元取締役会長は同社の長年の利益供与に対して有効な防止管理体制を構築できなかったことについて経営トップとしての責任を認め、和解金3億1,000万円を同社に支払うこと、②元専務取締役は利益供与についての法的責任を認め、和解金1億5,000万円を同社に支払うこと、③同社は同種事件の再発防止のためのコンプライアンス委員会を速やかに立ち上げるとともに、コーポレート・ガバナンス推進に向けての決意を新聞紙上に掲載すること。
4. この和解に際して、裁判所は内部統制システムに関して、次のような所見を明らかにした。
  (1) K製鋼所のような大企業の場合、職務の分担が進んでいるため、他の取締役や従業員全員の動静を正確に把握することは事実上不可能であるから、取締役は、商法上固く禁じられている利益供与のごとき違法行為はもとより大会社における厳格な企業会計統制をないがしろにする裏金捻出行為等が社内で行われないよう内部統制システムを構築すべき法律上の義務があるというべきである。
  (2) 企業会計に関する規定は、会社においては、企業の関係者の利害を保護するための重要な規定であり、(略) これに反する会計処理は許されるものではない。裏金捻出は、かかる企業会計に反することはもちろんのこと、さらに利益供与等の犯罪の原資になりやすいことからしても、これを特に厳しく防止する必要があり、内部統制システムの構築に当たってはこの点も十分に配慮すべきものである。

---

[63] 神戸地裁平成14年4月5日和解成立（商事法務1626号52頁、郷原信郎『企業法とコンプライアンス〔第2版〕』（東洋経済新聞社、2008）328頁。）

(3) 企業のトップとしての地位にありながら内部統制システムの構築等を行わないで放置してきた代表取締役が、社内においてなされた違法行為について、これを知らなかったという弁明をするだけでその責任を免れることができるとするのは相当でない。
5. この点につき、代表取締役らは、K製鋼所においても一定の内部統制システムが構築されていた旨を主張する。しかし、総会屋に対する利益供与や裏金捻出期間が長期にわたって継続され、相当数の取締役および従業員がこれに関与してきたことからすると、それらシステムは十分に機能していなかったものといわざるを得ず、今後の証拠調べの結果によっては、利益供与および裏金捻出に直接には関与しなかった取締役であったとしても、違法行為を防止する実効性ある内部統制システム構築およびそれを通じての社内監視等を十分尽くしていなかったとし、関与取締役や関与従業員に対する監視義務違反が認められる可能性もありうるものである。
6. ①内部統制システムの構築はどうして必要なのであろうか。内部統制システムを構築したとしても、その後、企業としてはどのような施策を継続していかなければならないのであろうか。②もし内部統制システムを構築していたとしても機能していなかった場合、取締役は善管注意義務違反を問われるのであろうか。

【論点の解説】
1. 内部統制システム構築義務（論点①）

主要論点1：会社法等の下で総会屋等への利益供与等の違法行為が行われないよう内部統制システムを構築しなければならないとされている。この内部統制システムを構築すべき義務は、本来は社会の強い要請によるものである。

　本件では、商法上固く禁じられている利益供与のごとき違法行為はもとより、大会社における厳格な企業会計統制をないがしろにする裏金捻出行為等が社内で行われないよう、内部統制システムを構築すべき法律上の義務があるというべきであると指摘されている。
　この内部統制システムとは、会社法では使用されていない用語であるが、「リスク管理、法令等遵守、業務の効率化、適正な財務報告などの目的を達成するために、経営活動に携わる人々の行動を統制する仕組みのことである」[64]と定義さ

---
64) 土田義憲『会社法の内部統制システム』（中央経済社、2005）2頁。

れている。つまり、会社法では、取締役会設置会社において、取締役の職務の執行が法令および定款に適合することを確保するための体制その他株式会社の業務の適正を確保するために必要なものとして法務省令で定める体制の整備を取締役会の専決事項とし（362条4項6号、取締役会非設置会社における同趣旨の規定として348条3項4号）、さらに大会社においては、取締役会にその決定を義務づけている（362条5項、348条4項）。なお、委員会等設置会社の場合には、その規模を問わず、その決定が義務づけられている（316条1項・2項）[65]。

このように、近年、会社法や金融商品取引法における内部統制に関する法制の整備が急速に進められてきたなかで、わが国の企業実務における内部統制の水準は、大きく向上しているといえる。今後は、いっそう、有効でかつ効率的な内部統制システムの整備や運用についての具体的な内容が問題となるであろう。

2. 内部統制システムの構築と善管注意義務（論点②）

> 主要論点2：内部統制システムが構築されていたことをもって善管注意義務違反を免れることはできない。

前述のように、内部統制システムの構築義務に関しては、大和銀行株主代表訴訟事件以来、取締役による構築責任が認められてきており、その内部統制システムの内容に関しても、取締役の経営判断の問題であり、会社経営の専門家である取締役に、広い裁量が与えられているとされてきた。

本件は、総会屋に総額1億9,400万円の利益供与を行っていたこと、同社のベネズエラでの事業への便宜を得るための資金として、同国大統領選挙の候補者に1億6,000万円の資金を献金したこと、裏金が捻出され、その一部が利益供与に用いられたことについて、「知らなかった」とされている代表取締役等の経営者が、同社が内部統制システムを構築していたことをもって、善管注意義務違反を免れることになるかどうかが議論された事件である。特に本件では、不正・違法行為に先立ち、何らかの予防策を講じるべきところ、これを講じなかったことについて認められる責任であると考えられているようである。もしそうだとすると

---

[65] 鳥飼重和（監修）・町田祥弘（編著）『内部統制の法的研究に関する研究』（日本公認会計士協会出版局、2003）。

構築した内部統制システムが機能していない場合には、善管注意義務違反に繋がる可能性が高いと思われる。

内部統制システムは、法的には、取締役の職務執行について、経営判断原則、信頼の原則を適用するための前提として位置づけられる[66]。したがって、法令違反については、そもそも経営判断原則は適用されず、取締役自らが違法行為を行った場合（従業員の違法行為を認識しつつ、あえて放置した場合も含まれる。）、また、他の取締役としては、当該取締役の監視義務を負っていることから、それを放置する判断をした場合は、取締役の善管注意義務の本来の趣旨からして許容されるものではない。よって、内部統制システムがいかに構築されていたとしても、重大な不正が発覚したにも拘わらず、その調査や再発防止策を講じないことは許されないという点から、善管注意義務違反になりうると考えるべきであろう。

【企業法務の視点】

大和銀行事件の判決以降、内部統制の構築義務は取締役等の善管注意義務の一部を構成するとされ、取締役および取締役会、ならびに監査役会の責任にも言及されたことから、内部統制の法的責任は、企業法務における重要な課題として認識されるようになってきた。また、内部統制法制が整備され、企業法務としてもそれらへの対応が喫緊の問題として認識されていることから、内部統制の概念や制度を理解すること、その整備、さらにはそれらをいかに運用するかという面が企業法務にとっての重要な役割となろう。

そのためには、これまでの内部統制に関する過去の判例等において示された考え方を検討する時期に来ているとともに、その基準はどこにあるのかという点も考えておかなければならない。大和銀行事件の判決においても指摘されている経団連の企業行動憲章をあらためて、ここで確認しておきたい。

1991年9月、経団連によって企業行動憲章が策定され、社会の秩序や安全に悪影響を与える団体の行動にかかわる等、社会的常識に反する行為は断固として行わない旨が宣言され、企業の経営トップの責務として、諸法令の遵守と上記企

---

66) 西村あさひ法律事務所・危機管理グループ『企業不祥事対応』（経団連出版、2012）226頁。

業行動憲章の趣旨の社内徹底、社員教育制度の充実、社内チェック部門の設置および社会的常識に反する企業行動の処分が定められたこと、また、1995年（平成7年）11月、企業における総会屋に対する利益供与の事実が発覚して社会問題となり、上記経団連企業行動憲章が改訂され、上記に加えて、企業のトップが意識改革を行い、総会屋等の反社会的勢力、団体との関係を断つという断固たる決意が必要であり、これについては担当部門任せでない、組織的対応を可能とする体制を確立する必要があり、従業員の行動についても「知らなかった」で済ませることなく、管理者としての責任を果たす覚悟が必要であるとの趣旨の宣言が追加されたこと…等からも明らかなとおり、上記の内部統制システムを構築すべき義務は社会の強い要請に基づくものである。

参考資料

企業行動憲章[67]

　企業は、公正な競争を通じて付加価値を創出し、雇用を生み出すなど経済社会の発展を担うとともに、広く社会にとって有用な存在でなければならない。そのため企業は、次の10原則に基づき、国の内外において人権を尊重し、関係法令、国際ルールおよびその精神を遵守しつつ、持続可能な社会の創造に向けて、高い倫理観をもって社会的責任を果たしていく。

1. 社会的に有用で安全な商品・サービスを開発、提供し、消費者・顧客の満足と信頼を獲得する。
2. 公正、透明、自由な競争ならびに適正な取引を行う。また、政治、行政との健全かつ正常な関係を保つ。
3. 株主はもとより、広く社会とのコミュニケーションを行い、企業情報を積極的かつ公正に開示する。また、個人情報・顧客情報をはじめとする各種情報の保護・管理を徹底する。
4. 従業員の多様性、人格、個性を尊重するとともに、安全で働きやすい環境を確保し、ゆとりと豊かさを実現する。
5. 環境問題への取り組みは人類共通の課題であり、企業の存在と活動に必須の要件として、主体的に行動する。
6. 「良き企業市民」として、積極的に社会貢献活動を行う。
7. 市民社会の秩序や安全に脅威を与える反社会的勢力および団体とは断固として対決し、関係遮断を徹底する。

---

[67] 日本経済団体連合会2010年9月14日最新版制定。

8. 事業活動のグローバル化に対応し、各国・地域の法律の遵守、人権を含む各種の国際規範の尊重はもとより、文化や慣習、ステークホルダーの関心に配慮した経営を行い、当該国・地域の経済社会の発展に貢献する。
9. 経営トップは、本憲章の精神の実現が自らの役割であることを認識し、率先垂範の上、社内ならびにグループ企業にその徹底を図るとともに、取引先にも促す。また、社内外の声を常時把握し、実効ある社内体制を確立する。
10. 本憲章に反するような事態が発生したときには、経営トップ自らが問題解決にあたる姿勢を内外に明らかにし、原因究明、再発防止に努める。また、社会への迅速かつ的確な情報の公開と説明責任を遂行し、権限と責任を明確にした上、自らを含めて厳正な処分を行う。

【発展問題】
1. 監査役が行うべき取締役の業務執行に対する監査と内部統制システムとはいかなる関係にあるか。
2. 内部統制システムを構築した後、このシステムの機能を継続するために、企業内ではどのような施策を実施するべきか。
3. 近年、内部通報システム[68]を構築する企業が増加している。内部通報システムと内部統制システムとはどのような関係にあるか。

第6節　安全保障貿易管理[69]

【はじめに】

　安全保障貿易管理とは、国際的な平和と安全の維持を妨げるおそれがあると認められる場合に、貨物の輸出または役務の提供に際して、輸出管理当局の許可を要求することをいう。
　わが国をはじめとする主要国では、武器や軍事転用可能な貨物・技術が、わが

---

[68] 企業内または外部（顧問弁護士事務所等）に内部通報窓口を設置し、従業員が通報することで、企業内の自浄作用によりコンプライアンス対応をしようというシステムである。
[69] 経済産業省安全保障貿易 HP（http://www.meti.go.jp/policy/anpo/）。（財）安全保障貿易管理センター（CISTEC）HP（http://www.cistec.or.jp/index.html）（いずれも確認日2013年10月）。田上博道・森本正崇『輸出管理論』（信山社、2008）。東芝輸出管理部編『キャッチオール輸出管理の実務（第3版）』（日刊工業新聞社、2010）。

国および国際社会の安全を脅かす国家やテロリスト等、懸念活動を行うおそれのある者に渡ることを防ぐため、国際社会と協調して輸出等の管理（輸出管理）を行っている[70]。わが国においては、安全保障の観点に立った貿易管理の取組みを、外国為替および外国貿易法（外為法）に基づき実施している。

外為法は、規制対象とする貨物と技術を「リスト規制品」と「キャッチオール規制品」の２区分に分け、「リスト規制品」の輸出には経済産業大臣の輸出許可を義務づけ、「キャッチオール規制品」の輸出には、取引の内容が定められた要件に該当した場合のみ経済産業大臣の輸出許可を義務づけている。

輸出管理法体制としては、外為法のほかに、貨物に関しては「輸出貿易管理令」（輸出令）、技術に関しては「外国為替令」（外為令）がある。これらは、下記表にあるとおり、それぞれ「輸出令別表第一」、および「外為令別表」で規制貨物・技術の仕様を定めている。また、これらを整理したものに経済産業省の貨物または技術を定める「経済産業省令第49号」（貨物等省令）がある。

輸出令別表第一および外為令別表は、規制分野を、武器輸出規制、大量破壊兵器の不拡散、通常兵器の過剰蓄積防止、キャッチオール規制の４分野に分けている。

表8　輸出管理体制の概要

規制分野	国際レジーム	品目[71]
武器輸出規制		武器（1項）
大量破壊兵器の不拡散	原子力供給グループ オーストラリア・グループ ミサイル関連技術輸出規制	核兵器（原子力）関連（2項） 化学兵器関連（3項）、生物兵器関連（3の2項） ミサイル関連（4項）
通常兵器の過剰蓄積防止	ワッセナー・アレンジメント	先端材料（5項）、材料加工（6項） エレクトロニクス（7項）、コンピュータ（8項） センサー・レーザー（10項）、航法関連（11項） 海洋関連（12項）、推進装置（13項）、その他（14項）、機微品目（15項）
キャッチオール規制		ほぼすべての一般産業製品（16項）

---

70) 主な国際レジームには、原子力を規制する原子力供給グループ（NSG）、化学・生物兵器を規制するオーストラリア・グループ（AG）、ミサイル関連技術輸出規制（MTCR）、通常兵器を規制するワッセナー・アレンジメント（WA）などがある。
71) 項番は、輸出令別表第一および外為令別表の項番に対応。

判例 No. 69[72]　【チェックポイント：安全保障貿易管理とは何か】

【設問】

1. Yは、大手二輪車メーカーであり、オートバイのほかにモーターボート、汎用エンジン、小型の無人ヘリコプターなどを製造・販売している。
2. 2001年以降、Yは中国の航空写真撮影会社であるAに無人ヘリを「非該当」品目として経済産業大臣の許可を得ることなく、約10機を輸出した。2003年、中国人民解放軍系の武器製造会社であるBに、より高性能な無人ヘリを1機輸出した。この頃、AからYに、ヘリの代金とは別に毎年、数千万円が送金されていた。2005年12月、軍事転用可能な無人ヘリの改良型9機を、Yは軍事転用の危険性を認識しながら、経済産業大臣の輸出許可を得ずにAに不正輸出しようとしたが発覚。2006年1月、経済産業省は、外為法に違反した無許可輸出未遂の疑いでYを告発した。
3. Yは、当該ヘリは性能が低く規制対象機種ではないと説明していたが、経済産業省は、コンピュータ制御で自律飛行できる高性能機種で、化学兵器散布などに軍事転用でき、経済産業大臣の許可がなければ輸出できないとし、Yがヘリの性能を実際より低く偽って輸出しようとしたと認定した。
4. ①輸出管理体制はどうあるべきか。②輸出理令別表第一によるリスト規制は、どのような規制か。③大量破壊兵器の開発のおそれのある製品の規制はどのように行われるか。

【論点の解説】

1. 輸出管理体制はどうあるべきか（論点①）

> 主要論点1：　企業の輸出管理体制の基本は、輸出管理社内規程に基づく全社的な輸出管理体制であり、輸出管理部門による専門的な審査が必要である。

　企業の輸出管理体制の中心的な存在が、輸出管理社内規程（コンプライアンス・プログラム）と、これに基づき審査する輸出管理部門である。Yには企業内の輸出管理を管掌する輸出管理部門があったが、不正輸出をしようとした事業部は、事業部内で審査し輸出しており、Yの輸出管理体制の甘さを露呈したものである。

　Yの無人ヘリ不正輸出事件では、Yにコンプライアンス・プログラムがあった

---
[72]　浜松簡裁平成19年3月16日。（財）安全保障貿易情報センター「不正輸出事件の概要」HP（http://www.cistec.or.jp/export/ihanjirei/fuseiyusyutu_jiken.pdf）（確認日 2013年10月）。

ものの、担当事業部に輸出を任せていたため全社的な輸出管理本部が関与せず、その管理手続きに不備があった。また教育に関しては、輸出管理の重要性が周知徹底されておらず、現場が不正輸出のおそれがあると気づきながら無許可で無人ヘリを不正輸出することとなった。特に、無人ヘリの代金とは別に、毎年Yに数千万円が送金されていた事実からしても悪質な不正であったとされる。

コンプライアンス・プログラムの基本構成は、①基本方針（企業トップの遵守方針の明言）、②輸出管理体制、③管理手続き、④教育、⑤監査、⑥違反の告知および罰則、⑦グループ会社の指導・支援、などである。

このコンプライアンス・プログラムのあり方については、「不拡散型輸出管理に対応した輸出関連法規の遵守に関する内部規定の策定または見直しについて」（1994年告示）がある。その他、「外為法およびその関連政省令で定める輸出者等遵守基準」（2010年）があり、これらに基づいて経済産業省安全保障貿易管理課および（財）安全保障貿易情報センター（CISTEC）がホームページ等で「モデルCP」[73]を公表している。

2. 輸出貿易管理令別表第一によるリスト規制は、どのような規制か（論点②）

> 主要論点2：民生用の機器であっても、軍事転用できるものは、パラメータシート[74]による「該非判定」[75]が必要であり、仕向地によっては経済産業大臣の輸出許可が必要である。

Yの無人ヘリは、「輸出令別表第一」の4項（大量兵器の不拡散：ミサイル関連）の貨物「無人航空機」に該当し、経済産業省令で定める仕様は、以下のとおりである。

> 第3条 1の3：エアゾールを噴霧できるように設計した無人航空機であって、燃料のほかに粒子または液体状で20リットルを超えるペイロードを運搬することができるもののうち、次のいずれかに該当するもの（前号に該当するものま

---
73) （財）安全保障貿易情報センター「モデルCPのご紹介」HP
  （http://www.cistec.or.jp/export/jisyukanri/model_cp/model_cp.html）（確認日2013年10月）。
74) 経済産業省令49号を項番ごとにチェックリストとして編集したもの。
75) 規制対象品目が、軍事転用できるものなのかどうかを判断するもの。該当の場合には、経済産業大臣の輸出許可が必要である。

は娯楽もしくはスポーツの用に供する模型航空機を除く。)
　イ　自律的な飛行制御および航行能力を有するもの
　ロ　視認できる範囲を超えて人が飛行制御できる機能を有するもの

　これらの規制に該当する場合は経済産業大臣の輸出許可を要するが、Yはこれらに該当しないとして「非該当」品目として許可を得ることなく中国に輸出しようとした。このように規制対象製品の該当・非該当の判断（該非判定）は、基本的にパラメータシートによる企業の自主判断に任されているが、Yは自主的に「非該当」と判断し、不正輸出を行った。

　Yの無人ヘリは前長3.6 mある小型ヘリで、農薬散布のほか上空からビデオ撮影を行うことも可能であった。これらの無人航空機が規制の対象となっている理由は、農薬の代わりにサリンなどの有害物質を20リットル以上搭載できるようなものは、軍事転用されれば兵器となる可能性があるためである。実際に、中国は民生用の無人ヘリを改造して軍事用の兵器に転用した疑いがある。

　このように、民生用であっても軍事転用できるものは、パラメータシートにより該非判定を行い、該当品目は、仕向地によっては経済産業大臣の輸出許可が必要である。

3. 大量破壊兵器の開発のおそれのある製品の規制はどのように行われるか（論点③）

主要論点3：大量破壊兵器または通常兵器の開発等に用いられるおそれがあることを知った場合には、経済産業大臣の輸出許可が必要である。

　キャッチオール規制[76]とは、リスト規制の対象とされていない貨物・技術であっても、需要者や用途から大量破壊兵器または通常兵器の開発等に用いられるおそれがあることを知った場合（客観的要件）、またはそのようなおそれがあると経済産業省から通知された場合（インフォーム要件）に、経済産業大臣の輸出許可を義務づける制度である。

　対象となる貨物は輸出令別表第一、および技術は外為令別表の16項に記載さ

---

76) 国際条約として、核兵器不拡散条約（NPT）、生物兵器禁止条約（BWC）、化学兵器禁止条約（CWC）などがある。

れている。輸出令は、大量破壊兵器等を「核兵器、軍用の化学製剤もしくは細菌製剤もしくはこれらの散布のための装置またはこれらを運搬することができるロケットもしくは無人航空機」と規定している。したがって、Yの無人ヘリは、「無人航空機」に該当し、リスト規制だけでなくキャッチオール規制にも違反する。

なお、厳格な輸出管理の仕組みが構築されているホワイト国[77]向けの輸出は、キャッチオール規制の対象とはならない。

【企業法務の視点】
　安全保障貿易管理は世界の安全にかかるきわめて重要なものである。特に、2001年9月11日の米国同時多発テロや2005年のロンドン連続爆破テロなどテロ活動が活発となり、同時にイランや北朝鮮の核開発など、世界の安全を脅かす事件が相次いでいる。このような情勢の変化に対応するため、大量破壊兵器（核兵器、生物・化学兵器、ミサイル）の開発・製造に用いられる資機材と技術についての多国間輸出管理レジームが強化され、わが国もそのレジームに基づいて輸出管理体制がとられている。

　国際取引を行う企業としては、コンプライアンス・プログラムを整備し、適切な全社的な輸出管理体制をとる必要がある。また、パラメータシートによる該非判定は、技術部門の協力が不可欠であり、製品の仕様に基づいた正確な該非判定を行う必要がある。なお、輸出管理は専門的な知識を要する業務であるので、社内に人材がいない場合には経済産業省や安全保障貿易管理センター（CISTEC）に相談する必要があろう。違反の場合には、処罰を受けるだけでなく社会的制裁を受ける可能性がきわめて高いことを十分に認識する必要がある。

【発展問題】
1. 東芝機械のココム違反事件とはどのような事件か。
2. 輸出許可には個別輸出許可と一般包括輸出許可があるが、この違いは何か。

---

[77] 輸出令別表第三に記載する国。アルゼンチン、オーストラリア、オーストリア、ベルギー、ブルガリア、カナダ、チェコ、デンマーク、フィンランド、フランス、ドイツ、ギリシャ、ハンガリー、アイルランド、イタリア、大韓民国、ルクセンブルグ、オランダ、ニュージーランド、ノルウェー、ポーランド、ポルトガル、スペイン、スウェーデン、スイス、英国、アメリカ合衆国の27か国をいう（2013年6月現在）。

3. 輸出許可と役務取引許可とではどう違うか。
4. ソフトウェアをネット経由で外国に送付する場合も該非判定は必要か。

判例 No. 70[78]　【チェックポイント：不正輸出防止のためのキャッチオール規制とは何か】

【設問】

1. Y_1 は北朝鮮系貿易会社であり、同社の社長は北朝鮮国籍である。Y_2 は輸出入代行業者、Y_3 は長距離弾道ミサイルの開発に必要とされる直流磁化特性自記装置を製造・販売する機械製造メーカーである（以下、Y_1、Y_2、Y_3 を総称して「Y ら」という。）。
2. 2008 年春頃、Y_1 は、中国にある北朝鮮の軍需物資調達機関直轄の企業 A（本社・香港）の北京事務所から、ミサイル開発などに使われるおそれのある直流磁化特性自記装置をミャンマーに輸出するよう指示された。なお、A の平壌（ピョンヤン）事務所は、経済産業省が公表している外国ユーザーリスト（End User List/EUL）[79] に掲載されていた。
3. 2008 年 9 月、Y_1 は Y_3 に同装置を依頼し、北朝鮮の指示により Y らは共謀して同装置を横浜港からミャンマーの第 2 工業省（軍事政権下の軍事部門）に輸出しようとしたが、経済産業省から輸出許可が必要だと通告され輸出できなかった。
4. 2009 年 1 月、Y らは経済産業省の輸出許可を受けずに、マレーシアから迂回して同装置をミャンマーに不正輸出しようとしたが発覚。
5. 2009 年 6 月、経済産業省は、外為法に違反した無許可輸出未遂の疑いで、Y らを告発した。
6. キャッチオール規制の①「客観要件」に該当した場合、または②「インフォーム要件」に該当した場合の輸出規制はいかなるものか。

---

78)（財）安全保障貿易情報センター「不正輸出事件の概要」HP
　（http://www.cistec.or.jp/export/ihanjirei/fuseiyusyutu_jiken.pdf）（確認日 2013 年 10 月）。
79) 経済産業省が公表している需要者要件に該当する可能性が高いとする企業・機関の要注意企業リスト（http://www.meti.go.jp/policy/anpo/enduserlist.html）（確認日 2013 年 10 月）。

【論点の解説】
1. 大量破壊兵器キャッチオール規制の「客観要件」に該当した場合の輸出規制はいかなるものか（論点①）

> 主要論点1： 大量破壊兵器キャッチオール規制の「客観要件」に該当した場合、経済産業大臣の輸出許可が必要である。

輸出者が輸出取引に関して入手した契約書、注文書、仕様書等の文書または輸入者、需要者、利用者等からの連絡によって、貨物・技術が大量破壊兵器の開発等あるいは経済産業省が指定する核兵器開発等省令[80]の別表の行為に使用されているか、または貨物・技術の需要者、技術の利用者が大量破壊兵器の開発等またはその関連行為を行う、あるいは行った場合に「客観要件」に該当するとしている。「客観要件」に該当した場合には、経済産業大臣の輸出許可が必要である。技術の提供の場合も同様である。

客観要件には、「用途要件」と「需要者要件」がある。用途要件は、貨物・技術が大量破壊兵器等の開発等あるいは経済産業大臣が定める行為（例えば、核燃料物質もしくは核原料物質の開発等または核融合に関する研究など）に使用されるというような情報を入手した場合には、必ず輸出許可を必要とするものである。

一方、需要者要件は、貨物・技術の需要者や利用者が大量破壊兵器等の開発等またはその関連行為を行う、あるいは行った旨の情報を入手した場合、原則として輸出許可を必要とするものである。ただし、貨物の輸出または技術の提供が大量破壊兵器等の開発等以外に用いられることが明らかな場合[81]、輸出許可は不要である。

需要者要件の確認では、輸出者が入手する情報には、当該輸出の契約書や入手したパンフレット等のほか、経済産業省が公表している外国ユーザーリスト

---

[80] 輸出貨物が核兵器等の開発等のために用いられるおそれがある場合を定める省令（経済産業省令249号）（http://law.e-gov.go.jp/htmldata/H13/H13F15001000249.html）（確認日2013年10月）。
[81] 経済産業省の「輸出者等が『明らかなとき』を判断するためのガイドライン」に規定されており、通常、「明らかガイドライン」と呼ばれている。大量破壊兵器等および通常兵器に係る補完的輸出規制に関する輸出手続等について（平成24・03・23貿局第1号輸出注意事項24第24号）。

(EUL) が指定されている。

本件不正輸出の装置である直流磁化特性自記装置は、磁石を製造する過程で使用され、ミサイルの制御装置の部品に使われる磁石の性能を測定するために使われるほか、ウラン濃縮の遠心分離機に使われる永久磁石の製造にも必要とされるものである。このように同装置は大量破壊兵器の開発等にかかわるものである。Yらは、これらを知った上で同装置を不正にミャンマーに輸出しようとしたものであり、これらの輸出には輸出許可が必要である。

2. 大量破壊兵器キャッチオール規制の「インフォーム要件」に該当した場合の輸出規制はいかなるものか（論点②）

> 主要論点2：大量破壊兵器キャッチオール規制の「インフォーム要件」に該当した場合、経済産業大臣の輸出許可が必要である。

大量破壊兵器キャッチオール規制の要件は、上述の「客観要件」のほか「インフォーム要件」がある。「インフォーム要件」とは、輸出等しようとしている貨物等が大量破壊兵器等の開発等に使用されるおそれがあるとして、許可申請が必要である旨、経済産業大臣から通知（インフォーム）を受けた場合、経済産業大臣による輸出等の許可を取得しなければ輸出できないものである。

なお、キャッチオール規制は、客観要件またはインフォーム要件に該当するとの情報を得た場合（知った場合）にのみ輸出許可を受ける必要があるため「Know規制」ともいう。

【企業法務の視点】

故意に不正輸出しようとする試みは論外であるが、企業としてはこのような事件に巻き込まれないような対策をとっておかなければならない。そのためには、リスト規制による貨物・技術のパラメータシートによる該非判定だけでなく、キャッチオール規制による審査を行う必要がある。ただし、ホワイト国向けの輸出の場合はキャッチオール規制の対象となっていないので、最初にどこの国に輸出するのか確認する必要がある。北朝鮮は国連で規定する武器禁輸国・地域の1つで、これらの国と地域は「輸出令別表第三の二」に規定されている。これ

らの国に輸出する商談が発生した場合は、できるかぎり詳細かつ正確な情報を入手し、経済産業省またはCISTECに事前に相談すべきである。

なお、輸出許可を申請したからといって、必ずしも許可されるとは限らず、本件のようなケースでは、ほぼ間違いなく不許可になると思われる。いずれにせよ、企業としてはリスト規制による審査だけでなく、キャッチオール規制による厳重な審査を行い、これらの審査記録を保管しておくことが必要である。

【発展問題】
1. 最終需要者が化学工場であった場合、キャッチオール規制の審査は必要か。
2. 国際的な輸出管理レジーム（NSG、AG、MTCR、WA）の目的と加盟国を挙げよ。
3. 日本国内に居住する外国人に対する物品の売買は輸出行為に該当するのか。

判例 No. 71[82)] 【チェックポイント：迂回輸出防止のための対策は何か】

【設問】
1. Y_1 および Y_2 はともに貿易会社であり、Y_1 は20年ほど前から、北朝鮮に対し中古車などの対北朝鮮貿易を始めた。
2. 2008年、北朝鮮の国営企業から Y_1 に対しパワーショベルの発注があり、2009年3月、Y_1 は中国経由でパワーショベルを経済産業大臣の輸出許可を受けることなく北朝鮮に輸出しようとしたが、税関から輸出許可が必要との指摘を受けた。
3. 2009年4月、Y_1 は Y_2 と共謀し、Y_2 名義で輸出許可が不要な貨物とする虚偽の申告をした。このパワーショベルは、中国大連の北朝鮮系の貿易会社Aに輸出され、大連から北朝鮮の南浦（ナムポ）に運ばれた。なお、Aは核兵器などの開発に関与しているおそれがある外国企業として経済産業省が公表していた。
4. 2010年、経済産業省は Y_1 および Y_2 を、パワーショベルの輸出に関して、輸出令別表第一の16項に該当する貨物として輸出許可が必要となる旨の通知を受けていたにも拘わらず、許可を受けずに輸出したとして、外為法違反の容疑で告発した。
5. 迂回輸出の規制はいかなるものか。

---

82)（財）安全保障貿易情報センター「不正輸出事件の概要」HP
（http://www.cistec.or.jp/export/ihanjirei/fuseiyusyutu_jiken.pdf）（確認日2013年10月）。

【論点の解説】
1. 迂回輸出の規制とは

> 主要論点： 迂回輸出の規制はいかなるものか。

　あたかもＢ国に輸出するように見せかけて、実際はＢ国を経由して最終的な目的地であるＡ国に輸出することを迂回輸出という。例えばＡ国が懸念国[83]であり、輸出管理の規制により直接輸出できない場合に、Ｂ国を経由してＡ国に輸出することが行われる。特に、大量破壊兵器関連の輸出に関しては、最終仕向地に直接輸出することができないので、悪質な場合は故意に迂回輸出を行う事例が多い。

　わが国からの迂回輸出の典型例が、中国経由の北朝鮮への輸出である。中国はホワイト国ではなく、わが国や米国のように厳重な輸出管理体制がとられていない。また、中国は北朝鮮の友好国であり、中国から北朝鮮への輸出は比較的容易であるので、わが国の北朝鮮向けの不正輸出はこのような迂回輸出の事案が多い。

　本件は、最終仕向地であるに北朝鮮に輸出することができないので、故意に中国を経由してミャンマーに不正輸出しようとした事例である。不正輸出であることを知って行ったきわめて悪質な事案である。

【企業法務の視点】

　迂回輸出を防止するには、貨物等の最終仕向地を確認することが不可欠であるが、いくら最終仕向地が懸念国ではなかったとしても、本件のように、いったん中国に入った貨物の北朝鮮への再輸出を防止することはきわめて難しい。なぜなら中国と北朝鮮は友好国であり、物品の輸出入は定常的に行われているからである。

　企業としては、厳格な管理体制をとり、できるかぎり最終仕向地、最終需要者および用途を調べ審査するほかはない。万が一、北朝鮮等で自社製品等が発見された場合でも、不正輸出には関与していない証拠として、これら厳格かつ適正な

83）輸出令別表第四の地域（イラン、イラク、北朝鮮）の３か国をいう（2013年６月現在）。

審査をしたという証拠を提出することができる。企業としては、できるかぎり厳格な審査を行い、それらを証拠書類として保管しておく必要がある。

【発展問題】
1. キャッチオール規制には、大量破壊兵器キャッチオール規制と通常兵器キャッチオール規制があるが、これらはどのように異なるのか。
2. アメリカ合衆国への輸出も、キャッチオール規制の対象となるのか。
3. 中国にある日本企業の子会社に貨物を輸出する場合も、最終需要者・用途の審査は必要か。

第Ⅲ部　総　括

第1章 クレーム・紛争・訴訟への対応

第1節 クレームの発生と原因

1. クレームの発生と内容

　企業の事業活動が円滑に行われて、当該事業活動にかかわる者やその影響を受ける者すべてにとってそれぞれが満足のいく成果を享受することができるということは現実にはありそうにもない。むしろ企業は、事業活動に伴ってさまざまな苦情やクレームを受けるのが通常である。企業は、その事業活動によりこのようなクレームが企業の内外から発生することを前提として、日常の活動においてどのようにクレームに対応すべきか備える必要がある。なお、企業は、その事業活動において、クレームを受けるばかりではなく、クレームを申し立てる場合があるが、ここでは前者の立場におけるクレーム対応を検討する。

　クレームの発生源としては、次のように大きく分けて、①製品やサービスの取引の相手先である買手企業や顧客、②製品・サービスの買手である消費者、③事業活動の拠点における地域住民、④事業活動を所管する官公庁、⑤当該企業の株主、⑥当該企業の従業員、などを挙げることができる。

　企業の事業活動に対するクレームの内容は、その業種や規模により当然変わることになるが、上記発生源に応じて、①支払いや引渡時期等の契約上の取引条件や取引にかかわる情報などに関するもの、②品質や製造物責任などに関するもの、③安全や環境などに関するもの、④取締法規の遵守や違反などに関するもの、⑤株主の権利行使などに関するもの、⑥雇用条件などに関するもの、などさまざまであろう。

2. クレームの性質と原因

　企業が、最初にクレームを受けた時点では当該クレームの性質がどのようなものかは必ずしも明らかでないことが多い。クレームを申し立てる者は、単に道義的またはビジネス上の問題として責任を追求しようとしているのか、あるいは契約上または法律上の根拠に基づいて責任を追及しようとしているのか判然としていないのが通常である。申立者自身が認識しておらず、この意味におけるクレームの性質は、企業側の反応により、あるいは企業側とのやりとりの過程の中で明らかになってくる場合も多く見受けられる。申立てを受けた企業としては、その時点で当該クレームがいずれの性質を帯びたものか、あるいはいずれの方向へ向かうものか、できるだけ冷静に考察することが必要である。

　企業においてクレームを受ける窓口となる所管部門は、関連事業部門、品質検査・管理部門、安全・環境部門、総務部門、人事・労務部門などであるが、それらの部門が最初にクレームの性質を判断する役割を担うことになる。その判断がその後のクレーム対応に大きく影響するからである。

　クレーム申立者に対する態度としては、所管部門は、まず真摯に誠意をもって、いかなるクレームであってもその申立てを聞きとることが基本である。その上で、当該クレームが、単なる言いがかりや難癖の類ではなく、その申立てが合理的なものであると考えられる場合には、クレームの原因がどこにあり、どのようなものかを解明する作業に直ちに着手することが必要である。その原因がすぐに解明できる場合もあるが、少し複雑なクレームでは原因の究明は必ずしも容易なことではない。

　まず所管部門内で原因の究明に当たることになるが、申立者側に一方的に原因がある、あるいは企業側に一方的に原因があると断定できる場合は、事後のクレーム処理の方向性は明らかであろう。しかし、企業側に原因があると判断できる場合であっても当該所管部門のみで原因を究明することは困難な場合が多く、とりわけ申立者側、企業側の双方の複合的原因と疑われる場合には、当該所管部門の手に負えることではなく、関係部門の専門家を糾合した専門調査チームを発足させて、原因究明に当たる必要がある。当該クレームが技術的な問題にかかわる場合には、最初の段階から全社的専門調査チームを立ち上げることが必要であ

ろう。さらに、双方の複合的原因とみられる場合あるいは申立者側の原因とみられる技術的な問題を明確にする必要がある場合は、申立者側と企業側の共同調査チームによる原因究明が行われなければならない。できるだけ早い機会に、当該企業は、申立者に対して共同調査を申し入れて、双方の専門家による科学的かつ冷静な調査・分析を行うことが必要である。共同調査によって、いずれの側にどのような原因があり、どの程度の責任があるかが判明することが期待される。もっとも、科学的な調査・分析にも拘わらず、双方の専門家の見方が分かれる場合があるが、双方の専門家が共同調査チーム内における議論として意見交換するという位置づけが必要と考えられる。

第2節 クレームに対する処理判断基準と企業側の主張

1. 処理判断基準

上述したように、クレームを受ける所管部門の窓口の役割と対応は、その後の処理に大きく影響することになり、その意味において責任は重大である。当該窓口が陥りがちな初期対応における過ちは特に、①所管部門の窓口担当または責任者がクレームの性質と影響度を見誤る、②所管部門の窓口担当で処理しようとしてクレームをこじらせる、あるいは③所管部門内で無理に解決しようとする場合に見受けられる。このように初期対応を誤ると、当該クレームが一気に拡大ないし複雑化して、「紛争」に至る例が多く見受けられる。

各所管部門においては、クレームへの対応に関する知見の蓄積から、その手順や処理判断の基準についてルールができているのが通常と考えられるが、それが特定の個人のいわばノウハウとなっている、あるいは明文化されていない場合には、組織的な対応ができないおそれが生じる。また当該所管部門内において個別のクレームへの初期対応に当たる者は複数でなければならず、かつその初期対応をチェックするシステムを設けておくことが必要である。

各所管部門としては、適切な初期対応のために、所管部門内で共有化する明文化したガイドラインが必要と考えられ、法務部門の協力の下で、クレーム対応マニュアルを作成し、これに従ってクレーム対応が組織的に、システムとして行わ

れなければならない。もっとも、当該マニュアルは、申し立てられたクレームの性質や程度を判断する手がかりを提供し、その処理の基本的な手順を述べているにすぎず、その判断が困難な場合やその影響度が大きい場合には、法務部門をはじめとする関連部門との協議の必要が生じてくる。協議をいつどのような段階でするかという判断に迷いが生じることがある。この判断が遅れたばかりに、当該クレームの対応が後手になり、クレームを拡大ないし複雑化する例が数多く見受けられる。法務部門としては、できるだけ早期に協議するように、当該マニュアルで明確に指示するとともに、社内法務教育において周知徹底する必要があり、かついつでもクレーム対応について相談に応じる用意がある旨を表明し、その体制を整えておかなければならない。

　その際に、社内の関連委員会、例えば、品質管理委員会、製品安全委員会、環境委員会、情報管理委員会、コンプライアンス委員会などの全社的専門委員会との連携が必要である。各委員会は、所管の問題については全社的な責任を負っていることから、当該クレームの性質や程度に応じて、関連の委員会へ当該クレームを報告することにより、全社的・専門的な見地から当該クレームを検討することが可能となる。これらの委員会には法務部門が参加しているのが通常であり、法務部門は積極的に関与することが必要と考えられる。

2. 企業側の主張と交渉

　上述したように原因調査がなされ、その結果が判明した段階で、当該クレームに対して企業側から説明と主張がなされることになる。この説明と主張は、科学的調査・分析に裏づけられたものであり、関係する契約や法に基づく論理的かつ合理的なものでなければならない。当該所管部門は、このためには法務部門および関連部門との十分な協議を経る必要があり、その上で当該クレーム申立者との交渉を開始することになる。

第3節　紛争の内容と紛争への対応

1. 紛争の内容

上述したクレームの交渉が企業側の主張に沿って収束すれば、ここでいう「紛争」にまでには至らないが、当該交渉がもつれた場合には、紛争に発展することになろう。

会社法務部【第10次】実態調査の分析報告[1]によれば、企業活動に伴う紛争として多い順に、取引契約関係が段違いに最も多く、次の段階として労務・労災関係、倒産関係、知的財産権関係（著作権を除く）、消費者関係（景品表示法を含む）が続き、第3段階として独禁法関係、著作権関係、環境関係、事業提携・合弁関係、情報管理関係、会社法関係、税務関係が挙げられている。紛争の増加についての今後の見通しとしては、取引契約関係が圧倒的に多く、続いて、労務・労災関係、知的財産関係（著作権を除く）、消費者関係（景品表示法を含む）、倒産関係の順となっている。ここでは会社側が逆に取引先や第三者にクレームを申し立て、交渉がこじれて「紛争」にまで至った場合も含まれており、いわば双方向のクレームが発展した紛争の内容であると考えられるが、企業がクレーム申立てを受けた場合のクレームについてどのような内容が多いかを暗示していると推察される。

2. 紛争の処理方法

上記実態調査の分析報告によれば、紛争処理方法で重視する手段としては、当事者間の話合い（相対関係）が1位で他の選択肢に比べて突出して高く、次いで訴訟開始後の和解、3位が判決等、その他 ADR（調停・仲裁）となっている[2]。

上記の紛争の内容から判断すると、企業が抱えている紛争は基本的にビジネスにかかわる紛争であり、紛争の当事者間で相対の交渉により迅速かつ円満に解決を図ることが最優先であり、ビジネスの要請に合致する解決方法であるとい

---

1) 経営法友会・法務部門実態調査検討委員会（商事法務、2010）51-52, 54-55頁。
2) 経営法友会・前掲注1) 58-59頁。

える。一方で、このような相対の交渉は、ビジネスそのものの交渉でないことはもちろん、まったくビジネスから離れた交渉でもない。紛争当事者の双方の主張は、関係する契約や法に基づいた論理的ないし法的主張であって、この意味でどちらが法的な武装ができているかにより優劣が決まってくるのが基本と考えられる。その上で当該紛争に特有な事情があれば、当事者間のビジネス的な力の差が紛争の解決に反映されることになろう。

　相対の交渉における紛争の相手方に対する主張は、関連する契約や法に基づいて論理的に組み立てられたものでなければならい。法務部門は、交渉チームに参加することも含めて、所管部門や関連部門を引っ張っていく重大な役割を担っているのである。

　上述したクレームをめぐっての交渉は、文字どおり相対の交渉によるものであるが、当該所管部門の責任者のレベルにおける交渉にすべてが委ねられると考えるべきではない。当該クレームの性質や程度、さらにはそれまでの交渉の経緯に応じて、企業間の場合には経営トップ間の交渉が交渉の最後の手段として設定される必要があると考えられる。経営トップが、それぞれの企業の事業活動という大局的な観点から解決を図ることにより、妥協を含めた解決に成功する可能性が生まれてくるのであり、成功に至る例も数多く見受けられる。

　このような相対の交渉が決裂した場合には、通常、訴訟に移行することになる。交渉において主張や説明を尽くしたが、相手方から訴訟を提起された場合、あるいは相手方が不合理にも解決に応じないなどの場合には、訴訟によりそれぞれの主張の是非を決せざるを得ない。その他の紛争処理方法として調停や仲裁（ADR）も用いられるが、国内紛争においては訴訟がより多く選択されている。もっとも、上述のように訴訟が開始した後、和解に至る例も第2位の選択肢とされている。

　また、紛争の内容や性質あるいは経営者の考え方により、あるいは勝訴に確信があるときには、訴訟で黒白を決したいということからむしろ訴訟を選択する場合があると考えられる。

第4節　訴訟への対応

1．企業および法務部門における訴訟対策

　企業において訴訟を所管する部門は法務部門である。当該紛争にかかわるビジネスはそのビジネスを所管する事業部門や関係部門であり、紛争に至ったビジネスの最終的な責任は当該部門に帰属するのはもちろんであって、重要な訴訟の問題は取締役会により承認・決定されるのが通常であるが、訴訟を管理し追行する責任は法務部門にある。訴訟に至る紛争は、法務部門以外では対応できない問題であって、企業において最も困難かつ厄介な問題を処理できるのは法務部門であり、その責任は重大である。とりわけ法務部門を統括する責任者は、訴訟問題を含めて法律問題に対応できるのは法務部門であって、全社的な責任を自らが負っていることを自覚しておかなければならない。

　本書では国内法務を対象にしているので、ここでは国内訴訟問題を前提に訴訟への対応を検討し、国際訴訟への対応については別の機会に検討することとしたい。

　法務部門は、訴訟が提起されそうな場合あるいは訴訟を提起しようとする場合にはこれに備えて、直ちに訴訟対策に着手しなければならない。法務部門の主導の下、所管事業部門や関係部門との密接な協力体制を築くことが重要である。このために、当該紛争の規模や性質に応じて、各部門の専門家を結集した全社的な訴訟対策チームを立ち上げ、緊密な情報交換と共有、徹底した議論と調査、迅速な意思決定と実行などができるようにしなければならない。

　訴訟対策チームが取り組むべき仕事は、①まず、すべての証拠資料を徹底して収集し、詳細な検証・分析を行うことである。並行的に、②できるだけ多くの関係者からヒアリングを行い、検証・分析の結果を踏まえて、③必要な調査を幅広く行うこと、場合により科学的な裏づけのために試験を実施することも必要である。

　その上であるいは並行して、法務部門を中心に、④訴訟戦略の立案に取り組むことになる。当方の主張の強さと弱さを分析し、訴訟においてどのような主張を

するか、その組立てと論理の展開を具体的に検討し、相手方の反論を予想して、その対策を講じなければならない。さらに、場合により和解の可能性の検討も必要である。

　法務部門は、これらのどの段階で、弁護士を起用し、どのように弁護士を活用するかを考えることになる。

2. 弁護士の起用

　上記実態調査の分析報告によれば、訴訟における弁護士との役割分担については多い順に、「弁護士の主導の下で、証拠書類の収集等を行い、訴訟の追行を支援する」が第1位、次いで「弁護士と共同して訴訟戦略立案から準備書面作成までを行い、訴訟を追行する」であり、訴訟追行支援と共同訴訟追行が突出している。次の段階は、「訴訟追行は弁護士に委ねるが、法務部門が予算と進捗の管理を行う」、「最初の打合せのみで、訴訟は弁護士に委ねている」となっており、いわば訴訟は弁護士の仕事であるとして、法務部門の役割は消極的である。一方、「法務部門が全般に訴訟追行のイニシアティブをとり、弁護士は法廷活動のみを行う」という法務部門はごく少数にとどまっている。

　企業の規模や当該法務部門の力量の程度によって、訴訟における弁護士との役割分担が決まってくるが、企業の法務部門の全般的な現況は、訴訟追行支援型が主であり、共同訴訟追行型へ移行しつつあるということであろう。現況では弁護士依存型も少なくない。法務部門の理想は、訴訟追行イニシアティブ型であって、弁護士は主に法廷活動を担うということであり、訴訟追行支援型から共同訴訟追行型へ、さらに共同訴訟追行型から訴訟追行イニシアティブ型へと訴訟対応能力の向上を目指すことが必要と考えられる。

　役割を分担する弁護士には、社内弁護士、顧問弁護士、外部専門弁護士が考えられるが、まず社内弁護士は当初から訴訟対策チームの主要なメンバーとして参加することになる。顧問弁護士は、当該企業ないし法務部門にとって日常的な法律相談の相手であり、必ずしも当該紛争の分野で専門的な知見があるとは限らない。その場合にはあるいは顧問弁護士という関係にとらわれることなく、当該紛争の性質等に応じて、専門とする外部の弁護士を起用することが考えられる。もっとも、日本の弁護士は、欧米の弁護士ほど専門化は進んでいないのが現状で

ある。

　法務部門として、これらの顧問弁護士または外部専門弁護士を訴訟対策および訴訟活動のどの段階で起用して活用するかは、当該紛争の性質、規模や法務部門の力量の程度により、事案に応じて決定することになるが、いずれにしても当該弁護士との緊密な協力・信頼関係を築いて訴訟を追行することが必要と考えられる。

第2章 ビジネス・ローとリーガルプランニング

第1節　ビジネス・ローの基本原則

　ビジネス・ローとは何か、あるいはその範囲や対象はいかなるものかといった、定義や定説は存在しないし、そのような必要性はないといってもよいであろう。ビジネス・ローとは、主として企業および企業の事業活動にかかわる法規範のすべてが含まれるという、包括的な概念を前提として議論を進めることにしたい。

　まず、ビジネス・ローは多様な法規範を対象としているが、ビジネス・ローが依拠する基本原則はどのようなものであろうか。

1. 信義誠実と公正取引の原則

　信義誠実の概念は、わが国を含め大陸法の法制度の共通の核心に属し、そして米国の統一商事法典（UCC）および判例法の体系であるリステイトメントやオーストラリアのような他のコモンロー制度によっても認識されている。

　また、2009年の8月1日、日本法として発効した国際物品売買契約に関する国際連合条約（CISG）や各国契約法の国際リステイトメントといわれるユニドロワ国際商事契約原則において、信義誠実（good faith）と公正取引（fair dealing）の原則は重要な地位を占めている。当事者は国際取引における信義誠実および公正取引の原則に従って行動しなければならないとされている。信義誠実の概念が公正取引の原則とともに用いられており、当事者の行動が主観的な基準やそれぞれの国内法制度の基準に従って評価されるのではなく、国際ビジネスにおいて見いだされる客観的な基準、つまり市場における公正さの基準に従って評価されるべきことが明らかにされている。

　信義誠実と公正取引の原則の具体的な機能は、例えば契約関係においては次のように考えられる。第1に、すべての契約は信義誠実と公正取引に従って解釈さ

れなければならない。当事者の意図が明らかでない場合、裁判所は合意の文字どおりの条項によるのではなく、合理的な当事者が契約に与える意味に従って契約を解釈すべきである。第2に、信義誠実と公正取引は補充的な機能を有する。契約または制定法において明示に規定されていない補充的な権利・義務が当事者間に生じうるが、信義誠実と公正取引により黙示の条項として当事者の権利・義務が補充される。第3に、信義誠実と公正取引は制限的な機能を有する。当事者を拘束し、契約の文言においてまたは制定法により規定されるルールは、その効果が信義誠実と公正取引に反する範囲においては適用されない。このような制限的機能は、事情変更における契約の適合や不合理な契約条項の抑制などの法理を生み出したといわれている。

このように信義誠実と公正取引の原則は契約関係のみならずビジネスを規律する基本原則であり、ビジネス・ローの中核の基本原則と考えられる。

2. 公正取引と公正競争の原則

ビジネスにおける公正な取引は、当事者間で公正な競争が行われる環境が確保されていることが前提である。公正な取引は、公正な競争なくしては成り立ち得ない。市場主義経済の下ではビジネスにおける競争がその本質的要素であるが、市場に任せていては公正な競争を確保することはできない。公正な競争の場は、当事者間の関係によってではなく、ビジネス・ローの介入により設定することが可能となる。この意味においてビジネス・ローはビジネスを規律するルールであるといえる。当事者間における公正な取引は、このような競争環境において公正な競争を行うことにより達成することが可能である。公正取引の原則は、公正競争の原則を前提とした両者不可分の関係にあると考えられる。

3. ビジネス・ローの指導理念と社会的役割

ビジネス・ローはビジネスにかかわるルールを対象とするが、これはビジネスを規律するルールとビジネスを形成・運営するルールに大きく分けられる。

ビジネスの担い手である企業の事業活動は海外の子会社や関連会社を通じて世界に及んでおり、ビジネスは国境を越えた国際性を本来的に有している。この意味においてビジネス・ローは国際的な性格をもつものであり、その指導理念も

グローバルな視野で、つまり国内社会のみならず国際社会に通用するものでなければならない。

このような指導理念は次のように考えられる。

第1は、論理性と合理性であり、ビジネス・ローの考え方はビジネスの内外において論理的な思考方法と合理的な判断基準に基づいていなければならない。第2は、ルールの遵守と社会的妥当性であり、ビジネス・ローに基づくルールは、国内・国際社会に通用しうるものであることが必要である。ビジネス・ローは国内・国際社会における社会規範との共通基盤をもつ存在である。ビジネス活動は社会規範の上に存立している。社会規範は社会的妥当性として体現されるが、ビジネス活動は社会的妥当性に裏づけられたものでなければ持続し得ないからである。第3は、公正と信頼であり、ビジネス・ローによるルールは、ビジネスの内外から公正かつ信頼しうると評価されるものでなければならない。第4は、ビジネス・ローが構築するルールは、計画性と創造性を有するものであり、国内・国際社会に貢献しなければならない。

第2節　ビジネス・ローの対象領域と企業法務の機能

1. ビジネス・ローの対象領域

ビジネス・ローが対象とする領域は、ビジネスにおける企業およびその事業活動の法的側面であり、いわゆる企業法務と呼ばれている。企業法務にかかわる人は、直接の担い手である企業の法務部門、企業法務の案件を担当する弁護士や企業法務を研究の対象とする研究者などであるが、主たる担い手は企業の法務部門である。

まず、企業の法務部門は現在どのような法律業務を取り扱っているのであろうか。

いかなる企業も国内の事業活動から発展していく過程をたどる以上、法務部門の本来の領域は国内法務業務にあったが、わが国企業の国際化は、外国企業のわが国市場への参入、通商問題、規制緩和等に応じて国内においても急速に進んでおり、この意味において国内法務業務も変容しつつある。企業活動のグローバリ

ゼーションが進展すれば、企業は各国の法制度とその運用問題に直面する。そのグローバリゼーションの進展段階に応じて、国際法務業務がカバーする範囲は地理的に格段に広がるとともに、その内容においてますます多様化・複雑化している。

通常の事業活動に伴って生じる契約問題あるいは一般プロジェクトについては、法務部門は国内、海外ともわりと早い段階から参画しているのが通常であろう。

国内における買収、合弁、提携等、海外における買収、合弁、投資、現地法人設立、提携等、企業の事業活動に重要な影響を及ぼす重要プロジェクトについては、常に法務部門の参画が要請されている。法務部門は企画立案の早い段階から積極的に参画し、企画部門や事業部門等とともに主導的な役割を果たすべきであろう。とりわけ海外においてはその必要性はきわめて高いが、国際法務業務における力不足のため平均的にはその参画の程度と主導力はいまだ低いレベルにとどまっている。

国内における取引関係、知的財産、環境、消費者問題、雇用・労災、会社法関係等、海外における取引関係、知的財産、製造物責任、アンチダンピング、雇用関係、競争法等にかかわる紛争・訴訟については、法務部門が紛争発生部門に対して完全なリーダーシップをとり、全社的な問題として迅速に対応すべきであろう。コンプライアンスや内部統制システムについては、国内、海外とも法務部門が主導することが期待されている。

ビジネス・ローは、このような企業法務の法律問題を取り扱うので、その対象とする法領域は、国内関係では、物権法、債権法等の民法、知的財産法、会社法等の商法、独占禁止法、環境法、消費者法、労働法などであり、海外関係では、国際取引法、国際私法、国際民事訴訟法、さらに、代表的にはアメリカ法、イギリス法、EU法、中国法等の各国法や条約における契約法、知的財産法、競争法、通商法、環境法、消費者法、労働法、会社法など多岐にわたることになる。

2. 企業法務の機能

　企業法務の機能として、臨床法務、予防法務、戦略法務の３つの機能が区分して論じられ、臨床法務から予防法務へ、予防法務から戦略法務へと発展してきたといわれる。また、リスクマネジメントの観点から企業法務の機能をとらえることもできる。

　臨床法務とは、企業活動から生じたさまざまな紛争を事後的に処理する機能であり、かつて企業法務の機能はこれがすべてであったといえる。もっとも、現在この機能が軽んじられているというわけではなく、むしろ企業を取り巻く法的・社会的環境が厳しさを増しており、紛争さらには訴訟が国内、海外とも起こりやすくなっているだけに、紛争処理機能の強化が求められている。

　予防法務とは、企業活動における紛争の発生を未然に防止しようとする、あるいは紛争が不可避的に発生したとしてもその影響をできるだけ小さくしようとする機能である。臨床法務のみでは発生した紛争の影響を治癒するには不十分であり、その影響が企業活動に致命的となる場合もあることから、最良の治療法は予防であるとの考え方に基づいている。今日の企業法務はこの紛争予防機能に最大限の力を注いでいるが、問題はどのような方法で予防法務を実行するかという、具体的な方策の確立とその実行いかんにかかっている。

　戦略法務とは、企業経営の戦略がビジネス的戦略と法的戦略からなることを認識した上で、その法的戦略のために法律、法制度あるいは法的アプローチを武器として活用しようとする機能である。この法的戦略機能をどのような局面でどのような方法で展開できるかは企業法務の実力とその予見性・戦略性いかんにかかっている。

　これら３つの機能は逐次発展してきたものであるが、企業法務としてはいずれかの機能に偏するのではなく、これらをバランスよく維持するのが基本である。その上で企業を取り巻く環境あるいは各々の企業経営のニーズに応じて自在に、ある時期は臨床法務、他の時期は戦略法務に注力するといった弾力的かつ重層的にその機能を使い分けることが望ましい。

　また、リスクマネジメントとは、企業経営に重大な影響を及ぼすリーガルリスクを事前に予測し、これをコントロールしようとする考え方であり、予防法

務の考え方と同一である。潜在的リーガルリスクの抽出、発生頻度や損失規模の予測、問題点の法的分析、経営に対する影響度の評価、そしてリスク・損失の予防・軽減策の立案と実行に至る過程である。

しかし、臨床法務や予防法務は医療用語から、戦略法務やリスクマネジメントは経営用語からのいわば借り物であり、企業法務の機能を時代の要請に応じて現象的に述べているにすぎず、企業法務の本質的な機能を表現しているとはいえない。企業法務が依拠するビジネス・ローに立ち返ってその機能を検討する必要があると考えられる。

第3節 ビジネス・ローの方法論

1. ビジネス・ローの方法論としてのリーガルプランニング

厳しい社会的・法的環境の下でグローバルな事業を展開する企業は、ビジネス面におけるプランニングをサポートするリーガルプランニングを必要としている。ビジネス・ローは、上述したようにビジネスを規律するルールとビジネスを形成・運営するルールから成り立つが、これらのルールを探求するための方法としてリーガルプランニングの考え方が有用であると考えられる。

企業法務が臨床法務、予防法務、戦略法務のそれぞれにおいてこれまでに開発してきた手法と目的をリーガルプランニングという考え方で再構築し、さらにこの考え方に沿って新たなものを加えるならば、ビジネスにおけるプランニングに対応するリーガルプランニングの機能が明らかになり、これをビジネス・ローの方法論として位置づけることが可能になる。

さらに、企業法務の企業経営への貢献に対する期待に呼応して、経営における創造性につながるリーガルプランニングの考え方を企業法務の機能の中心に据えることができれば、ビジネス・ローの方法論としてのリーガルプランニングの機能は、現代のそして将来の企業法務のあり方を導くことになろう。

このリーガルプランニングは、次のような3つのアプローチによりその性格と機能を明らかにすることができる。第1は、ビジネス的アプローチであり、企業活動におけるビジネスの目的に対応して、その目的に貢献するような法的戦略

と法的枠組みを考案し、実行するという、ビジネスの視点から法的課題に取り組む。

　第2は、比較法的アプローチである。現代の企業活動はさまざまな局面において国境を越えてグローバリゼーションが進展しており、ビジネスが抱える問題は絶えずグローバルな視点から検討する必要に迫られている。したがって、ビジネスにおける法的問題も1つの国の法制度ないし法システムという枠内のみでは解決策を見いだすことは困難であり、多くの他国の法制度・法システム、さらには国際的な法システムないしルールを考慮に入れることが必要である。

　第3は、法政策的アプローチであり、企業活動を取り巻く法制度やルールの動向を見通して、その問題や解決策に関して社会に向けて提言する。このアプローチは、上記のビジネス的アプローチや比較法的アプローチの延長線上にあり、国際的な視野の中で法政策的な課題に取り組むものである。

2. 取引関係構築のリーガルプランニング

　ここでリーガルプランニングは実際にどのように展開され、どのような機能を果たすことができるのか、企業の基本的活動である「取引関係の構築」を例として検討する。

　リーガルプランニングとは、ビジネスのポリシーの設定および事業計画の立案からその実行に至るすべての事業活動の法的側面において、立案、交渉、履行と紛争、そして次の立案へとつながる一連の活動を意味しており、リーガルプランニングの機能と性格を「取引関係ないし契約関係の構築」に当てはめると次のように述べることができる。

（1）　フレームワークの設計

　企業の事業活動は、さまざまなビジネス上の取引関係となって具体化する。取引関係の法的な投影は当事者間における契約関係であるが、この契約関係は多くの要素から構成されており、本来的に多様である。この契約関係をビジネスの目的に沿ってどのような内容とするか、すなわちどのような法的フレームワークを構築するかがリーガルプランニングの第1の目標である。

（2） 新たなビジネス関係の創造

　フレームワークの設計は、単に事業活動のための器を用意するということではなく、事業活動を促進し、実現するために適切な基盤ないし枠組みを設けるものである。それは、1つの事業活動の実現を通じて新たなビジネス関係の創造を目指しており、リーガルプランニングは、法的な観点から企業の積極的な事業展開を可能とする契機を提供することに目標がある。

（3） 拘束力と強制力による実行

　さまざまな取引関係は、当事者間における契約締結によりそれぞれの契約関係、つまりフレームワークが構築されるが、それは当該契約の法的拘束力によって担保されている。当事者は契約上の義務を履行しなければならず、その違反に対して、相手方は仲裁または訴訟を提起することによって履行を強制する、または損害賠償を請求することができる。

（4） 計画に対する成果の評価

　契約締結時におけるフレームワークの設定という計画がどのように達成されたかどうか、また目的とする事業活動に適切なものであったかどうかなど、その成果が一定の時点で評価されなければならない。このような客観的な評価は、契約関係の当事者が途中で軌道を修正する、あるいは相互間の紛争を解決するためにも有用である。

（5） 成否の果実のフィードバックと活用

　企業は、他の数多くの企業とさまざまな取引関係を数多く構築している。グローバルに事業を展開する企業にその典型がみられる。1つの取引関係から得られる成果は、それが成功であればもちろんのこと、たとえ失敗であっても当該取引関係自体に、また他の取引関係や新たな取引関係にフィードバックして活用することが可能である。むしろ、契約締結時点におけるフレームワークの設定による計画は、当該企業のそれまでの数多くの取引関係から得られた知見とノウハウに基づいており、この意味における循環的創造性はリーガルプランニングにおける本来的な性格の1つである。

3. 事業関係構築のリーガルプランニング

「事業関係の構築」の例として、企業が内外において事業活動の積極的な展開を図ろうとして、他の企業と手を結ぶための提携関係に入る場合を取り上げ、リーガルプランニングの機能を考えてみる。

(1) フレームワークの設計

他企業との事業提携にはさまざまな選択肢がある。法的な観点からは、純粋契約型提携、少数資本参加型提携、ジョイントベンチャー型提携に大きく分けられる。さらにジョイントベンチャー型提携は、パートナーシップ型ジョイントベンチャー（有限責任の有無により、一般パートナーシップ型と有限責任パートナーシップ型）、コーポレート型ジョイントベンチャー（有限責任会社型と株式会社型）に分けられる。ビジネスの観点からは、事業の段階に応じて、研究開発提携、生産提携、研究開発・生産、マーケティング提携、生産・マーケティング提携、研究開発・生産・マーケティング提携に分けることができる。

事業提携の目的と性格、パートナーとの関係などを考慮して、どのような形態を選択すべきか、各形態のメリット・デメリットを慎重に検討して決定する必要がある。提携関係の目的を達成するのに最も適した形態を将来の事業活動の戦略に沿って長期的な観点から選択する必要があろう。

(2) 新たなビジネス関係の創造

事業提携の基本的な形態が決まれば、その器の中でどのような提携関係を当事者間で構築するのか、パートナーとなる相手方との交渉を通じて、具体的な契約関係に入る必要がある。例えば少数資本参加型提携の場合、どのような事業で提携するのか、提携から期待する利益は何か、出資比率はどれぐらいか、取締役は派遣するのか、提携関係を解消する場合の手続きと解消後の関係はどうするのかなどである。提携の内容が提携契約に織り込まれることにより、新たなビジネス関係が創造されることになる。

(3) 拘束力と強制力による実行

　事業提携契約は、当事者の提携事業に関する権利・義務とともに、提携事業の内容を定めるものである。例えばコーポレート型ジョイントベンチャーの場合、事業提携契約であるジョイントベンチャー契約は、合弁会社として有限責任会社または株式会社を設立し、その事業内容や運営の仕方とともに、メンバーまたは株主としての権利および義務を定める。提携の当事者は、事業提携契約に従って、すなわち契約に基づく拘束力の下で提携関係を構築し、提携事業を運営することになる。

(4) 計画に対する成果の評価

　提携関係は、提携契約の締結時点で当事者の利害が一致していても、当事者それぞれの事業における変化、さらに提携事業を巡る変化は、時間の経過とともに激しくなるであろう。提携関係は、本来的に不安定な要素を内包しているともいえる。しかし、そのような変化に対応できる当事者の事業戦略と提携事業から得られる利益があるならば、提携関係という戦略は、当事者の事業活動に大きな成果をもたらす可能性がある。このためには提携契約において、当初の提携計画を定期的に評価することとし、例えば新たなパートナーを受け入れる、あるいは提携事業の内容の見直しや軌道修正を図るような枠組みを設けておくことが必要である。

(5) 成否の果実のフィードバックと活用

　現代のビジネスにおいては、企業は数多くの企業とさまざまな提携関係に入っているのが通常である。1社単独で内外における激しい競争に生き残ることは難しく、緩やかな提携関係も企業グループの中に取り込んでいる。激しい競争環境下では提携関係すべてが当初の計画どおりに成功に至るわけではない。1つの提携関係の成功あるいは失敗の教訓は、次の新たなる提携関係に生かすことができる。提携関係の数が多くなればなるほど、それらの教訓や知見は、ノウハウとして新たな価値を創造すると考えられる。ここでもまた、リーガルプランニングの創造性が発揮されることになろう。

4. 不正競争防止システムのリーガルプランニング

　法制度に直接かかわる例として、営業秘密の漏洩や不正使用等による不正競争に対する防止のシステムをリーガルプランニングの観点からどのように取り組むべきかを検討する。

（1）　フレームワークの設計
　企業は、現行の不正競争防止法制の下で、組織的管理、技術的管理、法的管理および人的管理の観点から営業秘密管理のためのフレームワークを設計し、管理方針等の策定、組織体制、定期的な教育や情報開示、秘密保持契約の締結等に関する営業秘密管理システムを構築する。

（2）　新たなビジネス関係の創造
　営業秘密管理システムの構築は、単に防衛的な管理手法ではなく、新たに企業価値を創造し、測定するために不可欠な基盤である。企業は、新たな取引関係に入るためには契約交渉の前提として秘密保持契約を締結して、あるいは営業秘密であるノウハウ等の知的財産権をライセンスにより第三者に許諾して、他企業との新たなビジネス関係を創造することが可能である。

（3）　拘束力と強制力による実行
　企業は、営業秘密にかかわる内外の対象者として、役員・従業員、退職者、派遣社員、転入者、取引先やライセンシー等の第三者との秘密保持契約の締結・履行を通じて、その義務違反に対して、訴訟により損害賠償や差止めを求めることができる。さらに、当該秘密情報が不正競争防止法上の営業秘密に該当し、当該不正競争行為が不正競争防止法の要件を充足する場合には、不正競争防止法による保護を受けて差止めや損害賠償を請求できる。

（4）　計画に対する成果の評価
　当初設計した営業秘密管理システムは、法制の変化、IT技術の進歩、事業活動の変化等の環境変化に対応して、定期的に評価して見直すことが必要であろ

う。営業秘密管理システムについては、秘密情報の特定、アクセス制限、管理場所や方法等に関して人的、技術的、組織的な側面から見直すとともに、秘密保持契約についてもこれらの管理システムの見直しを織り込んだ契約内容に変えるべく見直すことが必要である。

このような見直しは、企業内部にとどまらず、現行の不正競争防止法では保護対象とならないような事態が生ずれば、例えば、目的要件の拡大や処罰対象となる行為態様の拡大を目指して、不正競争防止法の改正について提言することも必要となる。

（5）成否の果実のフィードバックと活用

構築された営業秘密管理システムが常に有効に機能するとは限らない。企業の事業活動が内外に拡大すればするほど、当該システムに不備が生じることもあろう。失敗例を含めて、その成果をフィードバックすることにより活用することが必要である。

5. ビジネス活動への貢献

ビジネス・ローのビジネス活動に対する貢献度を計数的に把握することは本来的に難しい。しかもその貢献度がビジネスという側面からも的確に評価されるべきとする認識も必ずしも十分ではない。しかし、企業を取巻く法的環境がますます厳しくなり、企業活動がますますグローバル化している現在、ビジネス・ローがビジネス活動に貢献できる程度と機会はかつてないほど格段に増している。ビジネス・ローにその基礎を有するリーガルプランニングは、ビジネスにおけるプランニングとともにビジネス活動の両輪となることが期待されている。

第4節　ビジネス・ローの研究

1. 研究の対象領域

　ビジネス・ローの対象とする法領域は幅広くかつ多岐にわたっている。ビジネス・ローの研究者は、研究の対象として特定の分野を主たる専門分野とするだけでは不十分であり、さらにこれにつながる第2の専門分野、第3の専門分野を自らの専門的研究の対象として設定することが必要であろう。これらの分野を有機的に研究することがそれぞれの専門分野の研究を進化させるために不可欠であると考えられる。

2. 専門的研究と比較法的研究

　ビジネスのグローバリゼーションが進展している環境下では、ビジネスの形成・運営を規律するルールもグローバルに通用することが必要であり、ビジネス・ローの研究は必然的にグローバルな性質をもっている。法学の研究には比較法による考察が必要という、単なる研究方法の意味においてのみならず、グローバルなルールとしての通用性をもつためには比較法の視点からの研究が不可欠と考えられる。一方、比較法的研究ということは、グローバルには至らないルールや法は考慮しないというのではなく、いわばローカルなものについてもその価値を認識し、併存させる必要があるということである。

3. 専門的研究と領域侵犯的研究

　法学の研究者は、とかく自ら設定した専門分野に狭く閉じこもりがちである。ビジネス・ローが多様で幅広い法領域を対象とする以上、特定分野における専門的研究もその分野内で完結することはあり得ない。必要に応じて自在に関連分野に領域侵犯して研究領域を広げる必要があると考えられる。このような領域侵犯的な研究ができなければ、特定分野の専門的研究には限界が生じてくる。研究テーマによっては、関連分野における研究も専門的研究からのアプローチなくしては成り立ち得ない場合もあろう。

4. 学際的研究と専門的研究

　ビジネス・ローは、ビジネスを形成・運営するルール、あるいはビジネスを規律するルールを探求する法であるから、ビジネスに直結している。ビジネス・ローの研究にビジネスからの視点を欠かすことはできない。この意味においてビジネスにまたがる学際的研究は、ビジネス・ローの特定分野における専門的研究を深めるために不可欠であると考えられる。また、ビジネス・ローの研究者は、あらゆる機会をとらえてビジネスの実際の姿を知るべく努力すべきであろう。

第5節　ビジネス・ローの教育

1. ビジネス・ロー教育の対象

　ビジネス・ローは、ビジネスを形成・運営するルールあるいはこれを規律するルールであるから、将来ビジネス活動にかかわるだろう人、あるいは現にかかわっている人をビジネス・ロー教育の対象とする。
　まず、ビジネス・ロー教育の対象は、ビジネス・ローを基礎的な素養や知識として身につけたい人とビジネス・ローを専門にしたい人に大きく分けられる。前者の教育は大学の法学部において、後者の教育は専門職大学院や法科大学院、研究者養成の大学院において行われることになろう。
　ところで、企業法務の主たる担い手である企業の法務部門における企業法務担当者には、どのような資質が求められるであろうか。

2. 企業法務を担う人材

　企業法務担当者は、法務部門を一時的ないわゆるキャリアパスとして他部門へ移ることを望んでいる者と、将来とも企業法務の専門家たらんとする者に分けられる。前者は、法務部門において企業法務の基礎的素養を身につけて他部門あるいは経営幹部への道を目指す者であろう。後者については専門家としての高いレベルと資質が要求される。しかも、リーガルプラニングの資質をもっている者の数はそれほど多くない。

上記分析報告によれば[1]、「法務担当者が信頼を得るために大切であると思うもの」は何かとして質問した項目の中で回答のあった高い比率の順番に、「幅広い法律知識」が他の項目と比較して圧倒的に高く、これに続いて、「業務の事情に精通していること」、「案件対応・回答などのスピード」、「ビジネス推進のための発想・センス」が挙げられている。一方、「深い法律知識」は低い水準であり、「自発的に他部署の案件に関与する積極性」、「積極的行動力」、「語学力」や「先見性」はさらに低い割合にとどまっている。

　これらの項目に対して、法務担当者全般（部門全体）として「現状実践できているもの」、さらに「これからも取り組んでいきたいもの」は何かとの質問に対する回答では、「幅広い法律知識」は、現状実践できているという達成度は低いが、これからも取り組んでいきたいものとしては最も多く選択されており、次いで多く選択された「深い法律知識」は、大切であると思うものとしては低い割合であり、現状実践できているかという達成度においても低水準であったが、将来の課題としては強く意識されている。また「語学力」も達成度はより低いが、これから取り組んでいきたいものとしては「ビジネス推進のための発想・センス」に次ぐ4番目の高い割合となっている。また「自発的に他部署の案件に関与する積極性」、「積極的行動力」や「先見性」は、達成度としては低水準であるが、これから取り組んでいきたいという課題としてはかなり割合が高くなっている。

3. 大学における学部教育

　ほとんどの大学において法学部の学生の大部分は就職するのが通常であろう。全国にあまた法学部が存在するが、ビジネスのニーズに応えうるような教育を行っているであろうか。法学部の学生自身も来たる職業生活に備えてどのような学修をなすべきかを自覚していることはほとんどない。教える側の専任教員すらもそのような問題意識あるいは使命感をもっていないように思われる。大学の法学部としては、一部の法曹志望者は別として、ビジネス・ローの基礎的教育を学修した学生を送り出す社会的責務があると考えられる。ビジネスにおいては、総務・法務、人事・労務、営業、管理・企画などどのような部門の仕事に従事する

---

[1] 経営法友会・法務部門実態調査検討委員会『会社法務部［第10次］実態調査の分析報告』（商事法務、2010）95, 101頁。

場合でも、ビジネス・ローの基礎的知識や考え方はそれぞれの仕事に不可欠なものである。

学部1年次は法学の基礎教育に当てられるが、2年次からビジネス・ローの基礎教育を始め、3年次までの2年計画を組むべきである。

ビジネス・ロー教育の方法としては、ビジネス・ローの核となる法律を柱に、いくつかのコースを設け、学生にとって魅力的なカリキュラムを編成し、将来の職業生活を視野に入れた教育内容とすべきであろう。

4. 大学院教育

法科大学院における教育の現状は、当初の理念から離れて、多すぎる法科大学院、合格率の大幅な低下、司法試験合格者の就職難などから、もっぱら司法試験合格のための教育に陥っており、ビジネス・ロー教育の場としては今後とも期待できないといっても過言ではない。すでに優秀な若者の法曹志望離れが、法科大学院の入学志願者数の激減にみられるように、顕著になっていると指摘されている。ビジネス・ロイヤーの養成は、企業の法務部門や法律事務所に就職した後、それぞれの組織における教育体制いかんにかかっているが、とりわけ企業の法務部門は、グローバリゼーションに対応できるようなビジネス・ロイヤーとしての法務人材を自ら育成する必要性に迫られているといえる。

社会人大学院あるいは専門職大学院において、ビジネス経験のある人、特定の専門分野を究めたい人などを対象にビジネス・ロー教育の場を設けることは継続学習の機会や学際研究などの観点から望ましいと考えられる。しかし、このような大学院におけるビジネス・ロー教育を標榜しているところが散見されるが、ビジネス・ローの一部をつまみ食い的に、あるいは教える側の体制不備のままに、大学経営の都合から開講している例がほとんどであろう。体系的なカリキュラムに基づく教育理念、有能な専任教員の配置など、格段の充実が必要と考えられる。

また、従来の研究者養成の大学院において、ビジネス・ローの研究者を養成するためには、レベルの高い専任教員の配置など長期の計画に基づいた研究教育体制の確保が不可欠であろう。

第6節　企業法務の組織と人材

1. 企業の組織としての法務部門

　組織としての法務部門の目標は企業経営の中枢に位置することであると思われる。簡単にいえば、戦略法務やリーガルプランニングを実質的に実践している、プロジェクトや主要な契約交渉の第一線に立っている、経営トップと直接つながっている、経営参謀として参画する、といった組織的な機能のことであるが、この段階に達している企業の法務部門はまだ先進企業の一部にすぎないと推察される。しかもそのレベルが満足すべきところまで行っているのは一握りであろう。

　このような目標は各社により多様であって法務部門の課題であるといいきってしまうことはできない。各企業の成長度や人材難などの制約はいろいろであろうが、全体として企業の法務部門はこの目標に向かってあるいはそのレベルを向上させるべく努力すべきであり、日夜努力していると思われる。

　上記分析報告によれば[2]、「法務部門が信頼を得るために大切であると思うもの」は何かとして質問した項目の中で回答のあった高い比率の順番に、「優秀な人材を有していること」、「経営・ビジネス全体を俯瞰してのバランス感覚」、「社内で良好な関係を構築していること」、「ビジネス推進のための発想・センス」が挙げられている。

　これらの項目に対して、法務担当者全般（部門全体）として「現状実践できているもの」、さらに「これからも取り組んでいきたいもの」は何かとの質問に対する回答では、「社内で良好な関係を構築」が現状実践できているものとして最も高い比率である。「優秀な人材」、「経営・ビジネス全体を俯瞰したバランス感覚」、「ビジネス推進のための発想・センス」は現状実践できているとはいいがたい水準にとどまっており、これから取り組んでいくべき課題とされている。一方、「海外の法務情報に強い」は、法務部門として信頼を得るために大切なもの

2）経営法友会・前掲注1) 88, 94頁。

としては相当に低い割合で、かつ現状実践できていないが、これから取り組んでいきたいものとして1位であり、グローバリゼーションに直面している法務部門の課題に位置づけられている。なお、「社外の弁護士とのつながり」や「意見や助言等の一貫性」は、信頼を得るために大切なものとしては低い水準にとどまっているが、現状実践できているものとしては高い割合であって、実践は当然のこととされている。

　上述したように、法務部門への経営面ないし経営者からの期待、法務部門の経営における位置づけと使命を考えると、法務部門、とりわけ法務部門の長としての責任者は、グローバリゼーションに対応できるような優秀な人材をどのように採用し、育成していくかの大きな課題を抱えている。現代の経営環境下の企業における人材の育成問題は、どの部門にとっても永遠の課題であるが、法務部門はグローバリゼーションに対応できる法務人材の育成という喫緊の問題に迫られている。しかし、短期間で簡単に解決できるような問題ではなく、長期の一貫した方針の下に育成計画を立て、あらゆる労力と金銭的支出も惜しむことなく、根気強くやり抜く以外に道はないと考えられる。

　法務部門は、この意味において、優秀な若者の採用・育成のためには人材供給源の多様な選択肢をもっておくべきであろう。企業により優先順位は異なるであろうが、上述したように、法学部、社会人大学院・専門職大学院、法科大学院、司法試験合格者などから、法務担当者の資質を潜在的にもっている人材を見分けて採用する、また外部から中途採用者、日本の弁護士や外国の弁護士等の法曹資格者の調達を図る必要もあると考えられる。

　わが国企業の交渉相手である、あるいは競争相手である海外の企業は、法務部門に量と質の両面において豊富な人材を配しているのが通常である。海外あるいは国内において彼らに対抗するために企業法務は、契約交渉能力と紛争処理能力を格段に高める必要がある。これらの法的能力はわが国企業がグローバル市場において勝ち抜くために不可欠な能力であり、その裏づけとなるのは上述したリーガルプランニングの力である。リーガルプランニングの力を蓄えるには各企業において長年にわたる経営資源の投入と経験が必要であり、その力の強弱は企業経営の盛衰に影響すると考えられる。

　また、先進企業法務部門はその知見を惜しむことなく後進企業法務部門に開陳

し、後進企業法務部門はそれを積極的に学修すべきであり、全体として企業の法務部門のレベルが上がれば上がるだけ、先進企業を含めて各企業法務部門の地位向上に大いに役立つことになろう。

2. 個人としての企業法務担当者

　組織としての法務部門の果たすべき機能や課題を展望すると同時に、個人としての法務担当者についても展望することが必要であろう。すでに法務担当者としての資質については考察してきた。それでは法務担当者が将来進むべき道はどのようなものであろうか。大きく3つに分けて考えてみる。

　1つ目は、法務部門の長としての道である。取締役、執行役やジェネラルカウンセルなど法務部門の責任者となることである。そこまで到達できない場合には企業法務の法律家としてのプロフェッションを極める道であるかもしれない。したがって、法務担当者として企業人としての人生を全うすることになる。

　2つ目は、経営者としての道である。法務担当者としての経験は1つのキャリアにすぎない。経営者の資質を自覚する者は企業法務の知見をある程度蓄積して、かなり早い時期に法務部門から他部門に転進するのが望ましい。

　3つ目は、大学の研究者としての道である。法務担当者としての経験を通じて法律学の面白さに目覚めて大学の研究者を目指す者であるが、この道はできるだけ早い時期（40歳代半ば）に転身することが望ましい。そこまでの自信や力のない場合は相当な年齢になってから、あるいは定年退職前後に教育者として大学人に転身することになろう。

　いずれの道が良いというわけではなく、各人の資質と人生観・価値観による選択肢であるが、どの道に行き着くこともきわめて難関であろう。しかしいずれもそれぞれに面白く、各人の資質と努力に応じて大きな活躍の舞台が開かれている。いずれの道を目指すかの決意は法務担当者として意気の高い時代（遅くとも40歳代前半）に固めるべきであろう。法務部門の将来といっても、結局は法務担当者の各人の生き方、使命感や幸福感の問題に行き着くことになるからである。

判例索引

あ行

青森地判平成 15 年 3 月 14 日	354
大阪高判昭和 61 年 12 月 9 日	70
大阪高判平成 8 年 10 月 25 日	97
大阪高判平成 9 年 3 月 28 日	101
大阪高判平成 10 年 7 月 31 日	75
大阪高判平成 10 年 9 月 2 日	123
大阪高判平成 11 年 6 月 17 日	220
大阪高判平成 15 年 5 月 27 日	317
大阪高判平成 18 年 6 月 9 日	35
大阪高判平成 19 年 6 月 21 日	292
大阪高判平成 20 年 4 月 25 日	399
大阪高判平成 21 年 10 月 23 日	191
大阪高判平成 22 年 3 月 26 日	192
大阪高判平成 24 年 5 月 25 日	194
大阪高判平成 24 年 11 月 12 日	188
大阪地決昭和 62 年 11 月 18 日	208
大阪地判昭和 50 年 5 月 22 日	94
大阪地判昭和 59 年 12 月 20 日	320
大阪地判平成元年 3 月 8 日	301
大阪地判平成 7 年 11 月 7 日	101
大阪地判平成 7 年 12 月 20 日	86
大阪地判平成 12 年 6 月 30 日	275
大阪地判平成 12 年 9 月 20 日	36
大阪地判平成 13 年 7 月 19 日	130
大阪地判平成 14 年 1 月 30 日	237
大阪地判平成 14 年 8 月 29 日	87
大阪地判平成 14 年 12 月 26 日	317
大阪地判平成 15 年 3 月 5 日	223
大阪地判平成 18 年 4 月 27 日	154
大阪地判平成 18 年 5 月 19 日	292
大阪地判平成 18 年 11 月 16 日	326
大阪地判平成 20 年 10 月 14 日	327
大阪地判平成 22 年 3 月 15 日	130
大阪地判平成 22 年 7 月 15 日	316
大阪地判平成 23 年 7 月 25 日	66
大阪地決平成 24 年 4 月 13 日	214
大阪地判平成 25 年 7 月 16 日	335
大判昭和 6 年 8 月 7 日	72
岡山地判平成 17 年 10 月 26 日	203

か行

鹿児島地判平成 20 年 5 月 20 日	203
京都地判昭和 48 年 9 月 19 日	353
京都地判平成元年 6 月 15 日	301
京都地判平成 4 年 8 月 5 日	220
京都地判平成 14 年 7 月 23 日	232
京都地判平成 18 年 4 月 13 日	280
京都地判平成 21 年 4 月 23 日	188
京都地判平成 21 年 9 月 30 日	192
神戸地裁姫路支判平成 17 年 5 月 9 日	252
神戸地裁平成 14 年 4 月 5 日和解成立	411

さ行

最決昭和 30 年 6 月 22 日	358
最決昭和 48 年 3 月 1 日	213
最決平成 15 年 1 月 14 日	360
最決平成 21 年 3 月 16 日	360
最決平成 21 年 5 月 29 日	214
最決平成 22 年 2 月 23 日	214
最決平成 23 年 6 月 2 日	214
最高裁決定平成 24 年 2 月 8 日	393
最判昭 40 年 9 月 22 日	242
最判昭和 35 年 3 月 11 日	274
最判昭和 35 年 3 月 15 日	228
最判昭和 37 年 8 月 10 日	103
最判昭和 40 年 3 月 26 日	362
最判昭和 40 年 9 月 10 日	75
最判昭和 40 年 9 月 22 日	246
最判昭和 43 年 12 月 13 日	313
最判昭和 44 年 3 月 28 日	246
最判昭和 44 年 11 月 26 日	220
最判昭和 44 年 12 月 2 日	245
最判昭和 45 年 4 月 10 日	76

最判昭和 45 年 6 月 24 日	*365*	最判平成 15 年 10 月 10 日	*66, 262*
最判昭和 45 年 7 月 28 日	*265*	最判平成 15 年 4 月 18 日	*256*
最判昭和 48 年 5 月 22 日	*240*	最判平成 15 年 4 月 22 日	*314*
最判昭和 48 年 7 月 19 日	*74, 124*	最判平成 16 年 7 月 16 日	*123*
最判昭和 49 年 3 月 7 日	*123*	最判平成 16 年 11 月 18 日	*63*
最判昭和 49 年 7 月 22 日	*277*	最判平成 17 年 2 月 15 日	*230*
最判昭和 50 年 4 月 24 日	*359*	最判平成 17 年 6 月 3 日	*248*
最判昭和 50 年 4 月 25 日	*272*	最判平成 18 年 3 月 30 日	*350*
最判昭和 52 年 3 月 17 日	*72*	最判平成 18 年 4 月 10 日	*407*
最判昭和 52 年 8 月 9 日	*284*	最判平成 18 年 7 月 20 日	*112*
最判昭和 52 年 12 月 13 日	*263*	最判平成 18 年 10 月 6 日	*265*
最判昭和 53 年 3 月 14 日	*397*	最判平成 18 年 11 月 2 日	*353*
最判昭和 53 年 12 月 15 日	*122, 123*	最判平成 19 年 2 月 15 日	*119*
最判昭和 54 年 2 月 15 日	*118*	最判平成 19 年 6 月 28 日	*252*
最判昭和 55 年 1 月 11 日	*123*	最判平成 19 年 8 月 7 日	*208*
最判昭和 57 年 3 月 30 日	*126*	最判平成 19 年 12 月 14 日	*292*
最判昭和 58 年 2 月 22 日	*235*	最判平成 20 年 7 月 18 日	*378*
最判昭和 58 年 10 月 27 日	*272*	最判平成 20 年 12 月 16 日	*124*
最判昭和 61 年 7 月 14 日	*253*	最判平成 21 年 3 月 27 日	*71, 124*
最判昭和 61 年 9 月 25 日	*228*	最判平成 21 年 7 月 9 日	*39*
最判昭和 61 年 12 月 4 日	*277*	最判平成 21 年 12 月 18 日	*252, 400*
最判昭和 62 年 11 月 10 日	*118*	最判平成 22 年 3 月 25 日	*280*
最判平成 5 年 11 月 25 日	*125*	最判平成 22 年 6 月 1 日	*70, 341*
最判平成 6 年 1 月 20 日	*239*	最判平成 22 年 7 月 12 日	*256*
最判平成 7 年 4 月 14 日	*125, 130*	最判平成 22 年 7 月 15 日	*242*
最判平成 8 年 9 月 26 日	*265*	最判平成 22 年 7 月 20 日	*90*
最判平成 8 年 10 月 28 日	*66*	最判平成 22 年 10 月 14 日	*88*
最判平成 9 年 6 月 5 日	*124*	最判平成 23 年 10 月 18 日	*102*
最判平成 10 年 11 月 26 日	*228*	最判平成 24 年 2 月 20 日	*137*
最判平成 11 年 1 月 29 日	*123*	最判平成 24 年 3 月 16 日	*182, 187*
最判平成 11 年 2 月 29 日	*122*	最判平成 24 年 4 月 27 日	*265*
最判平成 11 年 5 月 17 日	*118*	最判平成 24 年 11 月 27 日	*63*
最判平成 11 年 9 月 17 日	*254*	最判平成 25 年 3 月 7 日	*63*
最判平成 13 年 11 月 27 日	*345*	最判平成 25 年 4 月 12 日	*192, 198*
最判平成 14 年 1 月 22 日	*232*	札幌高決平成 22 年 9 月 16 日	*214*
最判平成 14 年 7 月 11 日	*81*	札幌高判平成 18 年 9 月 28 日	*186*
最判平成 14 年 9 月 24 日	*70*	札幌地決平成 18 年 7 月 20 日	*262*
最判平成 15 年 2 月 21 日	*232*	仙台地決平成 6 年 9 月 30 日	*100*
最判平成 15 年 4 月 11 日	*301*	仙台地決平成 14 年 11 月 14 日	*256*

た行

知財高判平成 18 年 8 月 31 日	*306*
知財高判平成 18 年 10 月 19 日	*306*
知財高判平成 18 年 12 月 26 日	*304*
知財高判平成 20 年 1 月 17 日	*322*
知財高判平成 23 年 7 月 21 日	*331*
知財高判平成 24 年 10 月 17 日	*338*
知財高判平成 24 年 10 月 25 日	*312*
千葉地裁佐倉支部決平成 8 年 7 月 26 日	*100*
津地判平成 21 年 2 月 19 日	*270*
東京高判平成 25 年 1 月 30 日	*223*
東京高決昭和 51 年 11 月 11 日	*353*
東京高決平成 16 年 8 月 4 日	*211*
東京高決平成 20 年 9 月 12 日	*212*
東京高決平成 22 年 10 月 27 日	*214*
東京高判昭和 28 年 12 月 17 日	*140*
東京高判昭和 55 年 9 月 26 日	*140, 148*
東京高判昭和 57 年 8 月 25 日	*100*
東京高判昭和 57 年 11 月 29 日	*83*
東京高判昭和 59 年 11 月 28 日	*85*
東京高判昭和 60 年 5 月 28 日	*85*
東京高判昭和 60 年 12 月 4 日	*306*
東京高判昭和 62 年 3 月 30 日	*100*
東京高判平成 3 年 12 月 17 日	*301*
東京高判平成 4 年 11 月 16 日	*228*
東京高判平成 5 年 3 月 29 日	*171*
東京高判平成 5 年 12 月 14 日	*94, 143*
東京高判平成 6 年 9 月 14 日	*101*
東京高判平成 7 年 9 月 25 日	*147*
東京高判平成 8 年 2 月 8 日	*238, 243, 244*
東京高判平成 9 年 7 月 31 日	*101*
東京高判平成 11 年 2 月 3 日	*186*
東京高判平成 12 年 2 月 23 日	*141*
東京高判平成 12 年 11 月 9 日	*302*
東京高判平成 14 年 6 月 7 日	*165*
東京高判平成 14 年 12 月 5 日	*100*
東京高判平成 15 年 8 月 7 日	*311*
東京高判平成 15 年 12 月 11 日	*265*
東京高判平成 16 年 3 月 26 日	*153*
東京高判平成 17 年 1 月 18 日	*221*
東京高判平成 17 年 3 月 23 日	*205*
東京高判平成 17 年 6 月 15 日	*208*
東京高判平成 17 年 7 月 13 日	*262*
東京高判平成 18 年 11 月 29 日	*380*
東京高判平成 19 年 12 月 13 日	*76*
東京高判平成 20 年 4 月 24 日	*346*
東京高判平成 20 年 5 月 21 日	*381*
東京高判平成 20 年 9 月 25 日	*346*
東京高判平成 20 年 9 月 26 日	*141*
東京高判平成 21 年 9 月 30 日	*182*
東京高判平成 21 年 10 月 23 日	*137*
東京高判平成 23 年 8 月 31 日	*22*
東京高判平成 23 年 12 月 21 日	*216*
東京高判平成 24 年 10 月 25 日	*182, 188*
東京地決昭和 63 年 12 月 2 日	*208*
東京地決平成元年 7 月 25 日	*208*
東京地決平成元年 9 月 5 日	*208*
東京地決平成 4 年 1 月 31 日	*256*
東京地決平成 13 年 8 月 10 日	*270*
東京地決平成 18 年 1 月 13 日	*274*
東京地決平成 19 年 12 月 19 日	*214*
東京地決平成 22 年 7 月 30 日	*280*
東京地昭和 35 年 6 月 9 日	*85*
東京地昭和 40 年 8 月 31 日	*320*
東京地昭和 48 年 12 月 25 日	*186*
東京地判昭和 50 年 2 月 24 日	*312*
東京地昭和 56 年 6 月 12 日	*220*
東京地昭和 56 年 9 月 30 日	*100*
東京地昭和 56 年 10 月 27 日	*85*
東京地昭和 57 年 10 月 19 日	*100*
東京地昭和 62 年 1 月 30 日	*334*
東京地昭和 63 年 1 月 28 日	*228*
東京地判平成元年 8 月 22 日	*228*
東京地判平成元年 9 月 29 日	*230*
東京地判平成 2 年 8 月 28 日	*110, 111*
東京地判平成 3 年 2 月 25 日	*284*
東京地判平成 3 年 6 月 14 日	*68*
東京地判平成 3 年 7 月 19 日	*100*

東京地判平成 4 年 9 月 1 日	*220*	東京地判平成 20 年 7 月 29 日	*181*
東京地判平成 5 年 9 月 21 日	*241*	東京地判平成 20 年 3 月 28 日	*181*
東京地判平成 5 年 9 月 27 日	*97*	東京地判平成 20 年 10 月 22 日	*404*
東京地判平成 11 年 2 月 5 日	*102*	東京地判平成 20 年 12 月 10 日	*160*
東京地判平成 11 年 7 月 12 日	*302*	東京地判平成 20 年 12 月 25 日	*275*
東京地判平成 12 年 3 月 17 日	*301*	東京地判平成 21 年 1 月 29 日	*360*
東京地判平成 12 年 4 月 26 日	*273*	東京地判平成 21 年 4 月 13 日	*181*
東京地判平成 12 年 5 月 22 日	*198, 203*	東京地判平成 21 年 7 月 9 日	*369*
東京地判平成 12 年 6 月 29 日	*331*	東京地判平成 21 年 9 月 15 日	*148*
東京地判平成 12 年 7 月 27 日	*220*	東京地判平成 21 年 10 月 22 日	*384*
東京地判平成 13 年 11 月 16 日	*110*	東京地判平成 22 年 1 月 22 日	*87*
東京地判平成 13 年 12 月 3 日	*270*	東京地判平成 22 年 3 月 24 日	*274*
東京地判平成 13 年 5 月 25 日中間判決	*297*	東京地判平成 22 年 5 月 12 日	*171*
東京地判平成 14 年 8 月 30 日	*284*	東京地判平成 22 年 5 月 26 日	*194*
東京地判平成 14 年 9 月 19 日中間判決	*312*	東京地判平成 22 年 6 月 30 日	*108, 112*
東京地判平成 14 年 9 月 27 日	*345*	東京地判平成 23 年 10 月 31 日	*270*
東京地判平成 14 年 12 月 16 日	*358*	東京地判平成 23 年 11 月 30 日	*374*
東京地判平成 15 年 9 月 12 日	*75*	東京地判平成 23 年 12 月 14 日	*338*
東京地判平成 16 年 1 月 28 日	*301*	東京地判平成 23 年 2 月 3 日	*331*
東京地判平成 16 年 1 月 30 日	*314*	東京地判平成 23 年 2 月 18 日	*216*
東京地判平成 16 年 3 月 10 日	*87*	東京地判平成 23 年 5 月 19 日	*251*
東京地判平成 16 年 3 月 31 日	*164*	東京地判平成 23 年 6 月 2 日	*378*
東京地判平成 16 年 4 月 15 日	*101*	東京地判平成 24 年 2 月 17 日	*280*
東京地判平成 16 年 5 月 13 日	*229, 230*	東京地判平成 24 年 2 月 7 日	*220*
東京地判平成 16 年 6 月 18 日	*320*	東京地判平成 24 年 3 月 15 日	*217*
東京地判平成 16 年 6 月 23 日	*389*	東京地判平成 24 年 3 月 29 日	*87*
東京地判平成 16 年 7 月 9 日	*110*	東京地判平成 24 年 7 月 19 日	*225*
東京地判平成 17 年 2 月 10 日	*395*		
東京地判平成 17 年 3 月 23 日	*307*	**な行**	
東京地判平成 17 年 4 月 22 日	*87*	名古屋高判昭和 63 年 9 月 29 日	*85*
東京地判平成 17 年 6 月 24 日	*286*	名古屋高判平成 17 年 2 月 23 日	*275*
東京地判平成 17 年 9 月 2 日	*289*	名古屋高判平成 18 年 1 月 11 日	*364*
東京地判平成 18 年 12 月 27 日	*310*	名古屋高判平成 19 年 11 月 19 日	*178*
東京地判平成 19 年 1 月 19 日	*311*	名古屋高判平成 21 年 2 月 26 日	*194*
東京地判平成 19 年 4 月 27 日	*311*	名古屋地裁昭和 59 年 2 月 21 日	*100*
東京地判平成 19 年 5 月 22 日	*82*	名古屋地判平成 8 年 9 月 2 日	*316*
東京地判平成 19 年 7 月 17 日	*322*	名古屋地判平成 16 年 4 月 9 日	*197*
東京地判平成 19 年 11 月 26 日	*38*	奈良地判昭和 45 年 10 月 23 日	*283*
東京地判平成 19 年 12 月 6 日	*228*		

は行

浜松簡裁平成 19 年 3 月 16 日　　*418*
広島高判昭和 52 年 1 月 24 日　　*270*
広島高判平成 16 年 9 月 2 日　　*266*
広島地判平成 16 年 7 月 6 日　　*198*
広島地判平成 22 年 4 月 13 日　　*404*
福井地判平成 21 年 4 月 22 日　　*273*
福岡簡裁命令平成 19 年 3 月 16 日　　*362*
福岡高判昭和 41 年 6 月 7 日　　*359*
福岡地判平成 3 年 5 月 14 日　　*230*
福岡高判平成 8 年 7 月 30 日　　*256*
福岡地判平成 18 年 9 月 22 日　　*98*
福岡高判平成 19 年 6 月 19 日　　*95, 98*
平成 7 年 10 月 13 日勧告審決　　*159*
平成 10 年 12 月 14 日勧告審決　　*171*
平成 12 年 2 月 2 日勧告審決　　*165*
平成 13 年 8 月 1 日審判審決　　*158*
平成 15 年 6 月 27 日審判審決　　*143*

平成 16 年 6 月 14 日勧告審決　　*158*
平成 18 年 11 月 27 日審判審決　　*148*
平成 18 年 3 月 8 日審判審決　　*143*
平成 18 年 5 月 16 日排除措置命令　　*165*
平成 19 年 6 月 22 日同意審決　　*176*
平成 21 年 6 月 22 日排除措置命令　　*176*
平成 22 年 6 月 9 日審判審決　　*159*
平成 22 年 12 月 1 日排除措置命令　　*159*
平成 23 年 3 月 16 日勧告　　*176*
平成 23 年 7 月 6 日審判審決　　*143*
平成 25 年 2 月 26 日勧告　　*176*

や行

横浜地判平成 15 年 12 月 16 日　　*262*
横浜地判平成 20 年 12 月 4 日　　*182*
横浜横須賀支部昭和 54 年 2 月 26 日　　*353*

事項索引

あ行

アートネイチャー事件　204, 219
相指名業者　91, 92
IT　285
IP アドレス　294, 295
青森・岩手県境不法投棄事件　350
赤福事件　399
アルゴリズム　338
安全保障貿易管理　416, 418
アンチウイルス・ソフト　285
Anti-Bribery Act（イギリス）　363
暗黙の合意　147
委員会設置会社　7, 235
依拠性　323, 325
育児介護休業法　254
意思の連絡　147
一部事務組合　88
逸失利益　82, 85, 87, 157
一定の取引分野　140
インサイダー取引　385
　　──管理体制　384
インフォーム要件　420, 422, 424
WinMX　287
迂回輸出　425, 426
請負契約　83
　　──上の瑕疵　69, 70
　　──的性格　83
請負人の瑕疵担保責任　67
営業秘密　283, 331, 335, 336, 337
　　──管理システム　449, 450
ADR　434
M＆A　204
MBO　204, 212, 213, 214, 215, 216
OEM 商品　327
オーストラリア・グループ　417
オープンループ事件　214
親事業者　174

か行

オリンパス事件　11, 41

海外腐敗行為防止法（アメリカ）　363
外国公務員　360
外国ユーザーリスト　423
解雇権　271
解雇権濫用法理　271
　　──の類推適用　277
開示関係役務提供者　287, 288
会社分割　256, 257, 258
　　──会社分割に伴う労働契約の承継等に関する法律　258
会社法制の見直し　2
改善対策　392
外為法　417
外為令　417
介入取引　93
該非判定　420
価格カルテル　143
架空取引　93
学際的研究　452
確定日付のある債務者の承諾　122
確定日付のある債務者への通知　122
学部教育　453
瑕疵概念　69
貸倒償却・引当て計上　379
瑕疵担保責任　66, 341
過失推定説　362
課徴金減免制度（リニエンシー）　151, 154
課徴金納付命令　101
株式会社の業務の適正を確保するために必要な体制（適正業務体制）　26, 27
株式の持合い　211
株主総会　224
　　──の決議の有効性　225
株主代表訴訟　237

空クレジット　81
カルテル　140
　──の首謀者　148
環境デューデリジェンス　345
環境保護　340
監査役会設置会社　235
監査役設置会社　8
監査役の退職慰労金　235
監査役の独立性　234
監査役の報酬　234
間接損害　220, 221, 222
機関権限の分配秩序　209
危機管理　24, 44
企業価値　6
企業が反社会的勢力による被害を防止するための
　指針に関する解説　407
企業が反社会的勢力による被害を防止するための
　指針について（企業指針）　404
企業行動憲章　19, 414
　──の10原則　20
企業行動指針　19
企業の社会的責任　14
企業の不祥事　388
企業犯罪　388
企業法務担当者　452, 457
偽装請負　252, 400
偽装工作　395
基本合意　137
義務設定授権　104
客観的瑕疵　69
客観要件　420, 423
キャッチオール規制　420, 422
　──品　417
牛肉偽装事件　395, 396
競業禁止　154
競業行為　280
競争の実質的制限　140
共同開発契約　82, 83, 86
共同訴訟追行　437

虚偽記載有価証券報告書提出罪　378
クーリング・オフ　177, 178, 179, 180, 181, 182
グリーンメイラー　207
クレーム　430
　──対応マニュアル　432
グローバル・コンプライアンス・プログラム　363
経営判断の原則　238, 390
景観権　350
景観利益　350
警告　168
刑事告発　152, 153
継続的供給契約　99
継続的契約　95, 96, 97, 99, 100
景品表示法　166, 168
契約管理　60
契約交渉能力　456
契約締結過程　62
契約の重要な内容　68
決議取消事由　228
原子力供給グループ　417
権利変動の対抗要件の否認　122
公益通報者保護法　22
公開買付け　212, 213, 215, 216
公正競争　440
　──阻害性　157
公正取引　136, 439
拘束条件付取引　158
公表　386
コーポレート・ガバナンス　2, 3, 25
　──原則　3, 4
　──体制　9
　──白書　5, 6
　──報告書　7, 10
コーポレート法務　240
顧客情報　293
国際商取引における外国公務員に対する贈賄の防
　止に関する条約　361

事項索引　*465*

告発問題協議会　*153*
5条協議　*259*
個人請負型就業者　*251*
個人情報保護法　*285, 293, 294*
誇大表示　*165*
混同惹起　*330*
コンビニエンス・クラブ事件　*214*
コンピュータウイルス対策基準　*285*
コンプライアンス　*2, 14*
　　──・プログラム　*19, 389, 418, 419*
　　──意識調査　*23*
　　──経営　*18*
　　──体制　*12, 21*
　　──の実践　*23*
　　──部門　*21*

　　さ行

Sarbanes & Oxley 法　*32*
債権回収　*107*
債権譲渡担保　*119*
債権譲渡登記　*75, 122*
債権の譲渡性　*71*
債権の流動化　*75*
債権保全　*107*
サイバー攻撃　*285*
サイバーテロ　*286*
サイバード事件　*214*
再販売価格維持行為　*158*
財務計算に関する書類その他の情報の適正性を確保するために必要な体制（適正財務体制）*26, 33*
債務不履行　*82*
財務報告に係る内部統制の評価および監査の基準　*32*
錯誤無効　*76, 80*
差止請求　*188, 190, 191*
　　──権　*177, 188, 190, 191*
差別対価　*160, 164*
産業廃棄物　*346*

サンスター事件　*214*
事業関係構築　*447*
事後収賄罪　*360*
自己取引　*244*
指示・警告上の欠陥　*176, 192, 193, 195, 196, 197, 198, 199, 201, 202, 203*
事前請求　*189, 190*
　　──書　*188, 189, 190*
　　──の適法性　*189*
下請事業者　*174*
下請取引　*136*
下請代金支払遅延等防止法（下請法）*171, 173, 176*
　　──遵守マニュアル　*175*
実質的同一性　*323, 324*
質問状の効果　*227*
私的独占　*136*
支払停止　*133*
支払不能　*131*
資本市場　*368*
指名競争入札　*88*
締出し　*212, 215*
社外監査役　*8*
社会的儀礼　*358*
社外取締役　*8*
シャルレ事件　*216*
従業員持株制度　*209*
就業規則　*262*
集合債権譲渡担保　*121*
集合動産譲渡担保　*113, 116*
集団食中毒事件　*396*
重要な財産の処分　*237, 239, 241*
収賄罪　*356*
主観的瑕疵　*69*
受託収賄罪　*356*
受注調整ルール　*141*
受忍限度　*352*
主婦連ジュース事件　*397*
需要者要件　*423*

主要目的理論　208, 209, 210, 211
準委任契約　82, 83, 84
循環取引　93, 108, 110, 375
商業賄賂　354
承継法　258
証券取引等監視委員会　369, 387
使用者責任　91
上場会社コーポレート・ガバナンス原則　6
焦土化経営　207
譲渡禁止特約　71
　　――に反する債権譲渡　71
　　――の効力　73
譲渡担保権　130
消費期限等偽装事件　399
消費者契約法　177
　　――10 条　184, 186, 187, 189
消費者保護　176
情報管理　285
　　――体制　295
情報システム安全対策基準　285
情報セキュリティ管理基準　285
情報提供義務　61
情報漏洩　292
将来債権譲渡担保権　119
食のコンプライアンス　395
食品会社の企業責任　396
職務著作　301
職務発明　312
処分授権　104
書面によらない保証契約　91
信義誠実　439
信義則　182, 185, 186, 187, 189, 191
　　――上の義務　62
　　――上の説明義務　63
　　――上の説明義務違反　63
人的資源管理　247
ステークホルダー　396
製作物供給契約　83, 84, 85, 86
政治献金　353, 364

政治資金規正法　367
製造物責任法　177, 194, 195, 197, 199, 200, 201, 202, 203
整理解雇　272
責任の免除　233
セクシュアル・ハラスメント　266, 267
設計・製造上の欠陥　193, 195, 196, 197, 199, 200, 201, 202
接待　353
説明義務　61, 226
　　――違反　64, 226
善管注意義務　237, 382
　　――違反　238, 240, 412
全部取得条項付種類株式　212, 213
占有改定　113
専用実施権　319
戦略法務　443
相互拘束性　142
相殺禁止　133, 134
送信可能化権　288
贈答　353, 355
相当因果関係　85
ソースコード　335, 336, 337, 338
即時取得（善意取得）　105, 114
属人主義　364
組織再編　204
組織再編行為　204, 214
訴訟上の信義　232
訴訟戦略　436
訴訟対策　436
　　――チーム　436
訴訟追行イニシアティブ　437
訴訟追行支援　437
損益相殺の原則　85

た行

大会社　26
対会社責任　204, 218
大学院教育　454

事項索引　467

対抗措置　204, 205, 206, 207, 209, 210, 211
第三者委員会　211
　──調査報告書　11
第三者対抗要件　117
第三者報告書　13
対第三者責任　204, 218
大日本除蟲菊事件　223
大量破壊兵器キャッチオール規制　423, 424
大和銀行株主代表訴訟　34
　──事件　413
タクマ事件　208
ダスキン肉まん事件　44
立会外取引　205
他人物売買　102, 104
単純収賄罪　356
男女雇用機会均等法　268
団体訴訟制度　189
忠実屋・いなげや事件　208
帳合商内　374
帳合取引　377
懲戒　263
　──権　263
　──処分　262
直接損害　220, 221, 222
著作者人格権　302, 305
著作物性　297
追認　102, 103, 104
通常実施権　318, 319
通常有すべき安全性　195, 196, 198, 199, 200, 202
通信販売　180
停止条件　89, 90
　──付債務　88
データベース　297
適格消費者団体　177, 188, 189, 190
適時開示制度　48
適正業務体制　26, 27, 28
適正財務体制　26
敵対的買収　204, 205, 206, 207, 209, 211

適用除外　178
デリバティブ　383
電気通信事業者　293
転勤　253
電子消費者契約および電子承諾通知に関する民法の特例に関する法律　81
電子署名法　285
電話勧誘販売　180
動機の錯誤　77
東京スタイル決議取消事件　229
倒産解除特約　126
動産譲渡担保　112, 115
動産譲渡登記　117
動産総合保険　106
投資家　368
投資事業組合　370
同時履行の抗弁権　108
独占禁止法遵守体制　142
独占禁止法遵守プログラム　16
独占禁止法遵守マニュアル　165
特定商取引法　177, 178
特定電気通信　287, 288
特別背任罪　354, 360
特別利害関係人　244
土壌汚染対策法　342
豊島産業廃棄物公害事件　350
取締役会管理　235
取締役会決議の瑕疵　245
取締役会設置会社　235
取締役の招集権限　236
取締役の説明義務　225
　──違反　225
取締役の退職慰労金　235
取締役の報酬決定　234
取引関係構築　445
取引基本契約書　86
取引拒絶型差別対価　164

な行

内部情報（重要事実）　385
　　　──システム　416
　　　──制度　394, 398
内部統制　2, 24, 25, 32
　　　──構築義務　34
　　　──システム　12, 34, 412
　　　──システム構築義務　412
7条措置　259
にせ牛缶事件　397
ニッポン放送事件　204, 207
日本システム技術事件　37
日本食塩製造事件判決　272
入金リンク　88, 89
入札談合　137
ニレコ事件　208
任意規定　184, 191

は行

廃棄物処理法　346
配置転換　253
配転　253
　　　──命令権　252, 253
発信者情報開示請求　287
パロマガス湯沸器事件　394
反社会的勢力　403
　　　──排除　403
販売委託契約　102, 103, 104, 105
比較法的研究　451
日影規制　352
非公知性　332, 334, 336, 338
秘密管理性　338
表意者の保護　79
表示行為の錯誤　81
ファイア・ウォール　285
ファイナンス・リース契約　124, 125, 127
ファイル交換共有ソフト　286
ファシリテーション・ペイメント　364
不確定期限　89, 90

不確定期日債務　88
付款　90
不公正な取引方法　101, 136, 155, 157, 161, 176
不公正発行　205, 206, 207, 208, 209, 210
不二家消費期限切れシュークリーム事件　399
不祥事原因　16
不正アクセス防止法　285
不正競争防止システム　449
不正競争防止法　321
物権の効力　72
不当な拘束条件　154
不当な取引制限　101, 139, 147
不当表示　169
不当廉売型差別対価　164
プライベートブランド　176
フランチャイザー　101
ブルドックソース事件　208
プロバイダ　292
　　　──責任制限法　285, 287
紛争　430, 434
　　　──処理能力　456
　　　──処理方法　434
ベーシックインタプリタ解説書事件　334
ベルシステム24事件　211
ヘルプライン　22
妨害排除請求　350
法人処罰規定（両罰規定）　49
法定書面　179, 180, 181, 182
法定責任説　67
暴排条項　404, 409
暴排条例　404
法務組織　53, 57
訪問販売　180
暴力団員による不当な行為の防止等に関する法律　403
暴力団排除条項　408
暴力団排除条例　404
保証の付従性　80

事項索引　469

ホワイト国　*421, 426*
翻案権　*306, 307*
　　──の留保　*308*

ま行

ミサイル関連技術輸出規制　*417*
みなし公務員　*358*
宮入バルブ事件　*208*
明星自動車事件　*220*
無限定適正意見　*374*
無催告失効条項　*182, 183, 184, 185, 186, 187*
無断複製　*297*
メニュー誤表示問題　*397*
モデルCP　*419*
模倣　*322, 323, 324, 325*

や行

役員報酬の追認決議　*230*
雇止め　*275, 276*
　　──法理　*276*
優越的地位の濫用　*101*
有価証券報告書の虚偽記載　*369, 371*
有価物　*348*
有期労働契約　*275, 276*
有用性　*338*
有利発行　*206, 217, 218, 219, 220, 221, 223, 224*
輸出管理　*417*
　　──社内規程　*418*
　　──体制　*418*
　　──レジーム　*421*
輸出許可　*420*
輸出貿易管理　*15*
輸出令　*417*
ユノカル判決　*209*
要素の錯誤　*77, 78*

用途要件　*423*
与信管理　*107*
与信調査　*88*
予防法務　*443*

ら行

ライセンサー　*101*
ライセンス契約　*317*
リーガルプランニング　*439, 444, 445, 447, 449*
利益相反取引　*239, 241, 243*
リコール隠し　*389*
リコール制度　*392*
リスク管理体制　*381*
リスクマネジメント　*389, 443*
リスト規制　*419, 420*
　　──品　*417*
リバースエンジニアリング　*331, 332, 333, 334*
リモートアクセス　*294, 295*
流通・取引慣行に関する独占禁止法上の指針　*158*
領域侵犯的研究　*451*
両罰規定　*362*
臨床法務　*443*
レックス・ホールディングス事件　*204, 214*
連結子会社　*370*
労働契約承継　*257, 258*
労働者　*249*
　　──性　*249*
　　──の競業避止義務　*281*
　　──派遣契約　*400*

わ行

ワーク・ライフ・バランス　*254*
賄賂　*356*
ワッセナー・アレンジメント　*417*

編著者紹介

井原　宏　（いはら　ひろし）

京都大学法学部卒業、ケンブリッジ大学大学院比較法研究課程修了、住友化学株式会社法務部長、経営法友会代表幹事、筑波大学大学院ビジネス科学研究科長、明治学院大学学長補佐を歴任。現在、弁護士、筑波大学名誉教授、京都大学博士（法学）、一般社団法人GBL研究所代表理事会長。

【担当：第Ⅱ部第1章第3節・第Ⅲ部】

【主要著作】

『企業の国際化と国際ジョイントベンチャー』（商事法務研究会、1994）、『現代国際取引法』（商事法務研究会、1999）、『国際事業提携　アライアンスのリーガルリスクと戦略』（商事法務研究会、2001）、『グローバル企業法　グローバル企業の法的責任』（青林書院、2003）、『国際契約法』（大学教育出版、2006）、『国際知的財産法』（有信堂高文社、2007）、『国際取引法』（有信堂高文社、2008）、『グローバル企業法』（東信堂、2011）、『国際ジョイントベンチャー契約　国際ジョイントベンチャーのリスクとリーガルプランニング』（東信堂、2013）など。

河村寛治　（かわむら　かんじ）

1971年早稲田大学法学部卒業、同年伊藤忠商事株式会社入社、法務部。ロンドン大学大学院King's College留学、同社ロンドン駐在（1981-1987）を経て、1998年4月から明治学院大学法学部教授。2004年以降、明治学院大学大学院法務職研究科（法科大学院）教授（現在に至る）、現在、明治学院大学学長補佐を兼務。公益社団法人日本仲裁人協会監事、一般社団法人GBL研究所理事・副会長。2011年6月から二部上場会社社外監査役。

【担当：第Ⅰ部第1章・第Ⅱ部第1章第1節判例No.1～No.4・同第4節（上杉めぐみと共著）、同第2章第2節】

【主要著作】

『実践　英文契約書の読み方・作り方』（共著）（中央経済社、2002）、『EU環境法と企業責任』（共著）（信山社、2004）、『リスク管理と契約実務』（編著）（第一法規、2004）、『図解　法令遵守チェックマニュアル』（編著）（第一法規）、『国際取引・紛争処理法』（同友館、2006）、『契約実務と法』（第一法規、2008）、『国際売買契約』（編著）（レクシスネクシス・ジャパン、2010）、『判例ウィーン売買条約』（共著）（東信堂、2010）、『国際取引法と契約実務［第3版］』（編著）（中央経済社、2013）など。

阿部博友　（あべ　ひろとも）

1980 年一橋大学法学部卒業。2004 年筑波大学ビジネス科学研究科博士課程修了。1980 年から 29 年間三井物産株式会社に勤務し、同社本店および海外拠点で企業法務を担当する。2009 年 4 月明治学院大学法学部教授、2011 年 4 月一橋大学大学院法学研究科教授（現在に至る）。一般社団法人 GBL 研究所理事。

【担当：第Ⅰ部第 2 章・第Ⅱ部第 2 章第 3 節、同第 5 章第 2 節・同第 3 節】

【主要著作】

『国際売買契約』（共著）（レクシスネクシス・ジャパン、2010）、『判例ウィーン売買条約』（共著）（東信堂、2010）、「ブラジル企業法制の基礎 (1)-(5)」（国際商事法務、第 40 巻 1 号、3 号、4 号、第 40 巻 9 号、第 41 巻 6 号）、「海外法務拠点の機能分析―法務組織のグローバル化とその論点― (1)-(3)」（NBL 第 958-960 号）など。

執筆者紹介

飯田浩司 （いいだ　ひろし）

同志社大学文学部および法学部卒業、ジョージタウン大学ロースクール修了（LL.M.）。ファイザー株式会社取締役、日本コロムビア株式会社執行役等を経て、現在、明治学院大学大学院法務職研究科教授、ニューヨーク州弁護士。一般社団法人 GBL 研究所理事。
【担当：第Ⅱ部第 4 章第 2 節】
【主要著作】
　『国際取引法と契約実務［第 3 版］』（編著）（中央経済社、2013 年）、『英文契約書の作成実務とモデル契約書［第 4 版］』（編著）（中央経済社、2013 年）、『ライセンス契約のすべて　基礎編［第 2 版］』（編著）（レクシスネクシス・ジャパン、2011）、『ハンドブック　アメリカ・ビジネス法』（編著）（レクシスネクシス・ジャパン、2013）など。

上杉めぐみ （うえすぎ　めぐみ）

2003 年明治学院大学法学部卒業、2005 年明治学院大学法学研究科博士前期課程修了、2009 年明治学院大学法学研究科博士後期課程修了　博士（法学）。消費者庁企画課事務官を経て、2010 年 4 月愛知大学法学部助教、2013 年 4 月愛知大学法学部准教授（現在に至る）。
【担当：第Ⅱ部第 1 章第 4 節（河村寛治と共著）】

河西　潔 （かさい　きよし）

1972 年中央大学法学部法律学科卒業。伊藤忠商事株式会社法務部副参事、食料経営管理部長代行等を経て、現在、ジャパンフーズ株式会社常勤監査役、明治学院大学法科大学院非常勤講師、認定コンプライアンス・オフィサー。
【担当：第Ⅱ部第 1 章第 2 節、同第 5 章第 1 節】
【主要著作】
　『「債権の管理・保全・回収」早わかり辞典』（セルバ出版、2009）、『リスク管理と契約実務』（共著）（第一法規、2004）。

杉江　武 （すぎえ　たけし）

1990 年学習院大学法学部卒業。2006 年学習院大学大学院法務職研究科修了。株式会社ケンウッド知的財産部、日本ビクター株式会社法務知的財産部主査を経て、2012 年から神鋼商事株式会社法務審査部長（現在に至る）。明治学院大学法科大学院非常勤講師。
【担当：第Ⅱ部第 5 章第 4 節・同第 5 節】

【主要著作】

『企業法とコンプライアンス』共著（東洋経済新聞社、2008）、『リスク管理と企業規程の作成・運用実務』共著（第一法規、2008 ※以後毎年増補執筆）。

高田　寛　（たかだ　ひろし）

1978年静岡大学工学部卒業。1980年静岡大学大学院工学研究科修了。2004年筑波大学大学院ビジネス科学研究科博士課程前期修了。2013年フロリダ・コスタル・スクール・オブ・ロー修了（LL.M.）。日本DEC、日本ヒューレット・パッカード（株）等を経て、2013年4月富山大学経済学部経営法学科教授（現在に至る）。企業法学会理事。特種情報処理技術者。

【担当：第Ⅱ部第4章第1節・同第3節、同第5章第6節】

【主要著作】

『Web2.0インターネット法―新世代の法規制―』（文眞堂、2007）、『やさしい法律情報の調べ方・引用の仕方』（共著）（文眞堂、2010）、「デジタルコンテンツの流通とフェアユースについての一考察」（国際商取引学会年報第13号）、「ソフトウェア・ライセンスにおける独占禁止法21条問題についての一考察」（企業法学研究2012第1巻1号）など。

德本　穰　（とくもと　みのる）

九州大学法学部卒業。九州大学大学院法学研究科にて、修士（法学）及び博士（法学）、イェール大学ロースクールにて、LL.M.の学位をそれぞれ取得。イェール大学ロースクールにて、客員研究員、文部省在外研究員。経済産業省企業価値研究会委員、公認会計士試験委員等歴任。現在、筑波大学法科大学院教授。

【担当：第Ⅱ部第2章第1節】

【主要著作】

『敵対的企業買収の法理論』（九州大学出版会、2000）、"The Role of the Japanese Courts in Hostile Takeovers," Law In Japan: An Annual（日米法学会年刊機関誌）、Vol.27, 1, 2001、『会社法』（共著）（成文堂、2005）、『法律学小辞典　第4版補訂版』（共著）（有斐閣、2008）など。

林　大介　（はやし　だいすけ）

東京大学法学部卒業、ニューヨーク大学ロースクール修了（LL.M.）。伊藤忠商事株式会社法務部、株式会社ソニー・ピクチャーズエンタテインメント法務部バイスプレジデント等を経て、現在、株式会社インテリジェンスホールディングス　ジェネラル・カウンセル、ニューヨーク州弁護士。

【担当:第Ⅱ部第3章】
【主要著作】
『国際売買契約』(共著)(レクシスネクシス・ジャパン、2010)、『知的財産法判例ダイジェスト』(共著)(税務経理協会、2010)、「インターネットビジネスと国際裁判管轄に関する米国判例の動向」(国際商事法務第33巻2号)、「映像コンテンツの国際共同製作」(国際商事法務第41巻5号) など。

宮田正樹 (みやた まさき)

1971年大阪大学法学部卒業、同年伊藤忠商事(株)入社、物資部、法務部を経て、2000年5月より(株)日本製鋼所入社・法務専門部長を勤め、2012年9月同社退職。2012年10月より一般社団法人GBL研究所理事・事務局長、(現在に至る)。帝京大学・二松学舎大学非常勤講師。
【担当:第Ⅱ部第1章第1節判例No.5〜No.8】
【主要著作】
『リスク管理と契約実務』共著(第一法規、2004 ※以後毎年増補執筆)、『図解法令遵守チェックマニュアル』共著(第一法規、2005 ※以後毎年増補執筆)、「国際ジョイント・ベンチャー(1)〜(5)」(国際商事法務 Vol.40, No.9〜Vol.41, No.2 2013)、「MLBの反トラスト法適用除外」(Business Law Journal No.60・2013年3月号)。

Modern Business Law vol.1
for Corporate Legal Practice

現代企業法務 ①
国内企業法務編

2014 年 4 月 20 日　初版第 1 刷発行

■ 編 著 者 ──── 井原　宏・河村寛治・阿部博友
■ 発 行 者 ──── 佐藤　守
■ 発 行 所 ──── 株式会社 大学教育出版
　　　　　　　〒 700-0953　岡山市南区西市 855-4
　　　　　　　電話（086）244-1268　FAX（086）246-0294
■ 印刷製本 ──── モトモト印刷 ㈱

Ⓒ Hiroshi Ihara, Kanji Kawamura, Hirotomo Abe 2014, Printed in Japan
検印省略　　　落丁・乱丁本はお取り替えいたします。
本書のコピー・スキャン・デジタル化等の無断複製は著作権法上での例外を除き禁じられています。本書を代行業者等の第三者に依頼してスキャンやデジタル化することは、たとえ個人や家庭内での利用でも著作権法違反です。

ISBN978 - 4 - 86429 - 257 - 3